Schwerpunkte Band 15   Schweitzer · Staatsrecht III

Schwerpunkte

Eine systematische Darstellung der wichtigsten Rechtsgebiete anhand von Fällen
Begründet von Professor Dr. Harry Westermann †

Staatsrecht III

**Staatsrecht
Völkerrecht
Europarecht**

von
Dr. jur. Michael Schweitzer
o. Professor an der Universität Passau

8., neu bearbeitete Auflage

CFM

C.F. Müller Verlag
Heidelberg

Bibliografische Information Der Deutschen Bibliothek
Die Deutsche Bibliothek verzeichnet diese Publikation in der Deutschen Nationalbibliogra-
fie; detaillierte bibliografische Daten sind im Internet über <http://dnb.ddb.de> abrufbar.

Gedruckt auf säurefreiem, alterungsbeständigem Papier aus 100% chlorfrei gebleichtem
Zellstoff (DIN-ISO 9706).

© 2004 C.F. Müller Verlag, Verlagsgruppe Hüthig Jehle Rehm GmbH, Heidelberg
Satz: Textservice Zink, Schwarzach
Druck und Bindung: Gulde-Druck, Tübingen
ISBN 3-8114-9024-9

Für Ines

Vorwort

Das Staatsrecht III, das die Bezüge des Staatsrechts zum Völkerrecht und Europarecht behandelt, erfreute sich bislang keiner dem Staatsrecht I (Organisationsrecht) und dem Staatsrecht II (Grundrechte) vergleichbaren lehrbuchmäßigen Darstellung und fallmäßigen Aufarbeitung. Das Anliegen des vorliegenden Bandes ist es mitzuhelfen, diese Lücke zu schließen; insbesondere nachdem das Staatsrecht III – zumindest im Hinblick auf das Europarecht – in vielen Bundesländern zum Pflichtfach in der ersten juristischen Staatsprüfung geworden ist. Das Buch wendet sich daher zuallererst an die Studenten der Rechtswissenschaft, soll aber auch Interessenten aus anderen Wissenschaftsgebieten einen Überblick über die komplexen Fragen der Verzahnung des nationalen mit dem internationalen Recht geben.

Wie in den Vorauflagen werden nach wie vor die Ergebnisse und Auswirkungen der deutschen Wiedervereinigung dargestellt, insbesondere hinsichtlich der sog. Staatennachfolge. Der Problembereich der Rechtslage Deutschlands hat im Übrigen durch die Wiedervereinigung größtenteils an Bedeutung verloren. Dennoch wurde die diesbezügliche Darstellung nicht gänzlich gestrichen, da diese Fragen zur aktuellen Verfassungsgeschichte gehören.

Die 8. Auflage berücksichtigt die Entwicklung in Gesetzgebung und Rechtsprechung sowie in der Literatur seit 2000. Beim Recht der Europäischen Union wurden die Änderungen durch den Vertrag von Nizza und durch die Erweiterung um 10 neue Mitgliedstaaten eingearbeitet.

Probleme ergeben sich nach wie vor aus der Umnummerierung des EU- und des EG-Vertrages durch den Vertrag von Amsterdam. Die vom EuGH eingeführte Zitierweise (ABl. 1999, Nr C 246, S. 1) erweist sich für ein Lehrbuch als störend, weil zu breit angelegt. Es wird daher grundsätzlich die neue Nummerierung verwendet und nur, wenn es unvermeidlich ist, die alte Nummerierung zitiert und auf die neue verwiesen: zB Art. 177 (jetzt Art. 234) EGV. Wenn ein Hinweis auf die alte Numerierung notwendig ist, wird dies mit aF kenntlich gemacht: zB Art. 234/177 aF.

Da das Arbeiten mit Texten zu der alten Rechtslage nur mit der im Vertrag von Amsterdam enthaltenen Übereinstimmungstabelle möglich ist, wird diese – leicht modifiziert – auf S. XXIII ff abgedruckt.

Danken möchte ich den Mitarbeitern meines Lehrstuhls, insbesondere Herrn Ass. *Florian Vogel* und Frau *Evelyn Günther* für die wertvolle Unterstützung bei der Vorbereitung der 8. Auflage.

Passau, im Januar 2004   *Michael Schweitzer*

Inhaltsverzeichnis

Abkürzungsverzeichnis

aA	anderer Ansicht
aaO	am angegebenen Ort
ABl.	Amtsblatt der Europäischen Gemeinschaften
Abs.	Absatz
Absch.	Abschnitt
AdG	Archiv der Gegenwart
aF	alte Fassung
AJIL	The American Journal of International Law
AJPIL	Austrian Journal of Public and International Law
Anm.	Anmerkung
AO	Abgabenordnung
AöR	Archiv des öffentlichen Rechts
ArchVR	Archiv des Völkerrechts
Art.	Artikel
Aufl.	Auflage
AZO	Allgemeine Zollordnung
BAnz	Bundesanzeiger
BayGVBl.	Bayerisches Gesetz- und Verordnungsblatt
BayVBl	Bayerische Verwaltungsblätter
BayVerfGH	Bayerischer Verfassungsgerichtshof oder Sammlung der Entscheidungen des Bayerischen Verfassungsgerichtshofs
BayVGH	Bayerischer Verwaltungsgerichtshof
BB	Betriebs-Berater
Bd.	Band
Bde.	Bände
Bf.	Beschwerdeführer
BFH	Bundesfinanzhof
BGB	Bürgerliches Gesetzbuch
BGBl.	Bundesgesetzblatt
BGHSt	Entscheidungen des Bundesgerichtshofes in Strafsachen
BGHZ	Entscheidungen des Bundesgerichtshofes in Zivilsachen
BR-Drucks.	Drucksachen des Deutschen Bundesrates
BS	Bereinigte Sammlung der Bundesgesetze und Verordnungen 1848-1947 der Schweiz
BT-Drucks.	Drucksachen des Deutschen Bundestages
BT-Prot.	Protokolle des Deutschen Bundestages
Buchst.	Buchstabe
Bulletin	Bulletin des Presse- und Informationsamtes der Bundesregierung
BVerfG	Bundesverfassungsgericht
BVerfGE	Entscheidungen des Bundesverfassungsgerichts
BVerfGG	Gesetz über das Bundesverfassungsgericht
BVerwG	Bundesverwaltungsgericht
BVerwGE	Entscheidungen des Bundesverwaltungsgerichts
bzw	beziehungsweise

CERN	Conseil Européen pour la Recherche Nucléaire
COMECON	Council of Mutual Economic Assistance
d.	durch
DB	Der Betrieb
DDR	Deutsche Demokratische Republik
DDR-GBl.	Gesetzblatt der Deutschen Demokratischen Republik
ders.	derselbe
dh	das heißt
dies.	dieselbe(n)
DM	Deutsche Mark
DÖV	Die öffentliche Verwaltung
Dtz	Deutsch-Deutsche Rechts-Zeitschrift
DVBl.	Deutsches Verwaltungsblatt
E	Entscheidung
EA	Europa-Archiv
EAG	Europäische Atomgemeinschaft
EAGV	Vertrag zur Gründung der Europäischen Atomgemeinschaft
EEA	Einheitliche Europäische Akte
EFTA	European Free Trade Association
EG	Europäische Gemeinschaft
EGBGB	Einführungsgesetz zum Bürgerlichen Gesetzbuch
EGKS	Europäische Gemeinschaft für Kohle und Stahl
EGKSV	Vertrag über die Gründung der Europäischen Gemeinschaft für Kohle und Stahl
EGV	Vertrag zur Gründung der Europäischen Gemeinschaft
EMRK	Europäische Menschenrechtskonvention
EPO	European Patent Organization
ESA	European Space Agency
etc.	et cetera
EU	Europäische Union
EuGH	Gerichtshof der Europäischen Gemeinschaften
EuGRZ	Europäische Grundrechte-Zeitschrift
EuR	Europarecht
EURATOM	Europäische Atomgemeinschaft
EUV	Vertrag über die Europäische Union
EuZW	Europäische Zeitschrift für Wirtschaftsrecht
EWG	Europäische Wirtschaftsgemeinschaft
EWGV	Vertrag zur Gründung der Europäischen Wirtschaftsgemeinschaft
EWR	Europäischer Wirtschaftsraum
EWS	Europäisches Wirtschafts- und Steuerrecht
FAO	Food and Agriculture Organization of the United Nations
f, ff	folgend(e)
FF	Französische Francs
GASP	Gemeinsame Außen- und Sicherheitspolitik
GATT	General Agreement on Tariffs and Trade
GBl.	Gesetzblatt

GG	Grundgesetz für die Bundesrepublik Deutschland
GGO	Gemeinsame Geschäftsordnung der Bundesministerien
GMBl.	Gemeinsames Ministerialblatt
GO	Geschäftsordnung
GOBReg	Geschäftsordnung der Bundesregierung
GVG	Gerichtsverfassungsgesetz
GYIL	German Yearbook of International Law
hL	herrschende Lehre
Hrsg.	Herausgeber
hrsg.	herausgegeben
IAEA	International Atomic Energy Agency
IBRD	International Bank for Reconstruction and Development
ICAO	International Civil Aviation Organization
ICJ-Reports	International Court of Justice. Reports of Judgments, Advisory Opinions and Orders
ICLQ	The International and Comparative Law Quarterly
IDA	International Development Association
idF	in der Fassung
IEA	Internationale Energie-Agentur
IFAD	International Fund for Agricultural Development
IFC	International Finance Corporation
IGH	Internationaler Gerichtshof
ILA	International Law Association
ILM	International Legal Materials
ILO	International Labour Organization
ILR	International Law Reports
IMF	International Monetary Fund
IMO	International Maritime Organization
insb.	insbesondere
INTELSAT	International Telecommunications Satellite Consortium
iSd	im Sinne des, der
IStR	Internationales Steuerrecht
iSv	im Sinne von
ITU	International Telecommunication Union
iVm	in Verbindung mit
JA	Juristische Arbeitsblätter
JIR	Jahrbuch für Internationales Recht
JöR	Jahrbuch des öffentlichen Rechts der Gegenwart
JURA	Juristische Ausbildung
JuS	Juristische Schulung
JZ	Juristenzeitung
KSZE	Konferenz für Sicherheit und Zusammenarbeit in Europa
LSchA	Londoner Schuldenabkommen
mwN	mit weiteren Nachweisen

NATO	North Atlantic Treaty Organization
nF	neue Fassung
NGO	Non-Governmental Organization
NJW	Neue Juristische Wochenschrift
Nr	Nummer
NS	Nationalsozialismus, nationalsozialistisch
NVwZ	Neue Zeitschrift für Verwaltungsrecht
OAS	Organization of American States
OAU	Organization of African Unity
ÖBGBl.	Österreichisches Bundesgesetzblatt
OECD	Organization for Economic Cooperation and Development
og	oben genannte(n)
ÖJZ	Österreichische Juristen-Zeitung
OSZE	Organisation für Sicherheit und Zusammenarbeit in Europa
ÖZöRVR	Österreichische Zeitschrift für öffentliches Recht und Völkerrecht
OVGE	Entscheidungen der Oberverwaltungsgerichte für das Land Nordrhein-Westfalen in Münster sowie für die Länder Niedersachsen und Schleswig-Holstein in Lüneburg
PCIJ	Permanent Court of International Justice
PJZS	Polizeiliche und Justitielle Zusammenarbeit in Strafsachen
RabelsZ	Rabels Zeitschrift für ausländisches und internationales Privatrecht
RdC	Recueil des Cours de l'Académie de Droit International
Rn	Randnummer
RGBl.	Reichsgesetzblatt
RGSt	Entscheidungen des Reichsgerichts in Strafsachen
RGZ	Entscheidungen des Reichtsgerichts in Zivilsachen
RIW	Recht der Internationalen Wirtschaft
RL	Richtlinie
Rs.	Rechtssache
S.	Seite(n); Satz
s.	siehe
SchwJIR	Schweizerisches Jahrbuch für internationales Recht
SED	Sozialistische Einheitspartei Deutschlands
Slg.	Sammlung der Rechtsprechung des Gerichtshofes und des Gerichts erster Instanz der Europäischen Gemeinschaften
sog.	so genannte(r,s)
SS	Schutzstaffel
StenBer	Stenographische Berichte
StIGH	Statut des Internationalen Gerichtshofs
StPO	Strafprozessordnung
SVN	Satzung der Vereinten Nationen
SZIER	Schweizerische Zeitschrift für internationales und europäisches Recht
TA Luft	Technische Anleitung zur Reinhaltung der Luft
ua	und andere, unter anderem
UdSSR	Union der Sozialistischen Sowjet-Republiken

UN	United Nations
UNESCO	United Nations Educational, Scientific and Cultural Organization
UNIDO	United Nations Development Organization
UNO	United Nations Organization
UNPROFOR	United Nations Protection Force in (former) Yugoslavia
Unterabs.	Unterabsatz
UNTS	United Nations Treaty Series
UPU	Universal Postal Union
USA	United States of America
USt	Umsatzsteuer
uU	unter Umständen
verb.	verbundene
Verf.	Verfasser
VerwRspr	Verwaltungsrechtsprechung in Deutschland
vgl	vergleiche
VN	Vereinte Nationen
VVDStRL	Veröffentlichungen der Vereinigung der Deutschen Staatsrechtslehrer
VwGO	Verwaltungsgerichtsordnung
VwVfG	Verwaltungsverfahrensgesetz
WEU	Westeuropäische Union
WHO	World Health Organization
WIPO	World Intellectual Property Organization
WMO	World Meteorological Organization
WRV	Weimarer Reichsverfassung
WTO	World Trade Organization
WVRK	Wiener Vertragsrechtskonvention
ZAR	Zeitschrift für Ausländerrecht und Ausländerpolitik
ZaöRVR	Zeitschrift für ausländisches öffentliches Recht und Völkerrecht
zB	zum Beispiel
ZBJI	Zusammenarbeit in den Bereichen Justiz und Inneres
ZfRV	Zeitschrift für Rechtsvergleichung
Ziff.	Ziffer
ZParl	Zeitschrift für Parlamentsfragen
ZPO	Zivilprozessordnung
ZRP	Zeitschrift für Rechtspolitik
zT	zum Teil

Verzeichnis der abgekürzt zitierten Literatur

Beutler ua	*Beutler/Bieber/Pipkorn/Streil*, Die Europäische Union – Rechtsordnung und Politik, 5. Aufl., Baden-Baden 2001
Bleckmann, Europarecht	*Bleckmann*, Europarecht – Das Recht der Europäischen Gemeinschaft, 6. Aufl. Köln ua 1997
Bleckmann, GG und Völkerrecht	*Bleckmann*, Grundgesetz und Völkerrecht, Berlin 1975
Dahm ua	*Dahm/Delbrück/Wolfram*, Völkerrecht, Bd. I/1, 2. Aufl., Berlin-New York 1989
Degenhart	*Degenhart*, Staatsrecht I – Staatsorganisationsrecht, Schwerpunkte Bd. 13, 19. Aufl., Heidelberg 2003
Denninger	*Denninger/Hoffmann-Riem/Schneider/Stein*, Kommentar zum Grundgesetz für die Bundesrepublik Deutschland, 3. Aufl., Neuwied ua 2001
Dokumente zur Berlin-Frage	Dokumente zur Berlin-Frage 1944-1962, hrsg. vom Forschungsinstitut der Deutschen Gesellschaft für Auswärtige Politik, 2. Aufl., München 1962
Encyclopedia	Encyclopedia of Public International Law, hrsg. von *Bernhardt*, 5 Bde., Library Edition, Amsterdam 1992 ff
Geiger	*Geiger*, Grundgesetz und Völkerrecht, 3. Aufl., München 2002
Geiger, Völkerrechtlicher Vertrag	*Geiger* (Hrsg.), Völkerrechtlicher Vertrag und staatliches Recht vor dem Hintergrund zunehmender Verdichtung der internationalen Beziehungen, Baden-Baden 2000
Grabitz/Hilf	*Grabitz/Hilf* (Hrsg.), Das Recht der Europäischen Union, Kommentar, Loseblattsammlung, München
Handbuch	*Ehlermann/Bieber* (Hrsg.), Handbuch des Europäischen Rechts, 32 Bde., Loseblattsammlung, Baden-Baden
Ipsen, Gemeinschaftsrecht	*H.P. Ipsen*, Europäisches Gemeinschaftsrecht, Tübingen 1972
Ipsen, Völkerrecht	*K. Ipsen*, Völkerrecht, 4. Aufl., München 1999
Isensee/Kirchhof	*Isensee/Kirchhof* (Hrsg.), Handbuch des Staatsrechts der Bundesrepublik Deutschland, 8 Bde., Heidelberg 1987-1995
Lexikon	Lexikon des Rechts. Völkerrecht, hrsg. von *Seidl-Hohenveldern*, 3. Aufl., Neuwied 2001
Maunz/Dürig	*Maunz/Dürig/Badura/Di Fabio/Herdegen/Herzog/Klein/Lerche/Papier/Randelzhofer/Schmidt-Assmann/Scholz*, Grundgesetz, Kommentar, Loseblattsammlung, München
v. Münch	*v. Münch/Kunig* (Hrsg.), Grundgesetz-Kommentar, 3 Bde., 4. und 5. Aufl., München 2000-2001
Nicolaysen	*Nicolaysen*, Europarecht I, 2. Aufl., Baden-Baden 2002
Oppermann	*Oppermann*, Europarecht, 2. Aufl., München 1999
Partsch	*Partsch*, Die Anwendung des Völkerrechts im innerstaatlichen Recht. Überprüfung der Transformationslehre, Karlsruhe 1964
Pieroth/Schlink	*Pieroth/Schlink*, Grundrechte – Staatsrecht II, Schwerpunkte Bd. 14, 19. Aufl., Heidelberg 2003
Rudolf	*Rudolf*, Völkerrecht und deutsches Recht, Tübingen 1967

Sachs	*Sachs* (Hrsg.), Grundgesetz. Kommentar, 3. Aufl., München 2003
Sartorius I	Sartorius, Bd. I, Verfassungs- und Verwaltungsgesetze der Bundesrepublik, Loseblattsammlung, München
Sartorius II	Sartorius Bd. II, Internationale Verträge – Europarecht, Loseblattsammlung, München
Schweitzer/Hummer, Europarecht	*Schweitzer/Hummer*, Europarecht, 5. Aufl., Neuwied ua 1996 und Nachtrag 1999, Neuwied ua 1999
Schweitzer/Rudolf	*Schweitzer/Rudolf,* Friedensvölkerrecht, 3. Aufl., Baden-Baden 1985
Schweitzer/Weber, Handbuch	*Schweitzer/Weber*, Handbuch der Völkerrechtspraxis der Bundesrepublik Deutschland, Baden-Baden 2004
Simma	*Simma* (Hrsg.), Charta der Vereinten Nationen. Kommentar, München 1991
Stern	*Stern,* Das Staatsrecht der Bundesrepublik Deutschland, 3 Bde., 2. und 1. Aufl., München 1980-1994
Streinz	*Streinz,* Europarecht, Schwerpunkte Bd. 12, 6. Aufl., Heidelberg 2003
Streinz, EUV/EGV	*Streinz* (Hrsg.), Vertrag über die Europäische Union und Vertrag zur Gründung der Europäischen Gemeinschaft, München 2003
Verdross/Simma	*Verdross/Simma,* Universelles Völkerrecht, 3. Aufl., Berlin 1984
Vitzthum	*Vitzthum* (Hrsg.), Völkerrecht, 2. Aufl., Berlin 2001
Wörterbuch	*Strupp/Schlochauer* (Hrsg.), Wörterbuch des Völkerrechts, 3 Bde., 2. Aufl., Berlin 1960-1962

Übereinstimmungstabelle zum EUV und zum EGV

**Änderungen des Maastrichter Vertrages (1992) durch den Vertrag
von Amsterdam (1997).
Konsolidierte Fassungen des EU- und des EG-Vertrages**

A. Vertrag über die Europäische Union

T I	**T I**	*T V***	*T V*	J.14*	**24**	K.9**	**37**	O	**49**
A	**1**	J.1**	**11**	J.15*	**25**	K.10*	**38**		
B	**2**	J.2**	**12**	J.16*	**26**	K.11*	**39**	P	**50**
C	**3**	J.3**	**13**	J.17*	**27**	K.12*	**40**		
D	**4**	J.4**	**14**	J.18*	**28**	K.13*	**41**	Q	**51**
E	**5**	J.5**	**15**	*T VI***	*T VI*	K.14*	**42**		
F	**6**	J.6**	**16**	K.1**	**29**	*T VIa**	*T VII*	R	**52**
F.1*	**7**	J.7**	**17**	K.2**	**30**	K.15*	**43**		
T II	**T II**	J.8**	**18**	K.3**	**31**	K.16*	**44**	S	**53**
G	**8**	J.9**	**19**	K.4**	**32**	K.17*	**45**		
T III	**T III**	J.10**	**20**	K.5**	**33**	*T VIII*	*T VIII*		
H	**9**	J.11**	**21**	K.6**	**34**	L	**46**		
T IV	**T IV**	J.12*	**22**	K.7**	**35**	M	**47**		
I	**10**	J.13*	**23**	K.8**	**36**	N	**48**		

B. Vertrag zur Gründung der Europäischen Gemeinschaft

Erster Teil		7a	**14**	11	–	23	–	37	**31**
1	**1**	7b	–	*K I*	*K I*	24	–	*T II*	*T II*
2	**2**	7c	**15**	*A I*	–	25	–	38	**32**
3	**3**	7d*	**16**	12	**25**	26	–	39	**33**
3a	**4**	Zweiter Teil		13	–	27	–	40	**34**
3b	**5**	8	**17**	14	–	28	**26**	41	**35**
3c*	**6**	8a	**18**	15	–	29	**27**	42	**36**
4	**7**	8b	**19**	16	–	*K 2*	*K 2*	43	**37**
4a	**8**	8c	**20**	17	–	30	**28**	44	–
4b	**9**	8d	**21**	*A 2*	–	31	–	45	–
5	**10**	8e	**22**	18	–	32	–	46	**38**
5a*	**11**	Dritter Teil		19	–	33	–	47	–
6	**12**	*T I*	*T I*	20	–	34	**29**	*T III*	*T III*
6a*	**13**	9	**23**	21	–	35	–	*K I*	*K I*
7	–	10	**24**	22	–	36	**30**	48	**39**

Legende: linke Zahlen = Altfassung; rechte Zahlen = Neufassung
T … Titel; K … Kapitel; A … Abschnitt
* … neu eingeführt durch den Vertrag von Amsterdam
** … umstrukturiert durch den Vertrag von Amsterdam

49	**40**	*T IV*	*T V*	105	**105**	119	**141**	130s	**175**
50	**41**	74	**70**	105a	**106**	119a	**142**	130t	**176**
51	**42**	75	**71**	106	**107**	120	**143**	*T XVII*	*T XX*
K 2	*K 2*	76	**72**	107	**108**	121	**144**	130u	**177**
52	**43**	77	**73**	108	**109**	122	**145**	130v	**178**
53	–	78	**74**	108a	**110**	*K 2*	*K 2*	130w	**179**
54	**44**	79	**75**	109	**111**	123	**146**	130x	**180**
55	**45**	80	**76**	*K 3*	*K 3*	124	**147**	130y	**181**
56	**46**	81	**77**	109a	**112**	125	**148**	Vierter Teil	
57	**47**	82	**78**	109b	**113**	*K 3*	*K 3*	131	**182**
58	**48**	83	**79**	109c	**114**	126	**149**	132	**183**
K 3	*K 3*	84	**80**	109d	**115**	127	**150**	133	**184**
59	**49**	*T V*	*T VI*	*K 4*	*K 4*	*T IX*	*T XII*	134	**185**
60	**50**	*K 1*	*K 1*	109e	**116**	128	**151**	135	**186**
61	**51**	*A 1*	*A 1*	109f	**117**	*T X*	*T XIII*	136	**187**
62	–	85	**81**	109g	**118**	129	**152**	136a	**188**
63	**52**	86	**82**	109h	**119**	*T XI*	*T XIV*	Fünfter Teil	
64	**53**	87	**83**	109i	**120**	129a	**153**	*T 1*	*T 1*
65	**54**	88	**84**	109j	**121**	*T XII*	*T XV*	*K 1*	*K 1*
66	**55**	89	**85**	109k	**122**	129b	**154**	*A 1*	*A 1*
K 4	*K 4*	90	**86**	109l	**123**	129c	**155**	137	**189**
67	–	*A 2*	–	109m	**124**	129d	**156**	138	**190**
68	–	91	–	*T VIa**	*T VIII*	*T XIII*	*T XVI*	138a	**191**
69	–	*A 3*	*A 2*	109n*	**125**	130	**157**	138b	**192**
70	–	92	**87**	109o*	**126**	*T XIV*	*T XVII*	138c	**193**
71	–	93	**88**	109p*	**127**	130a	**158**	138d	**194**
72	–	94	**89**	109q*	**128**	130b	**159**	138e	**195**
73	–	*K 3*	*K 3*	109r*	**129**	130c	**160**	139	**196**
73a	–	100	**94**	109s*	**130**	130d	**161**	140	**197**
73b	**56**	100a	**95**	*T VII*	*T IX*	130e	**162**	141	**198**
73c	**57**	100b	–	110	**131**	*T XV*	*T XVIII*	142	**199**
73d	**58**	100c	–	111	–	130f	**163**	143	**200**
73e	–	100d	–	112	**132**	130g	**164**	144	**201**
73f	**59**	101	**96**	113	**133**	130h	**165**	*A 2*	*A 2*
73g	**60**	102	**97**	114	–	130i	**166**	145	**202**
*T IIIa**	*T IV*	*T VI*	*T VII*	115	**134**	130j	**167**	146	**203**
73i*	**61**	*K 1*	*K 1*	*T VIIa**	*T X*	130k	**168**	147	**204**
73j*	**62**	102a	**98**	116*	**135**	130l	**169**	148	**205**
73k*	**63**	103	**99**	*T VIII*	*T XI*	130m	**170**	149	–
73l*	**64**	103a	**100**	*K 1***	*K 1*	130n	**171**	150	**206**
73m*	**65**	104	**101**	117	**136**	130o	**172**	151	**207**
73n*	**66**	104a	**102**	118	**137**	130p	**173**	152	**208**
73o*	**67**	104b	**103**	118a	**138**	130q	–	153	**209**
73p*	**68**	104c	**104**	118b	**139**	*T XVI*	*T XIX*	154	**210**
73q*	**69**	*K 2*	*K 2*	118c	**140**	130r	**174**	*A 3*	*A 3*

Legende: linke Zahlen = Altfassung; rechte Zahlen = Neufassung
T … Titel; K … Kapitel; A … Abschnitt
* … neu eingeführt durch den Vertrag von Amsterdam
** … umstrukturiert durch den Vertrag von Amsterdam

155	**211**	178	**235**	193	**257**	207	**277**	228	**300**
156	**212**	179	**236**	194	**258**	208	**278**	228a	**301**
157	**213**	180	**237**	195	**259**	209	**279**	229	**302**
158	**214**	181	**238**	196	**260**	209a	**280**	230	**303**
159	**215**	182	**239**	197	**261**	Sechster Teil		231	**304**
160	**216**	183	**240**	198	**262**	210	**281**	232	**305**
161	**217**	184	**241**	*K 4*	*K 4*	211	**282**	233	**306**
162	**218**	185	**242**	198a	**263**	212*	**283**	234	**307**
163	**219**	186	**243**	198b	**264**	213	**284**	235	**308**
A 4	*A 4*	187	**244**	198c	**265**	213a*	**285**	236*	**309**
164	**220**	188	**245**	*K 5*	*K 5*	213b*	**286**	237	–
165	**221**	*A 5*	*A 5*	198d	**266**	214	**287**	238	**310**
166	**222**	188a	**246**	198e	**267**	215	**288**	239	**311**
167	**223**	188b	**247**	*T II*	*T II*	216	**289**	240	**312**
168	**224**	188c	**248**	199	**268**	217	**290**	241	–
168a	**225**	*K 2*	*K 2*	200	–	218*	**291**	242	–
169	**226**	189	**249**	201	**269**	219	**292**	243	–
170	**227**	189a	**250**	201a	**270**	220	**293**	244	–
171	**228**	189b	**251**	202	**271**	221	**294**	245	–
172	**229**	189c	**252**	203	**272**	222	**295**	246	–
173	**230**	190	**253**	204	**273**	223	**296**	Schlußbest.	
174	**231**	191	**254**	205	**274**	224	**297**	247	**313**
175	**232**	191a*	**255**	205a	**275**	225	**298**	248	**314**
176	**233**	192	**256**	206	**276**	226	–		
177	**234**	*K 3*	*K 3*	206a	–	227	**299**		

Legende: linke Zahlen = Altfassung; rechte Zahlen = Neufassung
T   … Titel; K … Kapitel; A … Abschnitt
*   … neu eingeführt durch den Vertrag von Amsterdam
**   … umstrukturiert durch den Vertrag von Amsterdam

Einleitung

Der Mensch lebt in einer Reihe von Rechtsordnungen. Diese sind ihrerseits in **1**
Rechtsmaterien eingeteilt. So richten sich die Rechte und Pflichten des Einzelnen in
der Bundesrepublik Deutschland nach der nationalen Rechtsordnung, die herkömmlicherweise in die Rechtsmaterien des öffentlichen Rechts, des Strafrechts
und des Zivilrechts eingeteilt wird. Diese Rechtsmaterien sind auf den ersten Blick
teilweise voneinander unabhängig (zB ist der Eigentumsbegriff des Zivilrechts nicht
identisch mit dem des Art. 14 GG), teilweise aber ergänzen sie sich (zB richtet sich
das Amtshaftungsrecht nach Art. 34 GG iVm § 839 BGB) oder nehmen aufeinander
Bezug (zB verweist § 123 Abs. 3 VwGO auf einzelne Bestimmungen der ZPO).
Das GG bedingt in gewisser Weise sämtliche drei Rechtsmaterien, da es materieller
Maßstab für diese ist sowie ihre Schaffung, Änderung und Aufhebung regelt. Über
diese Klammer des GG, diesen materiellen und formellen Zusammenhalt, sind die
Rechtsmaterien derart zusammengehörig, dass man von der Einheitlichkeit der
Rechtsordnung spricht.

Neben dieser nationalen Rechtsordnung der Bundesrepublik Deutschland können **2**
auch andere Rechtsordnungen Rechte und Pflichten des Einzelnen regeln. So unterliegt der deutsche Staatsangehörige im Ausland der fremden nationalen Rechtsordnung (zB hinsichtlich des Aufenthaltsrechts, der Besteuerung oder der Beachtung
der Strafgesetze). Ebenso lassen sich aus dem Völkerrecht und dem Europarecht
Rechte und Pflichten des Einzelnen ableiten. Alle diese Rechtsordnungen sind selbständige Rechtsordnungen. Eine dem GG vergleichbare Klammer fehlt. Da sie aber
teilweise gleiche oder ähnliche Sachverhalte regeln, ergibt sich aus rechtspoliti-
schen Überlegungen, dass sie nicht ohne gegenseitige Bezüge sein sollen. Im Verhältnis zu anderen nationalen Rechtsordnungen hat diese Aufgabe hauptsächlich
das Internationale Privatrecht übernommen, das dabei selbstverständlich ebenfalls
dem GG unterliegt (vgl BVerfGE 31, S. 58 ff). Im Verhältnis zum Völkerrecht und
Europarecht müssen diese Bezüge entweder aus rechtstheoretischen Überlegungen
oder aber aus dem GG selbst abgeleitet werden. Es handelt sich daher auch um eine
staatsrechtliche Fragestellung.

Gegenstand des Staatsrechts III ist also das Verhältnis der Rechtsordnung der Bun- **3**
desrepublik Deutschland zum Völkerrecht und zum Europarecht. Dieses Fach wird
herkömmlicherweise als „Staatsrechtliche Bezüge zum Völkerrecht" bezeichnet (so
oder mit ähnlichen Formulierungen taucht das Fach in einigen Ausbildungs- und
Prüfungsordnungen für Juristen der Länder auf). Diese tradierte Bezeichnung ist
aber zu eng, da sie das Europarecht oder zumindest einen Teil davon, nämlich das
Recht der Europäischen Gemeinschaften, ausspart. Das führt dazu, dass die Praxis
der Stoffvermittlung des Staatsrechts III an den einzelnen Universitäten, sofern sie
überhaupt stattfindet, unterschiedlich ist. Die – hier zugrundegelegte – weitestge-
hende Definition des Staatsrechts III schließt jedenfalls das Europarecht in allen seinen Aspekten mit ein.

4 Die lehrbuchartige Behandlung des Staatsrechts III war lange Zeit stiefmütterlich. Bis 1985 war das Buch von *A. Bleckmann,* Grundgesetz und Völkerrecht, Berlin 1975, allein auf weiter Flur, wenn man von der skriptmäßigen Darstellung von *K.-M. Wilke,* Leitsätze zum Völkerrecht mit Bezügen zum Staatsrecht, Stuttgart 1974, absieht. 1985 erschien dann das Werk von *R. Geiger,* Grundgesetz und Völkerrecht, München 1985 (3. Aufl. 2002). Für einen Teilbereich des Staatsrechts III (= §§ 1 bis 4 des vorliegenden Buches, ohne Europarecht) existiert allerdings seit 1967 das Standardwerk von *W. Rudolf,* Völkerrecht und deutsches Recht, Tübingen 1967. Daneben gibt es eine Fülle von Monographien und Aufsätzen zu den Einzelfragen des Staatsrechts III.

Aus diesem Schrifttum wurden die Literaturhinweise dieses Buches ausgewählt. Sie sollen in keiner Weise vollständig sein, sondern nur Fundstellen nennen, die der Vertiefung des jeweiligen Abschnittes dienen.

5 Durch die Eigenart des Staatsrechts III bedingt, konnte das Konzept der Schwerpunkte-Reihe nicht immer durchgehalten werden. Da einige Fragestellungen sich im rein theoretischen Raum bewegen, können – schon aus didaktischen Gründen – nur sehr bedingt Fälle und Lösungen angeboten werden. Dies gilt zB für den Bereich einiger Völkerrechtsquellen, wo letztlich jede der dargestellten Theorien vertretbar und daher auch im Rahmen einer Fallbehandlung jede Lösung richtig ist (etwa beim Völkergewohnheitsrecht) oder wo auf Grund der anzuwendenden Methoden eine klausurmäßige Lösung kaum möglich erscheint (etwa bei den allgemeinen Rechtsgrundsätzen). Um diese Abweichung vom Konzept der Schwerpunkte-Reihe aufzuwiegen, wurde versucht, möglichst viele konkrete Beispiele aus der staats-, völker- und europarechtlichen Praxis anzuführen.

Weitere Fälle und Lösungen zum Staatsrecht III finden sich in einigen juristischen Fachzeitschriften. Ua kann auf folgende Fundstellen verwiesen werden:

a) BayVBl. 1981, S. 157 und 189 ff, 1999, S. 158 f und 187 ff.

b) JA-Übungsblätter 1981, S. 216 und 1982, S. 3 ff *(Schmalz)*; 1986, S. 1 ff *(Müller)*; 1986, S. 3 ff *(Wüstenbecker)*; 1986, S. 17 ff *(Holzhauser)*; 1992, S. 73 ff *(Koch/Meyer)*; 1993, S. 97 ff *(Franzke)*; 1993, S. 145 ff *(Riedel)*; 1993, S. 199 ff *(Franzke)*; 1995, S. 577 ff *(Odendahl)*; 1996, S. 395 ff *(Odendahl)*; 1997, S. 37 ff *(Ehrmann/Meyring)*; 2002, S. 571 ff *(Derpa)*.

c) JURA 1979, S. 236 ff *(Rengeling)*; 1984, S. 95 ff *(Dauster)*; 1989, S. 312 ff *(Ader/Streinz)*; 1994, S. 542 ff *(Seidel/Merle)*; 1995, S. 374 ff *(Giegerich)*; 1995, S. 659 ff *(Baab)*; 1996, S. 322 ff *(Schlösser)*; 1998, S. 98 ff *(Dederer)*; 1999, S. 202 ff *(Stüer)*; 2000, S. 586 ff *(Herbst)*.

d) JuS 1967, S. 321 ff *(Schröder)*; 1970, S. 338 ff *(Schwerdtfeger)*; 1971, S. 419 ff *(Rüfner)*; 1972, S. 527 ff *(Oppermann/Fleischmann)*; 1973, S. 632 ff *(Hailbronner)*; 1977, S. 536 ff *(Geck/Reinhard)*; 1982, S. 516 ff *(Fastenrath)*; 1984, S. 630 ff *(Hopfauf)*; 1987, S. 130 ff *(Nonnenmacher)*; 1989, S. 922 ff *(Zuleeg/Kadelbach)*; 1992, S. 227 ff *(Herdegen)*; 1992, S. 497 ff *(Weber/Eschmann)*; 1992, S. 941 ff *(Riedel)*; 1993, S. 310 ff *(Hermle)*; 1997, S. 39 ff, 335 ff, 619 ff *(Giegerich)*; 1998, Lernbogen 1/98, L 4 ff *(Staebe)*; 1999, S. 54 ff *(Ruffert)*; 2002, S. 262 ff *(Huster)*; 2002, S. 679 ff *(Seiler)*; 2002, S. 1095 ff *(Förster/Sander)*; 2003, S. 782 ff *(Groh/Baufeld)*.

Fälle und Lösungen zum Staatsrecht III sind auch vereinzelt in Fallsammlungen und Lehrbüchern zum Völker- und Europarecht zu finden. Insbesondere kann auf folgende Werke hingewiesen werden:

a) *Arndt/Fischer*, Europarecht – 20 Fälle mit Lösungen, 3. Aufl., Heidelberg 2003, Fälle 1, 3, 8, 14, 18 und 19.

b) *Degenhart*, Klausurenkurs im Staatsrecht, 2. Aufl., Heidelberg 2003, Fälle 8 und 9.

c) *Epiney*, Europarecht. Fälle und Lösungen, Bern 2001, Fall 1.

d) *Erichsen*, Staatsrecht und Verfassungsgerichtsbarkeit II, 3. Aufl., München 1982, Fälle 9, 10, 11 und 12.

e) *Hoffmann/Odendahl*, Europarecht – Fälle mit Lösungen, Neuwied 1996, Fälle 10 und 12 bis 14.

f) *Kisker/Höfling*, Fälle zum Staatsorganisationsrecht, 3. Aufl., München 2001, Fälle 2 und 16.

g) *Kunig/Uerpmann*, Übungen im Völkerrecht, Berlin 1998, Fälle 16, 17 und 19.

h) *Lecheler/Gundel*, Übungen im Europarecht, Berlin 1999, Fälle 1 und 2.

i) *v. Münch*, Grundbegriffe des Staatsrechts I, 4. Aufl., Stuttgart 1986, S. 26 und 57 ff.

j) *v. Münch*, Staatsrecht, Band 1, 6. Aufl., Stuttgart ua 2000, S. 337 und 356 ff.

k) *Pieper*, Fälle und Lösungen zum Europarecht, Stuttgart 1997, S. 49 ff, insb. Fälle 9 und 12.

l) *Rohde/Lorenzmeier*, Europarecht, 2. Aufl., Berlin ua 1999, S. 64 ff.

m) *Rüfner/v. Unruh/Borchert/Muckel*, Öffentliches Recht I, 6. Aufl., Neuwied 1994, Fall 35.

n) *Schmidt-Jortzig*, 40 Klausuren aus dem Staats- und Völkerrecht, 6. Aufl., Neuwied 2002, Fälle 16, 35 bis 40.

o) *Schwerdtfeger*, Öffentliches Recht in der Fallbearbeitung, 11. Aufl., München 2003, Rn 692 bis 720.

p) *Simma* (Hrsg.), WEX 6 – Völkerrecht – Europarecht, Karlsruhe 1974, Fall 7.

q) *Streinz*, Europarecht, 6. Aufl., Heidelberg 2003, Fälle 5, 6, 11, 15-17, 19, 20, 22, 26, 27, 30, 31 und 38.

r) *Weber*, Fälle zum Völker- und Europarecht, München 1992, Fälle 1 und 2.

s) *Weiß*, Examensfälle zum Europa- und Völkerrecht, Neuwied 1999, Fälle 12 und 14.

t) *Zacker*, Kompendium Europarecht, Berlin 1997, Fälle 1, 5, 7 und 9.

§ 1 Begriffsbestimmung

A. Völkerrecht

Fall 1: Im Jahre 1939 schloss der Sheikh des Staates Abu Dhabi mit der britischen Firma Petroleum Development einen Ölkonzessionsvertrag. Als es im Jahre 1949 zu Meinungsverschiedenheiten über die Auslegung des Vertrags kam, rief die Firma einen im Konzessionsvertrag vorgesehenen Schiedsrichter an. Dieser hatte vorab zu klären, ob er seine Entscheidung auf der Basis des Völkerrechts oder einer anderen Rechtsordnung zu treffen habe. Der Vertrag selbst enthielt darüber keine Aussage. Wie musste der Schiedsrichter entscheiden? **Lösung: Rn 12** 6

I. Begriff

7 Das Völkerrecht wird in weitestgehender Übereinstimmung definiert als die Summe der Rechtsnormen, die die Beziehungen der Völkerrechtssubjekte untereinander regeln und nicht der inneren Rechtsordnung eines dieser Völkerrechtssubjekte angehören.

8 Zu den **Völkerrechtssubjekten** zählen in erster Linie die Staaten als die – historisch gesehen – „klassischen" Völkerrechtssubjekte. Im 20. Jahrhundert ist dazu die Gruppe der internationalen Organisationen gekommen, von denen heute schon ca. doppelt so viele wie Staaten existieren. Daneben gibt es eine Gruppe von Völkerrechtssubjekten, die für die Rechtsordnung des Völkerrechts atypisch und meist nur historisch erklärbar sind, wie zB der Heilige Stuhl, Aufständische, der Malteser-Ritter-Orden ua. Grundsätzlich keine Völkerrechtssubjekte sind Individuen und juristische Personen des nationalen Rechts (s. Rn 532 ff).

9 Das Völkerrecht ist im Vergleich zu einer nationalen Rechtsordnung strukturell schwächer ausgebildet. Das hängt damit zusammen, dass es keine Zentralinstanzen gibt, die Recht für alle verbindlich setzen und durchsetzen können. Rechtsnormen des Völkerrechts entstehen in aller Regel nur durch Zusammenwirken der Völkerrechtssubjekte. Daher spricht man von einem **Koordinationsrecht**. Rechtsnormen des Völkerrechts haben ihre Grundlage daher üblicherweise in bilateralen oder multilateralen Verträgen oder in dem (auf übereinstimmender, von der Rechtsüberzeugung getragenen Übung basierenden) Gewohnheitsrecht. Das bedingt, dass nur die Vertragsparteien oder die an der Entstehung von Gewohnheitsrecht beteiligten Völkerrechtssubjekte an die so geschaffenen Rechtsnormen gebunden sind. Diese gelten (im Gegensatz zum innerstaatlichen Gesetz, das – von Sonderregelungen abgesehen – absolute Geltung beansprucht) daher nur relativ. Deshalb spricht man von der **Relativität des Völkerrechts**.

Beispiel: Auf einem unter griechischer Flagge fahrenden Fährschiff ereignete sich 1971 auf Hoher See eine Brandkatastrophe. Das Schiff wurde nach Italien geschleppt und der griechische Kapitän verhaftet. Griechenland protestierte gegen die Verhaftung unter Hinweis auf Art. 11 des Übereinkommens über die Hohe See vom 29. April 1958, wonach zur Strafverfolgung nur der Flaggenstaat des Schiffes oder der Heimatstaat des Kapitäns (in beiden Fällen also Griechenland) zuständig sei. Allerdings war nur Griechenland, nicht aber Italien Vertragspartner. Daneben existierte auch noch das Übereinkommen zur Vereinheitlichung von Regeln über die strafgerichtliche Zuständigkeit bei Schiffszusammenstößen und anderen mit der Führung eines Seeschiffes zusammenhängenden Ereignissen vom 10. Mai 1952. Dieses Übereinkommen enthält eine dem Art. 11 des Übereinkommens über die Hohe See nahezu identische Bestimmung. Diesmal war zwar Italien, nicht aber Griechenland Vertragspartner des Übereinkommens. Beide Staaten waren also an eine identische Regelung gebunden, aber wegen der Relativität des Völkerrechts nicht im gegenseitigen Verhältnis. Keines der beiden Übereinkommen konnte also zur Anwendung kommen (vgl dazu *Oeter*, in: Encyclopedia, Bd. III, S. 223 ff).

10 Der Koordinationscharakter des Völkerrechts wird auch bei der Durchsetzung des Rechts deutlich. Es gibt – im Gegensatz zum nationalen Recht – grundsätzlich **keine obligatorische Gerichtsbarkeit**, sondern die Zuständigkeit völkerrechtlicher

Gerichte, wie zB des Internationalen Gerichtshofs in Den Haag, bedarf der ausdrücklichen Anerkennung durch die Streitparteien.

Beispiel: Im Rahmen eines Streits zwischen Griechenland und der Türkei über die Ausdehnung des Festlandssockels in der Ägäis rief Griechenland 1976 den IGH an. Beide Staaten hatten in der Genfer Generalakte über die friedliche Streiterledigung von 1928 die Zuständigkeit des IGH (iVm Art. 37 StIGH) für derartige Streitfälle anerkannt. Griechenland hatte allerdings den – erlaubten – Vorbehalt angemeldet, dass sich die Zuständigkeit nicht auf Streitigkeiten über den territorialen Status Griechenlands beziehe. Auf Grund des Gegenseitigkeitsprinzips des Art. 36 Abs. 2 StIGH gilt dieser Vorbehalt auch zu Gunsten der Türkei. Diese konnte sich also auch darauf berufen, dass sich die Streitigkeit auf den territorialen Status der Türkei bezog, und dass daher die Zuständigkeit des IGH für diesen Fall nicht gegeben sei. Da der IGH die Ausdehnung des Festlandssockels als eine Frage des „territorialen Status" qualifizierte, hat er seine Zuständigkeit verneint (vgl *Oellers-Frahm,* in: Encyclopedia, Bd. I, S. 48 ff).

Da die Rechtsdurchsetzung im Völkerrecht zudem noch daran mangelt, dass es **11** grundsätzlich **keine Exekutionsorgane** gibt, die – vergleichbar den Polizei- oder Vollstreckungsorganen im nationalen Bereich – die Einhaltung von Rechtsnormen und Urteilen erzwingen können, sind die Völkerrechtssubjekte auch heute noch teilweise darauf angewiesen, das Recht selbst durchzusetzen. In der Praxis greifen die Völkerrechtssubjekte dabei zu den Instrumenten der **Retorsion** (= ein unfreundlicher, aber nicht völkerrechtswidriger Akt: zB die Sperre von Wirtschafts-, Entwicklungs- oder Militärhilfe) oder **Repressalie** (= ein völkerrechtswidriger Akt als Reaktion auf einen völkerrechtswidrigen Akt der Gegenseite, begrenzt durch das Prinzip der Verhältnismäßigkeit: zB Einfrieren der iranischen Bankkonten in den USA nach der Geiselnahme amerikanischer Diplomaten in der US-Botschaft in Teheran 1979). Die Grenze der eigenständigen Rechtsdurchsetzung im Völkerrecht ist nach allgemeiner Meinung das Gewaltverbot des Art. 2 Ziffer 4 SVN.

Beispiele: – In Art. 51 der Anlage zur Resolution der Generalversammlung der VN Nr 56/83 vom 12. Dezember 2001: „Verantwortlichkeit der Staaten für völkerrechtswidrige Handlungen" (Sartorius II, Nr 6) heißt es: „Verhältnismäßigkeit. Gegenmaßnahmen müssen in einem angemessenen Verhältnis zu dem erlittenen Schaden stehen, wobei die Schwere der völkerrechtswidrigen Handlung und die betreffenden Punkte zu berücksichtigen sind."

– In der „Erklärung der Generalversammlung der VN über völkerrechtliche Grundsätze für freundschaftliche Beziehungen und Zusammenarbeit zwischen den Staaten im Sinne der Charta der Vereinten Nationen" (sog. Friendly Relations Declaration) vom 24. Oktober 1970 (Sartorius II, Nr 4) heißt es in Abs. 6 des ersten Grundsatzes: „Die Staaten haben die Pflicht, Vergeltungsmaßnahmen, welche die Anwendung von Gewalt einschließen, zu unterlassen."

Ob darüber hinaus weitere Grenzen für die eigenständige Rechtsdurchsetzung bestehen, zB die Beachtung der Menschenrechte, ist umstritten, wird aber von der hL bejaht.

Lösung Fall 1 (Rn 6): An dem Ölkonzessionsvertrag waren ein Völkerrechtssubjekt **12** und eine juristische Person des britischen Rechts beteiligt. Da letztere kein Völkerrechtssubjekt ist, kann der Vertrag auch kein völkerrechtlicher Vertrag sein. Eine ausdrückliche Verweisung auf das Völkerrecht enthielt der Vertrag laut Sachverhalt nicht. Daher musste der Schiedsrichter zu dem Ergebnis kommen, dass er seine Entscheidung jedenfalls nicht auf der Basis des Völkerrechts treffen konnte (vgl ILR 1951, S. 144 ff).

II. Der Begriff des Völkerrechts im GG und in den Länderverfassungen

13 Das GG verwendet den Begriff des Völkerrechts in Art. 25 (= allgemeine Regeln des Völkerrechts), Art. 59 Abs. 1 Satz 1 (= völkerrechtliche Vertretung) und Art. 100 Abs. 2 (= Regel des Völkerrechts iSd Art. 25). Dabei wird der Begriff des Völkerrechts ohne weiteres vorausgesetzt. Dasselbe gilt für die seltenen Fälle, in denen der Begriff des Völkerrechts in den Länderverfassungen auftaucht (Bayern: Art. 84, Art. 99; Bremen: Art. 122; Hessen: Art. 67, Art. 68).

III. Zusammenhängende Begriffe

14 Vom Begriff des Völkerrechts sind einige mit diesem zusammenhängende Begriffe abzugrenzen. Als **Völkercourtoisie** (Völkersitte, comitas gentium) bezeichnet man Verhaltensstandards in den internationalen Beziehungen, die zwar in aller Regel beachtet werden, die aber nicht völkerrechtlich vorgeschrieben sind (zB das diplomatische Zeremoniell). **Internes Staatengemeinschaftsrecht** ist das von Staatengemeinschaften (= internationale Organisationen) für den internen Bereich erlassene Recht (zB Geschäftsordnungen der Organe, Verwaltungsrecht und Prozessrecht der Beamten und Bediensteten internationaler Organisationen). **Quasivölkerrechtliche Verträge** (privatvölkerrechtliche Verträge) sind Verträge zwischen Völkerrechtssubjekten und Nichtvölkerrechtssubjekten (zB der Vertrag zwischen Abu Dhabi und der britischen Firma Petroleum Development = **Fall 1**). Alle diese Materien weisen keine Bezüge zum GG auf und scheiden daher im Folgenden aus.

Literatur: *Geiger,* S. 1-8; *Mosler,* Völkerrecht als Rechtsordnung, in: ZaöRVR 1976, S. 6 ff; *Kunz,* Völkerrecht, allgemein, in: Wörterbuch, Bd. 3, S. 611 ff; *Schweisfurth,* Völkerrecht, Definition, in: Lexikon, S. 514 ff; *Vitzthum,* in: *Vitzthum,* S. 6-34.

B. Europarecht

I. Begriff

15 Der Begriff des Europarechts kann im weiteren und im engeren Sinn verstanden werden. **Im weiteren Sinn** bezeichnet Europarecht das Recht der europäischen internationalen Organisationen, wobei der Kreis zunächst auf westeuropäische Organisationen beschränkt wurde. Einige von ihnen haben allerdings auch nicht-europäische Mitglieder, andere wurden ab 1990 auch für osteuropäische Staaten geöffnet.

Die wichtigsten Organisationen sind (Stand 1. Januar 2004):

1. **BENELUX** (Wirtschaftsunion zwischen Belgien, den Niederlanden und Luxemburg).
2. **CERN** (Conseil Européen pour la Recherche Nucléaire): Belgien, Bulgarien, Bundesrepublik, Dänemark, Finnland, Frankreich, Griechenland, Großbritannien, Italien, Niederlande, Norwegen, Österreich, Polen, Portugal, Schweden, Schweiz, Slowakei, Spanien, Tschechische Republik, Ungarn.
3. **EAG** (Europäische Atomgemeinschaft): Belgien, Bundesrepublik, Dänemark, Finnland, Frankreich, Griechenland, Großbritannien, Irland, Italien, Luxemburg, Niederlande, Österreich, Portugal, Schweden, Spanien. Ab 1. Mai 2004: Estland, Lettland, Litauen, Malta, Polen, Slowakei, Slowenien, Tschechische Republik, Ungarn, Zypern.
4. **EFTA** (European Free Trade Association): Island, Liechtenstein, Norwegen, Schweiz.
5. **EG** (Europäische Gemeinschaft, früher EWG = Europäische Wirtschaftsgemeinschaft): Mitglieder wie EAG.
6. **EKV** (Europäische Konferenz der Verkehrsminister): Albanien, Aserbaidschan, Belarus, Belgien, Bosnien-Herzegowina, Bulgarien, Bundesrepublik Dänemark, Estland, Finnland, Frankreich, Griechenland, Großbritannien, Irland, Island, Italien, Jugoslawien, Kroatien, Lettland, Liechtenstein, Litauen, Luxemburg, Moldau, Niederlande, Norwegen, Österreich, Polen, Portugal, Rumänien, Russland, Schweden, Schweiz, Slowakei, Slowenien, Spanien, Tschechische Republik, Türkei, Ukraine, Ungarn.
7. Rechtsschutzsystem der **EMRK** (Europäische Menschenrechtskonvention): Mitglieder wie Europarat.
8. **EPO** (European Patent Organization): Belgien, Bundesrepublik, Dänemark, Finnland, Frankreich, Griechenland, Großbritannien, Irland, Italien, Liechtenstein, Luxemburg, Monaco, Niederlande, Österreich, Portugal, Schweden, Schweiz, Spanien, Zypern.
9. **ESA** (European Space Agency): Belgien, Bundesrepublik, Dänemark, Finnland, Frankreich, Großbritannien, Irland, Italien, Niederlande, Norwegen, Österreich, Portugal, Schweden, Schweiz, Spanien.
10. **Europarat:** Albanien, Andorra, Armenien, Aserbaidschan, Belgien, Bosnien-Herzegowina, Bulgarien, Bundesrepublik, Dänemark, Estland, Finnland, Frankreich, Georgien, Griechenland, Großbritannien, Irland, Island, Italien, Jugoslawien, Kroatien, Lettland, Liechtenstein, Litauen, Luxemburg, Malta, Mazedonien, Moldau, Niederlande, Norwegen, Österreich, Polen, Portugal, Rumänien, Russland, San Marino, Schweden, Schweiz, Slowakei, Slowenien, Spanien, Tschechische Republik, Türkei, Ukraine, Ungarn, Zypern.
11. **EU** (Europäische Union): Mitglieder wie EAG.
12. **EWR** (Europäischer Wirtschaftsraum): Mitglieder wie EAG und Island, Liechtenstein, Norwegen.
13. **IEA** (Internationale Energie-Agentur): Australien, Belgien, Bundesrepublik, Dänemark, Finnland, Frankreich, Griechenland, Großbritannien, Irland, Italien, Japan, Kanada, Korea, Luxemburg, Neuseeland, Niederlande, Österreich, Portugal, Schweden, Schweiz, Spanien, Tschechische Republik, Türkei, Ungarn, USA.
14. **NATO** (North Atlantic Treaty Organization): Belgien, Bundesrepublik, Dänemark, Frankreich, Griechenland, Großbritannien, Island, Italien, Kanada, Luxemburg, Niederlande, Norwegen, Polen, Portugal, Spanien, Tschechische Republik, Türkei, Ungarn, USA.
15. **Nordischer Rat:** Dänemark, Finnland, Island, Norwegen, Schweden.
16. **OECD** (Organization for Economic Cooperation and Development): Australien, Belgien, Bundesrepublik, Dänemark, Finnland, Frankrcich, Griechenland, Großbritannien, Irland, Island, Italien, Japan, Kanada, Korea, Luxemburg, Mexiko, Neuseeland, Nieder-

lande, Norwegen, Österreich, Polen, Portugal, Schweden, Schweiz, Spanien, Tschechische Republik, Türkei, Ungarn, USA.

17. **OSZE** (Organisation für Sicherheit und Zusammenarbeit in Europa): Alle europäischen Staaten = 53 (mit Ausnahme des Staates der Vatikanstadt, an seiner Stelle der Heilige Stuhl), Kanada, USA.

18. **WEU** (Westeuropäische Union): Belgien, Bundesrepublik, Frankreich, Griechenland, Großbritannien, Italien, Luxemburg, Niederlande, Portugal, Spanien (Island, Norwegen, Türkei assoziiert).

16 **Europarecht im engeren Sinn** bezeichnet das Recht der Europäischen Union, die durch den Vertrag über die Europäische Union vom 7. Februar 1992 (EUV oder Vertrag von Maastricht, Sartorius II, Nr 145) geschaffen und durch den Vertrag von Amsterdam vom 2. Oktober 1997 und den Vertrag von Nizza vom 26. Februar 2001 (Sartorius II, Nr 147) modifiziert wurde. Die EU wird üblicherweise mit dem so genannten „Drei-Säulen-Modell" oder „Tempel-Modell" dargestellt:

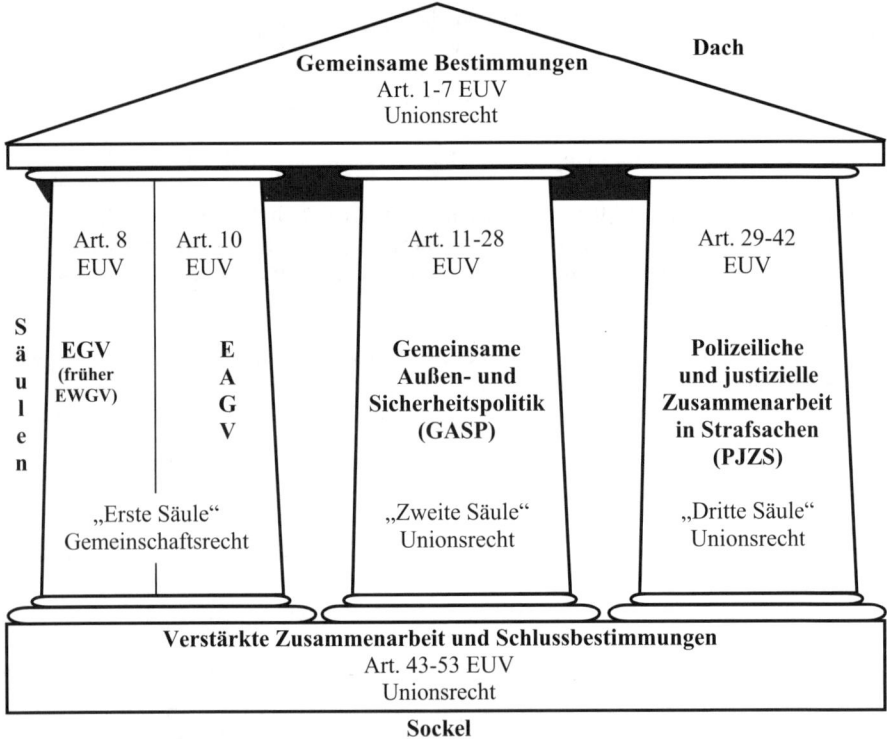

17 In **Säule 1** befinden sich als Grundlage der EU (Art. 1 Abs. 3 EUV) die zwei Europäischen Gemeinschaften EG (früher EWG) und EAG. Ihr Recht nennt man das **Europäische Gemeinschaftsrecht**. Die Europäischen Gemeinschaften sind supranational organisiert (s. Rn 691).

Säule 2 der Europäischen Union beinhaltet die gemeinsame Außen- und Sicher- **18**
heitspolitik (GASP). In **Säule 3** ist die polizeiliche und justitielle Zusammenarbeit
in Strafsachen (PJZS) vorgesehen. Im Gegensatz zu Säule 1 sind diese beiden Säulen nicht supranational organisiert, sondern die institutionellen Bestimmungen sehen nur die klassische völkerrechtliche Kooperation in Form der Einstimmigkeit
vor.

Die Europäische Union fasst die drei Säulen zusammen und vereinigt sie auf einem **19**
gemeinsamen Sockel und unter einem gemeinsamen Dach. Sie enthält damit sowohl
supranationale wie auch Elemente klassischer Kooperation. Sie ist selbst nicht supranational. Nach der hL (*Schweitzer/Hummer*, Rn 950; *Streinz*, Rn 121a) stellt sie
auch keine eigenständige internationale Organisation dar.

Das BVerfG hat in seinem Maastricht-Urteil vom 12. Oktober 1993 (BVerfGE 89, S. 155 ff)
die Union als „Staatenverbund" bezeichnet. Was dies konkret bedeutet, hat es aber offengela-
ssen. Jedenfalls stuft es die Union nicht als eigenständiges Rechtssubjekt ein (aaO, S. 195).

In der Literatur hat sich der Begriff des **Unionsrechts** herausgebildet, wobei einmal **20**
das Recht aus allen drei Säulen, das andere Mal wiederum nur das Recht aus der
Zweiten und Dritten Säule, dem Dach und dem Sockel gemeint ist. Im Folgenden
wird letztere Begrifflichkeit verwendet und daher zwischen Gemeinschaftsrecht
und Unionsrecht unterschieden, je nachdem, ob es sich um die Erste Säule oder um
den Rest des Tempels handelt. Ist vom ganzen Tempel gleichzeitig die Rede, so
kann man den Begriff **Recht der Europäischen Union** verwenden. Dies ergibt folgende Begrifflichkeit:

(1) Europäisches Gemeinschaftsrecht (Erste Säule).

(2) Unionsrecht (Zweite und Dritte Säule, Dach und Sockel).

(3) Recht der Europäischen Union (gesamter Tempel).

II. Der Begriff des Europarechts im GG und in den Länderverfassungen

Das **GG** verwendet den Begriff des Europarechts nicht. Hingegen kommt der Be- **21**
griff der Europäischen Union in den Artikeln 23, 45, 50, 52 Abs. 3a und 88 GG vor.
Demgegenüber findet sich in Art. 28 Abs. 1 Satz 3 GG der Begriff der Europäischen
Gemeinschaft. Diesbezüglich handelt es sich um einen Verweis auf Art. 19 Abs. 1
EGV.

Die Art. 17 ff EGV behandeln die so genannte **Unionsbürgerschaft**. Sie gibt den Staatsangehörigen der EG eine Reihe von Rechten, ohne die nationale Staatsangehörigkeit zu berühren. Dazu zählen ua das Aufenthaltsrecht (Art. 18 EGV); das aktive und passive Kommunal-
wahlrecht, das Art. 28 Abs. 1 Satz 3 GG verfassungsrechtlich ermöglicht (Art. 19 Abs. 1
EGV); das aktive und passive Wahlrecht zum Europäischen Parlament im jeweiligen Wohn-
sitzstaat (Art. 19 Abs. 2 EGV); den Anspruch auf diplomatischen und konsularischen Schutz
in fremden Staaten durch jeden Mitgliedstaat der EG (Art. 20 EGV); das Petitionsrecht
(Art. 21 Abs. 1 EGV, Art. 194 EGV); das Recht, sich an den Bürgerbeauftragten des Europäischen Parlaments zu wenden (Art. 21 Abs. 2 EGV, Art. 195 EGV) und das Recht auf die eigene Sprache (Art. 1 Abs. 3 EGV).

22 Auch in den **Länderverfassungen** wird der Begriff des Europarechts nicht verwendet. Der Begriff der Europäischen Gemeinschaft(en) findet sich hingegen vereinzelt in den Länderverfassungen, so in Art. 94 der Verfassung von Brandenburg, Art. 39 Abs. 1 Satz 2 der Verfassung von Mecklenburg-Vorpommern, Art. 25 Abs. 1 Satz 2 der Verfassung von Niedersachsen, Art. 60 Abs. 2 Satz 2 und Art. 64 der Verfassung des Saarlandes, Art. 62 Abs. 1 Satz 2 der Verfassung von Sachsen-Anhalt, Art. 22 Abs. 1 Satz 2 der Verfassung von Schleswig-Holstein und Art. 67 Abs. 4 der Verfassung von Thüringen. Auch hier handelt es sich jeweils um einen Verweis auf die EG oder die Europäischen Gemeinschaften der Ersten Säule der Europäischen Union.

Der Begriff der Europäischen Union findet sich nur vereinzelt in den Länderverfassungen, so in Art. 34a Abs. 1 und Abs. 2 der Verfassung von Baden-Württemberg, Art. 50 Abs. 1 Satz 2 und Abs. 2 der Verfassung von Berlin, Art. 79 Satz 2 der Verfassung von Bremen, Art. 31 Abs. 1 Nr 5 der Verfassung von Hamburg, Art. 74a Satz 2 und Art. 89b Abs. 1 Nr 7 der Verfassung von Rheinland-Pfalz und Art. 76a Abs. 1 und Abs. 2 der Verfassung des Saarlands.

Literatur: *Geiger,* S. 199-204; *Mosler,* Begriff und Gegenstand des Europarechts, in: ZaöRVR 1968, S. 481 ff; *Schroeder,* Die Rechtsnatur der Europäischen Union und verwandte Probleme, in: *Hummer/Schweitzer* (Hrsg.), Österreich und die Europäische Union, Wien 1996, S. 3 ff; *Schweitzer/Hummer,* Europarecht, Rn 1-8.

§ 2 Völkerrecht, Europarecht und nationales Recht

23 Die Frage des Verhältnisses von Völkerrecht und Europarecht zum nationalen Recht ist im Grunde genommen die Frage danach, welches Recht im Konfliktfall vorgeht. Da weder das Völkerrecht noch das GG dazu einigermaßen brauchbare Antworten enthalten, hat sich die Diskussion darüber auf die theoretische Ebene verlagert. Demgegenüber geht die hL beim Europarecht im engeren Sinn (= Recht der Europäischen Union, hier speziell Europäisches Gemeinschaftsrecht) davon aus, dass die Rangfrage im Gemeinschaftsrecht selbst geregelt sei, sodass sich die Diskussion hier auf die positivrechtliche Ebene konzentriert.

A. Völkerrecht und nationales Recht

24 **Fall 2:** Die Bundesrepublik schließt ordnungsgemäß einen völkerrechtlichen Vertrag mit dem Staat A. Das Zustimmungsgesetz zum Vertrag wird im Rahmen eines abstrakten Normenkontrollverfahrens vor dem BVerfG angefochten. Das BVerfG erklärt das Gesetz für nichtig. Als der Staat A einige Zeit später eine Verletzung des Vertrages durch die Bundesrepublik geltend macht, antwortet der Bundesaußenminister, dass das BVerfG das Zustimmungsgesetz wegen Nichtigkeit aufgehoben habe und die Bundesorgane daher den Vertrag nicht mehr einhalten dürften. Der Staat A entgegnet, dass ihm das gleichgültig sei. Er habe den Vertrag schließlich mit der Bundesrepublik und nicht mit dem BVerfG abgeschlossen. Der Vertrag sei ordnungsgemäß zu Stande gekommen und daher verbindlich. Wer hat Recht? **Lösung: Rn 37** (vgl auch Rn 38).

Bei der Frage des Verhältnisses des Völkerrechts zum nationalen Recht werden im **25** Wesentlichen zwei Theorien vertreten, die man als **Monismus** und **Dualismus** bezeichnet.

I. Monismus

Der Monismus geht von einer Einheit von Völkerrecht und nationalem Recht aus. **26** Die Begründungen dafür sind unterschiedlich, laufen aber gemeinsam darauf hinaus, dass aus naturrechtlichen, rechtstheoretischen oder logischen Gründen Völkerrecht und nationales Recht nur als Einheit gesehen werden können. *Verdross* nannte dies die „Einheit des rechtlichen Weltbildes". Wenn aber diese Einheit besteht, dann muss eine der beiden Rechtsordnungen vorgehen. Das bedeutet eine hierarchische Gliederung und die Ableitung der einen Rechtsordnung aus der anderen. Innerhalb des Monismus gibt es zwei verschiedene Lehren, je nachdem, welcher Rechtsordnung der Vorrang eingeräumt wird.

1. Monismus mit Völkerrechtsprimat

Der Monismus mit Völkerrechtsprimat geht von einer Einheit von Völkerrecht und **27** nationalem Recht aus, wobei dem **Völkerrecht** der **Vorrang** zukommt. Das läuft auf die Parömie „Völkerrecht bricht Landesrecht" hinaus. Hinsichtlich der Folgen dieses Vorranges ist die Lehre wiederum geteilt.

a) Radikaler Monismus

Der radikale Monismus geht davon aus, dass jeder völkerrechtswidrige innerstaatli- **28** che Hoheitsakt (Gesetz, Urteil, Verwaltungsakt) nichtig sei (vertreten zB von *Scelle*).

b) Gemäßigter Monismus

Der gemäßigte Monismus geht davon aus, dass ein völkerrechtswidriger innerstaat- **29** licher Akt (Gesetz, Urteil, Verwaltungsakt) zunächst innerstaatlich gilt. Dies ist aber nur ein Provisorium. Sobald nämlich die Frage der Rechtmäßigkeit dieser Akte vor ein völkerrechtliches Gericht gebracht wird, setzt sich der Vorrang des Völkerrechts durch (vertreten zB von *Seidl-Hohenveldern, Verdross*). Denn das völkerrechtliche Gericht wendet nur Völkerrecht an, die innerstaatlichen Akte sind daher rechtlich irrelevant und werden nur als Faktoren gewertet, deren Völkerrechtmäßigkeit eben zu beurteilen ist. Ein Staat kann sich daher nicht darauf berufen, um die Nichteinhaltung des Völkerrechts zu rechtfertigen.

Beispiel: Das völkerrechtliche Fremdenrecht schreibt bei der Behandlung von Ausländern einen internationalen Mindeststandard vor. Dazu gehört zB die Regel, dass über die Verhaftung eines Ausländers innerhalb einer angemessenen Frist ein unparteiisches Gericht zu entscheiden habe. Es bleibt jedem Staat grundsätzlich unbenommen, Verhaftungen seiner eigenen Staatsangehörigen ohne richterliche Kontrolle zuzulassen. Er darf aber nicht unter Berufung auf den Gleichheitssatz diese Regelung auf die Ausländer ausdehnen.

Der gemäßigte Monismus besagt daher im Ergebnis, dass ein völkerrechtswidriger innerstaatlicher Akt zwar nicht nichtig, aber doch insofern „vernichtbar" ist, als der Staat dafür zu sorgen hat, dass das Völkerrecht eingehalten wird. Dies kann er zB dadurch erreichen, dass der innerstaatliche Akt wieder aufgehoben wird. Im Ergebnis bedeutet das, dass sich – auf Dauer gesehen – das Völkerrecht durchsetzt, insofern also Vorrang hat.

2. Monismus mit Primat des nationalen Rechts

30 Der (heute nicht mehr vertretene) Monismus mit Primat des nationalen Rechts geht auch von einer Einheit von Völkerrecht und nationalem Recht aus, wobei allerdings dem **nationalen Recht** der **Vorrang** zukommt. Das läuft auf die Parömie „Landesrecht bricht Völkerrecht" hinaus. Diese Ansicht beruht auf der Theorie der absoluten Souveränität und sieht das Völkerrecht gewissermaßen als „Außenstaatsrecht" an, stellt also eigentlich eine Leugnung des Völkerrechts dar. Die Folge davon ist, dass jeder innerstaatliche Hoheitsakt (Gesetz, Urteil, Verwaltungsakt) das Völkerrecht verdrängt und unanwendbar macht (vertreten zB von *Zorn*).

II. Dualismus

31 Der Dualismus geht davon aus, dass das Völkerrecht und das nationale Recht zwei verschiedene Rechtsordnungen sind. Sie unterscheiden sich insbesondere durch einen anders gearteten Geltungsgrund, unterschiedliche Strukturen (Völkerrecht ist Koordinationsrecht, nationales Recht ist Subordinationsrecht), verschiedene Rechtssubjekte (Staaten und internationale Organisationen im Völkerrecht, natürliche und juristische Personen im nationalen Recht) und unterschiedliche Regelungsmaterien (Völkerrecht regelt den zwischenstaatlichen Bereich, nationales Recht regelt den innerstaatlichen Bereich). Auch innerhalb des Dualismus gibt es zwei verschiedene Lehren, je nachdem, welche Beziehungen zwischen den beiden Rechtsordnungen man annimmt.

1. Radikaler Dualismus

32 Der radikale Dualismus geht von einer **vollständigen Trennung** der beiden Rechtsordnungen aus. Daher könne es gar keine Konflikte geben: Widerspricht ein innerstaatlicher Akt (Gesetz, Urteil, Verwaltungsakt) dem Völkerrecht, so bleiben beide nebeneinander bestehen und gelten gleichermaßen weiter. Diese – realitätsfremde – Theorie wird dadurch aufgelockert, dass man die beiden Rechtsordnungen vergleicht mit zwei Kreisen, die sich allenfalls berühren, aber nicht schneiden (vertreten zB von *Triepel*). Berührungspunkte seien dort gegeben, wo eine Rechtsordnung auf die andere Bezug nimmt. Allerdings sei der Staat verpflichtet, seine Rechtsordnung so auszugestalten, dass sie zur Erfüllung des Völkerrechts im Stande sei. Insofern wird also ein gewisser Vorrang des Völkerrechts nicht geleugnet.

2. Gemäßigter Dualismus

Der gemäßigte Dualismus geht auch von einer **grundsätzlichen Trennung** der beiden Rechtsordnungen aus, leugnet aber nicht die Konfliktmöglichkeiten. Nur könnten diese Konflikte nicht im monistischen Sinn mit der Überordnung einer der beiden Rechtsordnungen gelöst werden. Die beiden Rechtsordnungen werden gesehen als Kreise, die sich teilweise überschneiden. Diese Überschneidungen entstehen durch gegenseitige Bezugnahmen, Verweisungen oder Umwandlungen von Normen der einen Rechtsordnung in Normen der anderen.

33

Beispiele:
– Das Völkerecht überlässt es den Staaten, ihre völkerrechtlichen Vertretungsorgane selbst zu bestimmen (Präsident, Regierungschef, Außenminister oder andere).
– Das nationale Recht geht bei Bezugnahme auf „auswärtige Staaten" vom völkerrechtlichen Staatsbegriff aus.

In diesen Überschneidungsbereichen gibt es Kollisionsnormen, Konflikte sind also immer lösbar. In allen anderen Bereichen aber gilt dies nicht. Daher ist dort ein völkerrechtswidriger, innerstaatlicher Akt (Gesetz, Urteil, Verwaltungsakt) noch immer gültig und verbindlich. Allerdings haftet der Staat nach außen für einen dadurch bedingten Bruch des Völkerrechts (vertreten zB von *Rudolf*). Im Ergebnis bedeutet das, dass sich – auf Dauer gesehen – das Völkerrecht durchsetzt, insofern also Vorrang hat.

Es zeigt sich somit, dass hinsichtlich der praktischen Auswirkungen im Grunde genommen kein Unterschied zwischen gemäßigtem Monismus mit Völkerrechtsprimat und gemäßigtem Dualismus besteht. Nach beiden Theorien kommt dem Völkerrecht ein – zumindest faktischer – Vorrang zu, und nach beiden Theorien wird völkerrechtswidriges, innerstaatliches Recht zunächst wirksam. Als einziger Unterschied bleibt die grundsätzliche Stellung zur Eigenständigkeit oder hierarchischen Über- und Unterordnung der beiden Rechtsordnungen. Das hat auch dazu geführt, dass man die Nutzlosigkeit des Theorienstreits geltend gemacht und ihn als „unreal, artificial and strictly beside the point" bezeichnet hat. Aber selbst diese Ansicht hat sich nicht durchgesetzt.

34

Als Fazit bleibt festzuhalten: Die Frage nach der **„richtigen" Theorie** ist kaum zu beantworten, wenngleich man davon ausgehen kann, dass die radikalen Theorien und der Primat des nationalen Rechts nicht mehr vertreten werden. Die Praxis des

35

Völkerrechts enthält entweder gar keine Hinweise oder aber Indizien, die sich für beide gemäßigten Theorien fruchtbar machen lassen, wie das Beispiel aus dem völkerrechtlichen Fremdenrecht (s. Rn 29) zeigt. Es wäre mit dem gemäßigten Dualismus genauso zu beurteilen. Auch die einzelnen Staatsverfassungen können, sofern sie Bestimmungen zu diesem Komplex enthalten, im Sinne beider Theorien ausgelegt werden.

Beispiel: Art. 9 des österreichischen Bundesverfassungsgesetzes lautet: „Die allgemein anerkannten Regeln des Völkerrechts gelten als Bestandteil des Bundesrechts". Das kann als verfassungsrechtliches Bekenntnis zum Monismus verstanden werden. Man kann diese Bestimmung aber auch insofern dualistisch interpretieren, als es sich hier um einen der genannten Überschneidungsbereiche handelt, der durch Umwandlung der Normen einer der beiden getrennten Rechtsordnungen in Normen der anderen entsteht.

36 Im Übrigen wird auch die Meinung vertreten, es handele sich bei der ganzen Problematik um eine rechtstheoretische Frage. Als solche könne sie weder im Völkerrecht noch im nationalen Recht positiv-rechtlich geregelt werden. Diesbezügliche Bestimmungen könnten daher allenfalls deklaratorischen Charakter haben. Charakteristisch dafür ist der Wortlaut des Art. 10 der italienischen Verfassung: „Italiens Rechtssystem entspricht den allgemein anerkannten Regeln des Völkerrechts".

37 **Lösung Fall 2** (Rn 24): Die Entscheidung, wer Recht hat, muss unterschiedlich ausfallen, je nachdem, welche Theorie zum Verhältnis des Völkerrechts zum innerstaatlichen Recht man vertritt. Folgende Lösungen kommen in Frage:

1. Da der völkerrechtliche Vertrag zwischen der Bundesrepublik und dem Staat A ordnungsgemäß zustandegekommen ist, geht er – vertritt man einen radikalen Monismus mit Völkerrechtsprimat – dem nationalen Recht der Bundesrepublik vor mit der Folge, dass jeder widersprechende innerstaatliche Akt nichtig ist. Das gilt auch für das Urteil des BVerfG. Der Vertrag ist also weiterhin verbindlich und muss von der Bundesrepublik eingehalten werden.

2. Da der völkerrechtliche Vertrag zwischen der Bundesrepublik und dem Staat A ordnungsgemäß zu Stande gekommen ist, geht er – vertritt man einen gemäßigten Monismus mit Völkerrechtsprimat – dem nationalen Recht der Bundesrepublik vor. Die Folge dieses Vorrangs ist aber nicht die Nichtigkeit des Urteils des BVerfG (und dessen gesetzlich normierte Verbindlichkeit gemäß § 31 BVerfGG), sondern nur, dass die Bundesrepublik trotz des Urteils des BVerfG den Vertrag einzuhalten hat. So wird auch ein eventuell angerufenes völkerrechtliches Gericht entscheiden. Die dadurch entstehenden verfassungsrechtlichen Probleme innerhalb der Bundesrepublik sind dabei irrelevant.

3. Vertritt man einen Monismus mit Primat des nationalen Rechts, so macht das Urteil des BVerfG den völkerrechtlichen Vertrag unanwendbar.

4. Vertritt man einen radikalen Dualismus, so lässt sich die Frage eigentlich nur so beantworten, dass beide Staaten Recht haben.

5. Vertritt man einen gemäßigten Dualismus, so ist das Urteil des BVerfG zwar innerstaatlich bindend, trotzdem aber hat die Bundesrepublik den Vertrag einzuhalten. Dies wird auch ein eventuell angerufenes völkerrechtliches Gericht so entscheiden. Die dadurch entstehenden verfassungsrechtlichen Probleme innerhalb der Bundesrepublik sind dabei irrelevant.

Auch in der Literatur ist der Theorienstreit noch nicht entschieden. In der **Bundes-** **38** **republik** neigt die hL eher dem **gemäßigten Dualismus** zu, während beispielsweise in Österreich überwiegend der gemäßigte Monismus mit Völkerrechtsprimat vertreten wird. In der Staatenpraxis werden auftretende Probleme insbesondere durch vermehrte Kodifikationen des Völkerrechts entschärft. Dadurch werden die Verpflichtungen der Staaten genauer festgelegt, sodass einerseits völkerrechtswidrige innerstaatliche Hoheitsakte vermieden werden können und andererseits völkerrechtliche Gerichte über klarere Maßstäbe für ihre Entscheidungen verfügen. Dennoch können diese Kodifikationen natürlich nicht die theoretische Grundfrage lösen. Auch der **Fall 2** lässt sich auf diesem pragmatischen Weg einer leichteren, wenngleich nicht einer den Theorienstreit entscheidenden Lösung zuführen.

Das völkerrechtliche Recht der Verträge (= Fragen des Abschlusses, In-Kraft-Tretens, der Geltung, der Auflösung etc) ist kodifiziert in der Wiener Konvention über das Recht der Verträge vom 23. Mai 1969 (Sartorius II, Nr 320). Art. 46 dieser Konvention bestimmt: „Ein Staat kann sich nicht darauf berufen, daß seine Zustimmung, durch einen Vertrag gebunden zu sein, unter Verletzung einer Bestimmung seines innerstaatlichen Rechts über die Zuständigkeit zum Abschluß von Verträgen ausgedrückt wurde und daher ungültig sei, sofern nicht die Verletzung offenkundig war und eine innerstaatliche Rechtsvorschrift von grundlegender Bedeutung betraf."

Wendet man diese Bestimmung auf den vorliegenden Fall an, so zeigt sich, dass das Vorbringen des Bundesaußenministers nur dann stichhaltig sein kann, wenn der Grund für die Nichtigkeit des Zustimmungsgesetzes den Tatbestandsvoraussetzungen des Art. 46 WVRK entspricht. Ist dies nicht der Fall, ist das Vorbringen unerheblich. Dies führt zwar nicht zur Lösung des Theorienstreits, reduziert aber von vornherein die mögliche Anzahl der Konfliktfälle (vgl auch **Fall 8**, Rn 213 und 221).

III. Regelung im GG und in den Länderverfassungen

Das GG enthält keine ausdrückliche Regelung der Verhältnisfrage. Auch das **39** BVerfG hat dazu bislang noch keine eindeutige Stellungnahme abgegeben. Immerhin ergibt sich aus der Rechtsprechung des BVerfG eine Festlegung zu den gemäßigten Varianten hin (BVerfGE 45, S. 83 ff, 96):

„Nach ständiger Rechtsprechung des Bundesverfassungsgerichts ist es, denkbar, daß ein Vertragsgesetz die Verfassung verletzt, während der Vertrag, auf den es sich bezieht, völkerrechtlich bindet. In solchen Fällen mag der Staat zwar völkerrechtlich verpflichtet sein, den abgeschlossenen Vertrag durchzuführen; er kann aber die Pflicht haben, den dadurch geschaffenen verfassungswidrigen Zustand zu beseitigen, soweit dies möglich ist‘ (BVerfGE 6, 290 [295]; vgl auch BVerfGE 16, 220 [227 f]; 36, 1 [14]). Der Gesetzgeber kann gehalten sein, alle ‚Möglichkeit(en) eines irgendwie gearteten Ausgleichs‘ (BVerfGE 38, 49 [51]) auszuschöpfen, um auf diese Weise den Erfordernissen beider Rechtskreise Rechnung zu tragen."

Trotz der fehlenden Regelung im GG und trotz der insofern unklaren Rechtsprechung des BVerfG werden von den Vertretern der beiden Theorien einzelne Bestimmungen des GG als Nachweis der jeweils eigenen Lösung herangezogen.

So bestimmt **Art. 25 GG**, dass die allgemeinen Regeln des Völkerrechts Bestand- **40** teil des Bundesrechts sind, den Gesetzen vorgehen und Rechte und Pflichten unmittelbar für die Bewohner des Bundesgebietes erzeugen. Art. 25 GG kann einerseits als deklaratorische Kodifikation des Monismus verstanden (= Völkerrecht und Bundesrecht bilden eine Einheit), andererseits aber insofern als Nachweis des Dualismus angesehen werden, als durch diese Bestimmung die allgemeinen Regeln des Völkerrechts als Bestandteil einer getrennten Rechtsordnung ins innerstaatliche Recht aufgenommen werden und ihnen ein bestimmter Rang (= über den Gesetzen) eingeräumt wird. Gerade letzteres ist nur nach dem Dualismus möglich, da nach monistischer Sicht mit Völkerrechtsprimat dem Völkerrecht immer der Vorrang gegenüber dem *gesamten* staatlichen Recht und nicht nur gegenüber den Gesetzen zukommt. Von den Dualisten wird zudem noch **Art. 100 Abs. 2 GG** angeführt, wonach das BVerfG zu entscheiden hat, ob eine Regel des Völkerrechts gemäß Art. 25 GG Bestandteil des Bundesrechts ist und ob sie unmittelbar Rechte und Pflichten für den einzelnen erzeugt. Dabei – so wird vorgebracht – müsse das BVerfG nicht nur über die Eigenschaft einer Regel des Völkerrechts als Bundesrecht, sondern inzidenter auch über die Existenz dieser Regel entscheiden. Dass ein staatliches Organ eine derartige Entscheidung treffen könne, sei nur im Rahmen des Dualismus erklärbar.

Entsprechendes gilt für die wenigen, dem Art. 25 GG vergleichbaren Bestimmungen der Länderverfassungen (Art. 84 der Verfassung von Bayern, Art. 122 der Verfassung von Bremen, Art. 67 der Verfassung von Hessen).

41 Insgesamt aber lässt sich sagen, dass das GG und die Länderverfassungen die Verhältnisfrage nicht normativ lösen, sondern allenfalls deklaratorisch eine der beiden Theorien wiedergeben können. Wenn man die beiden angeführten Artikel des GG heranzieht, dann kann man damit lediglich die Sicht des Verfassungsgebers, aber nicht die verbindliche Lösung der Verhältnisfrage herauslesen. Aus der Entstehungsgeschichte des GG ergibt sich, dass der Parlamentarische Rat eher von einem Dualismus ausgegangen ist.

Literatur: *Bleckmann,* Das Verhältnis des Völkerrechts zum Landesrecht im Lichte der „Bedingungstheorie", in: ArchVR 18 (1979/80), S. 257 ff; *Guggenheim,* Völkerrecht und Landesrecht, in: Wörterbuch, Bd. 3, S. 651 ff; *Ipsen,* Völkerrecht, 3. Aufl. München 1990, S. 1071-1093; *Keller,* Rechtsvergleichende Aspekte zur Monismus-Dualismus-Diskussion, in: SZIER 1999, S. 225 ff; *Rudolf,* S. 128-150; *ders.,* Recht, innerstaatliches und Völkerrecht, in: Lexikon, S. 313 ff; *Wagner,* Monismus und Dualismus: eine methodenkritische Betrachtung zum Theorienstreit, in: AöR 89 (1964), S. 212 ff.

B. Europarecht und nationales Recht

42   **Fall 3:** Die deutsche Winzerin W stellt den Antrag auf Genehmigung der weinbergsmäßigen Neuanpflanzung eines ihr gehörenden Grundstücks. Die zuständige Verwaltungsbehörde verweigert die Genehmigung mit der Begründung, dass gemäß der nach dem Weinwirtschaftsgesetz von der Behörde zu beachtenden Verordnung des Rates der EG über die gemeinsame Marktorganisation für Wein Neuanpflanzungen verboten seien und dass keine der in dieser Verordnung vorgesehenen Ausnahmen vorläge. Nach erfolglosem Widerspruch erhebt W Klage und bringt zur Begründung unter anderem vor, dass die Verordnung gegen ihre Grundrechte aus Art. 12 und Art. 14 GG verstoße und daher nichtig oder zumindest unanwendbar sei. Ist diese Ansicht richtig, wenn man von einer Grundrechtsverletzung durch die Verordnung ausgeht? **Lösung: Rn 51**

Bei der Frage des Verhältnisses des Europarechts im weiteren Sinn zum nationalen **43** Recht gelten die oben angeführten Kriterien, da das Europarecht im weiteren Sinn völkerrechtlichen Ursprungs ist. Hinsichtlich des Verhältnisses des Europarechts im engeren Sinn (Recht der Europäischen Union, hier speziell Europäisches Gemeinschaftsrecht) zum nationalen Recht werden allerdings überwiegend differenzierte Meinungen vertreten, die zwar theoretisch den beiden Modellen des Monismus und Dualismus zugeordnet werden können, die sich aber unter anderen Bezeichnungen und mit teilweise unterschiedlichen Begründungen präsentieren. Die wichtigsten Theorien sind dabei:

I. Völkerrechtliche Lösung

Die völkerrechtliche Lösung geht davon aus, dass die **Gründungsverträge** der Eu- **44** ropäischen Gemeinschaften **völkerrechtliche Verträge** seien und dass deshalb diese Gründungsverträge sowie das von den Organen der Gemeinschaften auf Grund der Gründungsverträge erlassene Recht nach völkerrechtlichen Kriterien zu beurteilen seien. Daher müssten auch für die Frage nach dem Verhältnis des Europäischen Gemeinschaftsrechts zum nationalen Recht die Theorien über das Verhältnis des Völkerrechts zum nationalen Recht angewendet werden. Dieser völkerrechtliche Lösungsansatz stellt nur eine Mindermeinung dar. Was hingegen das übrige Recht der EU anbelangt (Zweite und Dritte Säule, Dach und Sockel = Unionsrecht) geht man bei der Frage des Verhältnisses zum nationalen Recht allgemein von der völkerrechtlichen Lösung aus, da es sich dabei um klassisches Völkerrecht handelt.

II. Europarechtliche Lösung

Die europarechtliche Lösung geht davon aus, dass das **Europäische Gemein-** **45** **schaftsrecht kein Völkerrecht** sei (s. dazu Rn 323). Aus der Tatsache, dass die Gründungsverträge der Europäischen Gemeinschaften ursprünglich völkerrechtliche Verträge gewesen seien, ließen sich keine rechtsdogmatischen Folgerungen hinsichtlich Geltungsgrund, Rechtsnatur oder Qualität des Gemeinschaftsrechts ableiten. Entscheidend sei vielmehr die sich aus den Gemeinschaftsverträgen ergebende Struktur des Rechts. Diese Struktur aber sei anderen völkerrechtlichen Verträgen fremd. Daraus folge, dass das Europäische Gemeinschaftsrecht eben nicht Völkerrecht sei. Es handele sich vielmehr um ein „Recht sui generis". Daher könnten bei der Verhältnisfrage auch nicht die Theorien über das Verhältnis des Völkerrechts zum nationalen Recht zur Anwendung kommen. Die Frage müsse vielmehr anhand des Europäischen Gemeinschaftsrechts selbst gelöst werden.

46   Die europarechtliche Lösung kommt insgesamt zu einem **Vorrang des Gemein-schaftsrechts**. Dies ergebe sich aus einer Reihe von Bestimmungen der Gründungs-verträge (Art. 249 Abs. 2 EGV, Art. 161 Abs. 2 EAGV, Art. 10 EGV, Art. 83 Abs. 2 lit. e EGV) sowie aus dem teleologisch zu ermittelnden **Prinzip der Sicherung der Funktionsfähigkeit der Gemeinschaften**, ohne das die Gemeinschaften nicht exis-tieren könnten.

47   Diese insbesondere von *H.P. Ipsen* entwickelte hL wird auch vom **EuGH** vertreten. Grundlegend waren folgende Ausführungen in seinem Urteil vom 15. Juli 1964 (Rs. 6/64, Costa/ENEL, Slg. 1964, S. 1251 ff, 1269 ff):

„Zum Unterschied von gewöhnlichen internationalen Verträgen hat der EWG-Vertrag eine eigene Rechtsordnung geschaffen, die bei seinem Inkrafttreten in die Rechtsordnungen der Mitgliedstaaten aufgenommen worden und von ihren Gerichten anzuwenden ist. Denn durch die Gründung einer Gemeinschaft für unbegrenzte Zeit, die mit eigenen Organen, mit der Rechts- und Geschäftsfähigkeit, mit internationaler Handlungsfähigkeit und insbesondere mit echten, aus der Beschränkung der Zuständigkeit der Mitgliedstaaten oder der Übertra-gung von Hoheitsrechten der Mitgliedstaaten auf die Gemeinschaft herrührenden Hoheits-rechten ausgestattet ist, haben die Mitgliedstaaten, wenn auch auf einem begrenzten Gebiet, ihre Souveränitätsrechte beschränkt und so einen Rechtskörper geschaffen, der für ihre An-gehörigen und sie selbst verbindlich ist.

Diese Aufnahme der Bestimmungen des Gemeinschaftsrechts in das Recht der einzelnen Mitgliedstaaten und, allgemeiner, Wortlaut und Geist des Vertrages haben zur Folge, daß es den Staaten unmöglich ist, gegen eine von ihnen auf der Grundlage der Gegenseitigkeit an-genommenen Rechtsordnung nachträgliche einseitige Maßnahmen ins Feld zu führen. Sol-che Maßnahmen stehen der Anwendbarkeit der Gemeinschaftsrechtsordnung daher nicht entgegen. Denn es würde eine Gefahr für die Verwirklichung der in Art. 5 Abs. 2 aufgeführ-ten Ziele des Vertrages bedeuten und dem Verbot des Art. 7 widersprechende Diskriminie-rungen zur Folge haben, wenn das Gemeinschaftsrecht je nach der nachträglichen innerstaat-lichen Gesetzgebung von einem Staat zum anderen verschiedene Geltung haben könnte.

Die Verpflichtungen, die die Mitgliedstaaten im Vertrag zur Gründung der Gemeinschaft ein-gegangen sind, wären keine unbedingten mehr, sondern nur noch eventuelle, wenn sie durch spätere Gesetzgebungsakte der Signatarstaaten in Frage gestellt werden könnten …

Der Vorrang des Gemeinschaftsrechts wird auch durch Artikel 189 bestätigt; ihm zufolge ist die Verordnung „verbindlich" und „gilt unmittelbar in jedem Mitgliedstaat". Diese Bestim-mung, die durch nichts eingeschränkt wird, wäre ohne Bedeutung, wenn die Mitgliedstaaten sie durch Gesetzgebungsakte, die den gemeinschaftsrechtlichen Normen vorgingen, einseitig ihrer Wirksamkeit berauben könnten.

Aus alledem folgt, daß dem vom Vertrag geschaffenen, somit aus einer autonomen Rechts-quelle fließenden Recht wegen dieser seiner Eigenständigkeit keine wie immer gearteten in-nerstaatlichen Rechtsvorschriften vorgehen können, wenn ihm nicht sein Charakter als Ge-meinschaftsrecht aberkannt und wenn nicht die Rechtsgrundlage der Gemeinschaft selbst in Frage gestellt werden soll.

Die Staaten haben somit dadurch, daß sie nach Maßgabe der Bestimmungen des Vertrages Rechte und Pflichten, die bis dahin ihren inneren Rechtsordnungen unterworfen waren, der Regelung durch die Gemeinschaftsrechtsordnung vorbehalten haben, eine endgültige Be-schränkung ihrer Hoheitsrechte bewirkt, die durch spätere einseitige, mit dem Gemein-schaftsbegriff unvereinbare Maßnahmen nicht rückgängig gemacht werden kann."

Etwas wechselhaft war die Rechtsprechung des EuGH zur Frage der **Wirkung des** 48
Vorrangs. Nachdem er sich in mehreren Urteilen für einen Anwendungsvorrang
ausgesprochen hatte (zB Rs. 84/71, Marimex/Finanzministerium der Italienischen
Republik, Slg. 1972, S. 89 ff, Rn 5), hat er später in einem Fall eine Formulierung
gewählt, die auf einen Geltungsvorrang hinzielt (Rs. 106/77, Staatliche Finanzver-
waltung/Simmenthal, Slg. 1978, S. 629 ff, Rn 17/18). Zu einer endgültigen Klarstellung kam es jedenfalls 1998, als der EuGH zu dieser scheinbar widersprüchli-
chen Rechtsprechung Stellung nahm (verb. Rs. C-10/97 bis C-22/97, Ministerio
delle Finanze/IN.CO.GE '90 ua, Slg. 1998, S. I-6307 ff):

„(18) Die Kommission erinnert daran, daß der Gerichtshof im Urteil vom 9. März 1978 in der
Rechtssache 06/77 (Simmenthal, Slg. 1978, 629) insbesondere entschieden habe, daß die
Vertragsbestimmungen und die unmittelbar geltenden Rechtsakte der Gemeinschaftsorgane
in ihrem Verhältnis zum internen Recht der Mitgliedstaaten nicht nur zur Folge hätten, daß
jede zuwiderlaufende Bestimmung des geltenden staatlichen Rechts ohne weiteres unanwendbar werde, sondern auch, daß ein wirksames Zustandekommen neuer staatlicher Gesetzgebungsakte insoweit verhindert werde, als diese mit Gemeinschaftsnormen unvereinbar
wären. Die Kommission leitet daraus her, daß ein Mitgliedstaat völlig unzuständig dafür sei,
eine abgabenrechtliche Bestimmung zu erlassen, die mit dem Gemeinschaftsrecht unvereinbar sei, und daß demzufolge eine solche Bestimmung und die entsprechende abgabenrechtliche Verpflichtung als inexistent anzusehen seien.

(19) Dieser Auslegung kann nicht gefolgt werden.

(20) Der Gerichtshof war in der Rechtssache Simmenthal insbesondere danach gefragt worden, welche Konsequenzen sich aus der unmittelbaren Anwendbarkeit einer Bestimmung
des Gemeinschaftsrechts ergeben, wenn diese einer später erlassenen Rechtsvorschrift eines
Mitgliedstaats entgegensteht. Ohne zwischen früher oder später ergangenem Recht zu unterscheiden, hatte er jedoch bereits in seiner früheren Rechtsprechung (vgl. insbesondere
Urteil vom 15. Juli 1964 in der Rechtssache 6/64, Costa, Slg. 1964, 1253) ausgeführt, daß
es einem Mitgliedstaat verwehrt sei, einer innerstaatlichen Vorschrift Vorrang vor einer entgegenstehenden Gemeinschaftsnorm einzuräumen. So hat der Gerichtshof im Urteil Simmenthal entschieden, daß jeder im Rahmen seiner Zuständigkeit angerufene staatliche Richter
verpflichtet ist, das Gemeinschaftsrecht uneingeschränkt anzuwenden und die Rechte, die
es den einzelnen verleiht, zu schützen, indem er jede möglicherweise zuwiderlaufende Bestimmung des nationalen Rechts, gleichgültig, ob sie früher oder später als die Gemeinschaftsnorm ergangen ist, unangewendet lässt (Urteil Simmenthal, Randnr. 21 und 24).
Diese Rechtsprechung ist mehrfach bestätigt worden (vgl. z.B. Urteil Debus, Randnr. 32;
Urteile vom 2. August 1993 in der Rechtssache C-158/91, Levy, Slg. 1993, I-4287,
Randnr. 9, und vom 5. März 1998 in der Rechtssache C-347/96, Solred, Slg. 1998, I-937,
Randnr. 30).

(21) Entgegen dem Vorbringen der Kommission kann deshalb aus dem Urteil Simmenthal
nicht hergeleitet werden, daß die Unvereinbarkeit einer später ergangenen Vorschrift des innerstaatlichen Rechts mit dem Gemeinschaftsrecht dazu führt, daß diese Vorschrift inexistent
ist. In dieser Situation ist das nationale Gericht vielmehr verpflichtet, diese Vorschrift unangewendet zu lassen, wobei diese Verpflichtung nicht die Befugnis der zuständigen nationalen
Gerichte beschränkt, unter mehreren nach der innerstaatlichen Rechtsordnung in Betracht
kommenden Wegen diejenigen zu wählen, die zum Schutz der durch das Gemeinschaftsrecht
gewährten individuellen Rechte geeignet erscheinen (vgl. Urteil vom 4. April 1968 in der
Rechtssache 34/67, Lück, Slg. 1968, 364).“

49 Insgesamt gesehen herrscht mittlerweile Übereinstimmung darüber, dass der Vorrang des Gemeinschaftsrechts nur ein **Anwendungsvorrang** ist. Der EuGH hat im Übrigen selbst festgestellt, dass er nicht befugt ist, im Falle einer Kollision zwischen Gemeinschaftsrecht und nationalem Recht über die Nichtigkeit des letzteren zu entscheiden (Rs. 237/82, Jongeneel Kaas/Niederlande, Slg. 1984, S. 483 ff, Rn 6). Genau darauf aber würde ein Geltungsvorrang hinauslaufen. Beim Anwendungsvorrang hingegen bleibt das nationale Recht bestehen, kommt aber im Kollisionsfall nicht zur Anwendung.

Beispiel: Das Ausländerrecht gilt auch in dem Gemeinschaftsrecht widersprechenden Bestimmungen weiter, findet aber auf Staatsangehörige der Mitgliedstaaten der Europäischen Gemeinschaften keine Anwendung, soweit deren Rechtsstellung durch das Gemeinschaftsrecht unmittelbar geregelt wird. Um dies klarzustellen, wurde in der Bundesrepublik das Gesetz über Einreise und Aufenthalt von Staatsangehörigen der Mitgliedstaaten der EWG erlassen (Sartorius I, Nr 560).

49a Dieser Anwendungsvorrang des Gemeinschaftsrechts gilt **gegenüber dem gesamten nationalen Recht**, also auch gegenüber dem Verfassungsrecht einschließlich der Grundrechte (EuGH, Rs. 11/70, Internationale Handelsgesellschaft/Einfuhr- und Vorratsstelle für Getreide- und Futtermittel, Slg. 1970, S. 1125 ff):

„(3) Die einheitliche Geltung des Gemeinschaftsrechts würde beeinträchtigt, wenn bei der Entscheidung über die Gültigkeit von Handlungen der Gemeinschaftsorgane Normen oder Grundsätze des nationalen Rechts herangezogen würden. Die Gültigkeit solcher Handlungen kann nur nach dem Gemeinschaftsrecht beurteilt werden, denn dem vom Vertrag geschaffenen, somit aus einer autonomen Rechtsquelle fließenden Recht können wegen seiner Eigenständigkeit keine wie immer gearteten innerstaatlichen Rechtsvorschriften vorgehen, wenn ihm nicht sein Charakter als Gemeinschaftsrecht aberkannt und wenn nicht die Rechtsgrundlage der Gemeinschaft selbst in Frage gestellt werden soll. Daher kann es die Gültigkeit einer Gemeinschaftshandlung oder deren Geltung in einem Mitgliedstaat nicht berühren, wenn geltend gemacht wird, die Grundrechte in der ihnen von der Verfassung dieses Staates gegebenen Gestalt oder die Strukturprinzipien der nationalen Verfassung seien verletzt."

Im Jahre 2000 entschied der EuGH, dass die Gleichberechtigungs-Richtlinie 76/207 der EG nationalen Bestimmungen entgegenstehe, die Frauen allgemein vom Dienst mit der Waffe ausschließen (Rs. C-285/98, Kreil/Bundesrepublik Deutschland, Slg. 2000, S. I-69 ff). Die Richtlinie kollidierte dabei nicht nur mit gesetzlichen deutschen Vorschriften über das Wehrrecht, sondern auch mit dem damaligen Art. 12a Abs. 2 Satz 2 GG („[Frauen] dürfen auf keinen Fall Dienst mit der Waffe leisten".). Dies führte zur Änderung des Art. 12a Abs. 2 Satz 2 GG, der heute lautet: „(Frauen) dürfen auf keinen Fall zum Dienst mit der Waffe verpflichtet werden."

49b Der Anwendungsvorrang gilt auch **gegenüber bestandskräftigen Verwaltungsakten**.

Beispiel: § 4 Absatz 1 S 1 des Landschaftsschutzgesetzes des österreichischen Bundeslandes Vorarlberg sieht vor, dass im Bereich von Seen und eines daran anschließenden 500 m breiten Uferstreifens, gerechnet bei mittlerem Wasserstand, jegliche Veränderung in der Landschaft verboten ist.

Nach § 4 Absatz 2 kann die Behörde Ausnahmen von der Vorschrift des Absatzes 1 bewilligen, wenn Gewähr besteht, dass durch solche Veränderungen Landschaftsschutzinteressen nicht verletzt und insbesondere die Sicht auf Seen nicht erschwert wird, oder wenn es aus Gründen der öffentlichen Sicherheit geboten ist.

Die ABC-Charter Gesellschaft mbH pachtete im Uferbereich des Bodensees gelegene Grundstücke, auf denen sie 200 Bootsliegeplätze errichten durfte. Durch Bescheid der Bezirkshauptmannschaft Bregenz wurde bestimmt, dass davon maximal 60 Boote, deren Eigner ihren Wohnsitz im Ausland haben, im Hafen untergebracht werden dürfen. Als dieses Kontingent um zwei Liegeplätze überschritten wurde, wurden über Herrn Ciola, dem Geschäftsführer der Gesellschaft, zwei Geldstrafen von jeweils 75 000 ÖS verhängt. Der mit der Angelegenheit befasste Verwaltungsgerichtshof rief den EuGH gemäß Art 177 (jetzt Art 234) EGV an und fragt ua, ob die Dienstleistungsfreiheit dahingehend auszulegen sei, dass eine derartige Kontingentierung mit Strafandrohung verboten sei. Der EuGH führte hinsichtlich des Vorliegens einer Diskriminierung folgendes aus (Rs. C-224/97, Ciola/Land Vorarlberg, Slg. 1999, S. I-2517 ff):

„(22) Aus der Begründung des Vorlagebeschlusses ergibt sich, daß der Verwaltungsgerichtshof in einem Fall der Nichtbeachtung generell-abstrakter Normen, die mit einem Grundprinzip des Vertrages unvereinbar sind, diese Normen unter Zugrundelegung des Urteils des Gerichtshofes vom 9. März 1978 in der Rechtssache 106/77 (Simmenthal, Slg. 1978, 629) zugunsten des Gemeinschaftsrechts unangewendet gelassen hätte.

(23) Das vorlegende Gericht meint jedoch, da Rechtsprechung bisher nur zur Frage des Vorrangs des Gemeinschaftsrechts vor generellen Normen des innerstaatlichen Rechts vorliege, stelle sich die Frage, ob dies auch für eine gemeinschaftsrechtswidrige individuell-konkrete Verwaltungsentscheidung … gelte, um den es im Ausgangsverfahren gehe.

(24) Nach Ansicht der österreichischen Regierung besteht kein Anlaß, die Rechtsprechung zum Vorrang des Gemeinschaftsrechts ungeprüft und uneingeschränkt auf individuell-konkrete Verwaltungsakte zu übertragen. Zur Stützung ihrer Auffassung beruft sie sich auf die Bestandskraft von Verwaltungsakten und verweist in diesem Zusammenhang auf die Rechtsprechung zur so genannten „Verfahrensautonomie der Mitgliedstaaten". Wenn dem Gemeinschaftsrecht Vorrang vor einem bestandskräftigen Verwaltungsakt eingeräumt würde, so könnte dies die Grundsätze der Rechtssicherheit, des Vertrauensschutzes oder des Schutzes wohlerworbener Rechte in Frage stellen.

(25) Vorab ist … festzustellen, daß der Rechtsstreit nicht das rechtliche Schicksal des Verwaltungsaktes … selbst, sondern die Frage betrifft, ob ein solcher Verwaltungsakt im Rahmen der Beurteilung der Rechtmäßigkeit einer Sanktion, die wegen der Nichtbeachtung einer sich aus ihm ergebenden Verpflichtung verhängt wurde, deshalb unangewendet bleiben muss, weil er mit dem Grundsatz des freien Dienstleistungsverkehrs unvereinbar ist.

(26) Sodann ist darauf hinzuweisen, daß die Bestimmungen des EG-Vertrags, da sie in der Rechtsordnung jedes Mitgliedstaats unmittelbar gelten und da das Gemeinschaftsrecht dem nationalen Recht vorgeht, Rechte zugunsten der Betroffenen erzeugen, die die nationalen Behörden zu achten und zu wahren haben, so daß ihnen entgegenstehende Bestimmungen des innerstaatlichen Rechts aus diesem Grund unanwendbar werden (vgl Urteil vom 4. April 1974 in der Rechtssache 167/73, Kommission/Frankreich, Slg. 1974, 359, Randnr. 35) …

(30) Zum einen haben sich … alle Träger der Verwaltung einschließlich der Gemeinden und der sonstigen Gebietskörperschaften diesem Vorrang zu beugen, so daß sich der einzelne ihnen gegenüber auf eine solche Gemeinschaftsbestimmung berufen kann (Urteil vom 22. Juni 1989 in der Rechtssache 103/88, Fratelli Costanzo, Slg. 1989, 1839, Randnr. 32).

(31) Zum anderen können die Bestimmungen des innerstaatlichen Rechts, die einer solchen Gemeinschaftsbestimmung entgegenstehen, sowohl Rechts- als auch Verwaltungsvorschrif-

ten umfassen (vgl in diesem Sinne Urteil vom 7. Juli 1981 in der Rechtssache 158/80, Rewe, Slg. 1981, 1805, Randnr. 43).

(32) Nach der Logik dieser Rechtsprechung umfassen die genannten innerstaatlichen Verwaltungsvorschriften nicht nur generell-abstrakte Normen, sondern auch individuell-konkrete Verwaltungsentscheidungen.

(33) Es wäre nämlich durch nichts zu rechtfertigen, wenn dem einzelnen der Rechtsschutz, der sich für ihn aus der unmittelbaren Wirkung des Gemeinschaftsrechts ergibt und den die innerstaatlichen Gerichte zu gewährleisten haben (vgl Urteil vom 19. Juni 1990 in der Rechtssache C-213/89, Factortame ua, Slg. 1990, I-2433, Randnr. 19), in einem Fall verweigern würde, in dem es um die Gültigkeit eines Verwaltungsakts geht. Dieser Rechtschutz kann nicht von der Art der entgegenstehenden Bestimmung des innerstaatlichen Rechts abhängen."

49c   Vom EuGH noch nicht entschieden ist, ob der Vorrang auch **gegenüber rechtskräftigen Urteilen** gilt (indirekt wohl angenommen in EuGH, Rs. C-453/00, Kühne & Heitz NV/Productschap voor Pluimvee en Eieren, noch nicht amtlich veröffentlicht). Wenn aber ein Vorrang gegenüber Gesetzen, einschließlich der Verfassung zu bejahen ist, dann natürlich auch gegenüber rechtskräftigen Urteilen (Größenschluss).

50   Vom EuGH ebenfalls noch nicht entschieden ist die Frage, ob diese Vorranglösung auch für das **Unionsrecht** gilt, insbesondere wenn Beschlüsse im Rahmen der Zweiten und Dritten Säule der EU vorliegen. Da diese Säulen nicht supranational ausgestaltet sind, die für die Begründung der europarechtlichen Lösung genannten Besonderheiten also wegfallen, wird allgemein die Meinung vertreten, dass das Unionsrecht dem Völkerrecht zuzuordnen sei und man daher in der Vorrangfrage auf die völkerrechtliche Lösung zurückzugreifen habe (s. Rn 44). Dafür spricht auch Art. 42 EUV, der für den Fall der „Vergemeinschaftung" von Materien der Dritten Säule, dh die Umstellung auf eine supranationale Beschlussfassung, das Instrument der klassisch-völkerrechtlichen Ratifikation vorsieht. Dasselbe gilt für Art. 34 Abs. 2 lit. d EUV.

51   **Lösung Fall 3** (Rn 42): Die Beurteilung der Richtigkeit der Ansicht der W hängt von der Theorie ab, die man zum Verhältnis des Europarechts im engeren Sinn zum nationalen Recht vertritt. Folgende Lösungen sind denkbar:

1. Völkerrechtliche Lösung:
Die Beantwortung der Frage hängt davon ab, für welche Theorie man sich entscheidet. Nach den beiden – heute fast ausschließlich vertretenen – Theorien des gemäßigten Monismus und des gemäßigten Dualismus ist die Antwort aber im Ergebnis dieselbe. Das dem Europäischen Gemeinschaftsrecht laut Sachverhalt widersprechende nationale Recht, nämlich Art. 12 und 14 GG, geht zunächst vor. Die Verordnung ist daher nichtig oder zumindest unanwendbar. Nach beiden Theorien ist aber die Bundesrepublik verpflichtet, das Europäische Gemeinschaftsrecht einzuhalten und haftet dafür nach außen. Sie muss also geeignete Maßnahmen ergreifen, das gemeinschaftsrechtliche Anbauverbot durchzusetzen. Im speziellen Fall wäre an eine Entschädigung zu denken.

2. Europarechtliche Lösung:
Nach der europarechtlichen Lösung geht das Europäische Gemeinschaftsrecht vor. Die – laut Sachverhalt anzunehmende – Tatsache, dass Grundrechte verletzt sind, spielt des-

halb keine Rolle. Die Ansicht der Klägerin ist daher nicht richtig. Der Vorrang des Gemeinschaftsrechts bedingt allerdings nicht, dass die Art. 12 und 14 GG nichtig sind, sondern lediglich, dass sie in diesem Fall nicht zur Anwendung kommen.

III. Regelung im GG und in den Länderverfassungen

Fall 4: Das im **Fall 3** (Rn 42) angerufene Verwaltungsgericht teilt die Ansicht der Klä- **52** gerin und legt die Frage, ob die Verordnung über die gemeinsame Marktorganisation für Wein wegen Verstoßes gegen die Art. 12 und Art. 14 GG verfassungswidrig sei, gemäß Art. 100 Abs. 1 Satz 1 GG dem BVerfG formgerecht vor. Wie wird das BVerfG entscheiden? **Lösung: Rn 96**

Das GG regelt die Frage des Vorrangs – im Gegensatz zu den Verfassungen **53** einiger anderer Mitgliedstaaten der Europäischen Gemeinschaften – nicht expressis verbis.

Beispiele:
– Art. 29 Abs. 4 Unterabs. 11 der irischen Verfassung bestimmt: „Keine Bestimmung dieser Verfassung … hindert Gesetze, Handlungen oder Maßnahmen, die von der Europäischen Union oder den Europäischen Gemeinschaften … erlassen oder vorgenommen werden, daran, im Staate Rechtskraft zu erlangen."
– Art. 94 der niederländischen Verfassung bestimmt: „Innerhalb des Königreichs geltende gesetzliche Vorschriften werden nicht angewandt, wenn die Anwendung mit allgemein verbindlichen Bestimmungen von Verträgen und Beschlüssen völkerrechtlicher Organisationen nicht vereinbar ist."
(Texte in: *Kimmel* (Hrsg.), Die Verfassungen der EU-Mitgliedstaaten, 5. Aufl., München 2000).

Dennoch findet sich in den Artikeln 23 und 24 GG der Ansatzpunkt für eine positivrechtliche Lösung der Frage. Denn aus der Regelung der Übertragung von Hoheitsrechten kann auch etwas über das Rangverhältnis in diesen Fällen abgeleitet werden. Vereinfacht ausgedrückt könnte man konstatieren: Wenn die Bundesrepublik, gestützt auf das GG, einem internationalen System beitritt, das für sich selbst den Vorrang vor nationalem Recht beansprucht und festlegt, so ist dieser zu beachten.

1. Übertragungskompetenz

a) Art. 24 Abs. 1 GG

Vor dem anlässlich des Vertrags von Maastricht in das GG eingefügten Art. 23 GG **54** enthielt Art. 24 Abs. 1 GG die Kompetenz des Bundes, **Hoheitsrechte** auf zwischenstaatliche Einrichtungen – also auch auf die EG – zu übertragen. Die hL versteht darunter die Kompetenz, **Bundes- und Länder-Hoheitsrechte** zu übertragen. Dies ist zwar in Art. 24 Abs. 1 GG nicht ausdrücklich vorgesehen, wird aber allgemein aus der grundsätzlichen Entscheidung des GG für die europäische Integration (Satz 1 der Präambel iVm Art. 24 Abs. 1 GG) abgeleitet, sowie aus der Überlegung, dass die Integration auf wirtschaftlichem Gebiet ohne Eingriff in den Gesetz- und Verwaltungsbereich der Länder gar nicht möglich wäre.

55 Der Begriff der „**Übertragung**" ist nicht wörtlich zu interpretieren. Insbesondere versteht man darunter nicht einen Übertragungsvorgang, der vergleichbar ist einer Übereignung oder einer Zession. Man sieht darin vielmehr in der Regel einen Verzicht auf die Ausübung der übertragenen Hoheitsrechte zu Gunsten der neu gegründeten zwischenstaatlichen Einrichtung durch die Bundesrepublik. Diese duldet – solange sie Vertragspartner ist – die Ausübung der Hoheitsgewalt durch die zwischenstaatliche Einrichtung. Diese Hoheitsgewalt wird als neue, einheitliche und originäre Hoheitsgewalt verstanden. In dieser Wirkung stellt die Übertragung gemäß Art. 24 Abs. 1 GG eine materielle Verfassungsänderung durch einfaches Gesetz dar. Löst sich die Bundesrepublik – aus irgendeinem Grund – von der zwischenstaatlichen Einrichtung, so übt sie ihre Hoheitsrechte wieder selbst aus. Sie duldet dann nicht mehr die Ausübung übertragener Hoheitsgewalt im innerstaatlichen Bereich.

56 Für die Übertragung ist ein **förmliches Bundesgesetz** erforderlich. Nach dem Wortlaut des Art. 24 Abs. 1 GG handelt es sich dabei um ein einfaches, zustimmungsfreies Gesetz. Da aber die Übertragung von Hoheitsrechten nur dergestalt möglich ist, dass gleichzeitig entweder eine zwischenstaatliche Einrichtung gegründet oder umgestaltet oder der Beitritt zu einer solchen vollzogen wird, kommt neben Art. 24 Abs. 1 auch noch Art. 59 Abs. 2 GG zur Anwendung. Das Gesetz hat insofern also eine **Doppelfunktion**, eine staatsrechtliche (Art. 24 Abs. 1 GG) und eine völkerrechtliche (Art. 59 Abs. 2 GG). Von diesem Ansatz ausgehend hat man den Übertragungsvorgang als Gesamtakt staatlicher Integrationsgewalt bezeichnet, wobei die vorrangige Bedeutung dem Art. 24 Abs. 1 GG zugeordnet wird (*H.P. Ipsen*).

57 Unter **zwischenstaatlichen Einrichtungen** iSd Art. 24 Abs. 1 GG versteht man in der Regel internationale Organisationen. Dennoch ist der Begriff offen für andere Erscheinungsformen, sofern sie zwischenstaatlich sind. Damit scheiden non-governmental organizations (s. Rn 685) ebenso aus wie einzelne fremde Staaten oder innerstaatliche Körperschaften (vgl BVerfGE 2, S. 347 ff, 380). Abstrakt formuliert sind zwischenstaatliche Einrichtungen Vereinigungen von Staaten, die – auf Grund der Übertragung von Hoheitsrechten – eigenständige Hoheitsgewalt im innerstaatlichen Bereich der Mitgliedstaaten ausüben können.

58 Die überwiegende Ansicht geht davon aus, dass Art. 24 Abs. 1 GG den Bund nicht absolut **schrankenlos** zur Übertragung von Hoheitsrechten ermächtigt (vgl Rn 74). Wo hingegen die genauen Grenzen zu ziehen sind, ist umstritten. Als anerkanntes Minimum wird man die Grundsätze ansehen können, deren Unabänderlichkeit in Art. 79 Abs. 3 GG festgelegt ist. Denn wenn diese Grundsätze der Disposition des verfassungsändernden Gesetzgebers entzogen sind, dann sind sie erst recht der Disposition des einfachen Gesetzgebers nach Art. 24 Abs. 1 GG entzogen.

b) Art. 23 GG

Mit dem In-Kraft-Treten des Gesetzes zur Änderung des Grundgesetzes vom 21. **59**
Dezember 1992 (BGBl. 1992 I, S. 2086), das den Beitritt der Bundesrepublik
Deutschland zur Europäischen Union ermöglichte, ist Art. 23 GG Grundlage für
weitere Integrationsschritte im Rahmen der Europäischen Union geworden. Gemäß
Art. 23 Abs. 1 Satz 2 GG kann der Bund durch Gesetz mit Zustimmung des Bundesrates **Hoheitsrechte** auf die Europäische Union übertragen. Art. 24 Abs. 1 GG ist
künftig nur mehr für andere zwischenstaatliche Einrichtungen, denen Hoheitsrechte
übertragen werden, maßgeblich (zB die Europäische Patentorganisation, vgl
Streinz, in: *Sachs*, Art. 24 Rn 30).

Hoheitsrechte im Sinne des Art. 23 Abs. 1 Satz 2 GG sind – ebenso wie bei Art. 24 **60**
Abs. 1 GG – **Hoheitsrechte des Bundes und der Länder**. Dies ergibt sich schon
positivrechtlich aus Art. 23 Abs. 5 Satz 2 und Abs. 6 GG. Man versteht darunter die
Befugnis, nationalrechtliche Rechtsverhältnisse hoheitlich zu gestalten. Dazu gehören – einzeln oder gemeinsam – Rechtsetzungs-, Rechtsprechungs- und Vollzie-
hungsbefugnisse.

Für den Begriff der **Übertragung** gilt das oben Ausgeführte (s. Rn 55). Wenn die **61**
Befugnisse der Union in den intergouvernementalen Bereichen der Zweiten und
Dritten Säule betroffen sind, kann man allerdings nicht von einer „Übertragung von
Hoheitsrechten" sprechen. Art. 23 Abs. 1 Satz 2 GG ist dann nicht einschlägig.

Für die Übertragung ist ein Bundesgesetz erforderlich. Ebenso wie bei Art. 24 Abs. **61a**
1 GG (s. Rn 56) hat das Gesetz eine Doppelfunktion, da notwendigerweise auch
noch Art. 59 Abs. 2 GG zur Anwendung kommt (vgl *Streinz*, in: *Sachs*, Art. 23
Rn 60 f).

Für die Übertragung ist immer ein Bundesgesetz mit **Zustimmung des Bundesra-** **62**
tes erforderlich. Dabei wird nicht differenziert, ob es sich bei dem übertragenen Hoheitsrecht um ein in die Gesetzgebungskompetenz des Bundes oder der Länder fal-
lendes Hoheitsrecht handelt, die Zustimmung ist vielmehr immer erforderlich.
Somit stellt diese Regelung im Vergleich zu Art. 24 Abs. 1 GG einen erheblichen
Kompetenzzuwachs für die Länder dar.

Fraglich ist, wann zur Übertragung im Sinne des Art. 23 Abs. 1 Satz 2 GG die in **63**
Art. 23 Abs. 1 Satz 3 GG normierte **Zweidrittelmehrheit** erforderlich ist. Sie ist
vorgesehen für die Begründung der EU (diese Alternative ist abgeschlossen, die
Vorschrift daher insoweit erschöpft), für Änderungen ihrer vertraglichen Grundlagen (durch Änderungs- und Beitrittsverträge gemäß Art. 48 und Art. 49 EUV) sowie für vergleichbare Regelungen (auf Grund von Evolutivklauseln wie Art. 190
Abs. 4 EGV, Art. 269 EGV, Art. 42 EUV = Ergänzung der Verträge durch Beschluss
des Rates und anschließende Annahme durch die Mitgliedstaaten nach ihren verfassungsrechtlichen Bestimmungen). Zunächst wird mit Art. 23 Abs. 1 Satz 3 GG festgelegt, dass die sog. Ewigkeitsgarantie des Art. 79 Abs. 3 GG auch gegenüber der
Europäischen Union bestehen bleibt. Mit dem in Art. 23 Abs. 1 Satz 3 GG enthaltenen Verweis auf Art. 79 Abs. 2 GG wird sodann „Verfassungsdurchbrechungen"

vorgebeugt, die bei der Anwendung von Art. 24 Abs. 1 GG als Integrationsnorm für möglich erachtet wurden. Insofern wird die Meinung vertreten, dass im Rahmen des Art. 23 Abs. 1 GG Hoheitsübertragungen immer nur durch Gesetz mit verfassungsändernden Mehrheiten möglich seien (*Randelzhofer,* in: *Maunz/Dürig,* Art. 24 Rn 203 f; *Streinz,* in: *Sachs,* Art. 23 Rn 65).

64 Dazu kommt auch noch die Überlegung, dass jede Übertragung von Hoheitsrechten auf die Europäische Union materiell eine Verfassungsänderung darstellt (vgl BVerfGE 58, S. 1 ff, 36). Daraus wird ebenfalls abgeleitet, dass für jede Übertragung von Hoheitsrechten auf die Europäische Union eine Zweidrittelmehrheit im Sinne des Art. 23 Abs. 1 Satz 3 GG notwendig sei (vgl *Wilhelm,* in: BayVBl. 1992, S. 705 ff, 707).

65 Dieser Ansicht wird jedoch entgegen gehalten, dass Art. 23 Abs. 1 Satz 2 GG mit seiner gesonderten Ermächtigung zur Übertragung von Hoheitsrechten überflüssig wäre, wenn nicht zwischen Hoheitsübertragungen im Sinne des Art. 23 Abs. 1 Satz 2 GG und solchen mit verfassungsändernder Qualität im Sinne des Art. 23 Abs. 1 Satz 3 GG unterschieden werde (*Scholz,* in: NVwZ 1993, S. 817 ff, 822). Die Fälle, die nur unter Satz 2 fallen, dürften allerdings sehr selten sein und stellen eher eine theoretische Möglichkeit dar (insbesondere bei den Evolutivklauseln, vgl *Streinz,* in: *Sachs,* Art. 23 Rn 77 ff).

65a Nur **indirekt geregelt** ist der Fall der Änderung des Rechts der Europäischen Union, durch die das GG nicht geändert oder ergänzt wird, zB Änderungen, die sich – ohne Hoheitsrechte zu übertragen – nur auf die Zweite oder Dritte Säule beziehen. In diesen Fällen ist Art. 23 Abs. 1 Satz 2 GG nicht einschlägig und nach Art. 23 Abs. 1 Satz 3 GG kommt Art. 79 Abs. 2 und Abs. 3 GG nicht zur Anwendung. Vielmehr bedarf es eines einfachen Gesetzes, dessen Einstufung als Einspruchs- oder Zustimmungsgesetz wegen seiner Doppelfunktion (s. Rn 61a) sich nach Art. 59 Abs. 2 Satz 1 GG richtet.

66 Hervorzuheben ist, dass Art. 23 Abs. 1 Satz 3 GG nicht auf Art. 79 Abs. 1 GG verweist. Da die verfassungsrechtlich relevanten Rechtsänderungen, die durch eine Übertragung im Sinne des Art. 23 Abs. 1 Satz 3 GG entstehen, ihren Niederschlag in den Gemeinschaftsverträgen oder im Vertrag über die Europäische Union finden, besteht kein unmittelbarer Textbezug zum GG, sodass die Änderungen auch nicht im GG niedergeschrieben werden können (s. Rn 185). Dies hat zur Folge, dass nur mithilfe dieser Verträge ein umfassendes Bild über die tatsächliche Kompetenzverteilung im Sinne des Grundgesetzes erzielt wird.

Beispiel: Art. 105 Abs. 1 GG, der inzwischen überholt ist, da nach EG-Recht der EG die ausschließliche Rechtssetzungskompetenz über die Zölle zusteht (Art. 26 EGV).

c) Art. 24 Abs. 1a GG

67 Die Länderverfassungen enthalten keine Bestimmungen über die Übertragung von Hoheitsrechten durch ein einzelnes Land. Allerdings enthält Art. 24 Abs. 1a GG eine diesbezügliche Bestimmung. Danach können die **Länder** im Rahmen ihrer Zuständigkeiten mit Zustimmung der Bundesregierung **Hoheitsrechte** auf **grenznachbarschaftliche Einrichtungen** übertragen.

Die Regelung ist der des Art. 24 Abs. 1 GG vergleichbar und ermöglicht den Ländern im grenznachbarschaftlichen Bereich hoheitliche Kooperationen. Beispiele liegen bislang noch nicht vor; sie könnten in den Bereichen Bildungswesen (Schulen und Hochschulen), Abfallbeseitigung, Polizeiwesen etc angesiedelt sein. Übertragbare Hoheitsrechte wären zB Gebührenverordnungs- und -erhebungsbefugnisse.

Durch das **Zustimmungserfordernis der Bundesregierung** ist – wie bei Art. 32   **67a**
Abs. 3 GG (s. Rn 125) – die Sicherung der Bundesinteressen gewährleistet. Die
Bundesregierung hat dabei ein politisches Ermessen.

Im Gegensatz zu Art. 24 Abs. 1 GG ist allerdings keine Mitwirkung des Gesetzgebers vorgesehen. Dies müsste sich nach den Landesverfassungen richten.

2. Rangverhältnis

Aus Art. 24 Abs. 1 GG (und im Hinblick auf die EU aus Art. 23 Abs. 1 GG) wird   **68**
nun abgeleitet, dass diese beiden Bestimmungen auch die Zustimmung zum Vorrang der einheitlichen und originären Hoheitsgewalt einer neu gegründeten zwischenstaatlichen Einrichtung bzw der Europäischen Union mit umfassten. Untersucht man die entsprechenden Verträge auf derartige Regelungen, ist man mitten in der europarechtlichen Lösung (s. Rn 45 ff). Damit kommt man über die dort genannten Kollisionsregeln zum Vorrang des Gemeinschaftsrechts. Das übrige Recht der Europäischen Union ist nach der völkerrechtlichen Lösung zu beurteilen (s. Rn 50).

Einheitlich wird dieser Vorrang als **Vorrang gegenüber** dem innerstaatlichen **Ge-**   **68a**
setzesrecht und den innerstaatlichen Rechtsverordnungen anerkannt. Übereinstimmend wird – wie ausgeführt – dieser Vorrang als Anwendungs- und nicht als Geltungsvorrang verstanden (s. Rn 49).

Weniger einheitlich ist die Lehre in der Frage, ob dieser **Vorrang** des Gemein-   **69**
schaftsrechts auch **gegenüber dem GG** gilt. Der EuGH seinerseits geht von einem Vorrang auch gegenüber den nationalen Verfassungen aus (zB Rs. 11/70, s. Rn 49a). Zugespitzt hat sich die Kontroverse dabei in der Frage des Vorrangs des Gemeinschaftsrechts vor den Grundrechten des Grundgesetzes und der dazu ergangenen einschlägigen Rechtsprechung des BVerfG. In jüngerer Zeit ist dazu noch die Frage der verfassungsrechtlichen Strukturprinzipien gekommen.

a) Vorrangfrage und Grundrechte

Das BVerfG hatte zunächst einen **faktischen Vorrang** des Gemeinschaftsrechts da-   **70**
durch bejaht, dass es 1967 eine Verfassungsbeschwerde gegen zwei Verordnungen des Rates und der Kommission der Europäischen Gemeinschaften für unzulässig er-

klärte mit der Begründung, diese seien keine Akte der deutschen öffentlichen Gewalt iSd § 90 BVerfGG (BVerfGE 22, S. 293 ff, 295 ff; vgl auch BVerfG, EuR, 1975, S. 168). Die Tragweite dieser Aussage hat das BVerfG aber ausdrücklich klargestellt, indem es ausführte (BVerfGE 22, S. 298 f):

> „Nicht entschieden ist damit, ob und in welchem Umfang das Bundesverfassungsgericht im Rahmen eines zulässigerweise bei ihm anhängig gemachten Verfahrens Gemeinschaftsrecht an den Grundrechtsnormen des Grundgesetzes messen kann – eine Frage, die ersichtlich von der Entscheidung der weitergreifenden Vorfrage abhängt, ob und in welchem Sinne von einer Bindung der Organe der EWG an die Grundrechtsordnung der Bundesrepublik Deutschland gesprochen werden kann oder – anders gewendet – ob und in welchem Maße die Bundesrepublik Deutschland bei der Übertragung von Hoheitsrechten nach Art. 24 Abs. 1 GG die Gemeinschaftsorgane von solcher Bindung freistellen konnte".

Damit war verfahrensrechtlich (= „im Rahmen eines zulässigerweise … anhängig gemachten Verfahrens") und inhaltlich (= Prüfung des Gemeinschaftsrechts anhand der Grundrechte) fast alles offen geblieben.

71   1971 hat das BVerfG Ausführungen gemacht, die auf eine **materielle Begründung** des Vorrangs des Gemeinschaftsrechts gegenüber Nichtverfassungsrecht hinauslaufen (BVerfGE 31, S. 145 ff, 173 f):

> „Denn durch die Ratifizierung des EWG-Vertrages … ist in Übereinstimmung mit Art. 24 Abs. 1 GG eine eigenständige Rechtsordnung der Europäischen Wirtschaftsgemeinschaft entstanden, die in die innerstaatliche Rechtsordnung hineinwirkt und von den deutschen Gerichten anzuwenden ist … Art. 24 Abs. 1 GG besagt bei sachgerechter Auslegung nicht nur, daß die Übertragung von Hoheitsrechten auf zwischenstaatliche Einrichtungen überhaupt zulässig ist, sondern auch, daß die Hoheitsakte ihrer Organe … vom ursprünglich ausschließlichen Hoheitsträger anzuerkennen sind.
>
> Von dieser Rechtslage ausgehend, müssen seit dem Inkrafttreten des Gemeinsamen Marktes die deutschen Gerichte auch solche Rechtsvorschriften anwenden, die zwar einer eigenständigen außerstaatlichen Hoheitsgewalt zuzurechnen sind, aber dennoch … im innerstaatlichen Raum unmittelbare Wirkungen entfalten und entgegenstehendes nationales Recht überlagern und verdrängen …"

Damit war allerdings nicht die Frage des Vorrangs des Gemeinschaftsrechts gegenüber dem GG entschieden.

72   Dazu hat das BVerfG 1974 im sog. **Solange I-Beschluss** (BVerfGE 37, S. 271 ff) Stellung genommen. Das Verwaltungsgericht Frankfurt/Main hatte gemäß Art. 100 Abs. 1 GG das BVerfG angerufen und die Entscheidung darüber begehrt, ob eine in zwei Verordnungen des Rates und der Kommission der Europäischen Gemeinschaften enthaltene Regelung über Ausfuhrkautionen mit dem GG vereinbar sei. Nach Meinung des Verwaltungsgerichts verstieß sie gegen Grundrechte.

In diesem Verfahren konnte das BVerfG an das Urteil von 1967 (s. Rn 70) anknüpfen. Im Ergebnis entschied es, dass die Vorlage zwar zulässig sei, dass aber keine Grundrechtsverletzung vorliege.

73   Zur **Zulässigkeit** lief die Argumentation des BVerfG auf folgendes hinaus:
– Zwar könnten nach hL und ständiger Rechtsprechung nur förmliche, nachkonstitutionelle Gesetze gemäß Art. 100 Abs. 1 GG vorgelegt werden, da aber im Ge-

meinschaftsrecht die Unterscheidung Gesetz/Verordnung nicht existiere, habe eine Verordnung der Europäischen Gemeinschaften als Gesetz zu gelten.

– Zwar können nach hL und ständiger Rechtsprechung nur deutsche Gesetze gemäß Art. 100 Abs. 1 GG vorgelegt werden, wenn aber deutsche Behörden oder deutsche Gerichte eine Verordnung der Europäischen Gemeinschaften anwenden, so liege darin grundrechtsgebundene Ausübung deutscher Staatsgewalt. Diese Grundrechtsbindung lasse sich in der Regel im Verfahren nach Art. 100 Abs. 1 GG überprüfen.

– Zwar seien dies Modifikationen des Verfahrensrechts des BVerfG, diese seien aber wegen der Besonderheiten des Verhältnisses von Gemeinschaftsrecht und GG notwendig (zur Kritik dieser Argumentation s. insbesondere die abweichende Meinung der drei dissentierenden Richter, BVerfGE 37, S. 291 ff).

In der **Vorrangfrage** ging das BVerfG davon aus, dass Art. 24 Abs. 1 GG nicht grenzenlos gelte. Es bestimmte dann die Grenzen aber nicht aus Art. 79 Abs. 3 GG, sondern siedelte sie an in der Grundstruktur der Verfassung, und konkretisierte das für den Anlassfall dahingehend (BVerfGE 37, S. 280): **74**

„Ein unaufgebbares, zur Verfassungsstruktur des Grundgesetzes gehörendes Essentiale der geltenden Verfassung der Bundesrepublik Deutschland ist der Grundrechtsteil des Grundgesetzes. Ihn zu relativieren, gestattet Art. 24 GG nicht vorbehaltlos."

Solange es keinen adäquaten Grundrechtskatalog im Gemeinschaftsrecht gebe, gelte diese Grenze. Käme es daher zu Kollisionen von Gemeinschaftsrecht und Grundrechten, gingen diese vor, allerdings nur in Form eines Anwendungsvorrangs. Die Anforderungen, die das BVerfG an diesen (den übergangsweisen Anwendungsvorrang der Grundrechte beendenden) Grundrechtskatalog im Gemeinschaftsrecht stellte, waren, dass dieser von einem Parlament beschlossen sei, in Geltung stehe und dem Grundrechtskatalog des GG adäquat sei.

Insgesamt hat das BVerfG seine Ansicht bezüglich der Zulässigkeit und des Vorrangs folgendermaßen zusammengefasst (BVerfGE 37, S. 285): **75**

„Das Ergebnis ist: Solange der Integrationsprozeß der Gemeinschaft nicht so weit fortgeschritten ist, daß das Gemeinschaftsrecht auch einen von einem Parlament beschlossenen und in Geltung stehenden formulierten Katalog von Grundrechten enthält, der dem Grundrechtskatalog des Grundgesetzes adäquat ist, ist die Vorlage eines Gerichts der Bundesrepublik Deutschland an das Bundesverfassungsgericht im Normenkontrollverfahren zulässig und geboten, wenn das Gericht die für es entscheidungserhebliche Vorschrift des Gemeinschaftsrechts in der vom Europäischen Gerichtshof gegebenen Auslegung für unanwendbar hält, weil und soweit sie mit einem der Grundrechte des Grundgesetzes kollidiert."

Der Solange I-Beschluss hat dem BVerfG heftige **Kritik** im In- und Ausland eingebracht. Zum einen wandte sich die Literatur gegen die Konstruktion, mit welcher das BVerfG die Zulässigkeit der Vorlage nach Art. 100 Abs. 1 GG herleitete (s. Rn 73; vgl auch *Streinz*, Bundesverfassungsgerichtlicher Grundrechtsschutz und Europäisches Gemeinschaftsrecht, Baden-Baden 1989, S. 143 ff), zum anderen war die herrschende Lehre schon damals der Auffassung, dass alle Inhalte der Grund- **76** struktur des GG im Gemeinschaftsrecht, einschließlich des Grundrechtsschutzes, faktisch voll verwirklicht waren.

76a In der Tat war die **Grundrechtsrechtsprechung des EuGH** zum Zeitpunkt des Solange I-Beschlusses schon weit fortgeschritten. Sie hatte 1969 begonnen (Rs. 29/69, Stauder/Stadt Ulm, Slg. 1969, S. 419 ff) und fand ihren vorläufigen Höhepunkt in einem Urteil, das 1974 fünfzehn Tage vor dem Solange I-Beschluss erging (Rs. 4/73, Nold/Kommission, Slg. 1974, S. 491 ff). Insgesamt gesehen entwickelte sich die Rechtsprechung des EuGH in den 70er-Jahren bezüglich Grundrechtsgeltung und Grundrechtskonzeption dahingehend, dass sie als dem Grundrechtsschutz des GG durchaus adäquat bezeichnet werden kann (s. zu den Einzelheiten Rn 401 ff).

77 1979 hat das BVerfG den Solange I-Beschluss – wohl als Reaktion auf die angesprochene Kritik und die Entwicklung der Rechtsprechung des EuGH – relativiert, indem es ausführte (BVerfGE 52, S. 187 ff, 202 f):

„Der Senat läßt offen, ob und gegebenenfalls inwieweit – angesichts mittlerweile eingetretener politischer und rechtlicher Entwicklungen im europäischen Bereich – für künftige Vorlagen … die Grundsätze des (Solange I-)Beschlusses … weiterhin uneingeschränkt Geltung beanspruchen können."

78 Man hat diesen Beschluss zutreffend als **Vielleicht-Beschluss** bezeichnet. Damit hatte sich zwar an der verfassungsrechtlichen Lage noch nichts geändert, der Vielleicht-Beschluß leitete jedoch eine (Umkehr-)Entwicklung ein, die über die beiden Eurocontrol-Entscheidungen im Jahr 1981 (BVerfGE 58, S. 1 ff; BVerfGE 59, S. 63 ff) zunächst zu einem Beschluss aus dem Jahr 1983 führte (NJW 1983, S. 1258 f, 1259):

„(Es) kann hier dahinstehen, ob das BVerfG seine Gerichtsbarkeit über die Anwendung von Verordnungen der Gemeinschaft im Hoheitsbereich und durch die öffentliche Gewalt der Bundesrepublik Deutschland, wenn diese Anwendung als unvereinbar mit Grundrechten des Grundgesetzes angegriffen wird, solange nicht mehr in Anspruch nimmt, als auf der Ebene des Gemeinschaftsrechts ein, gemessen am Grundgesetz, ausreichender Grundrechtsschutz, insbesondere durch den EuGH, generell gewährleistet erscheint."

Dieser sprachlich nicht sehr gelungene Beschluss (**Mittlerweile-Beschluss**) bereitete durch die Umdrehung der Solange-Formel die Aufgabe des Solange I-Beschlusses vor, welche am 22. Oktober 1986 durch den so genannten **Solange II-Beschluss** (BVerfGE 73, S. 339 ff) vollzogen wurde. Dabei ging es im Rahmen einer Verfassungsbeschwerde gegen ein Urteil des BVerwG um die Frage, ob die Nichtanrufung des EuGH gemäß Art. 234 EGV/Art. 177 EWGV aF gegen Grundrechte verstoße.

79 In diesem Beschluss wird zunächst wiederholt, dass die Ermächtigung zur Übertragung von Hoheitsrechten auf Grund des Art. 24 Abs. 1 GG nicht ohne verfassungsrechtliche Grenzen ist (BVerfGE 73, S. 375 f):

„Die Vorschrift ermächtigt nicht dazu, im Wege der Einräumung von Hoheitsrechten für zwischenstaatliche Einrichtungen die Identität der geltenden Verfassungsordnung der Bundesrepublik Deutschland durch Einbruch in ihr Grundgefüge, in die sie konstituierenden Strukturen aufzugeben."

Dabei nimmt das BVerfG ausdrücklich auf die vergleichbaren Grenzen der italienischen Verfassung und die dazu ergangene Rechtsprechung des italienischen Verfassungsgerichtshofs Bezug (s. dazu EuR 1974, S. 261 ff; EuGRZ 1985, S. 98 ff). Sodann wird in Anlehnung an den Solange I-Beschluss ausgeführt, dass jedenfalls die Rechtsprinzipien, die dem Grundrechtsteil des GG zugrundeliegen, unverzichtbare, zum Grundgefüge der geltenden Verfassung gehörende Essentialia darstellen (BVerfGE 73, S. 376): **80**

„Art. 24 Abs. 1 GG gestattet nicht vorbehaltlos, diese Rechtsprinzipien zu relativieren. Sofern und soweit mithin einer zwischenstaatlichen Einrichtung im Sinne des Art. 24 Abs. 1 GG Hoheitsgewalt eingeräumt wird, die im Hoheitsbereich der Bundesrepublik Deutschland den Wesensgehalt der vom Grundgesetz anerkannten Grundrechte zu beeinträchtigen in der Lage ist, muß, wenn damit der nach Maßgabe des Grundgesetzes bestehende Rechtsschutz entfallen soll, stattdessen eine Grundrechtsgeltung gewährleistet sein, die nach Inhalt und Wirksamkeit dem Grundrechtsschutz, wie er nach dem Grundgesetz unabdingbar ist, im wesentlichen gleichkommt."

Diese Voraussetzungen sind nach der Ansicht des BVerfG nunmehr gegeben (BVerfGE 73, S. 378): **81**

„Nach Auffassung des erkennenden Senats ist mittlerweile im Hoheitsbereich der Europäischen Gemeinschaften ein Maß an Grundrechtsschutz erwachsen, das nach Konzeption, Inhalt und Wirkungsweise dem Grundrechtsstandard des Grundgesetzes im Wesentlichen gleichzuachten ist."

Damit hat das BVerfG seine im Solange I-Beschluss aufgestellte Forderung nach einer völligen Adäquanz des Grundrechtsschutzes ebenso aufgegeben, wie die eines von einem Parlament beschlossenen, kodifizierten Grundrechtskataloges auf Gemeinschaftsebene.

Zum einen stellt das Gericht im Solange II-Beschluss nunmehr darauf ab, dass sich die Grundrechtsrechtsprechung des EuGH mittlerweile in einer Weise weiterentwickelt hat, dass ein „Mindeststandard an inhaltlichem Grundrechtsschutz" generell gewährleistet ist, welcher „den verfassungsrechtlichen Anforderungen des Grundgesetzes prinzipiell genügt". Zum anderen erachtet das BVerfG die Gemeinsame Grundrechtserklärung des Europäischen Parlaments, des Rates und der Kommission vom 5. April 1977 (ABl. 1977, Nr C 103, S. 1) und die Erklärung des Europäischen Rates zur Demokratie vom 7./8. April 1978 (Bulletin der Europäischen Gemeinschaften 1978, Nr 3, S. 5 f) als ausreichend, dem Erfordernis eines von einem Parlament beschlossenen Grundrechtskataloges zu genügen. **82**

Aus dieser Entwicklung zieht das BVerfG folgende **Konsequenz** (BVerfGE 73, S. 387): **83**

„Solange die Europäischen Gemeinschaften, insbesondere die Rechtsprechung des Gerichtshofs der Gemeinschaften einen wirksamen Schutz der Grundrechte gegenüber der Hoheitsgewalt der Gemeinschaften generell gewährleisten, der dem vom Grundgesetz als unabdingbar gebotenen Grundrechtsschutz im wesentlichen gleichzuachten ist, zumal den Wesensgehalt der Grundrechte generell verbürgt, wird das Bundesverfassungsgericht seine Gerichtsbarkeit über die Anwendbarkeit von abgeleitetem Gemeinschaftsrecht, das als Rechtsgrundlage für ein Verhalten deutscher Gerichte und Behörden im Hoheitsbereich der

Bundesrepublik Deutschland in Anspruch genommen wird, nicht mehr ausüben und dieses Recht mithin nicht mehr am Maßstab der Grundrechte des Grundgesetzes überprüfen; entsprechende Vorlagen nach Art. 100 Abs. 1 GG sind somit unzulässig."

Das BVerfG hatte damit seine **Gerichtsbarkeit** gegenüber abgeleitetem Gemeinschaftsrecht **zurückgenommen** und schien bis auf weiteres davon auszugehen, dass der durch den EuGH gewährleistete Grundrechtsschutz dem des Grundgesetzes gleichwertig sei. Ob das in der Praxis zu einer völligen Aufgabe der Kontrolle von Gemeinschaftsrecht durch das BVerfG führen würde, war unmittelbar nach dem Solange II-Beschluss noch nicht klar; die Möglichkeit einer solchen Kontrolle hat das BVerfG jedenfalls nicht auf alle Zeit ausgeschlossen, wie die gegenüber Solange I lediglich „umgedrehte" Formulierung zeigt.

84 In einer Entscheidung vom 10. April 1987 (EuR 1987, S. 269 ff) nahm das BVerfG ausdrücklich auf den Solange II-Beschluss Bezug und folgerte daraus, dass Fachgerichte und Behörden der Bundesrepublik Deutschland nicht befugt oder verpflichtet sind, Akte der Europäischen Gemeinschaften auf ihre Vereinbarkeit mit den Grundrechtsverbürgungen des GG zu überprüfen. Dies gelte solange, als der Befund des Solange II-Beschlusses, nämlich wirksamer Grundrechtsschutz durch die Europäischen Gemeinschaften, zutreffe.

85 In einem weiteren Beschluss vom 12. Mai 1989 (**Wenn nicht-Beschluss**) bestätigt das BVerfG jedoch auch den Vorbehalt, unter dem diese Rechtsprechung steht. Der Fall betraf einen Antrag auf Erlass einer einstweiligen Anordnung, mit der die Bundesregierung verpflichtet werden sollte, dem Vorschlag einer Richtlinie über die Etikettierung von Tabakerzeugnissen im Rat der EG nicht zuzustimmen, weil diese Richtlinie gegen die negative Meinungsfreiheit nach Art. 5 Abs. 1 GG verstoße. Der Antrag wurde abgelehnt, wobei das BVerfG allerdings klarstellte (EuR 1989, S. 270 ff, 273):

„Soweit die Richtlinie den Grundrechtsstandard des Gemeinschaftsrechts verletzen sollte, gewährt der Europäische Gerichtshof Rechtsschutz. Wenn auf diesem Wege der vom Grundgesetz als unabdingbar gebotene Grundrechtsstandard nicht verwirklicht werden sollte, kann das Bundesverfassungsgericht angerufen werden."

Damit wurde angedeutet, dass der vom EuGH entwickelte Grundrechtsschutz nicht unbedingt überall so wirkungsvoll ist, wie der des GG.

86 Im **Maastricht-Urteil** vom 12. Oktober 1993 (BVerfGE 89, S. 155 ff), in dem es um die Verfassungsmäßigkeit des Vertrages von Maastricht über die Europäische Union ging, hat das Gericht einen weiteren Gesichtspunkt in die Problematik eingebracht, der zu einiger Verwirrung führte. Es erklärte mehrere Verfassungsbeschwerden, die die Verletzung von Grundrechten geltend machten, für unzulässig und ließ nur eine zu, die auf Art. 38 Abs. 1 GG gestützt war. Dabei machte es grundsätzliche Ausführungen zum Grundrechtsschutz (BVerfGE 89, S. 174 f).

„Das Bundesverfassungsgericht gewährleistet durch seine Zuständigkeiten (vgl BVerfGE 37, 271 [280 ff]; 73, 339 [376 f]), daß ein wirksamer Schutz der Grundrechte für die Einwohner Deutschlands auch gegenüber der Hoheitsgewalt der Gemeinschaften generell sichergestellt und dieser dem vom Grundgesetz als unabdingbar gebotenen Grundrechtsschutz im wesentlichen gleich zu achten ist, zumal den Wesensgehalt der Grundrechte generell verbürgt. Das Bundesverfassungsgericht sichert so diesen Wesensgehalt auch gegenüber der Hoheitsgewalt der Gemeinschaft (vgl. BVerfGE 73, 339 [386]). Auch Akte einer besonderen, von der Staatsgewalt der Mitgliedstaaten geschiedenen öffentlichen Gewalt einer supranationalen Organisation betreffen die Grundrechtsberechtigten in Deutschland. Sie berühren damit die Gewährleistungen des Grundgesetzes und die Aufgaben des Bundesverfassungsgerichts, die den Grundrechtsschutz in Deutschland und insoweit nicht nur gegenüber deutschen Staatsorganen zum Gegenstand haben (Abweichung von BVerfGE 58, 1 [27]). Allerdings übt das Bundesverfassungsgericht seine Gerichtsbarkeit über die Anwendbarkeit von abgeleitetem Gemeinschaftsrecht in Deutschland in einem ‚Kooperationsverhältnis‘ zum Europäischen Gerichtshof aus, in dem der Europäische Gerichtshof dem Grundrechtsschutz in jedem Einzelfall für das gesamte Gebiet der Europäischen Gemeinschaften garantiert, das Bundesverfassungsgericht sich deshalb auf eine generelle Gewährleistung der unabdingbaren Grundrechtsstandards (vgl. BVerfGE 73, 339 [387]) beschränken kann."

Über die Auslegung dieser Passage – insbesondere bezüglich des „**Kooperationsverhältnisses**" – gibt es sehr unterschiedliche Meinungen. Einerseits wird vertreten, dass das BVerfG nicht vom Solange II-Beschluss abgewichen sei, sondern dass nur die Voraussetzungen, unter denen das BVerfG sich im Hinblick auf den Europäischen Grundrechtsschutz durch den EuGH zurückziehe, restriktiver zu interpretieren seien (*Götz,* in: JZ 1993, S. 1081 ff, 1083). **87**

Andererseits wird darauf hingewiesen, dass dem BVerfG nun in jedem Fall ein Prüfungsrecht zustehe, was beim Solange II-Beschluss noch strittig war. Jedoch sei letztlich keine substanzielle Änderung im Verhältnis des Grundrechtsschutzes zwischen EuGH und BVerfG zu erwarten, da die Grenzen des Solange II-Beschlusses – insbesondere die Wesensgehaltsgarantie – geblieben seien (*Tietje,* in: JuS 1994, S. 197 ff, 200).

Schließlich wird auch noch vertreten, dass das BVerfG nicht auf der Linie des Solange II-Beschlusses geblieben sei, sondern es sich für in erster Linie berufen halte, die gebotene Grundrechtsgewährleistungsfunktion zu übernehmen. Damit gebe das BVerfG dem deutschen Recht im Verhältnis zum Gemeinschaftsrecht den Vorrang (*Tomuschat,* in: EuGRZ, 1993, S. 489 ff, 490).

Man kann das BVerfG aber auch anders interpretieren. Indem Art. 23 Abs. 1 Satz 3 GG auf Art. 79 Abs. 2 GG verweist, wird der Integrationsgesetzgeber zum verfassungsändernden Gesetzgeber. Daher hat die Übertragung von Hoheitsrechten Verfassungsrang. Das Gemeinschaftsrecht wird damit zum integralen Bestand der Verfassungsordnung. Daher darf das BVerfG den Integrationsgesetzgeber und die Gemeinschaftsorgane sowie deren Rechtsakte nur mehr insoweit an Vorschriften des GG messen, als es auch sonst vom verfassungsändernden Gesetzgeber erlassene Normen überprüfen kann. Und das ist im materiellen Bereich nur im Rahmen des Art. 79 Abs. 3 GG möglich. Genau diese Auslegung des GG aber, so wird vertreten, habe das BVerfG im Maastricht-Urteil bestätigt. Insbesondere habe es zum ersten Mal explizit auf Art. 79 Abs. 3 GG Bezug genommen (*Selmayr/Prowald,* in: DVBl. 1999, S. 269 ff). **88**

Folgt man dieser Argumentation, dann wäre das BVerfG nur mehr zuständig für die Überprüfung von Grundrechtsverletzungen durch Gemeinschaftsrecht, die in den **88a**

Kerngehalt des Art. 1 GG und/oder des Art. 20 GG eingreifen, d.h. wenn eine Grundrechtsverletzung nicht nur eines Einzelgrundrechts, sondern zugleich auch der Menschenwürde oder (bezüglich Art. 38 Abs. 1 GG) des Demokratieprinzips vorliegt. Die übrigen Grundprinzipien des Art. 20 GG sind objektive Verfassungssätze, die vom einzelnen im Rahmen von Verfassungsbeschwerden nicht eingeklagt werden können, allerdings bei der konkreten Normenkontrolle eine Rolle spielen. Das Kooperationsverhältnis bedeutet dann nur mehr, dass das BVerfG mit dem EuGH gemäß Art. 234 EGV kooperieren, ihn also in Auslegungsfragen des Gemeinschaftsrechts anrufen muss. Wenn nach der Entscheidung des EuGH dann immer noch eine gegen Art. 79 Abs. 3 GG verstoßende Grundrechtsverletzung vorliegt, kann das BVerfG Gemeinschaftsrecht für in der Bundesrepublik unanwendbar erklären.

89 Feststeht jedenfalls, dass – entgegen der bisherigen Rechtsprechung (s. Rn 70) – Gemeinschaftsrechtsakte vom BVerfG seit dem Maastricht-Urteil als Akte öffentlicher Gewalt iSd § 90 Abs. 1 BVerfGG eingestuft werden (BVerfGE 89, S. 195), sodass sie zulässiger Beschwerdegegenstand von Verfassungsbeschwerden sein können (s. Rn 95). Welche Auswirkungen das Maastricht-Urteil darüber hinaus nun tatsächlich haben wird, kann letztlich nur die Praxis zeigen. Bislang jedenfalls hat das BVerfG offene Grundrechtskonflikte mit dem EuGH vermieden (zB BayVBl. 2000, S. 655 ff). Im Streit um den Vollzug der Bananenmarktordnung der EG (ABl. 1993, Nr. L 47, S. 1 ff), die deutsche Importeure in existenzielle wirtschaftliche Schwierigkeiten gebracht hat, forderte das BVerfG zB die zuständigen Fachgerichte und -behörden auf, durch eine grundrechtskonforme Interpretation der Bananenmarktordnung besondere Härten aufzufangen (BVerfG, NJW 1995, S. 950 ff).

89a Insbesondere hat das BVerfG zur Vermeidung von Konflikten die Zulässigkeitshürde noch erhöht. Im **Bananenmarktordnungs-Beschluss** hat es nämlich ausgeführt, dass Verfassungsbeschwerden und Vorlagen im Rahmen von konkreten Normenkontrollen von vornherein unzulässig seien, wenn nicht dargelegt werde, dass der Grundrechtsschutz auf Gemeinschaftsebene unter den erforderlichen Grundrechtsstandard iSd Solange II-Rechtsprechung abgesunken sei (BVerfGE 102, S. 147 ff, 164). Damit dürfte die Zulässigkeitshürde fast unüberwindbar sein (s. dazu *Streinz*, in: *Sachs*, Art. 23 Rn 41).

89b Hingewiesen sei in diesem Zusammenhang darauf, dass nach der Rechtsprechung des BVerfG (Beschluss vom 4. April 2001, DVBl. 2001, S. 1130 ff) die Gewährleistung des Grundrechtsschutzes in Form einer Verfassungsbeschwerde gegenüber Akten einer supranationalen Organisation nicht auf Akte der Europäischen Gemeinschaft beschränkt ist, sondern auch Akte **anderer supranationalen Einrichtungen**, wie zB des Europäischen Patentamts, umfasst, an denen die Bundesrepublik beteiligt ist. Solche Akte sind ebenfalls als Akte öffentlicher Gewalt im Sinne des § 90 BVerfGG zu qualifizieren. Allerdings ist zu beachten, dass das BVerfG auch hier seine Gerichtsbarkeit nur ausübt, wenn der Beschwerdeführer hinreichend substantiiert vorträgt, dass der Grundrechtsschutz, im konkreten vorliegenden Fall auf der Ebene des Europäischen Patent-Übereinkommens, den Anforderungen des Grundgesetzes nicht entspricht.

b) Vorrangfrage und verfassungsrechtliche Strukturprinzipien

Ein ähnliches Problem besteht hinsichtlich der verfassungsrechtlichen Strukturprinzipien, wie dem Bundesstaatsprinzip, dem Demokratieprinzip, dem Rechtsstaatsprinzip und dem Sozialstaatsprinzip. Diese könnten durch die Tätigkeit der Europäischen Union ebenso betroffen werden wie die Grundrechte. Deshalb ist die Mitwirkung an der Europäischen Union gemäß Art. 23 Abs. 1 Satz 1 GG nur erlaubt, wenn die Einhaltung der Strukturprinzipien sichergestellt ist. Auf Grund dieser **Struktursicherungsklausel**, die die in der Rechtsprechung des BVerfG zu Art. 24 Abs. 1 GG entwickelten Integrationsschranken wiedergibt, darf der Bund daher weder durch die Übertragung von Hoheitsrechten oder die Mitwirkung an der Rechtssetzung noch durch die Vollziehung des Rechts der Europäischen Union die Strukturprinzipien verletzen.

90

Praktisch relevant geworden ist dies bislang beim **Bundesstaatsprinzip**. In mehreren Fällen üben insbesondere die Europäischen Gemeinschaften Kompetenzen aus, die nach dem GG in die ausschließliche Zuständigkeit der Länder fallen. Dies war zB der Fall beim Erlass der Fernsehrichtlinie der EG (ABl. 1989, Nr L 298, S. 23 ff). Einige Länder wandten sich vor dem BVerfG gegen die Zustimmung der Bundesregierung zu dieser Richtlinie. Die Erwartung, das BVerfG würde die materiellen Grenzen für die Übertragung von Länderkompetenzen an die EG und für die Ausübung dieser Kompetenzen abstecken, wurde aber enttäuscht. Immerhin wurde festgestellt, dass der Bund als Sachwalter der Länder aufzutreten habe, da diese ihre Interessen gegenüber den Organen der EG nicht selbst wahrnehmen könnten. Dabei erwachsen der Bundesregierung prozedurale Pflichten zur bundesstaatlichen Zusammenarbeit und Rücksichtnahme, insbesondere eine Informations- und Verständigungspflicht (BVerfGE 92, S. 203 ff).

91

Diesen prozeduralen Pflichten wird inzwischen im Wesentlichen durch das **Bundesratsverfahren** gemäß Art. 23 Abs. 2, 4 bis 7 GG Rechnung getragen (s. dazu Rn 385 ff). Zudem bringt die sich auch auf föderative Grundsätze beziehende Struktursicherungsklausel des Art. 23 Abs. 1 Satz 1 GG eine materielle Integrationsschranke zu Gunsten der Länder.

92

Ob das durch den Vertrag von Maastricht in Art. 2 Abs. 2 EUV und Art. 5 Abs. 2 EGV eingeführte und viel diskutierte **Subsidiaritätsprinzip** (vgl auch das Subsidiaritätsprotokoll zum EGV, ABl. 1997, Nr C 340, S. 105 ff) den Ländern zusätzlichen Schutz bietet, ist zweifelhaft. Nach dieser Vorschrift soll die Gemeinschaft im Rahmen der nicht-ausschließlichen Gemeinschaftskompetenzen nur dann handeln, wenn ein bestimmtes Ziel auf der Ebene der Mitgliedstaaten – das können, je nach innerstaatlicher Ordnung, die Mitgliedstaaten selbst oder auch ihre regionalen Untergliederungen sein – nicht ausreichend erreicht und daher wegen seines Umfanges oder seiner Wirkung besser auf Gemeinschaftsebene erreicht werden kann. Schon diese Formulierung ist unklar: Soll die Gemeinschaft erst zuständig sein, wenn ihr Handeln *erforderlich* ist, oder schon dann, wenn sie *effizienter* handeln könnte als die Mitgliedstaaten? Die Unklarheit wird noch verstärkt durch die Kausalverknüpfung zwischen den beiden verschiedenen Ansätzen, die der Art. 5 Abs. 2 EGV vor-

93

auszusetzen scheint („… und daher …"), deren Sinn aber nicht erkennbar ist. Aus diesen Gründen ist von dieser Vorschrift kein richtiger Schutz der Länderkompetenzen zu erwarten, der dem eines Kataloges von Kompetenzzuweisungen – wie ihn das GG enthält – gleichwertig wäre.

94 Bei der Konkretisierung der übrigen Prinzipien der Struktursicherungsklausel des Art. 23 Abs. 1 Satz 1 GG ist der – im Verhältnis zu einem Staat – andersartigen Struktur der EU Rechnung zu tragen. Man spricht in diesem Zusammenhang von einer „strukturangepassten Grundsatzkongruenz" (*Streinz*, in: *Sachs*, Art. 23, Rn 22). Hinsichtlich des **Demokratieprinzips** zB hat das BVerfG ausdrücklich festgestellt, dass in der EU demokratische Legitimation nicht in gleicher Form hergestellt werden kann, wie in einer staatlichen Ordnung (BVerfGE 89, S. 155 ff, 182; BVerfG, NJW 1995, S. 2216 ff). Das Demokratieprinzip werde aber dann verletzt, wenn der Gesetzgeber der Ausübung nicht näher bestimmter Hoheitsrechte durch die EU zustimme. Dies sei eine mit dem Demokratieprinzip unvereinbare Generalermächtigung, wodurch der Zurechnungszusammenhang zwischen der Ausübung von Hoheitsgewalt und deren Legitimation durch den Wähler abreiße (BVerfGE 89, S. 187).

95 Damit im Zusammenhang hat das BVerfG zusätzlich darauf hingewiesen, dass Rechtsakte der Europäischen Union, die auf einer wesentlichen Änderung des im EUV angelegten Integrationsprogramms basieren (weil sie die Grenzen der Vertragsauslegung überschreiten und deshalb eine Vertragsänderung voraussetzen) nicht mehr vom Zustimmungsgesetz zum EUV gedeckt sind. Sie entfalten als **ultra-vires-Akte** keine Bindungswirkung für die Bundesrepublik Deutschland und dürfen von deutschen Staatsorganen nicht angewendet werden (BVerfGE 89, S. 188, 195 und 210). Bei solchen Akten liege sowohl eine Verletzung des Rechtsstaatsprinzips (fehlende Kompetenzgrundlage) als auch des Demokratieprinzips (fehlende parlamentarische Zustimmung) vor. Letzteres könne unter dem Aspekt des Art. 38 Abs. 1 GG mit der Verfassungsbeschwerde geltend gemacht werden.

96 **Lösung Fall 4** (Rn 52):
(Zum Aufbau der Zulässigkeitsprüfung vgl *Degenhart,* Rn 621 ff)

I. Zulässigkeit (Art. 100 Abs. 1 GG, § 13 Nr 11, §§ 80 ff BVerfGG)

1. Vorlagegegenstand
Vorlagegegenstand im Verfahren nach Art. 100 Abs. 1 GG ist nach hL und ständiger Rechtsprechung des BVerfG grundsätzlich nur ein förmliches, deutsches, nachkonstitutionelles Gesetz. Im Falle von Verordnungen der Europäischen Gemeinschaft lässt das BVerfG davon eine Ausnahme zu (s. Rn 73). Demzufolge ist die Vorlage zulässig.

2. Vorlageberechtigung
Es muss sich bei dem vorlegenden Gericht um ein Gericht iSv Art. 92 GG handeln. Dies ist bei einem Verwaltungsgericht der Fall.

3. Überzeugung von der Verfassungswidrigkeit
Das vorlegende Gericht muss von der Verfassungswidrigkeit der vorgelegten Norm überzeugt sein. Zweifel genügen nicht. Laut Sachverhalt kann man davon ausgehen, dass das Verwaltungsgericht, da es die Ansicht der Klägerin teilt, von der Verfassungswidrigkeit der Verordnung überzeugt ist.

4. Entscheidungserheblichkeit

Die Vorlage ist nur zulässig, wenn die vorgelegte Norm entscheidungserheblich ist, wenn daher die Entscheidung des vorlegenden Gerichts bei Nichtigkeit der vorgelegten Norm anders ausfallen würde als bei deren Gültigkeit. Die Verordnung ist für das Verwaltungsgericht entscheidungserheblich. Bei deren Nichtigkeit müsste es der Klage stattgeben, bei deren Gültigkeit müsste es die Klage abweisen.

5. Form

Die Form der Vorlage richtet sich nach § 80 Abs. 2, § 23 Abs. 1 BVerfGG. Laut Sachverhalt erfolgte die Vorlage formgerecht.

6. Auflösend bedingte Unzulässigkeit der Vorlage von Verordnungen

Das BVerfG hat die Vorlage von Verordnungen der Europäischen Gemeinschaft im Solange II-Beschluss jedoch deswegen für unzulässig erklärt, weil (und solange) der durch die Europäischen Gemeinschaft gewährte Grundrechtsschutz dem vom Grundgesetz gebotenen Grundrechtsschutz im Wesentlichen gleichzuachten ist. Diese, durch den „Solange-Vorbehalt" auflösend bedingte „Zulässigkeitsvoraussetzung" ist nur durch die Eigenheit der Materie bzw. die dazu ergangene Rechtsprechung des BVerfG zu erklären, sodass das „herkömmliche" Prüfungsschema für Vorlagen nach Art. 100 Abs. 1 GG diesen Punkt nicht vorsieht. Genau betrachtet handelt es sich auch nicht um eine Frage der Zulässigkeit, sondern um eine Art Begründetheitsprüfung auf der Zulässigkeitsebene, die am ehesten mit der Nichtannahme einer Verfassungsbeschwerde bei mangelnder Erfolgsaussicht oder offensichtlicher Unbegründetheit vergleichbar ist. Jedenfalls ist der Grundrechtsschutz durch die Europäischen Gemeinschaft zur Zeit noch „im Wesentlichen gleichzuachten", sodass die Vorlage unzulässig ist.

II. Begründetheit (entfällt)

Ergebnis: Das BVerfG wird die Vorlage für unzulässig erklären.

Anmerkung: Hier zeigt sich die eigentliche Schwäche des Solange II-Beschlusses. Denn wenn im konkreten Fall tatsächlich eine Grundrechtsverletzung vorliegt, so müsste die Beachtung der Grundrechte im Einzelfall wegen der Gesamtsituation (= zur Zeit noch „im Wesentlichen gleichzuachten") zurückstehen. Will man dies nicht hinnehmen, müsste das BVerfG unter Punkt 6 der Zulässigkeitsprüfung untersuchen, ob im konkreten Fall tatsächlich eine Grundrechtsverletzung vorliegt und bejahendenfalls die Vorlage für zulässig erklären. Damit aber wird die Begründetheit einer Vorlage nach Art. 100 Abs. 1 GG zur Zulässigkeitsvoraussetzung. Das stellt im Rahmen der bislang praktizierten Aufbauschemata zumindest eine Neuigkeit dar.

Alternativlösung: Folgt man der Argumentation von *Selmayr/Prowald* (s. Rn 88a f) so hat das Verwaltungsgericht nicht hinreichend dargelegt, dass es von einer qualifizierten Verfassungswidrigkeit, dh von einem Verstoß gegen Art. 12 und Art. 14 GG iVm Art. 1 und/oder Art. 20 GG ausgeht. Es mangelt daher an der ausreichenden Überzeugung der Verfassungswidrigkeit oder an einer ordnungsgemäßen Begründung nach § 80 Abs. 2, § 23 Abs. 1 BVerfGG. Auch so gesehen wird das BVerfG die Vorlage für unzulässig erklären.

Literatur: *Geiger,* Die Mitwirkung des deutschen Gesetzgebers an der Entwicklung der Europäischen Union, in: JZ 1996, S. 1093 ff; *Götz,* Das Maastricht-Urteil des Bundesverfassungsgerichts, in: JZ 1993, S. 1081 ff; *Hilf/Stein/Schweitzer/Schindler,* Europäische Union: Gefahr oder Chance für den Föderalismus in Deutschland, Österreich und der Schweiz?, in: VVDStRL 53 (1994), Berlin 1994; *Hirsch,* Europäischer Gerichtshof und Bundesverfassungsgericht – Kooperation oder Konfrontation?, in: NJW 1996, S. 2457 ff; *Kischel,* Der unabdingbare grundrechtliche Mindeststandard in der Europäischen Union, in: Der Staat 2000, S. 523 ff; *Nettesheim*, Die Bananenmarkt-Entscheidung des BVerfG: Europarecht und nationaler Mindestgrundrechtsschutz, in: JURA 2001, S. 686 ff; *Scholz,* Europäische Union und deutscher Bundesstaat, in: NVwZ 1993, S. 817 ff; *Schweitzer/Fixson,* Subsidiarität und Regionalismus in der EG, in: JURA 1992, S. 579 ff; *Schweitzer/Hummer,* Europarecht, Rn 845-869; *Selmayr/Prowald,* Abschied von den „Solange“-Vorbehalten, in: DVBl. 1999, S. 269 ff; *Streinz,* Bundesverfassungsgerichtlicher Grundrechtsschutz und Europäisches Gemeinschaftsrecht, Baden-Baden 1989; *ders,* Verfassungsvorbehalt gegenüber Gemeinschaftsrecht – eine deutsche Besonderheit?, in: *Cremer/Giegerich/Richter/Zimmermann* (Hrsg.), Tradition und Weltoffenheit des Rechts, Festschrift für Helmut Steinberger, Heidelberg 2002, S. 1437 ff.

§ 3 Die Quellen des Völkerrechts und des Europarechts

A. Begriff der Rechtsquelle

97 Der Begriff der Rechtsquelle kann unterschiedlich verstanden werden, je nachdem ob man abstellt auf äußere Form, Verfahren der Entstehung, Geltungsgrund oder Entstehungsmotive von Normen.

So unterscheiden *Dahm ua* (S. 44) folgende drei Definitionsansätze: (1) Die kausalen Faktoren der empirischen Wirklichkeit, auf denen das konkrete Recht beruht, dh sein soziales und reales Substrat. (2) Der Geltungsgrund des Rechts. (3) Die Äußerungen des maßgebenden Willens, die Erscheinungsformen des Rechts, die „modes de constatation du droit“.

98 In diesem Sinne kann man materielle und formelle Rechtsquellen unterscheiden (vgl *Verdross/Simma,* S. 321). **Materielle Rechtsquellen** sind die Faktoren, die die Entstehung von Recht beeinflussen, wie zB Ideologien, Rechtsbewusstsein, Wertungen, Sachzwänge etc. Als außerjuristische Faktoren scheiden sie als unmittelbarer Behandlungsgegenstand des Staatsrechts III aus, weil das GG auf sie nicht Bezug nimmt. Unter **formellen Rechtsquellen** kann man die Erscheinungsformen des Rechts verstehen. Auf sie nimmt das GG, zumindest was das Völkerrecht betrifft, unmittelbar Bezug.

99 Der **Geltungsgrund** des Rechts ist im Völkerrecht weder materielle noch formelle Rechtsquelle, sondern eine rechtstheoretische Kategorie, die zu erklären versucht, dass und warum das Völkerrecht und damit die formellen Rechtsquellen des Völkerrechts verbindlich sind. Dies gilt nicht in diesem Ausmaß für das Europäische Gemeinschaftsrecht. Zwar ist es unbestritten, dass die Gründungsverträge als formelle Quellen des Völkerrechts dem Satz des allgemeinen Völkerrechts „pacta sunt servanda“ unterliegen. Damit haben sie in diesem Satz ihren Geltungsgrund. Keine Einigkeit besteht hingegen hinsichtlich der daraus abzuleitenden Folgen der Rechtsnatur des Europäischen Gemeinschaftsrechts (s. Rn 44 f).

B. Die Quellen des Völkerrechts

Gemäß **Art. 38 Abs. 1 StIGII** vom 26. Juni 1945 (Sartorius II, Nr 2) hat der IGH   **100**
im Rahmen seiner streitentscheidenden Tätigkeit folgende formelle Quellen des
Völkerrechts anzuwenden:

„a) Internationale Übereinkünfte allgemeiner oder besonderer Natur, in denen von den strei-
tenden Staaten ausdrücklich anerkannte Regeln festgelegt sind;

b) das internationale Gewohnheitsrecht als Ausdruck einer allgemeinen, als Recht anerkannten Übung;

c) die von den Kulturvölkern anerkannten allgemeinen Rechtsgrundsätze;

d) vorbehaltlich des Artikels 59 richterliche Entscheidungen und die Lehrmeinung der fä-
higsten Völkerrechtler der verschiedenen Nationen als Hilfsmittel zur Feststellung von
Rechtsnormen."

Diese Bestimmung schreibt nur dem IGH die Beachtung der genannten Rechtsquel-   **101**
len **Verträge, Gewohnheitsrecht und allgemeine Rechtsgrundsätze** vor. Zudem
ist das StIGH wegen der Relativität des Völkerrechts (s. Rn 9) nur für die Mitglieder
des Statuts (darunter seit 1973 auch die Bundesrepublik) verbindlich. Dennoch besteht Einigkeit darüber, dass Art. 38 StIGH eine Kodifikation der formellen Quellen
des Völkerrechts darstellt.

Das heißt jedoch nicht, dass sich der Katalog der Völkerrechtsquellen nicht erwei-   **102**
tern kann. Sollte dies der Fall sein, so wäre Art. 38 StIGH zu eng. Teilweise wird
dies schon für die verbindlichen **Beschlüsse internationaler Organisationen** vertreten, die für den Rechtsunterworfenen die Qualität von Rechtsquellen haben (s.
Rn 268 ff). Ähnliches gilt für die einseitigen Rechtsgeschäfte (s. Rn 286 ff).

Bei der in Art. 38 Abs. 1 Buchstabe d genannten Rechtsprechung und Lehre handelt   **102a**
es sich auf Grund des klaren Wortlauts nicht um Rechtsquellen sondern um Hilfsmittel zu deren Feststellung.

I. Völkerrechtliche Verträge

Fast alle Fragen, die mit völkerrechtlichen Verträgen zusammenhängen, wie zB   **103**
Entstehung, Anwendung, Untergang usw (Recht der Verträge) sind in dem **Wiener
Übereinkommen über das Recht der Verträge** (im allgemeinen Sprachgebrauch:
Wiener Vertragsrechtskonvention) vom 23. Mai 1969 (Sartorius II, Nr 320) kodifi-
ziert, das von der Bundesrepublik Deutschland 1987 ratifiziert wurde (BGBl. 1987
II, S. 757).

Allerdings ist der Anwendungsbereich der WVRK beschränkt, da sie gemäß ihrem   **104**
Art. 1 nur für Verträge zwischen Staaten gilt. Am 21. März 1986 wurde das **Wiener
Übereinkommen über das Recht der Verträge zwischen Staaten und internati-
onalen Organisationen und zwischen internationalen Organisationen** unter-
zeichnet; auch diese Konvention wurde mittlerweile von der Bundesrepublik
Deutschland ratifiziert (BGBl. 1990 II, S. 1415; zum Übereinkommen s. *Bothe,* in:
NJW 1991, S. 2169 ff).

105 Eine weitere Einschränkung des Anwendungsbereiches der WVRK liegt darin, dass sie sich gemäß Art. 2 Abs. 1 Buchstabe a nur auf schriftliche Verträge bezieht. Für die nichtgeregelten Fragen gelten die Bestimmungen des allgemeinen Völkerrechts, dh die nichtvertraglichen Völkerrechtsquellen (= Völkergewohnheitsrecht, allgemeine Rechtsgrundsätze).

Beispiel: Nur nach Völkergewohnheitsrecht zu beurteilen sind die Wirkungen eines Krieges auf die Verträge zwischen den Kriegsparteien und auf die Verträge zwischen Kriegsparteien und neutralen Staaten.

106 Gewisse Schwierigkeiten ergeben sich daraus, dass in der WVRK nicht nur das bestehende allgemeine Völkerrecht kodifiziert wurde, sondern dass es sich dabei vereinzelt um eine „**progressive codification**" handelt. Im Rahmen einer solchen werden manche Fragen neu und eigenständig geregelt, sodass sich Abweichungen oder Widersprüche zum allgemeinen Völkerrecht ergeben. Dies kann dann zu Schwierigkeiten führen, wenn eine Vertragspartei der WVRK und eine Nichtvertragspartei Meinungsverschiedenheiten über eine Frage des Rechts der Verträge haben. Denn die WVRK kann die Nichtvertragspartei nicht binden. In einem solchen Fall muss wohl auf den Grundsatz des letzten Absatzes der Präambel der WVRK zurückgegriffen werden, wonach „die Sätze des Völkergewohnheitsrechts weiterhin für Fragen gelten, die in diesem Übereinkommen (der WVRK) nicht geregelt sind". Diese Weitergeltung des Völkergewohnheitsrechts muss erst recht in den Fällen gelten, wo die WVRK wegen der Relativität des Völkerrechts überhaupt nicht zur Anwendung kommt. Dies wird auch durch Art. 3 WVRK (wenngleich für ganz spezielle Fälle) bestätigt. In der Mehrzahl aller Fälle entspricht aber die WVRK dem geltenden Völkergewohnheitsrecht.

Beispiel: Der Staat A, Mitglied der WVRK, tritt einem multilateralen Vertrag über Satellitenfernsehen bei und erklärt dabei einen Vorbehalt. Der Staat B, der Mitglied des Vertrages über Satellitenfernsehen, aber nicht der WVRK ist, lehnt diesen Vorbehalt des Staates A ab. Die Frage nach den Wirkungen des Vorbehalts und der Ablehnung ist unterschiedlich zu beantworten, je nachdem, ob man Art. 21 Abs. 3 WVRK oder allgemeines Völkerrecht anwendet (s. Rn 205). Im vorliegenden Fall muss allgemeines Völkerrecht zur Anwendung kommen, da Art. 21 Abs. 3 WVRK für B nicht gelten kann.

107 Manche Fragen des Rechts der Verträge werden in eigenen Übereinkommen kodifiziert.

Beispiel: Die Wiener Konvention über das Recht der Staatennachfolge in Verträge vom 23. August 1978 (*Schweitzer/Rudolf*, S. 606 ff).

1. Begriff

108 Art. 38 Abs. 1 Buchstabe a StIGH gibt für den Begriff des völkerrechtlichen Vertrages nicht viel her. Wesentlich ergiebiger ist insoweit Art. 2 Abs. 1 Buchstabe a WVRK. Dort wird der Vertrag definiert als „eine in Schriftform geschlossene und vom Völkerrecht bestimmte internationale Übereinkunft zwischen Staaten, gleichviel ob sie in einer oder in mehreren zusammengehörigen Urkunden enthalten ist und welche besondere Bezeichnung sie hat". Auch diese Definition ist zu eng (= nur schriftlich, nur zwischen Staaten). Sie war aber auch gar nicht umfassend angelegt, enthält jedoch schon wesentliche Elemente der allgemein üblichen Begriffsbildung.

Man kann den völkerrechtlichen Vertrag definieren als eine **durch übereinstim-** **110** **mende Willenserklärungen erzielte Einigung zwischen Völkerrechtssubjekten** **über bestimmte völkerrechtliche Rechtsfolgen**. Entscheidend ist dabei, dass sich Völkerrechtssubjekte über völkerrechtliche Rechtsfolgen einigen (vgl IGH im Fall „Territorial questions between Qatar and Bahrain", ICJ-Reports 1994, S. 112 ff, 120 ff).

109

Nicht entscheidend ist daher die Form (mündlich, schriftlich), die Anzahl der Partner (bilateral, multilateral) oder die Bezeichnung (Vertrag, Staatsvertrag, Konvention, Deklaration, Übereinkommen, Übereinkunft, Abkommen, Protokoll, Erklärung, Vereinbarung, Notenwechsel, Memorandum, Punktation, Abmachung, Briefwechsel, Pakt, Charta, Satzung, Statut, Konkordat = Vertrag mit dem Völkerrechtssubjekt Heiliger Stuhl usw).

2. Vertragsfähigkeit

Fall 5: Die Bundesregierung hat mit dem Staat Tuvalu einen Freundschafts-, Handels- **110** und Schifffahrtsvertrag ausgehandelt. Darin wird den Staatsbürgern der Vertragsparteien jeweils Niederlassungsfreiheit im Rahmen einer Inländergleichbehandlung garantiert. Der Vertrag enthält ua folgende Bestimmungen:

Art. 5

Die Staatsangehörigen jeder Vertragspartei genießen im Hoheitsgebiet der anderen Vertragspartei ein freies und ungehindertes Zugangsrecht zu allen Schulen.

Art. 17

Die Staatsangehörigen jeder Vertragspartei werden im Hoheitsgebiet der anderen Vertragspartei nur zu folgenden direkten Steuern herangezogen:

a) …
b) …
c) Einkommensteuer, sofern sie sich auf inländisches Einkommen bezieht.
d) …

Art. 22

Dieser Vertrag bedarf der Ratifikation und tritt am Tage des Austausches der Ratifikationsurkunden in Kraft, der in Bonn stattfinden soll.

Darf der Bund diesen Vertrag abschließen? **Lösung: Rn 133**

a) Allgemein

Die Fähigkeit, völkerrechtliche Verträge abzuschließen (**treaty-making power**), **111** kommt grundsätzlich allen Völkerrechtssubjekten zu. In der Regel ist diese Tätigkeit bei den **Staaten unbeschränkt**, während sie bei den internationalen Organisationen und den Sonderformen Beschränkungen unterliegt, die sich aus den Gründungsverträgen, ihrer speziellen Funktion oder ihrer Anerkennung durch die übrigen Völkerrechtssubjekte ergeben.

112 Aber auch die Vertragsfähigkeit von Staaten kann **beschränkt** sein. Dies gilt insbesondere für die **Gliedstaaten von Bundesstaaten**. Der Umfang ihrer Vertragsfähigkeit ergibt sich aus der Verfassung. Dabei ist umstritten, inwieweit zu dieser Kompetenzaufteilung zwischen Bund und Gliedstaaten, die ja eine rein innerstaatliche Regelung darstellt, auch noch eine Anerkennung durch die anderen Völkerrechtssubjekte hinzukommen muss.

Nach dem Entwurf der WVRK (Yearbook of the International Law Commission 1966 II, S. 173 ff) war noch vorgesehen, dass Gliedstaaten eines Bundesstaates in dem von der Bundesverfassung vorgesehenen Umfang Vertragsfähigkeit hätten. Diese Bestimmung wurde – insbesondere auf Betreiben der Bundesstaaten – nicht in den endgültigen Text aufgenommen. Grund dafür waren aber zumeist politische Überlegungen. Etliche Bundesstaaten sahen darin den Anstoß für außenpolitische Kompetenzforderungen ihrer Gliedstaaten bis hin zur Sezessionsgefahr (zB Kanada). Aus dieser Entwicklung lässt sich daher keine völkerrechtliche Folgerung ableiten.

113 In der Praxis ist die Frage von nicht allzu großer Bedeutung. Denn spätestens dann, wenn ein anderes Völkerrechtssubjekt mit dem Gliedstaat eines Bundesstaates einen völkerrechtlichen Vertrag abschließt, anerkennt es dessen Vertragsfähigkeit. Zudem ist die Vertragsfähigkeit von Gliedstaaten nur bei wenigen der ohnehin nicht zahlreichen Bundesstaaten vorgesehen.

Keine Vertragsfähigkeit ist zB vorgesehen in Brasilien, Mexiko, Kanada, Nigeria, USA. Beschränkte Vertragsfähigkeit ist zB vorgesehen in der Bundesrepublik, in Österreich und in der Schweiz.

114 Weitgehende Einigkeit besteht hingegen darüber, dass auch der **Bundesstaat** im völkerrechtlichen Verkehr nach außen grundsätzlich als **Einheitsstaat** auftritt (BVerfGE 2, S. 347 ff, 378). Insofern haftet der Gesamtstaat sowohl für die Verletzung eigener völkerrechtlicher Verträge durch seine Gliedstaaten als auch für die Verletzung gliedstaatlicher völkerrechtlicher Verträge durch ihn oder durch die Gliedstaaten (s. *von Münch*, Das völkerrechtliche Delikt, Frankfurt a.M. 1963, S. 239 ff).

b) Regelung im GG

115 Das GG bezieht sich auf die **Vertragsfähigkeit der Bundesrepublik** nur indirekt, indem diese vorausgesetzt wird. Eine nähere Regelung ist nicht notwendig, da die Bundesrepublik als Staat auf Grund des Völkerrechts Vertragsfähigkeit besitzt. Auch die Länderverfassungen setzen die Vertragsfähigkeit der Länder voraus und bestimmen lediglich die zum Vertragsabschluss zuständigen Organe (s. Rn 140 f).

116 Die Regelungen des GG betreffen insofern nur die Kompetenzaufteilung zwischen Bund und Ländern. Wenn daher Art. 32 Abs. 1 GG bestimmt: „Die Pflege der Beziehungen zu auswärtigen Staaten ist Sache des Bundes", so ist damit auch bestimmt, dass der Abschluss völkerrechtlicher Verträge Sache des Bundes ist. Nicht hingegen wird dadurch die Vertragsfähigkeit der Bundesrepublik begründet, die auch unabhängig von Art. 32 Abs. 1 GG existiert.

Art. 32 Abs. 3 GG regelt die **Kompetenz der Länder** zum Abschluss völkerrecht- **117**
licher Verträge, indem er bestimmt: „Soweit die Länder für die Gesetzgebung zuständig sind, können sie mit Zustimmung der Bundesregierung mit auswärtigen
Staaten Verträge abschließen." Für die Länder hat diese Bestimmung eine doppelte
Wirkung. Denn hier wird nicht nur ihre verfassungsrechtliche Kompetenz, sondern
auch die Grundlage ihrer völkerrechtlichen Vertragsfähigkeit bestimmt. Unabhängig von Art. 32 Abs. 3 GG würde eine solche überhaupt nicht existieren. Ob die
Länder allerdings von dieser verfassungsrechtlich vorgesehenen Kompetenz Gebrauch machen können, ist eine Frage des Völkerrechts. Völkerrechtlich gesehen
kann dies unterschiedlich erklärt werden. So kann in der Anerkennung der Bundesrepublik als (unbestrittener) Staat iSd Völkerrechts auch die Anerkennung der in ihrer Verfassung vorgesehenen Vertragsfähigkeit der Länder gesehen werden. Es kann
aber auch versucht werden, aus der Staatenpraxis eine Anerkennung der Vertragsfähigkeit der Länder nachzuweisen.

Beispiel: In der Praxis haben mehrere Länder völkerrechtliche Verträge mit fremden Staaten abgeschlossen, wenngleich nicht sehr häufig (zB Übereinkommen über den Schutz des
Bodensees gegen Verunreinigung vom 27. Oktober 1960, abgeschlossen zwischen Baden-
Württemberg, Bayern, Österreich und der Schweiz, BayGVBl. 1961, S. 237 ff; vgl die Zu-
sammenstellung bei *Rojahn,* in: *v. Münch,* 2. Aufl., München 1983, Anhang zu Art. 32). Insgesamt gesehen ergibt dies eine Anerkennung der Vertragsfähigkeit dieser Länder.

In beiden Fällen kommt man zum Ergebnis, dass die Länder in dem in Art. 32
Abs. 3 GG vorgegebenen Rahmen Vertragsfähigkeit besitzen. Insoweit sind sie
auch als partielle Völkerrechtssubjekte einzustufen (s. Rn 536).

In der Bestimmung dieses Rahmens ihrer Vertragsfähigkeit stellt Art. 32 Abs. 3 GG **118**
auf die **Zuständigkeit der Länder für die Gesetzgebung** ab. Der Wortlaut
verweist damit zunächst auf die Art. 70 ff GG. Die Länder dürfen also – mit Zustimmung der Bundesregierung – Verträge in den Materien abschließen, für die sie ausschließliche oder konkurrierende Gesetzgebungskompetenz besitzen. Ausschließliche Gesetzgebungskompetenz besitzen die Länder dort, wo der Bund keine
ausschließliche, konkurrierende oder Rahmengesetzgebungskompetenz hat. Konkurrierende Gesetzgebungskompetenz besitzen die Länder insbesondere im Rahmen der Artikel 74, 74a und 105 Abs. 2 GG, solange und soweit der Bund von seiner Kompetenz noch keinen Gebrauch gemacht hat.

Hat ein Land einen Vertrag zB über eine Materie des Art. 74 GG abgeschlossen und macht
der Bund später von seiner Gesetzgebungskompetenz Gebrauch, so geht damit der Vertrag
nicht unter, sondern es verlieren nur das Land und die anderen Länder die Abschlußkompe-
tenz gemäß Art. 32 Abs. 3 GG für weitere Verträge über diese Materie.

Der Bund kann dasselbe Ergebnis erzielen, indem er in dieser Materie selbst einen Vertrag
abschließt. Dabei ist er nach hL nicht an die Voraussetzungen des Art. 72 Abs. 2 GG gebunden, da die dort niedergelegten Kriterien für den internationalen Bereich keine Rolle spielen.

Art. 32 Abs. 3 GG stellt auf die Trennung der Materien dahingehend ab, dass zwi- **119**
schen Gesetzgebungszuständigkeiten des Bundes und der Länder unterschieden
wird. Daher dürfen die Länder auch Verträge abschließen, die sich auf die Verwal-

tung beziehen (sog. **Verwaltungsabkommen**, s. Rn 189), sofern sie die Gesetzgebungszuständigkeit in dieser Materie besitzen.

Das BVerfG hat dies so begründet (BVerfGE 2, S. 347 ff, 369 f):
„Nach Art. 32 Abs. 3 GG können die Länder, soweit sie für die Gesetzgebung zuständig sind, mit Zustimmung der Bundesregierung mit auswärtigen Staaten Verträge schließen. Diese Bestimmung betrifft nur den Gegensatz zwischen landesrechtlicher Regelung und bundesrechtlicher Regelung und will nicht etwa die Landesgesetzgebung in einen Gegensatz zur Landesverwaltung stellen. Daraus ergibt sich, daß die Länder auch auf dem Gebiete der Landesverwaltung zum Abschluß von Verträgen befugt sind."

120 Nach einer Mindermeinung bezieht sich diese Kompetenz für Verwaltungsabkommen auch auf die Materien, in denen die Länder zwar keine Gesetzgebungsbefugnis besitzen, aber Bundesgesetze als eigene Angelegenheit oder im Auftrag des Bundes ausführen (Art. 84, 85 GG), soweit und solange nicht der Bund gemäß Art. 84 Abs. 2 und Art. 85 Abs. 2 GG allgemeine Verwaltungsvorschriften erlassen hat (*Maunz*, in: *Maunz/Dürig*, Art. 32 Rn 70). Diese Meinung wird mit Hinweis auf den Wortlaut des Art. 32 Abs. 3 GG („Gesetzgebung") sowie mit dem Argument abgelehnt, dass damit die Einwirkungsmöglichkeiten des Bundes auf die Gesetzesvollziehung behindert würden.

121 Art. 32 Abs. 3 GG ermächtigt die Länder zum Abschluss von Verträgen mit „**auswärtigen Staaten**". Dieser Begriff, der genauso wie in Art. 32 Abs. 1 GG auszulegen ist, ist zu eng. Man ist sich größtenteils darüber einig, dass damit sämtliche Völkerrechtssubjekte (s. Rn 532) gemeint sind (vgl BVerfGE 1, S. 351 ff, 366; BVerfGE 2, S. 347 ff, 374). Die Formulierung „auswärtige Staaten" dürfte darauf zurückzuführen sein, dass sie aus einer Zeit stammt, in der der Kreis der Völkerrechtssubjekte fast ausschließlich aus Staaten bestand (vgl auch Art. 78 der Weimarer Reichsverfassung von 1919).

122 Nicht als auswärtiger Staat iSv Art. 32 Abs. 1 und 3 GG gilt nach hL der **Heilige Stuhl** (vgl BVerfGE 6, S. 309 ff, 362), obwohl er von der Bundesrepublik als Völkerrechtssubjekt anerkannt ist. Für diese Auslegung wird hauptsächlich auf die Entstehungsgeschichte des GG verwiesen sowie auf die *geistliche* völkerrechtliche Subjektivität des heiligen Stuhls abgestellt, die sich von der im Politischen wurzelnden der Staaten unterscheide (vgl *Streinz*, in: *Sachs*, Art. 32 Rn 16 mwN). Dennoch ist es schwer einzusehen, warum von allen Völkerrechtssubjekten nur der Heilige Stuhl nicht unter Art. 32 GG fallen soll.

123 Aus dieser Auslegung folgt, dass für den Abschluss von Verträgen mit dem Heiligen Stuhl (sog. Konkordate) nicht auf Art. 32 GG, sondern auf die allgemeinen Zuständigkeitsregeln zurückgegriffen werden muss. Die Zuständigkeit zum Abschluss von Konkordaten richtet sich demnach nach der Gesetzgebungszuständigkeit für die zu regelnde Materie. Danach liegt die Zuständigkeit in der Regel bei den Ländern. Da Art. 32 GG dabei nicht zur Anwendung kommt, brauchen die Länder dann auch nicht die Zustimmung der Bundesregierung, wie sie in Art. 32 Abs. 3 GG vorgesehen ist. Für den Bund bleiben einige wenige Materien, über die er Konkordate abschließen könnte, zB die Bundeswehrseelsorge (Art. 73 Nr 1 GG).

In der Vergangenheit stellte sich die Frage, ob die **DDR „auswärtiger Staat"** iSv **124** Art. 32 GG war. Problematisch war vor allem das Kriterium „auswärtig". Das BVerfG hatte in seiner Entscheidung zum Grundlagenvertrag zwischen der (damaligen) Bundesrepublik und der DDR betont, dass es sich dabei um zwei Staaten handele, die zwar Teile eines noch nicht reorganisierten Gesamtstaates, aber dennoch jeder für sich Völkerrechtssubjekt seien (BVerfGE 36, S. 1 ff, 22 f). Dies schien für eine Einstufung der DDR als „auswärtiger Staat" zu sprechen, wenngleich dieses Ergebnis auch nicht unumstritten war.

Gemäß Art. 32 Abs. 3 GG können die Länder solche Verträge nur mit **Zustimmung** **125** **der Bundesregierung** abschließen. Dadurch übt die Bundesregierung „eine präventive Bundesaufsicht aus, damit verhütet werde, dass Länderverträge den Bundesinteressen widerstreiten" (so BVerfGE 2, S. 347 ff, 370). Sie hat dabei ein politisches Ermessen, das allenfalls durch das Verbot des Rechtsmissbrauchs begrenzt wird (vgl im einzelnen dazu *Seidel*, Die Zustimmung der Bundesregierung zu Verträgen der Bundesländer mit auswärtigen Staaten gemäß Art. 32 III GG, Berlin 1975).

Bisher ungelöst ist die **bundesstaatliche Zentralfrage** bei der Auslegung des **126** Art. 32 GG. Es geht dabei um das Problem, ob Art. 32 Abs. 3 GG den Ländern ein exklusives Vertragsabschlussrecht gibt, sofern sie die Gesetzgebungszuständigkeit besitzen, oder ob es sich dabei nur um ein konkurrierendes Vertragsabschlussrecht handelt. Anders ausgedrückt geht es darum, ob der Bund durch Art. 32 Abs. 1 GG ermächtigt wird, Verträge über alle Materien abzuschließen, also auch dort, wo die Länder die Gesetzgebungszuständigkeit besitzen. Die Meinungen dazu sind in der Lehre geteilt, ja es besteht nicht einmal Übereinstimmung darüber, was als hL zu bezeichnen ist. Selbst die davon direkt betroffenen Länder der Bundesrepublik vertreten dazu unterschiedliche Ansichten (vgl *Rudolf,* S. 185 f). Das BVerfG hat die Frage bislang noch nicht entschieden.

Man kann die beiden Meinungen zur Auslegung des Art. 32 GG wegen ihrer bun- **127** desstaatlichen Relevanz als zentralistische und föderalistische Ansicht bezeichnen:

(1) Zentralistische Ansicht: Danach ist die **Zuständigkeit des Bundes**, Verträge mit auswärtigen Staaten abzuschließen, **unbeschränkt**. Er kann daher auch dort Verträge abschließen, wo die Länder die ausschließliche Gesetzgebungszuständigkeit besitzen. Die Kompetenz der Länder gemäß Art. 32 Abs. 3 GG ist eine konkurrierende. Begründet wird diese Ansicht hauptsächlich mit dem uneingeschränkten Wortlaut des Art. 32 Abs. 1 GG, der Wortlaut des Art. 32 Abs. 3 GG („können") sowie dem Prinzip der Einheit des Bundesstaates nach außen hin (s. Rn 114).

(2) Föderalistische Ansicht: Danach ist die **Zuständigkeit des Bundes**, Verträge mit auswärtigen Staaten abzuschließen, insofern **beschränkt**, als er dort keine Verträge abschließen darf, wo die Länder die ausschließliche Gesetzgebungszuständigkeit besitzen. Die Kompetenz der Länder gemäß Art. 32 Abs. 3 GG ist exklusiv. Begründet wird diese Ansicht hauptsächlich damit, dass nach der zentralistischen Lösung der Bund über den Abschluss von Verträgen die Gesetzgebungskompetenz der Länder aushöhlen könnte.

(3) Schließlich wird noch eine Mittelmeinung vertreten, wonach der Bund alle Verträge in den Bereichen, in denen die Länder die ausschließliche Gesetzgebungsbefugnis besitzen, abschließen, aber nicht innerstaatlich vollziehen dürfe (= Transformation, s. Rn 454 f). Dabei handelt es sich aber im Zusammenhang des Art. 32 GG um eine zentralistische Ansicht.

128 In der Praxis sind die sich aus der ungeklärten Verfassungslage ergebenden Streitfragen durch das sog. **Lindauer Abkommen** vom 14. November 1957 (Verständigung zwischen der Bundesregierung und den Staatskanzleien der Länder über das Vertragsschließungsrecht des Bundes) einer pragmatischen Lösung zugeführt worden.

Das Lindauer Abkommen hat folgenden Wortlaut (Text nach „Richtlinien für die Behandlung völkerrechtlicher Verträge", s. Rn 143):

„1. Der Bund und die Länder halten an ihren bekannten Rechtsauffassungen über die Abschluß- und Transformationskompetenz bei völkerrechtlichen Verträgen, die ausschließliche Kompetenzen der Länder berühren, fest.

2. Die Länder halten ein Entgegenkommen bei der Anwendung des Artikels 73 Ziffern 1 und 5 und des Artikels 74 Ziffer 4 GG für möglich. Eine Zuständigkeit des Bundes könnte danach zB für

A. Konsularverträge,
B. Handels- und Schiffahrtsverträge, Niederlassungsverträge sowie Verträge über den Waren- und Zahlungsverkehr,
C. Verträge über den Beitritt zu oder die Gründung von internationalen Organisationen

auch insoweit anerkannt werden, als diese Verträge Bestimmungen enthalten, bei denen es zweifelhaft sein könnte, ob sie im Rahmen eines internationalen Vertrags unter die ausschließliche Landesgesetzgebung fallen, wenn diese Bestimmungen

a) für solche Verträge typisch und in diesen Verträgen üblicherweise enthalten sind oder

b) einen untergeordneten Bestandteil des Vertrages bilden, dessen Schwerpunkt im übrigen zweifelsfrei im Bereich der Zuständigkeit des Bundes liegt.

Hierzu gehören Bestimmungen über Vorrechte bei auswärtigen Staaten und internationalen Einrichtungen hinsichtlich des Steuer-, Polizei- und Enteignungsrechts (Immunitäten) sowie über die nähere Ausgestaltung der Rechte von Ausländern in Handels-, Schiffahrts- und Niederlassungsverträgen.

3. Beim Abschluß von Staatsverträgen, die nach Auffassung der Länder deren ausschließliche Kompetenzen berühren und nicht nach Ziff. 2 durch die Bundeskompetenz gedeckt sind, insbesondere also bei Kulturabkommen, wird wie folgt verfahren:

Soweit völkerrechtliche Verträge auf Gebieten der ausschließlichen Zuständigkeit der Länder eine Verpflichtung des Bundes oder der Länder begründen sollen, soll das Einverständnis der Länder herbeigeführt werden. Dieses Einverständnis soll vorliegen, bevor die Verpflichtung völkerrechtlich verbindlich wird. Falls die Bundesregierung einen solchen Vertrag dem Bundesrat gemäß Artikel 59 Abs. 2 GG zuleitet, wird sie die Länder spätestens zum gleichen Zeitpunkt um die Erteilung des Einverständnisses bitten.

Bei den in Abs. 1 Satz 1 genannten Verträgen sollen die Länder an den Vorbereitungen für den Abschluß möglichst frühzeitig, in jedem Fall rechtzeitig vor der endgültigen Festlegung des Vertragstextes beteiligt werden.

4. Es wird weiter vereinbart, daß bei Verträgen, welche wesentliche Interessen der Länder berühren, gleichgültig, ob sie die ausschließliche Kompetenz der Länder betreffen oder nicht,

a) die Länder möglichst frühzeitig über den beabsichtigten Abschluß derartiger Verträge unterrichtet werden, damit sie rechtzeitig ihre Wünsche geltend machen können,

b) ein ständiges Gremium aus Vertretern der Länder gebildet wird, das als Gesprächspartner für das Auswärtige Amt oder die sonst zuständigen Fachressorts des Bundes im Zeitpunkt der Aushandlung internationaler Verträge zur Verfügung steht,

c) durch die Information dieses Gremiums und die von ihm abgegebenen Erklärungen der Vereinbarung nach Ziffer 3 nicht berührt wird.

5. Der Sonderfall des Artikels 32 Abs. 2 GG wird durch Ziffer 4 nicht erfaßt."

Als **wesentlicher Inhalt** des Lindauer Abkommens lässt sich zusammenfassend festhalten: Die Länder akzeptieren gewisse Verträge des Bundes, die teilweise ihre ausschließlichen Gesetzgebungszuständigkeiten berühren, d.h. sie werden dagegen nicht verfassungsgerichtlich vorgehen (Ziff. 2). In anderen Fällen kann der Bund Verträge abschließen, die ausschließliche Länderzuständigkeiten betreffen (insbesondere Kulturabkommen), wenn die Länder zugestimmt haben (Ziff. 3). Davon abgesehen bleiben die unterschiedlichen Rechtsauffassungen von Bund und Ländern in diesen Bereichen bestehen (Ziff. 1). **128a**

Zwar hat sich die Anwendung des Lindauer Abkommens in der Praxis bewährt und die Länder haben bislang den – dem Abkommen entsprechenden – Abschluss von Verträgen durch den Bund akzeptiert, seine **Verfassungsmäßigkeit** ist allerdings bis heute **umstritten**. Dabei werden insbesondere gegen Ziffer 3 Bedenken vorgebracht. Wenn man nämlich bei der Interpretation des Art. 32 GG von der föderalistischen Ansicht ausgeht, besitzt der Bund gerade bei Kulturabkommen keine Vertragsschließungskompetenz. Diese steht nur den Ländern zu. Dann aber bewirkt Ziffer 3 des Lindauer Abkommens eine Übertragung der Vertragsschließungskompetenz von den Ländern auf den Bund. Dies wäre eine Änderung der Kompetenzordnung des GG und als solche nur im Verfahren nach Art. 79 Abs. 1 und Abs. 2 GG erlaubt. Eine Übertragung durch ein Bund-Länder-Abkommen wäre daher verfassungswidrig. **129**

Auch vonseiten der zentralistischen Interpretation des Art. 32 GG werden verfassungsrechtliche Bedenken mit der Begründung geltend gemacht, Ziffer 3 verändere die in Art. 32 GG angelegte Beteiligungsform der Länder hin zu einem nicht vorgesehenen Mitwirkungsrecht, was die Entscheidungsfreiheit des Bundes im Rahmen seiner umfassenden Vertragsschließungskompetenz beschränke. Diesen Bedenken dürfte allerdings schon der Wortlaut der Ziffer 3 entgegenstehen, da dort immer nur von „sollen" und nie von „müssen" die Rede ist. **130**

Art. 32 Abs. 2 GG sieht vor, dass vor dem Abschluss eines Vertrages durch den Bund, der die besonderen Verhältnisse eines Landes berührt, das **Land rechtzeitig zu hören** ist. Daraus lässt sich kein Anspruch auf Einflussnahme auf den Vertragsinhalt ableiten. Der Bund ist nicht an die Stellungnahme des Landes gebunden. Art. 32 Abs. 2 GG kommt allerdings nur zur Anwendung, wenn ein oder mehrere Länder *besonders* berührt sind, nicht, wenn alle gleichmäßig betroffen sind. **131**

Beispiel: Beim Abschluss der Verträge der Bundesrepublik mit Dänemark, den Niederlanden und Großbritannien über die Abgrenzung des Festlandsockels unter der Nordsee vom 28. Januar 1971 (BGBl. 1972 II, S. 882 ff, 889 ff, 897 ff) wurden die besonders betroffenen Länder Bremen, Hamburg, Niedersachsen und Schleswig-Holstein zunächst dadurch beteiligt, dass ein Vertreter dieser Länder als Mitglied an der deutschen Verhandlungsdelegation teilnahm. Außerdem wurden ihnen die Vertragsentwürfe vor Unterzeichnung zur Stellungnahme zugeleitet.

132 Nach übereinstimmender Auffassung fallen Verträge der Länder untereinander oder mit dem Bund nicht unter Art. 32 GG, weil sie im gegenseitigen Verhältnis keine „auswärtigen Staaten" sind.

133 **Lösung Fall 5** (Rn 110):

1. Gemäß Art. 32 Abs. 1 GG ist die Pflege der Beziehungen zu auswärtigen Staaten Sache des Bundes. Dazu gehört auch der Abschluss völkerrechtlicher Verträge. Um einen solchen handelt es sich beim Freundschafts-, Handels- und Schifffahrts-Vertrag mit Tuvalu. Die Zuständigkeit wäre allerdings dann nicht gegeben, wenn zum Abschluss eines solchen Vertrages die Länder exklusiv zuständig wären. Dies könnte sich aus Art. 32 Abs. 3 GG ergeben.

2. Gemäß Art. 32 Abs. 3 GG können die Länder, sofern sie für die Gesetzgebung zuständig sind, mit Zustimmung der Bundesregierung Verträge mit auswärtigen Staaten abschließen. Dem Wortlaut des Art. 32 GG ist allerdings nicht zu entnehmen, ob Art. 32 Abs. 3 GG den Ländern ein exklusives Vertragsabschlussrecht gewährt, sodass der Bund keine völkerrechtlichen Verträge im Bereich von Angelegenheiten abschließen dürfte, für die die Länder die Gesetzgebungszuständigkeit besitzen.

3. Der Art. 32 GG lässt sich deshalb in zweifacher Weise auslegen. Man kann einerseits zum Ergebnis kommen, dass im Bereich der Landesgesetzgebung ein konkurrierendes Vertragsabschlussrecht von Bund und Ländern besteht (zentralistische Ansicht). Es lässt sich aber andererseits aus Art. 32 GG auch ableiten, dass in Bereichen der Landesgesetzgebung der Bund kein Vertragsabschlussrecht besitzt (föderalistische Ansicht).

4. Vertritt man die zentralistische Ansicht, so darf der Bund im vorliegenden Fall diesen Vertrag abschließen. Vertritt man die föderalistische Ansicht, so muss geprüft werden, ob der Vertrag Bereiche der Landesgesetzgebung tangiert. Art. 5 des Vertrages bestimmt für die Staatsangehörigen von Tuvalu ein freies und ungehindertes Zugangsrecht zu allen Schulen. Die Regelung des Zugangsrechts zu Schulen fällt aber gemäß Art. 70 Abs. 1 GG in die ausschließliche Gesetzgebungszuständigkeit der Länder, da das GG, insbesondere die Artikel 73 bis 75 dem Bund in diesem Bereich keinerlei Gesetzgebungsbefugnisse übertragen. Eine solche Kompetenz ergibt sich auch nicht aus Art. 73 Nr 1 GG, der dem Bund die ausschließliche Gesetzgebung in auswärtigen Angelegenheiten überträgt. Diese Bestimmung bezieht sich auf den auswärtigen Dienst und die Rechtsstellung ausländischer Vertretungen und nicht auf jeden Abschluss eines völkerrechtlichen Vertrages (s. Rn 741). Daraus folgt, dass der Bund nach dieser Auslegung des Art. 32 GG den Vertrag nicht abschließen darf. Die übrigen relevanten Angelegenheiten fallen in die Gesetzgebungszuständigkeit des Bundes (Art. 73 Nr 3, Art. 73 Nr 5, Art. 74 Nr 4, Art. 105 Abs. 2 iVm Art. 106 Abs. 3 GG).

5. Vertritt man die föderalistische Ansicht bei der Auslegung des Art. 32 GG, so könnte sich allerdings eine Zuständigkeit des Bundes aus dem Lindauer Abkommen ergeben. In diesem Abkommen haben sich Bund und Länder – unter Aufrechterhaltung ihrer unter-

schiedlichen Rechtsauffassung über die Vertragsabschlusskompetenz des Bundes in Bereichen ausschließlicher Gesetzgebungszuständigkeiten der Länder – auf einen Kompromiss geeinigt. In Ziffer 2 des Abkommens signalisieren die Länder ein Entgegenkommen bei der Anwendung der Artikel 73 Nr 1 und 5 und 74 Nr 4 GG und halten eine Zuständigkeit des Bundes ua für möglich für Handels-, Schifffahrts- und Niederlassungsverträge, selbst wenn die Gesetzgebungszuständigkeit für Einzelbestimmungen zweifelhaft sein könnte. Umfasst sind allerdings nur solche Einzelbestimmungen, die für solche Verträge typisch und üblicherweise in ihnen enthalten sind oder einen untergeordneten Bestandteil des Vertrages bilden, der im Übrigen zweifelsfrei im Bereich der Zuständigkeit des Bundes liegt. Hierzu gehören ua Bestimmungen über die nähere Ausgestaltung der Rechte von Ausländern in Handels-, Schifffahrts- und Niederlassungsverträgen.

Alle diese Bedingungen treffen auf den Vertrag mit Tuvalu zu, sodass der Bund nach dem Lindauer Abkommen den Vertrag abschließen darf. Zwar ist die Verfassungsmäßigkeit des Lindauer Abkommens umstritten, wobei vor allem darauf hingewiesen wird, dass ein Abkommen zwischen Bund und Ländern nicht die Kompetenzverteilung des GG ändern könne. Auf der anderen Seite aber ist die Staatspraxis seit 1957 insofern einheitlich, als die Länder – wenngleich unter Aufrechterhaltung ihres gegenteiligen Rechtsstandpunktes – den Abschluss solcher Verträge durch den Bund akzeptieren. Darum kann man davon ausgehen, dass bis zur Aufhebung des Lindauer Abkommens der Bund die ihm dort zugestandene Abschlusskompetenz ausüben darf.

Ergebnis: Der Bund darf diesen Vertrag abschließen.

Literatur: *Bernhardt*, Verfassungsrecht und völkerrechtliche Verträge, in: *Isensee/ Kirchhof*, Bd. VII, S. 571 ff; *Blumenwitz,* Vertragsabschlußkompetenz, in: Lexikon, S. 481 ff; *Fastenrath*, Kompetenzaufteilung im Bereich der auswärtigen Gewalt, München 1986, S. 81-147; *Friehe,* Kleines Problemkompendium zum Thema: „Kulturabkommen des Bundes", in: JA 1983, S. 117 ff; *Hartung*, Die Praxis des Lindauer Abkommens, Köln ua 1984; *Magiera*, Außenkompetenzen der deutschen Länder, in: *Lüder* (Hrsg.), Staat und Verwaltung, Speyer 1997, S. 97 ff; *Papier*, Abschluss völkerrechtlicher Verträge und Föderalismus, in: DÖV 2003, S. 265 ff; *Rudolf*, S. 178-190, 227-231; *ders.,* Völkerrechtliche Verträge über Gegenstände der Landesgesetzgebung, in: Mainzer Festschrift für *H. Armbruster,* Berlin 1976, S. 59 ff; *ders.,* Bundesstaat und Völkerrecht, in: ArchVR 1989, S. 1 ff; *Stern*, Auswärtige Gewalt und Lindauer Abkommen, in: Festschrift Carl Heymanns Verlag, Köln ua 1995, S. 231 ff.

3. Organe des Vertragsabschlusses

a) Allgemein

Nach allgemeinem Völkerrecht werden die zum Vertragsabschluss zuständigen Organe nach der **Verfassung des jeweiligen Völkerrechtssubjekts** bestimmt. **134**

Dazu zählen die Verfassungen der Staaten, die Gründungsverträge internationaler Organisationen, der Codex Juris Canonici für den Heiligen Stuhl, die Ordensverfassung des Malteser-Ordens und die institutionellen Regelungen der übrigen Völkerrechtssubjekte.

Für die Staaten wird diese Verweisungsregel in Art. 7 Abs. 2 Buchstabe a WVRK weiter spezifiziert. Danach gilt (unabhängig von der jeweiligen Verfassung) die –

widerlegbare – Vermutung, dass Staatsoberhäupter, Regierungschefs und Außenminister kraft ihres Amtes als innerstaatlich zuständig „zur Vornahme aller sich auf den Abschluss eines Vertrages beziehenden Handlungen" angesehen werden.

b) Regelung im GG

135 Gemäß Art. 59 Abs. 1 Satz 1 GG vertritt der **Bundespräsident** den Bund völkerrechtlich. Damit wird dem Bundespräsidenten die Außenvertretungsbefugnis im gesamten Umfang der völkerrechtlichen Beziehungen des Bundes verliehen, wozu auch der Abschluss völkerrechtlicher Verträge gehört. So gesehen kommt dem Art. 59 Abs. 1 Satz 2 GG nur erläuternde Funktion zu, der die wichtigste Funktion des Bundespräsidenten in diesem Bereich beschreibt: „Er schließt im Namen des Bundes die Verträge mit auswärtigen Staaten."

136 Diese **Kompetenz** ist vom GG **umfassend** angelegt. Zum einen bezieht sie sich nach durchaus hL (wie auch bei der Auslegung von Art. 32 GG, s. Rn 121) auf völkerrechtliche Verträge mit allen Völkerrechtssubjekten (s. Rn 532), also nicht nur auf solche mit auswärtigen Staaten. Zum anderen werden davon alle Verträge, unabhängig von ihrem Inhalt, erfasst. Eine Einschränkung existiert lediglich dahingehend, dass es sich um Verträge des Bundes handeln muss. Verträge, die die Länder im Rahmen ihrer Kompetenz gemäß Art. 32 Abs. 3 GG abschließen können, werden von ihren Organen abgeschlossen. Umstritten ist, ob sich die Länder in diesem Bereich durch den Bundespräsidenten vertreten lassen können; ein Problem, das in der Praxis allerdings nicht relevant wird.

Dafür *Rojahn*, in: *v. Münch*, Art. 59 Rn 4. Dagegen *Zuleeg*, in: *Denninger*, Art. 59, Rn 14, mit der Begründung, dass sonst beim Vertragspartner der Eindruck entstünde, dass die Bundesrepublik Deutschland die Einhaltung des Vertrages leiste Gewähr. Daher müsse der Bundespräsident das Ansinnen zurückweisen. Da ein Bundesstaat aber nach außen hin als Einheitsstaat auftritt (s. Rn 114), muss die Bundesrepublik ohnehin die Einhaltung Gewähr leisten.

137 Vom Wortlaut her gesehen liegt in Art. 59 Abs. 1 Satz 2 GG eine Widerlegung der Vermutung des Art. 7 Abs. 2 Buchstabe a WVRK in Bezug auf das Vertragsabschlußrecht des Bundeskanzlers und des Bundesaußenministers. Die Praxis hat sich hingegen anders entwickelt.

138 Art. 7 Abs. 1 Buchstabe a WVRK geht davon aus, dass Personen, für die nicht die Vermutung des Art. 7 Abs. 2 Buchstabe a gilt, nur dann für einen Staat die Zustimmung, durch einen Vertrag gebunden zu sein, abgeben dürfen, wenn sie eine gehörige **Vollmacht** besitzen. Bezogen auf die Bundesrepublik bedeutet das, dass – wegen der widerlegten Vermutung des Art. 7 Abs. 2 Buchstabe a WVRK – jedes Staatsorgan, das eine solche Erklärung abgeben will, das also einen Vertrag abschließen will, eine Vollmacht des Bundespräsidenten braucht.

139 Demgegenüber gehen die hL und die **Praxis in der Bundesrepublik** davon aus, dass für eine Reihe von völkerrechtlichen Verträgen des Bundes auch andere Staatsorgane eine Abschlusskompetenz besitzen. Dies gilt für die große Gruppe der Verwaltungsabkommen, die von der Bundesregierung oder vom Bundeskanzler, dem Außenminister und den Ressortministern abgeschlossen werden, ohne dass eine Vollmacht des Bundespräsidenten vorliegt. Dies lässt sich verfassungsrechtlich nur dadurch rechtfertigen, dass entweder eine eigenständige Ermächtigung im GG dafür existiert, oder dass der Bundespräsident seine Kompetenz delegiert hat. Trotz der ständigen Praxis bestehen gegen beide Begründungen erhebliche verfassungsrechtliche Bedenken.

Im Rahmen der ersten Lösung wird auf Art. 59 Abs. 2 Satz 2 GG verwiesen und **139a** daraus abgeleitet, dass Verwaltungsabkommen insgesamt der Regierungskompetenz zugewiesen seien, und dass daher eine Tätigkeit des Bundespräsidenten in keiner Weise erforderlich sei (vgl *Stern,* Bd. II, S. 226). Bedenken gegen diese Argumentation ergeben sich daraus, dass Art. 59 Abs. 2 Satz 2 GG seiner Systematik nach der Abgrenzung zu Satz 1 dient, vornehmlich die Transformation regelt (s. Rn 461) und ohne ersichtlichen Zusammenhang zu der in Art. 59 Abs. 1 Satz 1 und 2 GG umfassend angelegten Kompetenz des Bundespräsidenten steht.

Es wird daher auch meist auf die zweite Lösung abgestellt und eine Delegation angenommen. Diese wird entweder als stillschweigend oder als verfassungsgewohnheitsrechtlich begründete Delegation angesehen. Dem scheint auch das BVerfG zu folgen, wenn es ausführt: „… zumindest kraft einer vom Bundespräsidenten stillschweigend erteilten Vollmacht" (BVerfGE 68, S. 1 ff, 82 f). Bisweilen wird zum Nachweis auf § 77 Abs. 2 GGO II verwiesen, wonach der Außenminister und nicht der Bundespräsident Vollmachten für den Abschluss von Regierungsabkommen ausstellt. Zudem wird auf § 11 Abs. 2 der vom Bundespräsidenten gemäß Art. 65 Satz 4 GG genehmigten GOBReg abgestellt, wonach Verhandlungen mit dem Ausland oder im Ausland nur mit Zustimmung des Auswärtigen Amtes geführt werden dürfen (vgl *Geiger,* S. 128). Da aber die Delegation eine Verschiebung im Kompetenzgefüge des Art. 59 Abs. 1 GG bedeutet, wird gegen diese Lösung vorgebracht, dass dies mit Art. 79 Abs. 1 Satz 1 GG unvereinbar sei.

c) Regelung in den Länderverfassungen

Die Länderverfassungen bestimmen jeweils auch die zum Abschluss völkerrechtli- **140** cher Verträge zuständigen Organe. Dabei wird in Bremen kein ausdrücklicher Hinweis auf Verträge gemacht, sondern – vergleichbar dem Art. 59 Abs. 1 Satz 1 GG – nur ganz allgemein die Außenvertretungsbefugnis geregelt. In den meisten Fällen (Baden-Württemberg, Berlin, Brandenburg, Hessen, Mecklenburg-Vorpommern, Niedersachsen, Nordrhein-Westfalen, Rheinland-Pfalz, Saarland, Sachsen, Sachsen-Anhalt, Schleswig-Holstein, Thüringen) werden die Verträge zwar angeführt, aber in den Regelungszusammenhang der Zustimmung durch die Landtage gestellt. Nur die bayerische und die hamburgische Verfassung weisen den Abschluss von Verträgen ausdrücklich der Kompetenz des Ministerpräsidenten bzw des Senats zu. Die einzelnen Bestimmungen der Länderverfassungen sind folgende:

141 **1. Baden-Württemberg:**

Art. 50: Der Ministerpräsident vertritt das Land nach außen. Der Abschluß von Staatsverträgen bedarf der Zustimmung der Regierung und des Landtags.

2. Bayern:

Art. 47 Abs. 3: Er (= der Ministerpräsident) vertritt Bayern nach außen.

Art. 72 Abs. 2: Staatsverträge werden vom Ministerpräsidenten nach vorheriger Zustimmung des Landtags abgeschlossen.

3. Berlin:

Art. 58 Abs. 1 Satz 1: Der Regierende Bürgermeister vertritt Berlin nach außen.

Art. 50 Abs. 1 Satz 3: Der Abschluß von Staatsverträgen bedarf der Zustimmung des
Abgeordnetenhauses.

4. Brandenburg:

Art. 91: (1) Der Ministerpräsident vertritt das Land nach außen. Er kann diese Befugnis
auf ein anderes Mitglied der Landesregierung oder auf nachgeordnete Stellen übertragen.

(2) Staatsverträge, insbesondere Verträge, die sich auf Gegenstände der Gesetzgebung
beziehen oder Aufwendungen erfordern, für die Haushaltsmittel nicht vorgesehen sind,
bedürfen der Zustimmung des Landtages.

5. Bremen:

Art. 118 Abs. 1 Satz 1 und 2: Der Senat führt die Verwaltung nach den Gesetzen und den
von der Bürgerschaft gegebenen Richtlinien. Er vertritt die Freie Hansestadt Bremen
nach außen.

6. Hamburg:

Art. 43: Der Senat vertritt die Freie und Hansestadt Hamburg gegenüber der Bundesrepublik Deutschland, den deutschen Ländern und dem Ausland. Ihm obliegt die Ratifikation der Staatsverträge …

7. Hessen:

Art. 103: (1) Der Ministerpräsident vertritt das Land Hessen. Er kann die Vertretungsbefugnis auf den zuständigen Minister oder nachgeordnete Stellen übertragen.

(2) Staatsverträge bedürfen der Zustimmung des Landtags.

8. Mecklenburg-Vorpommern:

Art. 47: (1) Der Ministerpräsident vertritt das Land nach außen. Die Befugnis kann
übertragen werden.

(2) Staatsverträge, die Gegenstände der Gesetzgebung betreffen, bedürfen der Zustimmung des Landtages in Form eines Gesetzes.

9. Niedersachsen:

Art. 35: (1) Die Ministerpräsidentin oder der Ministerpräsident vertritt das Land nach
außen.

(2) Verträge des Landes, die sich auf Gegenstände der Gesetzgebung beziehen, bedürfen
der Zustimmung des Landtages.

10. Nordrhein-Westfalen:

Art. 57: Die Landesregierung vertritt das Land Nordrhein-Westfalen nach außen. Sie
kann diese Befugnis auf den Ministerpräsidenten, auf ein anderes Mitglied der Landesregierung oder auf nachgeordnete Stellen übertragen.

Art. 66 Satz 2: Staatsverträge bedürfen der Zustimmung des Landtags.

11. Rheinland-Pfalz:

Art. 101: Der Ministerpräsident vertritt das Land Rheinland-Pfalz nach außen. Staatsverträge bedürfen der Zustimmung des Landtags durch Gesetz.

12. Saarland:

Art. 95: (1) Der Ministerpräsident vertritt das Land nach außen.

(2) Der Abschluß von Staatsverträgen bedarf der Zustimmung des Landtages durch Gesetz. Die Landesregierung ist verpflichtet, den Landtag über andere wichtige Vereinbarungen zu unterrichten.

13. Sachsen:

Art. 65: (1) Der Ministerpräsident vertritt das Land nach außen.

(2) Der Abschluß von Staatsverträgen bedarf der Zustimmung der Staatsregierung und des Landtages.

14. Sachsen-Anhalt:

Art. 69: (1) Der Ministerpräsident vertritt das Land nach außen. Diese Befugnis kann übertragen werden.

(2) Der Abschluß von Staatsverträgen bedarf der Zustimmung des Landtages.

15. Schleswig-Holstein:

Art. 30: (1) Die Ministerpräsidentin oder der Ministerpräsident vertritt das Land, soweit die Gesetze nichts anders bestimmen. Diese Befugnis kann übertragen werden.

(2) Verträge mit der Bundesrepublik oder mit anderen Ländern bedürfen der Zustimmung der Landesregierung. Soweit sie Gegenstände der Gesetzgebung betreffen oder zu ihrer Durchführung eines Gesetzes bedürfen, muss auch der Landtag zustimmen.

16. Thüringen:

Art. 77: (1) Der Ministerpräsident vertritt das Land nach außen. Er kann diese Befugnis übertragen.

(2) Staatsverträge bedürfen der Zustimmung des Landtags.

Literatur: *Fastenrath*, Kompetenzverteilung im Bereich der auswärtigen Gewalt, München 1986, S. 199 ff; *Rudolf*, Internationale Beziehungen der deutschen Länder, in: ArchVR 1966, S. 53 ff; *Seidel*, Der Bundespräsident als Träger der auswärtigen Gewalt, Berlin 1972, S. 64-69; *Tuschhoff*, Die Ratifikation völkerrechtlicher Verträge durch den Bundespräsidenten unter Berücksichtigung der Bedeutung des Vertragsgesetzes, Diss. Mainz 1976.

4. Verfahren des Vertragsabschlusses

Fall 6: Muss der Vertrag zwischen der Bundesrepublik Deutschland und Tuvalu (**Fall 5**, Rn 110) im ein- oder mehrphasigen Verfahren abgeschlossen werden? **Lösung: Rn 161, 165, 168, 172**   **142**

Beim Abschluss völkerrechtlicher Verträge unterscheidet man zwischen dem **mehrphasigen** und dem **einphasigen Verfahren**. Bei dieser Unterscheidung wird darauf abgestellt, ob die staatlichen Organe, die den Vertrag ausgehandelt haben, diesen auch selbst verbindlich abschließen können (einphasiges Verfahren) oder ob der verbindliche Vertragsabschluss erst nach Mitwirkung anderer Organe stattfinden kann (mehrphasiges Verfahren). Welches Verfahren gewählt wird, hängt davon ab, ob die Verfassungen der Vertragsparteien für den betreffenden Vertrag die Mitwirkung mehrerer Staatsorgane vorsehen oder nicht. Daher ist es auch möglich, dass eine Vertragspartei auf das mehrphasige Verfahren angewiesen ist, während die andere einphasig abschließen kann.   **143**

Die Praxis der Bundesrepublik ergibt sich aus den „Richtlinien für die Behandlung völkerrechtlicher Verträge" (Neufassung 1996 mit Ergänzungen), herausgegeben vom Auswärtigen Amt, Referat 501 – Völkerrechtliche Verträge.

a) Mehrphasiges Verfahren

144   (1) Das mehrphasige Verfahren beginnt mit der Bestellung von Unterhändlern. Diese benötigen in der Regel eine **Vollmacht**. Dabei handelt es sich um eine Verhandlungs- und nicht um eine Abschlussvollmacht. Daher wird üblicherweise in die Vollmacht ein Ratifikationsvorbehalt aufgenommen, der klarstellt, dass der Vertrag nicht schon mit der Unterzeichnung durch den Unterhändler, sondern erst nach der Ratifikation (s. dazu Rn 153) verbindlich werden kann.

Beispiel: Der Präsident der Bundesrepublik Deutschland
                              – Vollmacht –
Der Botschafter der Bundesrepublik Deutschland
                              Herr …
wird hiermit bevollmächtigt, im Namen der Bundesrepublik Deutschland mit dem bevollmächtigten Vertreter der Republik … zu verhandeln, und diesen Vertrag nebst dazugehörigem Protokoll und Zusatzvereinbarungen, vorbehaltlich der Ratifikation, zu unterzeichnen.
Berlin, den ……   Der Bundespräsident ……
                                                                                      Der Bundesminister
                                                                                         des Auswärtigen
                                                                                                  ……

145   Gemäß Art. 7 Abs. 2 WVRK werden für die Vertragsverhandlungen **kraft ihres Amtes** als Vertreter ihres Staates angesehen (mit der Folge, dass sie keine Vollmachten vorlegen müssen) Staatsoberhäupter, Regierungschefs, Außenminister, Chefs diplomatischer Missionen sowie die von einem Staat bei internationalen Konferenzen, internationalen Organisationen oder ihren Organen beglaubigten Vertreter.

146   Die Vollmachten werden geprüft und manchmal wird eine sog. **Vollmachtsklausel** in den Text des auszuhandelnden Vertrages aufgenommen.

Beispiel: Präambel des Freundschafts-, Handels- und Schiffahrtsvertrages zwischen der Bundesrepublik Deutschland und den Vereinigten Staaten von Amerika vom 29. Oktober 1954 (BGBl. 1956 II, S. 488 ff):
„…… haben die Bundesrepublik Deutschland und die Vereinigten Staaten von Amerika beschlossen, einen Freundschafts-, Handels- und Schiffahrtsvertrag abzuschließen, der im allgemeinen auf den Grundsätzen der gegenseitig gewährten Inländerbehandlung und unbedingten Meistbegünstigung beruht. Hierfür haben zu ihren Bevollmächtigten ernannt:
Der Präsident der Bundesrepublik Deutschland
Herrn Dr. Konrad *Adenauer,*
Bundeskanzler und Bundesminister des Auswärtigen, und
der Präsident der Vereinigten Staaten von Amerika
Herrn John Foster *Dulles,*
Staatssekretär der Vereinigten Staaten von Amerika,
die nach Austausch ihrer in gehöriger Form befundenen
Vollmachten folgendes vereinbart haben:"

(2) In der Folge wird der **Vertragstext ausgehandelt**. In der Regel gilt er als angenommen, wenn alle Unterhändler zustimmen. Während dies beim bilateralen Vertrag notwendigerweise so ist, bestimmt Art. 9 Abs. 2 WVRK, dass zur Annahme eines Vertragstextes auf einer internationalen Konferenz 2/3 der Stimmen der anwesenden und abstimmenden Staaten ausreicht. Dies bedeutet insbesondere bei den großen Kodifikationskonferenzen eine wesentliche Erleichterung, da es einzelnen Staaten dadurch unmöglich ist, die Annahme des Vertragstextes zu verhindern. **147**

Beispiel: Der Text der UN-Seerechtskonvention wurde nach 9-jährigen Verhandlungen am 30. April 1982 mit 130 Stimmen bei 4 Gegenstimmen und 17 Enthaltungen angenommen.

(3) Nach der Einigung über den Vertragstext kommt es zur **Unterzeichnung** des Vertrages durch die Unterhändler. Eine Sonderform der Unterzeichnung ist die sog. **Paraphierung**, die Unterzeichnung mit den Anfangsbuchstaben der Namen (Paraphe). **148**

Manchmal kommt es wegen der politischen Bedeutung des Vertrages zu einer Paraphierung und einer anschließenden Unterzeichnung durch andere Staatsorgane.

Beispiel: Der Vertrag zwischen der Bundesrepublik Deutschland und der ehemaligen Union der Sozialistischen Sowjetrepubliken (sog. Moskauer Vertrag) vom 12. August 1970 (BGBl. 1972 II, S. 354 ff) wurde von dem deutschen Vertragsunterhändler paraphiert und danach durch den Bundeskanzler und den Außenminister unterzeichnet.

Weder die Einigung über den Vertragstext noch die Unterzeichnung oder Paraphierung hat zur Folge, dass der Vertrag damit verbindlich geworden ist oder dass die zuständigen staatlichen Organe verpflichtet wären, dem Vertrag nun zuzustimmen. Mit der Unterzeichnung oder Paraphierung wird lediglich der Text des ausgehandelten Vertrages als authentisch und endgültig festgelegt (sog. Authentifizierung). Es wird also damit nur bestätigt, dass der unterzeichnete oder paraphierte Text dem ausgehandelten entspricht. Allerdings kann der Text nicht mehr einseitig, sondern nur mehr im Rahmen von Neuverhandlungen abgeändert werden (s. Rn 186). **149**

Beispiel: Die UN-Seerechtskonvention wurde bis zum 10. Dezember 1984 von 157 Staaten sowie von der EWG und dem damaligen UN-Rat für Namibia unterzeichnet, in Kraft getreten ist sie aber erst im November 1994.

Üblicherweise richtet sich aber die Datierung eines Vertrages nach dem Zeitpunkt der Unterzeichnung.

Von dieser Unverbindlichkeit der Unterzeichnung oder Paraphierung gibt es nur wenige Ausnahmen, die in Art. 18 und Art. 24 Abs. 4 WVRK angeführt sind. Die erste Ausnahme ist mehr theoretischer Natur. Danach darf ein Staat zwischen Unterzeichnung oder Paraphierung und Ratifikation eines Vertrages dessen Ziel und Zweck nicht vereiteln (sog. Frustrationsverbot). Dies gilt allerdings nur solange, als er nicht klar zu erkennen gegeben hat, dass er nicht Vertragspartei werden wird. **150**

Beispiel: Wenn ein Staat ein Investitionsschutzabkommen abschließt, ist es ihm aufgrund des Frustrationsverbots untersagt, vor einer endgültigen Entscheidung, ob er den Vertrag ratifizieren will oder ob er nicht Vertragspartner werden will, Vermögen von Staatsangehörigen des anderen Vertragspartners zu enteignen.

151   Die zweite Ausnahme, die Art. 24 Abs. 4 WVRK vorsieht, ist die notwendige Folge der Funktion einiger Vertragsbestimmungen. Diejenigen Vertragsbestimmungen, die sich auf die Zeit zwischen Unterzeichnung oder Paraphierung und In-Kraft-Treten des Vertrages beziehen, müssen, auch wenn der Vertrag noch nicht in Kraft ist, schon in dieser Zeit gelten.

Beispiele: Art. 82 Satz 1 WVRK: „Dieses Übereinkommen bedarf der Ratifikation." Art. 84 Abs. 1 WVRK: „Dieses Übereinkommen tritt am dreißigsten Tag nach Hinterlegung der fünfunddreißigsten Ratifikations- oder Beitrittsurkunde in Kraft."

152   (4) Nach der Unterzeichnung oder Paraphierung beginnt das **innerstaatliche Verfahren**, das sich nach der jeweiligen Verfassung der Vertragspartner richtet. Das Völkerrecht verweist insofern auf das innerstaatliche Recht. In diesem innerstaatlichen Verfahren kommt es zur Beteiligung anderer Staatsorgane; in der Regel handelt es sich dabei um die Zustimmung des Parlaments zum Vertragsabschluss. Es sind aber – je nach der innerstaatlichen Verfassung – auch andere Beteiligungsformen und andere beteiligte Organe denkbar, zB Beteiligung der Länderkammern in Bundesstaaten, gutachtliche Stellungnahmen von Höchstgerichten etc.

153   (5) Das innerstaatliche Verfahren endet mit der endgültigen **Zustimmung** der Vertragspartner, **durch den Vertrag gebunden zu sein**. Welches Organ die Zustimmung ausdrückt, richtet sich wiederum nach den Verfassungen der Vertragspartner. In der Regel handelt es sich dabei um das Staatsoberhaupt. Die Form dieser Zustimmung ist nicht vorgeschrieben, sie kann zwischen den Vertragspartnern vereinbart werden (Annahme, Genehmigung, Notenwechsel etc). In der Regel wird die Form der **Ratifikation** gewählt. Mit der Ratifikation verspricht das Staatsoberhaupt feierlich, den Vertrag als bindend anzusehen und seine innerstaatliche Einhaltung zu gewährleisten.

Beispiel: Nachdem der in … am … von den Bevollmächtigten der Bundesrepublik Deutschland und …… unterzeichnete Vertrag über ……, dessen Wortlaut in der Anlage beigefügt ist, in gehöriger Gesetzesform die verfassungsmäßige Zustimmung erfahren hat, erkläre ich hiermit, dass ich den Vertrag bestätige.

Berlin, den ……   Der Bundespräsident ……

                                                          Der Bundesminister des Auswärtigen

                                                                                                   ……

154   (6) Im weiteren Verlauf des Verfahrens folgt der **Austausch der Ratifikationsurkunden**, soweit nicht zwischen den Vertragsparteien etwas anderes vereinbart wurde. Der Austausch der Ratifikationsurkunden ist der Regelfall bei bilateralen Verträgen. Es wird darüber meist ein Protokoll erstellt.

Beispiel: Die Unterzeichneten, Herr …… als Vertreter der Bundesrepublik Deutschland und Herr Botschafter …… als Vertreter der Republik …… haben heute …… die Ratifikationsurkunden zu dem in …… am …… unterzeichneten Vertrag über ……, die in guter und gehöriger Form befunden wurden, ausgetauscht.

Geschehen zu …… am …… in zwei Urschriften
(Eigene Unterschrift)   (Fremde Unterschrift)

Der Austausch der Ratifikationsurkunden bewirkt das **In-Kraft-Treten** des Vertrages oder den Beginn einer Frist, nach deren Ablauf der Vertrag in Kraft tritt.   **155**

Beispiele: – Vertrag zwischen dem Heiligen Stuhl und Italien (Lateran-Vertrag) vom 11. Februar 1929 (*Schweitzer/Rudolf*, S. 507 ff):

„Art. 27: Der vorliegende Vertrag wird innerhalb von vier Monaten nach seiner Unterzeichnung dem Papst und dem König von Italien zur Ratifizierung vorgelegt und tritt mit dem Austausch der Ratifikationsurkunden in Kraft.“

– Abkommen zwischen der Bundesrepublik Deutschland und der Portugiesischen Republik zur Vermeidung der Doppelbesteuerung auf dem Gebiet der Steuern vom Einkommen und vom Vermögen vom 15. Juli 1980 (BGBl. 1982 II, S. 128 ff):

„Art. 30: (1) Dieses Abkommen bedarf der Ratifikation; die Ratifikationsurkunden werden so bald wie möglich in Bonn ausgetauscht.

(2) Das Abkommen tritt einen Monat nach Austausch der Ratifikationsurkunden in Kraft ……“.

Bei multilateralen Verträgen tritt an die Stelle des Austausches der Ratifikationsurkunden aus praktischen Gründen meist die **Hinterlegung** bei einem **Depositar**. Dieser wird im Vertrag bestimmt.   **156**

Beispiel: Art. 82 WVRK:
„Dieses Übereinkommen bedarf der Ratifikation. Die Ratifikationsurkunden werden beim Generalsekretär der Vereinten Nationen hinterlegt.“

Die Hinterlegung beim Depositar hat dieselbe Wirkung wie der Austausch von Ratifikationsurkunden. Allerdings wird in diesen Fällen das In-Kraft-Treten von der Hinterlegung einer bestimmten Anzahl von Ratifikationsurkunden abhängig gemacht.

Beispiel: Art. 84 WVRK:
„(1) Dieses Übereinkommen tritt am dreißigsten Tag nach Hinterlegung der fünfunddreißigsten Ratifikations- oder Beitrittsurkunde in Kraft.

(2) Für jeden Staat, der nach Hinterlegung der fünfunddreißigsten Ratifikations- oder Beitrittsurkunde das Übereinkommen ratifiziert oder ihm beitritt, tritt es am dreißigsten Tag nach Hinterlegung seiner eigenen Ratifikations- oder Beitrittsurkunde in Kraft.“

Über die Hinterlegung von Ratifikationsurkunden wird meist ein Protokoll erstellt.   **156a**

Beispiel: Der Botschafter der Republik ......, Herr ......, erschien heute im Auswärtigen Amt, um ...... nach Art. ...... des in ...... am ...... unterzeichneten Übereinkommens über ...... die Ratifikationsurkunde zu hinterlegen.

Die Urkunde wurde vorgelegt, in guter und gehöriger Form befunden und hierauf bei der Regierung der Bundesrepublik Deutschland hinterlegt.

Gesehen zu ...... am ...... in zwei Urschriften.

(Eigene Unterschrift)   (Fremde Unterschrift)

(7) Damit ist das Verfahren des Vertragsabschlusses beendet. In der Praxis kommt es allerdings in der Mehrzahl aller Fälle noch zur **Registrierung** des Vertrages beim Generalsekretär der UNO (nicht zu verwechseln mit der Hinterlegung der Ratifikationsurkunden, wenn der Generalsekretär der UNO als Depositar bestimmt ist). Der Grund für diese Praxis ist Art. 102 UNO-Satzung, der bestimmt: **157**

„(1) Alle Verträge und sonstigen internationalen Übereinkünfte, die ein Mitglied der Vereinten Nationen nach dem Inkrafttreten dieser Charta schließt, werden so bald wie möglich beim Sekretariat registriert und von ihm veröffentlicht.

(2) Werden solche Verträge oder internationalen Übereinkünfte nicht nach Absatz 1 registriert, so können sich ihre Vertragsparteien bei einem Organ der Vereinten Nationen nicht auf sie berufen."

Verstärkt wird dies durch Art. 80 WVRK, wonach alle Verträge, für die die WVRK gilt, beim Generalsekretär der UNO registriert werden.

158 Der Sinn dieser Regelungen war ursprünglich die Vermeidung von Geheimabkommen. Heute liegt die Bedeutung aber darin, dass die Verträge in der United Nations Treaty Series (UNTS) veröffentlicht werden, sodass eine Art „Gesetzessammlung" des Völkerrechts entsteht. Allerdings kommt der Generalsekretär wegen der großen Anzahl der Verträge mit der Veröffentlichung kaum nach, sodass diese um etliche Jahre nachhinkt.

159 Die Nichtregistrierung eines Vertrages hat auf diesen selbst (insbesondere auf sein In-Kraft-Treten) keinerlei Einfluss. Sie bewirkt lediglich die Sanktion des Art. 102 Abs. 2 UNO-Satzung mit der vorrangigen Folge, dass sich die Vertragspartner nicht vor dem IGH darauf berufen können.

b) Einphasiges Verfahren

160 Das einphasige Verfahren entspricht dem mehrphasigen mit der einen Ausnahme, dass das **innerstaatliche Verfahren entfällt**. Dies ist immer dann der Fall, wenn das Staatsorgan, das den Vertrag aushandelt, diesen nach der Verfassung auch selbst verbindlich abschließen kann. Die Entscheidung darüber, wann ein einphasiges Verfahren angewandt werden kann, hängt einerseits von der Verfassung der Vertragspartner ab, je nachdem, ob dort die Mitwirkung anderer Staatsorgane (= mehrphasiges Verfahren) vorgesehen ist oder nicht (= einphasiges Verfahren). Andererseits kann im Vertrag selbst ein Hinweis darauf enthalten sein, dass das einphasige Verfahren nicht zur Anwendung kommen wird. Dies gilt in der Regel dann, wenn der Vertrag eine Ratifikationsklausel enthält (s. Beispiel in Rn 156).

161 **Lösung Fall 6** (Rn 142): Da der Vertrag zwischen der Bundesrepublik Deutschland und Tuvalu, der von der Bundesregierung ausgehandelt wurde, eine Ratifikationsklausel enthält, muss der Bundespräsident als nach Art. 59 Abs. 1 Satz 2 GG dazu zuständiges Organ am Vertragsschluss mitwirken, indem er ihn ratifiziert. Daraus ergibt sich, dass dieser Vertrag im mehrphasigen Verfahren abgeschlossen werden muss.

c) Regelung im GG

162 Gemäß Art. 59 Abs. 2 Satz 1 GG bedürfen Verträge, welche die politischen Beziehungen des Bundes regeln (Alternative 1) oder sich auf Gegenstände der Bundesgesetzgebung beziehen (Alternative 2), der Zustimmung oder Mitwirkung der jeweils für die Bundesgesetzgebung zuständigen Körperschaften in der Form eines Bundesgesetzes. Daraus ergibt sich, dass für derartige Verträge das zweiphasige Verfahren vorgeschrieben ist. Für Verwaltungsabkommen (s. Rn 189 ff) ist hingegen grundsätzlich das einphasige Verfahren vorgesehen.

aa) Verträge, die die politischen Beziehungen des Bundes regeln

Der Begriff des sog. „politischen Vertrages" ist **eng auszulegen**. Dies ergibt sich **163** aus der Überlegung, dass im Grunde genommen jeder Vertrag mit einem Völkerrechtssubjekt die politischen Beziehungen des Bundes regelt. Es ist kaum ein Vertrag denkbar, der nicht auch eine politische Dimension hat.

Das BVerfG hat dazu ausgeführt (BVerfGE 1, S. 372 ff, 380 f):
„Ein Staatsvertrag wird nicht dadurch zu einem politischen im Sinne des Art. 59 Abs. 2 GG, daß er sich ganz allgemein mit öffentlichen Angelegenheiten, dem Gemeinwohl oder den Staatsgeschäften befaßt. Wäre dies der Fall, so wäre jeder Staatsvertrag politisch …".

Eine derart breite Begriffsbestimmung hätte zur Folge, dass damit praktisch jeder Vertrag gemäß Art. 59 Abs. 2 Satz 1 Alternative 1 GG der Zustimmung oder der Mitwirkung der jeweils für die Bundesgesetzgebung zuständigen Körperschaften bedürfte. Zudem würde jeder Vertrag dem zweiphasigen Verfahren unterliegen. Die bewusst auf eine Unterscheidung zur 2. Alternative und zu anderen Verträgen angelegte Bestimmung des Art. 59 Abs. 2 Satz 1 GG hätte damit jeden Sinn verloren.

Man wird dabei – dem BVerfG folgend – den Begriff auf eine bestimmte Art von **164** politischen Verträgen beschränken müssen. Die Faustformel lautet dabei „**politisch = hochpolitisch**". Damit ist folgendes gemeint (vgl BVerfGE 1, S. 372 ff, 381 f; zuletzt BVerfGE 90, S. 286 ff, 359):

(1) Der Vertrag muss die Existenz der Bundesrepublik, ihre territoriale Integrität, ihre Unabhängigkeit, ihre Stellung oder ihr maßgebendes Gewicht in der Staatengemeinschaft berühren. Dazu zählen insbesondere solche Verträge, die die Machtstellung anderer Staaten gegenüber behaupten, befestigen oder erweitern.

(2) Diese politische Dimension muss Inhalt und Zweck des Vertrages sein. Es genügt nicht, wenn sie sich als Nebenwirkung eines anderen Vertrages ergibt.

Beispiele: Friedensverträge, militärische Beistandsverträge, Abrüstungsverträge, Verträge über wesentliche Änderungen des Staatsgebiets, Nichtangriffsverträge etc. Die sog. Ostverträge (mit der ehemaligen UdSSR, Polen, der ehemaligen Tschechoslowakei und der damaligen DDR) waren nach Meinung des BVerfG politische Verträge iSv Art. 59 Abs. 2 Satz 1 Alternative 1 GG (BVerfGE 40, S. 141 ff, 164 f; 43, S. 203 ff, Leitsatz; BVerfGE 36, S. 1 ff, 13). Dasselbe gilt für den Beitritt der Bundesrepublik zur NATO und zur UNO (BVerfGE 90, S. 286 ff).

Lösung Fall 6 (Rn 142): Der Vertrag zwischen der Bundesrepublik Deutschland und **165** Tuvalu regelt nicht die politischen Beziehungen des Bundes iSv Art. 59 Abs. 2 Satz 1 Alternative 1 GG. Er ist kein „hochpolitischer" Vertrag. Seine politische Dimension ergibt sich allenfalls als Nebenwirkung. Auf Grund dieser Vorschrift wäre daher kein mehrphasiges Verfahren vorgeschrieben.

bb) Verträge, die sich auf Gegenstände der Bundesgesetzgebung beziehen

166 Bei der Beurteilung, ob sich ein Vertrag auf **Gegenstände der Bundesgesetzgebung** bezieht, darf nicht auf die bloße Zugehörigkeit der im Vertrag geregelten Materie zu einer Gesetzgebungskompetenz des Bundes abgestellt werden. Es kommt dabei also nicht auf die Kompetenzaufteilung zwischen Bund und Ländern zur Gesetzgebung gemäß Art. 70 ff GG an. Vielmehr ist nach der hL und der Rechtsprechung des BVerfG entscheidend, „ob im konkreten Fall ein Vollzugsakt unter Mitwirkung der gesetzgebenden Körperschaften erforderlich ist" (BVerfGE 1, S. 372 ff, 388). Daher bezieht sich ein Vertrag nur dann auf Gegenstände der Bundesgesetzgebung, „wenn zur Vollziehung des Vertrages ein Bundesgesetz erforderlich wird, wenn also der Bund durch den Vertrag Verpflichtungen übernimmt, deren Erfüllung allein durch Erlass eines Bundesgesetzes möglich ist." (BVerfGE 1, S. 372 ff, 389).

167 Man hat sich also zu fragen, ob die deutschen Behörden, wenn sie den Vertragsinhalt vollziehen (den Vertrag also erfüllen), dazu einer bundesgesetzlichen Grundlage bedürfen oder nicht. Bedürfen sie einer gesetzlichen Grundlage, so handelt es sich um einen Vertrag, der sich auf Gegenstände der Bundesgesetzgebung bezieht. Man kann auch so vorgehen, dass man sich vorstellt, der Vertragsinhalt sollte nicht auf der völkerrechtlichen, sondern auf der innerstaatlichen Ebene geregelt werden und dabei untersucht, in welcher Form dies zu geschehen habe. Kommt man zu dem Ergebnis, dass es dazu eines Bundesgesetzes bedarf, kann man daraus wieder den Schluss ziehen, dass es sich um einen Vertrag handelt, der sich auf die Gegenstände der Bundesgesetzgebung bezieht. Der Begriff „**Bundesgesetzgebung**" ist also zu sehen als **Gegensatz zu „Bundesverwaltung"**. Wenn die Bundesverwaltung den Vertrag auch ohne Gesetz vollziehen kann, dann liegt eben kein Fall des Art. 59 Abs. 2 Satz 1 Alternative 2 GG vor, und eine Zustimmung oder Mitwirkung der für die Bundesgesetzgebung zuständigen Körperschaften ist nicht notwendig.

168 **Lösung Fall 6** (Rn 142):

1. Art. 17 Buchstabe c des Vertrages zwischen der Bundesrepublik und Tuvalu sieht vor, dass die in der Bundesrepublik ansässigen Staatsangehörigen von Tuvalu zur Einkommensteuer nur bezüglich inländischer Einkommen herangezogen werden. Es ist daher zu untersuchen, ob sich diese Bestimmung auf Gegenstände der Bundesgesetzgebung bezieht.

2. Gemäß Art. 105 Abs. 2 iVm 106 Abs. 3 GG hat der Bund die (konkurrierende) Gesetzgebungszuständigkeit für die Einkommensteuer.

Daraus allein kann nun aber nicht abgeleitet werden, dass es sich um einen Vertrag gemäß Art. 59 Abs. 2 Satz 1 Alternative 2 GG handelt. Hingegen muss geprüft werden, ob die auf das inländische Einkommen beschränkte Besteuerung eines im Inland ansässigen Ausländers einer gesetzlichen Regelung bedarf.

3. Gemäß § 1 Abs. 1 Satz 1 iVm § 2 Abs. 1 Einkommensteuergesetz (BGBl. 2002 I, S. 4210 ff) unterliegt ein im Inland ansässiger Ausländer mit seinem Welteinkommen der Einkommensteuerpflicht. Soll diese Regelung dahingehend geändert werden, dass für die Staatsangehörigen von Tuvalu nicht mehr das Welteinkommen, sondern nur

mehr das inländische Einkommen steuerpflichtig ist, bedarf es dazu einer gesetzlichen Regelung in Form einer Änderung der genannten Rechtsgrundlage. Daher handelt es sich bei dem Vertrag zwischen der Bundesrepublik und Tuvalu um einen Vertrag, der sich auf Gegenstände der Bundesgesetzgebung bezieht, und deshalb ist gemäß Art. 59 Abs. 2 Satz 1 Alternative 2 GG die Zustimmung oder Mitwirkung der jeweils für die Bundesgesetzgebung zuständigen Körperschaften in Form eines Bundesgesetzes notwendig.

4. Aus alledem folgt, dass der Vertrag zwischen der Bundesrepublik Deutschland und Tuvalu nicht nur wegen des Ratifikationsvorbehalts, sondern auch wegen des Inhalts des Art. 17 Buchstabe c im mehrphasigen Verfahren abgeschlossen werden muss.

Zur **Begründung** für eine derartige Auslegung des Art. 59 Abs. 2 Satz 1 **169** Alternative 2 GG wird allgemein angeführt, dass damit erreicht werden solle, dass der Bundespräsident keine Verträge abschließt, die ohne Mitwirkung der gesetzgebenden Körperschaften nicht erfüllt werden können, deren Einhaltung er also gar nicht garantieren kann (vgl BVerfGE 1, S. 372 ff, 390). Wenn Gesetze zur Vollziehung eines Vertrages notwendig sind, muss zum Zwecke der Erfüllungsgarantie die Gesetzgebung von vornherein mitbeteiligt und einbezogen werden.

Das BVerfG hat den Kreis der von Art. 59 Abs. 2 Satz 1 Alternative 2 GG umfassten **170** Verträge noch erweitert, indem es auch für die Verträge eine Zustimmung oder Mitwirkung der gesetzgebenden Körperschaften fordert, zu deren Vollziehung zwar nicht ein Gesetz, aber eine **Verordnung** notwendig ist, die der Zustimmung von Bundestag oder Bundesrat bedarf (BVerfGE 1, S. 372 ff, 390). Dabei handelt es sich meist um Verordnungen gemäß Art. 80 Abs. 2 GG. Die Praxis folgt – unterstützt von Teilen der Literatur – dieser Auslegung allerdings nicht unbedingt (s. Rn 177 f).

Beispiel: Gemäß Art. 5 Abs. 1 des Abkommens zwischen der Bundesrepublik Deutschland und der Republik Österreich über den erleichterten Straßendurchgangsverkehr zwischen Salzburg und Lofer über deutsches Gebiet und zwischen Garmisch-Partenkirchen und Pfronten/Füssen über österreichisches Gebiet vom 14. September 1955 (BGBl. 1957 II, S. 586 ff) bedurften deutsche bzw österreichische Staatsangehörige beim Straßendurchgangsverkehr durch das fremde Staatsgebiet keines Reisepasses, sondern lediglich eines amtlichen Lichtbildausweises.

Gemäß § 1 des damals geltenden Gesetzes über das Passwesen waren Ausländer, die in das Gebiet des Geltungsbereiches einreisen oder dieses Gebiet verlassen, verpflichtet, sich durch einen Pass über ihre Person auszuweisen.

Gemäß § 3 Abs. 1 Buchstabe a und b des Gesetzes konnte der Bundesminister des Inneren durch Rechtsverordnung davon Ausnahmen festlegen. Eine solche Verordnung bedurfte der Zustimmung des Bundesrates.

Daraus folgt, dass der Vertrag zwischen der Bundesrepublik und Österreich ein Vertrag war, der sich auf Gegenstände der Bundesgesetzgebung bezog und daher eines Vertragsgesetzes bedurfte, was auch geschah (BGBl. 1957 II, S. 585). Folgt man allerdings der in der Praxis und in Teilen der Literatur vertretenen Gegenansicht, dann bedarf es in einem derartigen Fall nicht eines Vertragsgesetzes. Es genügt, dass der Bundesrat dem Vertrag zustimmt.

Ein besonderes Problem stellt sich in den Fällen, in denen der Bund völkerrechtliche **171** **Verträge über Gegenstände der Landesgesetzgebung** abschließt (s. Rn 126 ff).

Wenn solche Verträge nur dadurch erfüllt werden können, dass die Länder Gesetze erlassen, scheint nach der herrschenden Auslegung des Art. 59 Abs. 2 Alternative 2 GG kein Vertrag anzunehmen zu sein, der sich auf Gegenstände der *Bundes*gesetzgebung bezieht. Auch fällt die Begründung für die herrschende Auslegung weg, da die für die Bundesgesetzgebung zuständigen Körperschaften durch ihre Zustimmung oder Mitwirkung nicht mehr die Erfüllung des Vertrages garantieren können, weil sie für den Erlass der die Erfüllung sichernden Gesetze gar nicht zuständig sind. Dennoch geht die herrschende Lehre davon aus, dass auch in diesen Fällen Art. 59 Abs. 2 Satz 1 GG zur Anwendung kommt. Das bedeutet, dass Art. 59 Abs. 2 Satz 1 Alternative 2 GG entgegen seinem Wortlaut ausgelegt wird, indem man „Bundesgesetzgebung" liest als „Bundes- oder Landesgesetzgebung", „Gesetzgebung" oder „Gesetzgebung in der Bundesrepublik Deutschland".

172   **Lösung Fall 6** (Rn 142):
1. Art. 5 des Vertrages zwischen der Bundesrepublik und Tuvalu sieht vor, dass die Staatsangehörigen von Tuvalu in der Bundesrepublik ein freies und ungehindertes Zugangsrecht zu allen Schulen genießen. Damit ist (neben dem ohnehin auf Grund der Schulpflicht existierenden Zugangsrecht zu öffentlichen Schulen) auch das Zugangsrecht zu Privatschulen impliziert, auch wenn diese den Zugang zB von einer bestimmten religiösen oder weltanschaulichen Zugehörigkeit abhängig machen. Die Erfüllung des Vertrages ist nur möglich, wenn die Privatschulgesetze der Länder, die eine solche Beschränkung der Zugangsmöglichkeit zulassen, geändert werden. Dazu besitzen aber nur die Länder die Gesetzgebungskompetenz. Da die hL Art. 59 Abs. 2 Satz 1 Alternative 2 GG aber dahingehend auslegt, dass „Bundesgesetzgebung" „Bundes- oder Landesgesetzgebung" heißt, bedarf der Vertrag der Zustimmung oder Mitwirkung von Bundestag und Bundesrat.
2. Aus alledem folgt, dass der Vertrag zwischen der Bundesrepublik Deutschland und Tuvalu nicht nur wegen des Ratifikationsvorbehalts und des Inhalts des Art. 17 Buchstabe c, sondern auch wegen des Inhalts des Art. 5 im mehrphasigen Verfahren abgeschlossen werden muss.

173   Das am meisten umstrittene Problem bei der Auslegung des Art. 59 Abs. 2 Satz 1 Alternative 2 GG ist das der sog. **Parallelverträge**. Darunter versteht man Verträge, die zwar der Zustimmung oder Mitwirkung von Bundestag und Bundesrat unterliegen, da zu ihrer Erfüllung ein Bundes- oder Landesgesetz notwendig ist, deren Inhalt aber bereits mit der bestehenden innerstaatlichen Rechtslage übereinstimmt. Für die Erfüllung des Vertrages wäre zwar ein Gesetz notwendig, aber dieses existiert bereits. Es geht bei dem Problem der Parallelverträge also darum, ob die Notwendigkeit der Vertragserfüllung durch Bundes- oder Landesgesetz konkret oder abstrakt geprüft werden muss.

174   Die Rechtsprechung des BVerfG scheint eher der **konkreten Theorie** zuzuneigen, wenn ausgeführt wird: „Entscheidend ist vielmehr, ob im konkreten Fall ein Vollzugsakt unter Mitwirkung der gesetzgebenden Körperschaften erforderlich ist" (BVerfGE 1, S. 372 ff, 388). In der Lehre wird heute mehrheitlich die **abstrakte Theorie** vertreten. Dabei ist darauf abzustellen, dass der Sinn des Art. 59 Abs. 2

Satz 1 Alternative 2 GG auch darin zu sehen ist, dass bei gewissen völkerrechtlichen Verträgen ein Mitbestimmungsrecht der gesetzgebenden Körperschaften existieren soll. Dies kann nicht davon abhängen, ob zufällig schon paralleles innerstaatliches Recht existiert oder nicht. Zudem hat ein solcher Vertrag Auswirkungen auf die Gesetzgebung insofern, als das innerstaatliche Gesetz solange nicht abgeändert werden darf, als der Vertrag existiert. Damit aber muss der Gesetzgeber einverstanden sein; das darf ihm nicht vom Bundespräsidenten durch den Vertragsabschluss aufgezwungen werden. In der Praxis werden daher auch bei Parallelverträgen Vertragsgesetze erlassen.

Beispiel: Das Europäische Übereinkommen über die Zollbehandlung von Paletten, die im internationalen Verkehr verwendet werden (BGBl. 1964 II, S. 407 ff), sieht unter bestimmten Umständen die abgabenfreie Einfuhr von Paletten vor. Nach § 5 des Zollgesetzes (BGBl. 1961 I, S. 737 ff) iVm § 43 der seit 1. Januar 1962 geltenden Allgemeinen Zollordnung (BGBl. 1961 I, S. 1949 f) war für solche Fälle eine zollfreie Einfuhr vorgesehen. Das Übereinkommen bezog sich zwar auf Gegenstände der Bundesgesetzgebung, da eine bundesgesetzliche Ausnahme von der allgemeinen Zollschuld notwendig war, um das Übereinkommen erfüllen zu können. § 43 AZO stellte aber paralleles Recht dar. Trotzdem wurde ein Vertragsgesetz gemäß Art. 59 Abs. 2 Satz 1 Alternative 2 GG erlassen (BGBl. 1964 II, S. 406).

Ein besonderes Problem im Zusammenhang mit Artikel 59 Abs. 2 Satz 1 GG stellt sich im Hinblick auf die **Fortentwicklung völkerrechtlicher Verträge** und deren Abgrenzung von der Änderung solcher Verträge (vgl dazu Rn 222 ff), die ihrerseits die erneute Zustimmung des Parlaments erforderlich macht. Es stellt sich dabei also die Frage, ob die tatsächliche Entwicklung, die ein völkerrechtlicher Vertrag durchläuft, noch von seinem Zustimmungsgesetz gedeckt ist. Während eine bloße Fortentwicklung eines völkerrechtlichen Vertrages von dem ursprünglichen Zustimmungsgesetz getragen wird, ist sowohl bei einer förmlichen als auch bei einer konkludenten Änderung die erneute Zustimmung des Parlaments geboten. Wann eine Änderung in diesem Sinne anzunehmen ist, hängt stark vom jeweiligen völkerrechtlichen Vertrag bzw dem Verhalten der Vertragsparteien ab und kann nicht allgemeingültig geklärt werden. **174a**

Beispiel: Die Zustimmung der Bundesregierung zum neuen Strategischen Konzept der NATO von 1999 erfolgte ohne Zustimmung des Bundestages. Das von der Bundestagsfraktion der PDS im Rahmen eines Organstreitverfahrens angerufene BVerfG sah darin keinen Verstoß gegen Art. 59 Abs. 2 Satz 1 (und Art. 24 Abs. 2) GG. Durch die Zustimmung der Bundesregierung seien weder die Grenzen des Zustimmungsgesetzes zum NATO-Vertrag nach die Zweckbestimmung der NATO als Bündnis der Friedenswahrung überschritten worden. Für die Fortentwicklung des Vertrags unterhalb der Schwelle der Vertragsänderung sei eine Zustimmung des Bundestages nämlich nicht erforderlich (BVerfGE 104, S. 151 ff).

Keine Zustimmung oder Mitwirkung der gesetzgebenden Körperschaften ist notwendig, wenn der Vertrag durch eine Verordnung vollzogen werden kann, da bereits eine gesetzliche Verordnungsermächtigung gemäß Art. 80 Abs. 1 GG vorliegt (BVerfGE 1, S. 372 ff, 393). Allerdings wird gefordert, dass diese Ermächtigung zumindest nach dem mutmaßlichen Willen des Gesetzgebers die Befugnis zum Abschluss eines Vertrags beinhaltet („Auslandsbezogenheit" der Ermächtigung). An- **174b** derenfalls müssten die gesetzgebenden Körperschaften beteiligt werden (s. *Streinz*, in: *Sachs*, Art. 59 Rn 36 mwN).

174c Nach dem vom Bundesministerium der Justiz herausgegebenen „Richtlinien für die Fassung von Vertragsgesetzen und vertragsbezogenen Verordnungen" (Neufassung 1999) ist eine Zustimmung oder Mitwirkung der gesetzgebenden Körperschaften – **zusammenfassend** – dann erforderlich, wenn der Vertrag

(1) Rechte und Pflichten für den Einzelnen begründet;

(2) Bestimmungen enthält, deren Durchführung die Mitwirkung des formellen Bundes- oder Landesgesetzgebers erforderlich macht;

(3) Bestimmungen enthält, mit denen die gegenwärtige innerstaatliche Gesetzeslage bereits übereinstimmt (sog. Parallelabkommen: durch die Vereinbarung entsteht die völkerrechtliche Verpflichtung der Aufrechterhaltung der Gesetzeslage);

(4) finanzielle Verpflichtungen enthält – über bloße haushaltsmäßige Auswirkungen hinaus-, die nach den finanzverfassungsrechtlichen Vorschriften des GG eine gesetzliche Regelung erfordern (vgl Art. 115 GG);

(5) einen bestehenden Vertrag, der Gegenstand eines Vertragstextes war, ändert oder ergänzt.

Eine Ausnahme soll dann gelten, wenn der Gesetzgeber seine Zustimmung zu der Änderung oder Ergänzung vorweg antizipiert erteilt. Eine antizipierte Zustimmung kann durch eine Verordnungsermächtigung erteilt werden. Davon sei auch dann auszugehen, wenn die konkrete Änderung keinen normativen Charakter hat und wenn sie nach Inhalt, Zweck und Ausmaß bereits in einem im ursprünglichen Vertrag vorgesehenen Verfahren zur Vertragsänderung angelegt war.

Ein Vertragsgesetz ist dann nicht erforderlich, wenn der völkerrechtliche Vertrag auf Grund einer ausreichenden auslandsbezogenen Verordnungsermächtigung gemäß Art. 80 Abs. 1 GG innerstaatlich in Kraft gesetzt werden kann (s. *Schweitzer/ Weber*, Handbuch, Rn 91).

cc) Form der Mitwirkung

175   **Fall 7:** Unterliegt der Vertrag zwischen der Bundesrepublik Deutschland und Tuvalu (**Fall 5**, Rn 110) der Zustimmung des Bundesrates? **Lösung: Rn 188**

176 Die in Art. 59 Abs. 2 Satz 1 GG genannten Verträge bedürfen der Zustimmung oder der Mitwirkung der jeweils für die Bundesgesetzgebung zuständigen Körperschaften, dh von Bundestag und Bundesrat, in der Form eines Bundesgesetzes. Dieses Gesetz nennt man **Zustimmungsgesetz** oder **Vertragsgesetz**.

Der Begriff „Zustimmungsgesetz" beschreibt besser eine der Hauptfunktionen dieses Gesetzes, nämlich die Zustimmung der gesetzgebenden Körperschaften zum Vertragsabschluss durch den Bundespräsidenten (nicht aber dessen Verpflichtung). Das ist auch der Grund, warum es vor endgültigem Vertragsabschluss bzw Ratifikation durch den Bundespräsidenten erlassen werden muss. Dennoch ist der Begriff „Vertragsgesetz" vorzuziehen (so auch das BVerfG, s. BVerfGE 1, S. 396 ff, 410), um eine Verwechslung mit dem sonst üblichen Begriff des Zustimmungsgesetzes als Gegensatz zum Einspruchsgesetz zu vermeiden.

Beispiel für ein Vertragsgesetz:

Gesetz zu dem Freundschafts-, Handels- und Schifffahrtsvertrag vom …… zwischen der Bundesrepublik Deutschland und Tuvalu vom ……
Der Bundestag hat mit Zustimmung des Bundesrates das folgende Gesetz beschlossen:

Artikel 1: Dem in …… am …… unterzeichneten Freundschafts-, Handels- und Schiffahrts-vertrag zwischen der Bundesrepublik Deutschland und Tuvalu wird zugestimmt. Der Vertrag …… wird nachstehend veröffentlicht.

Artikel 2: (1) Dieses Gesetz tritt am Tage nach seiner Verkündung in Kraft.
(2) Der Tag, an dem der Vertrag nach seinem Art. …… in Kraft tritt, ist im Bundesgesetz-blatt bekannt zu geben. Das vorstehende Gesetz wird hiermit verkündet.

Berlin, den ……   Der Bundespräsident ……
                                                              Der Bundeskanzler ……
                                                              (Ressortminister) ……

Der Wortlaut des Art. 59 Abs. 2 Satz 1 GG scheint insofern eindeutig zu sein, als immer dann, wenn eine der beiden Alternativen vorliegt, ein Vertragsgesetz erlassen werden muss. Da das BVerfG die zweite Alternative aber dahingehend ausgelegt hat, dass dazu auch die Verträge gehören, zu deren Vollziehung eine Verordnung notwendig ist, die der Zustimmung von Bundestag oder Bundesrat bedarf (s. Rn 170), müsste auch in diesen Fällen ein Vertragsgesetz erlassen werden. Dieses Ergebnis ist in der Lehre bestritten worden. Es wurde darauf hingewiesen, dass dann, wenn es sich um eine Verordnung handelt, die der Zustimmung des Bundes-rates bedarf, nun plötzlich auch der Bundestag zustimmen müsste, da ja ein Ver-tragsgesetz erlassen würde. **177**

Außerdem wurde geltend gemacht, dass der Grundgedanke der herrschenden Aus-legung des Art. 59 Abs. 2 Satz 1 GG darin bestehe, dass ein Vertragsgesetz dann notwendig ist, wenn zur Vollziehung des Vertrages innerstaatlich ein Gesetz erfor-derlich sei. Das aber sei bei den Verträgen, zu deren Vollziehung eine Verordnung mit Zustimmung des Bundesrates notwendig sei, gerade eben nicht der Fall. Insge-samt wurde daraus abgeleitet, dass in diesen Fällen die Zustimmung nicht in Form eines Gesetzes, sondern in Form eines einfachen Beschlusses des Bundestages oder des Bundesrates zu erteilen ist (vgl *Rudolf*, S. 195 ff; *Streinz*, in: *Sachs*, Art. 59 Rn 37 mwN). Die Praxis ist dieser Auslegung gefolgt, die Zustimmung erfolgt in Form eines Beschlusses. **178**

Indem Art. 59 Abs. 2 Satz 1 GG ein Bundesgesetz fordert, verweist er auf die Vor-schriften des GG über das Gesetzgebungsverfahren (Art. 76 ff). Dadurch und durch die Bezugnahme auf die **Zustimmung** oder die **Mitwirkung** der gesetzgebenden Körperschaften ergibt sich, dass das Vertragsgesetz, so wie jedes andere Gesetz, entweder als Zustimmungs- oder als Einspruchsgesetz zu behandeln ist. Der Bun-destag muss in jedem Fall zustimmen, damit das Gesetz beschlossen werden kann. Der Bundesrat hingegen muss nur zustimmen, wenn es sich um ein Zustimmungs- **179** gesetz handelt. Bei Einspruchsgesetzen bedarf es nur seiner Mitwirkung in Form der Billigung oder des Einspruchs.

180 Es ist daher in jedem Fall zu untersuchen, ob es sich bei dem Vertragsgesetz um ein **Zustimmungs- oder Einspruchsgesetz** handelt, wobei man wie bei jedem anderen Bundesgesetz vorzugehen hat. Danach handelt es sich nur dann um ein Zustimmungsgesetz, wenn das GG dies ausdrücklich für ein solches Gesetz vorschreibt. In allen anderen Fällen handelt es sich um Einspruchsgesetze. Das hat zur Folge, dass Verträge, die gemäß Art. 59 Abs. 2 Satz 1 Alternative 1 GG nur die politischen Beziehungen des Bundes regeln, ohne sich gleichzeitig auch auf Gegenstände der Bundesgesetzgebung zu beziehen, nie Zustimmungsgesetze sein können.

Beispiel: Der Vertrag mit der ehemaligen Sowjetunion vom 9. November 1990 über gute Nachbarschaft, Partnerschaft und Zusammenarbeit regelt ohne Zweifel die politischen Beziehungen des Bundes (BR-Drucks. 68/91), bezieht sich aber in keiner Bestimmung auf die Gegenstände der Bundesgesetzgebung. Das entsprechende Vertragsgesetz wurde daher als Einspruchsgesetz behandelt.

181 Eine zweite Folge der herrschenden Auslegung des Art. 59 Abs. 2 Satz 1 GG ist, dass auch alle Verträge, die sich nur auf **Gegenstände der Landesgesetzgebung** beziehen und vom Bund abgeschlossen werden, zwar eines Vertragsgesetzes bedürfen (s. Rn 126 und 171), dass dieses aber nie ein Zustimmungsgesetz sein kann. Zwar kommen in der Praxis keine Verträge vor, die sich ausschließlich auf Gegenstände der Landesgesetzgebung beziehen, es sind aber Verträge denkbar, die sich sowohl auf die politischen Beziehungen des Bundes als auch auf Gegenstände der Landesgesetzgebung beziehen oder solche, die eines Vertragsgesetzes nur wegen einzelner, sich auf die Gegenstände der Landesgesetzgebung beziehender Bestimmungen bedürfen.

182 Nach einer früher vertretenen Mindermeinung besitzt der Bundesrat ein Zustimmungsrecht, wenn die Vertragsregelungen das Bund-Länder-Verhältnis unmittelbar in besonderer Weise betreffen (*Rojahn,* in: *v. Münch,* 2. Aufl., München 1983, Art. 59 Rn 30). Dafür lässt sich aber im GG keine Begründung finden. Insbesondere richtet sich die Zustimmungsbedürftigkeit von Gesetzen nicht danach, ob das Bund-Länder-Verhältnis oder besondere Länderinteressen berührt sind, sondern ausschließlich danach, ob das GG für den konkreten Fall eine Zustimmung vorsieht (so nun *Rojahn,* in: *v. Münch,* Art. 59 Rn 27).

183 Da Art. 59 Abs. 2 Satz 1 GG auf die Bestimmungen des GG über das Gesetzgebungsverfahren verweist, ist mit der hL und der ständigen Rechtsprechung des BVerfG (zB BVerfGE 8, S. 274 ff, 294 f; 55, S. 274 ff, 326 f) davon auszugehen, dass das Vertragsgesetz als Zustimmungsgesetz zu qualifizieren ist, wenn auch nur eine einzige Bestimmung des Vertrages die Zustimmungsbedürftigkeit auslöst.

184 Beim Abschluss von **grundgesetzändernden Verträgen** kommt Art. 79 GG zur Anwendung. Der Normalfall ist der, dass zunächst das GG gemäß Art. 79 Abs. 1 Satz 1 iVm Abs. 2 GG geändert wird und dass dann der Vertrag abgeschlossen werden kann. Für bestimmte völkerrechtliche Verträge sieht jedoch Art. 79 Abs. 1

Satz 2 GG ein anderes Verfahren vor. Diese Regelung bezieht sich auf Verträge, die eine Friedensregelung, die Vorbereitung einer Friedensregelung oder den Abbau einer besatzungsrechtlichen Ordnung zum Gegenstand haben oder der Verteidigung der Bundesrepublik zu dienen bestimmt sind. In diesen Fällen bedarf es keiner Änderung des GG an einer oder mehreren Stellen vor Abschluss des Vertrages, sondern es genügt eine Ergänzung des Wortlauts des GG dahingehend, dass das GG dem Vertrag nicht entgegensteht. Diese Klarstellung bewirkt, dass die GG-Änderung durch den Vertrag nicht verfassungswidrig ist. Es handelt sich also um den Fall einer Änderung oder Ergänzung des GG, ohne dass der Wortlaut der betreffenden Artikel des GG geändert oder ergänzt wird.

Beispiel: Im Zusammenhang mit dem Vertragsgesetz vom 28. März 1954 zu den Verträgen über die Gründung der Europäischen Verteidigungsgemeinschaft vom 27. März 1952 (BGBl. 1954 II, S. 342 ff) wurde durch Gesetz zur Ergänzung des Grundgesetzes vom 26. März 1954 (BGBl. 1954 I, S. 45) folgender Art. 142a ins GG eingefügt:

„Die Bestimmungen des Grundgesetzes stehen dem Abschluß und dem Inkrafttreten der am 26. und 27. Mai 1952 in Bonn und Paris unterzeichneten Verträge (Vertrag über die Beziehungen zwischen der Bundesrepublik Deutschland und den drei Mächten und Vertrag über die Gründung der Europäischen Verteidigungsgemeinschaft) mit ihren Zusatz- und Nebenabkommen, insbesondere dem Protokoll vom 26. Juli 1952, nicht entgegen."

Da wegen der Zustimmungsverweigerung durch das französische Parlament die Verträge über die Gründung der Europäischen Verteidigungsgemeinschaft nie in Kraft traten, war Art. 142a GG obsolet und wurde 1968 wieder aufgehoben (BGBl. 1968 I, S. 709).

Zu erwähnen ist aber, dass Art. 79 Abs. 1 Satz 2 speziell wegen der Verträge über die Gründung der Europäischen Verteidigungsgemeinschaft geschaffen und gleichzeitig mit Art. 142a ins GG eingefügt wurde (BGBl. 1954 I, S. 45).

Einen **Sonderfall** stellt Art. 23 Abs. 1 Satz 3 GG dar. Dort ist für eine Änderung der **185** vertraglichen Grundlagen der Europäischen Union, die das GG ändern oder ergänzen oder dies ermöglichen – also für eine bestimmte Art von grundgesetzändernden Verträgen –, vorgesehen, dass dazu ein Gesetz notwendig ist, für das Art. 79 Abs. 2 und 3 GG gilt. Wegen des fehlenden Verweises in Art. 23 Abs. 1 Satz 3 GG kommt es nicht zur Anwendung von Art. 79 Abs. 1 GG. In diesen Fällen kommt es daher weder zu einer Vorab-Änderung des GG noch zu einer Klarstellung nach Art. 79 Abs. 1 Satz 2 GG (s. Rn 66).

Das Vertragsgesetz kann nur eine Zustimmung zum Vertragsabschluss enthalten **186** und daher nur dem **Vertragstext im Ganzen** zustimmen. Änderungen oder Ergänzungen sind nicht möglich. Dazu müsste vorab mit dem oder den Vertragspartner(n) neu verhandelt werden.

Daher bestimmt § 82 Abs. 2 der GO des Bundestages (Sartorius I, Nr 35):
„Zu Verträgen mit auswärtigen Staaten und ähnlichen Verträgen, welche die politischen Beziehungen des Bundes regeln oder sich auf Gegenstände der Bundesgesetzgebung beziehen (Art. 59 Abs. 2 des Grundgesetzes), sind Änderungsanträge nicht zulässig."

Auf der anderen Seite muss der **fertigformulierte Vertragstext** vorliegen. Denn **187** nur so können die gesetzgebenden Körperschaften das Ausmaß ihrer Zustimmung überblicken. Davon wird nur in ganz seltenen Fällen eine Ausnahme gemacht. Voraussetzung dafür ist, dass aus besonderen Gründen der Vertrag, dessen endgültiger Text noch nicht feststeht, gleich nach Abschluss der Verhandlungen in Kraft treten soll, weil sonst der Bundesrepublik ein schwerer Nachteil entstünde. In diesen Fällen wird eine vorweggenommene Zustimmung erteilt, sofern der Inhalt des Vertrages bereits hinreichend genau bestimmt ist.

Beispiel: Dies war der Fall beim Gesetz zur Änderung des Gesetzes zur vorläufigen Regelung des Tiefseebergbaus vom 12. Februar 1982 (BGBl. 1982 I, S. 136). Zu dieser Zeit liefen Verhandlungen zwischen der Bundesrepublik und Frankreich, Großbritannien und den Vereinigten Staaten von Amerika über den Abschluss von Gegenseitigkeitsabkommen zum Schutz der Tiefseebergbauaktivitäten. Der genaue Inhalt der Verträge war noch nicht bekannt. Aus politischen und wirtschaftlichen Gründen musste aber eine bestimmte Frist für das In-Kraft-Treten der Verträge eingehalten werden. Da abzusehen war, dass bei Einhaltung des Verfahrens nach Art. 59 Abs. 2 Satz 1 GG die Bundesrepublik diese Frist nicht würde einhalten können, erteilten Bundestag und Bundesrat in dem genannten Gesetz vorab ihre Zustimmung zu den geplanten Verträgen (vgl dazu *Lauff,* in: NJW 1982, S. 2700 ff). So hieß es zB in Art. 1 Ziffer 3 des Gesetzes:

„Die Bundesregierung wird ermächtigt, durch Rechtsverordnung völkerrechtliche Vereinbarungen in Kraft zu setzen, durch die vor dem Inkrafttreten eines internationalen Übereinkommens über den Tiefseebergbau vorgenommene Investitionen eines Gebietsansässigen geschützt werden."

Im Ergebnis läuft dies auf eine vorweggenommene Zustimmung durch Bundestag und Bundesrat und auf eine Ermächtigung an die Bundesregierung zu einer möglicherweise notwendigen Transformation durch Rechtsverordnung (s. Rn 424 ff) hinaus.

188   **Lösung Fall 7** (Rn 175):

1. Bei dem Vertrag zwischen der Bundesrepublik und Tuvalu handelt es sich zwar nicht um einen Vertrag, der die politischen Beziehungen des Bundes regelt (s. Rn 165), aber um einen solchen, der sich auf Gegenstände der Bundesgesetzgebung bezieht. Dies ergibt sich sowohl aus Art. 5 (s. Rn 172) als auch aus Art. 17 Buchstabe c (s. Rn 168). Daher bedarf er der Zustimmung oder der Mitwirkung von Bundestag und Bundesrat in Form eines Bundesgesetzes.

2. Während der Bundestag in jedem Fall zustimmen muss, hängt dies beim Bundesrat davon ab, ob es sich beim Vertragsgesetz um ein Zustimmungsgesetz handelt oder nicht. Ein Zustimmungsgesetz liegt immer dann vor, wenn das GG dies im Einzelfall ausdrücklich vorschreibt. Es ist daher zu prüfen, ob Art. 17 Buchstabe c, der den Erlass eines das Einkommensteuergesetz ändernden Gesetzes bedingt, der Zustimmung des Bundesrates bedarf oder nicht.

3. Gemäß Art. 105 Abs. 3 GG bedürfen Bundesgesetze über Steuern, deren Aufkommen den Ländern oder den Gemeinden bzw Gemeindeverbänden ganz oder zum Teil zufließt, der Zustimmung des Bundesrates. Das Aufkommen der Einkommensteuer steht nach Art. 106 Abs. 3 GG dem Bund und den Ländern gemeinsam zu, soweit das Aufkommen nicht nach Art. 106 Abs. 5 GG den Gemeinden zugewiesen wird. Somit handelt es sich bei der Einkommensteuer um eine Steuer iSd Art. 105 Abs. 3 GG, und Gesetze darüber bedürfen der Zustimmung des Bundesrates. Daher muss der Bundesrat dem Art. 17 Buchstabe c zustimmen.

4. Etwas anderes gilt für Art. 5 des Vertrages. Er muss durch Landesgesetze erfüllt werden und unterliegt daher nicht der Zustimmung des Bundesrates (s. Rn 181). Art. 22

schließlich bezieht sich überhaupt nicht auf Gegenstände der Bundesgesetzgebung und bedarf daher weder der Zustimmung des Bundestages noch der des Bundesrates.

Da aber nach der hL und der ständigen Rechtsprechung des BVerfG eine einzige zustimmungsbedürftige Bestimmung eines Gesetzes (bzw Vertrages) das ganze Gesetz (bzw den ganzen Vertrag) zustimmungsbedürftig macht, genügt Art. 17 Buchstabe c, um das Vertragsgesetz zu einem Zustimmungsgesetz zu machen.

5. Daher unterliegt der Vertrag zwischen der Bundesrepublik Deutschland und Tuvalu der Zustimmung des Bundesrates.

dd) Verwaltungsabkommen

Gemäß Art. 59 Abs. 2 Satz 2 GG gelten für **Verwaltungsabkommen** die Vorschriften über die Bundesverwaltung entsprechend. Unter Verwaltungsabkommen versteht die hL alle völkerrechtlichen Verträge, die nicht unter Art. 59 Abs. 2 Satz 1 GG fallen. Es handelt sich also um Verträge, die weder die politischen Beziehungen des Bundes regeln noch sich auf Gegenstände der Bundesgesetzgebung beziehen. Vielmehr sind Verträge gemeint, die von der Verwaltung ohne Beteiligung des Gesetzgebers erfüllt werden können, zu deren Erfüllung sie also die notwendigen Kompetenzen und Mittel besitzt. Dazu wären auch die Parallelverträge zu zählen, wenn man die Meinung vertritt, dass diese keines Vertragsgesetzes bedürfen (s. Rn 173 f). **189**

Zuständig zum Abschluss von Verwaltungsabkommen des Bundes wäre nach der Konstruktion des GG nur der **Bundespräsident** nach Art. 59 Abs. 1 Satz 1 und 2 GG. Die Meinung, Art. 59 Abs. 2 Satz 2 GG weise Verwaltungsabkommen insgesamt der Regierungskompetenz zu und daher sei eine Tätigkeit des Bundespräsidenten in keiner Weise erforderlich (vgl *Stern,* Bd. II, S. 226), hat sich nicht durchgesetzt. Dennoch hat sich die Praxis herausgebildet, dass der Bundespräsident die Verwaltungsabkommen nicht abschließt. Begründet wird dies von der hL mit einer stillschweigenden oder verfassungsgewohnheitsrechtlichen Delegation (vgl dazu Rn 139). **190**

Verwaltungsabkommen werden, je nach dem abschließenden Organ, als **Regierungs- oder Ressortabkommen** gekennzeichnet (vgl § 72 Abs. 1 GGO; Text: www.staat-modern.de). Die Bundesregierung, ein Ressortminister oder mehrere Ressortminister werden dabei im Titel des Verwaltungsabkommens angeführt. Dies darf allerdings nicht dahingehend missverstanden werden, dass die genannten Organe Vertragspartner würden. Vertragspartner ist in jedem Fall die Bundesrepublik Deutschland, die genannten Organe treten lediglich für diese auf. **191**

Beispiele: – Vereinbarung zwischen der Regierung der Bundesrepublik Deutschland und der Regierung des Königreichs der Niederlande über die Verwaltung und Pflege des deutschen Soldatenfriedhofs Ysselsteyn vom 15. April 1976 (BGBl. 1982 II, S. 965 f).

– Abkommen zwischen dem Bundesminister für Wirtschaft der Bundesrepublik Deutschland und dem Minister für Energie des Großherzogtums Luxemburg über die Anrechnung der in der Bundesrepublik lagernden Mineralölbestände luxemburgischer Unternehmen vom 2./18. Juni 1982 (BGBl. 1982 II, S. 680 ff).

– Missverständlich ist die Bezeichnung des Abkommens zwischen der Europäischen Zentralbank und der Regierung der Bundesrepublik Deutschland über den Sitz der Europäischen Zentralbank vom 18. September 1998 (BGBl. 1998 II, S. 2996 ff). Es wurde im zweiphasigen Verfahren gemäß Art. 59 Abs. 2 Satz 1 GG abgeschlossen und ist daher kein Regierungsabkommen.

Ob ein Vertrag als Regierungs- oder Ressortabkommen abgeschlossen wird, richtet sich nach der internen Aufgabenverteilung der Bundesregierung (vgl dazu *Degenhart,* Rn 537 ff).

192 Die **Praxis** in der Bundesrepublik verfährt – rein terminologisch gesehen – allerdings anders. Danach wird unterschieden zwischen Staatsverträgen (abgeschlossen im Namen der Bundesrepublik oder des Bundespräsidenten), Regierungsabkommen (abgeschlossen im Namen der Bundesregierung) und Ressortabkommen (abgeschlossen im Namen eines oder mehrerer Minister). Regierungsabkommen können auch in Form von „Unterzeichneten Noten" oder „Verbalnoten", Ressortabkommen auch in Form von „Briefwechseln" abgeschlossen werden. Dabei kommen diese Verwaltungsabkommen durch einen Vorschlag (Note, Brief) und eine Annahme (Antwortnote, Antwortbrief) zu Stande.

193 Die Frage nach dem **Umfang der Vertragsfähigkeit des Bundes und der Länder** ist nach Art. 32 GG zu beurteilen. Danach steht dem Bund das Vertragsschließungsrecht überall dort zu, wo er das Gesetzgebungsrecht besitzt (s. Rn 116 ff). Dies gilt ebenfalls bei Verwaltungsabkommen, insbesondere auch dann, wenn es sich um Materien handelt, die die Länder gemäß Art. 84 GG als eigene Angelegenheit oder gemäß Art. 85 GG im Auftrag des Bundes ausführen. Die Länder besitzen ein Vertragsschließungsrecht für Verwaltungsabkommen daher nur dort, wo sie eigene Gesetzgebungszuständigkeiten haben. In Zweifelsfällen kommt auch hier das Lindauer Abkommen zur Anwendung (s. Rn 128).

Beispiel: Beim Abschluss des Abkommens zwischen der Regierung der Bundesrepublik Deutschland und der Regierung der Französischen Republik über die Errichtung deutsch-französischer Gymnasien und die Schaffung des deutsch-französischen Abiturs sowie die Bedingungen für die Zuerkennung des Abiturzeugnisses (BGBl. 1972 II, S. 570 ff) wurde gemäß Ziffer 3 des Lindauer Abkommens vorgegangen. In Bayern hat der Landtag mit Beschluß vom 12. Juli 1972 dem Abkommen zugestimmt (BayGVBl. 1972, Nr 20, S. 421). Daraufhin hat der Bayerische Ministerpräsident der Bundesregierung gegenüber das Einverständnis Bayerns zum Abschluss des Abkommens erklärt.

194 Nach der Gesamtregelung des Art. 59 Abs. 2 GG ist für den Abschluss von Verwaltungsabkommen das **einphasige Verfahren** vorgesehen. Enthält jedoch ein Verwaltungsabkommen des Bundes einen Ratifikationsvorbehalt, kommt das mehrphasige Verfahren insofern zur Anwendung, als nur der Bundespräsident ratifizieren darf. Somit kann das Organ, das das Verwaltungsabkommen aushandelt, dieses nicht selbst verbindlich abschließen (s. Rn 160). In der Praxis bevollmächtigt der Bundespräsident in solchen Fällen regelmäßig die Bundesregierung zur Abgabe der entsprechenden Erklärung.

d) Regelung in den Länderverfassungen

In den Länderverfassungen sind drei Regelungsvarianten anzutreffen: **195**

(1) Einige Verfassungen sehen für alle Fälle ein **mehrphasiges Verfahren** vor (Baden-Württemberg, Bayern, Berlin, Brandenburg, Hessen, Nordrhein-Westfalen, Rheinland-Pfalz, Saarland, Sachsen, Sachsen-Anhalt und Thüringen). Teilweise wird in diesen Fällen die Meinung vertreten, dass trotz fehlender Unterscheidungen in den Verfassungen für Verwaltungsabkommen nur das einphasige Verfahren zur Anwendung komme (so für Baden-Württemberg, Hessen, Nordrhein-Westfalen, Saarland). Begründet werden kann dies hauptsächlich mit dem Argument, dass zwischen Staatsverträgen (so der Wortlaut der Verfassungen) und Verwaltungsabkommen zu unterscheiden sei, letztere also nicht den einschlägigen Verfassungsbestimmungen unterliegen. Diese Auslegungen sind umstritten, zumal die spärliche Vertragsabschlußpraxis der Länder keine deutlichen Hinweise gibt (vgl im einzelnen *Rudolf,* S. 231 ff).

Positivrechtliche Lösungen der Frage finden sich kaum. Immerhin bestimmt § 1 **196** Abs. 2 Satz 2 der Geschäftsordnung der Bayerischen Staatsregierung in der Fassung vom 14. Dezember 1999 (Allgemeines Ministerialblatt 2000, S. 3 ff): „(Der Ministerpräsident) schließt … namens der Bayerischen Staatsregierung die von ihr gebilligten Verwaltungsabkommen ab; zum Abschluss dieser Verwaltungsabkommen können die Staatsministerien ermächtigt werden." Allerdings spricht § 4 Abs. 1 Nr 4 der Geschäftsordnung in diesem Zusammenhang nur von „Verwaltungsabkommen mit den Regierungen anderer Länder und mit dem Bund". Somit bleibt offen, ob dies nur interföderale oder auch völkerrechtliche Verwaltungsabkommen sind, da die Bayerische Verfassung für völkerrechtliche Verträge – wozu Verwaltungsabkommen ja zu zählen sind – immer den Begriff des „Staatsvertrags" verwendet.

(2) Die Verfassung von Bremen kennt nur das **einphasige Verfahren**. Allerdings **197** wird die Meinung vertreten, dass zumindest bei Verträgen über Gegenstände der Landesgesetzgebung das Landesparlament mittels Gesetz zustimmen müsste, was für diesen Fall auf ein zweiphasiges Verfahren hinausläuft (*Rudolf,* S. 233 f). Begründet wird dies mit ungeschriebenem Verfassungsrecht sowie unter Berufung auf das BVerfG, das ausgeführt hat: „Aber es ist ein Satz gemeindeutschen Verfassungsrechts, dass die Regierung zum Abschluss von Verträgen, die sich auf Gegenstände der Gesetzgebung beziehen, der Zustimmung des Parlaments bedarf" (BVerfGE 4, S. 250 ff, 276).

(3) Die Verfassungen von Hamburg, Mecklenburg-Vorpommern, Niedersachsen **198** und Schleswig-Holstein sehen – entsprechend Art. 59 Abs. 2 GG – **beide Verfahrensarten** vor.

199 Die einzelnen Bestimmungen der Länderverfassungen sind Folgende:

1. Baden-Württemberg:
Art. 50: Der Ministerpräsident vertritt das Land nach außen. Der Abschluß von Staatsverträgen bedarf der Zustimmung der Regierung und des Landtags.

2. Bayern:
Art. 72 Abs. 2: Staatsverträge werden vom Ministerpräsidenten nach vorheriger Zustimmung des Landtags abgeschlossen.

3. Berlin:
Art. 58 Abs. 1 Satz 1: Der Regierende Bürgermeister vertritt Berlin nach außen.
Art. 50 Abs. 1 Satz 3: Der Abschluß von Staatsverträgen bedarf der Zustimmung des Abgeordnetenhauses.

4. Brandenburg:
Art. 91: (1) Der Ministerpräsident vertritt das Land nach außen. Er kann diese Befugnis auf ein anderes Mitglied der Landesregierung oder auf nachgeordnete Stellen übertragen.
(2) Staatsverträge, insbesondere Verträge, die sich auf Gegenstände der Gesetzgebung beziehen oder Aufwendungen erfordern, für die Haushaltsmittel nicht vorgesehen sind, bedürfen der Zustimmung des Landtages.

5. Bremen:
Art. 118 Abs. 1 Satz 1 und 2: Der Senat führt die Verwaltung nach den Gesetzen und den von der Bürgerschaft gegebenen Richtlinien. Er vertritt die Freie Hansestadt Bremen nach außen.

6. Hamburg:
Art. 43: Der Senat vertritt die Freie Hansestadt Hamburg gegenüber der Bundesrepublik Deutschland, den deutschen Ländern und dem Ausland. Ihm obliegt die Ratifikation der Staatsverträge. Sie bedarf der Zustimmung der Bürgerschaft, sofern die Verträge Gegenstände der Gesetzgebung betreffen oder Aufwendungen erfordern, für die Haushaltsmittel nicht vorgesehen sind.

7. Hessen:
Art. 103: (1) Der Ministerpräsident vertritt das Land Hessen. Er kann die Vertretungsbefugnis auf den zuständigen Minister oder nachgeordnete Stellen übertragen.
(2) Staatsverträge bedürfen der Zustimmung des Landtags.

8. Mecklenburg-Vorpommern:
Art. 47: (1) Der Ministerpräsident vertritt das Land nach außen. Die Befugnis kann übertragen werden.
(2) Staatsverträge, die Gegenstände der Gesetzgebung betreffen, bedürfen der Zustimmung des Landtages in Form eines Gesetzes.

9. Niedersachsen:
Art. 35: (1) Die Ministerpräsidentin oder der Ministerpräsident vertritt das Land nach außen.
(2) Verträge des Landes, die sich auf Gegenstände der Gesetzgebung beziehen, bedürfen der Zustimmung des Landtages.

10. Nordrhein-Westfalen:
Art. 57: Die Landesregierung vertritt das Land Nordrhein-Westfalen nach außen. Sie kann diese Befugnis auf den Ministerpräsidenten, auf ein anderes Mitglied der Landesregierung oder auf nachgeordnete Stellen übertragen.
Art. 66 Abs. 2: Staatsverträge bedürfen der Zustimmung des Landtags.

11. Rheinland-Pfalz:

Art. 101: Der Ministerpräsident vertritt das Land Rheinland-Pfalz nach außen. Staatsverträge bedürfen der Zustimmung des Landtags durch Gesetz.

12. Saarland:

Art. 95: (1) Der Ministerpräsident vertritt das Land nach außen.

(2) Der Abschluß von Staatsverträgen bedarf der Zustimmung des Landtages durch Gesetz …

13. Sachsen:

Art. 65: (1) Der Ministerpräsident vertritt das Land nach außen.

(2) Der Abschluß von Staatsverträgen bedarf der Zustimmung der Staatsregierung und des Landtages.

14. Sachsen-Anhalt:

Art. 69: (1) Der Ministerpräsident vertritt das Land nach außen. Diese Befugnis kann übertragen werden.

(2) Der Abschluß von Staatsverträgen bedarf der Zustimmung des Landtages.

15. Schleswig-Holstein:

Art. 30: (1) Die Ministerpräsidentin oder der Ministerpräsident vertritt das Land, soweit die Gesetze nichts anderes bestimmen. Diese Befugnis kann übertragen werden.

(2) Verträge mit der Bundesrepublik oder mit anderen Ländern bedürfen der Zustimmung der Landesregierung. Soweit sie Gegenstände der Gesetzgebung betreffen oder zu ihrer Durchführung eines Gesetzes bedürfen, muss auch der Landtag zustimmen.

16. Thüringen:

Art. 77: (1) Der Ministerpräsident vertritt das Land nach außen. Er kann diese Befugnis übertragen.

(2) Staatsverträge bedürfen der Zustimmung des Landtags.

Literatur: *Bernhard,* Verfassungsrecht und völkerrechtliche Verträge, in: *Isensee/Kirchhof,* Bd. VII, S. 571 ff, Rn 5-16; *Härle,* Die völkerrechtlichen Verwaltungsabkommen der Bundesrepublik, in: JIR 12 (1965), S. 93 ff; *Hillgruber,* Die Fortentwicklung völkerrechtlicher Verträge als staatsrechtliches Problem: Wie weit trägt der Rechtsanwendungsbefehl des Zustimmungsgesetzes nach Art. 59 Abs. 2 Satz 1 GG?, in: *Isensee/Lecheler* (Hrsg.), Freiheit und Eigentum, Festschrift für Walter Leisner zum 70. Geburtstag, Berlin 1999, S. 53 ff; *Jasper,* Die Behandlung von Verwaltungsabkommen im innerstaatlichen Recht (Art. 59 Abs. 2 S. 2 GG), Düsseldorf 1980; *Menzel/Klein,* Bedürfen „politische Verträge" der Zustimmung des Bundesrates, in: JZ 1971, S. 754 ff; *Öhlinger,* Vertragsabschlußverfahren, in: Lexikon, S. 492 ff; *Rudolf,* S. 190-204, 231-238; *Schweitzer/Weber,* Handbuch, Rn 19-55; *Warmke,* Verwaltungsabkommen in der Bundesrepublik Deutschland, in: Die Verwaltung 1991, S. 455 ff; *Zuleeg,* Abschluß und Rechtswirkung völkerrechtlicher Verträge in der Bundesrepublik Deutschland, in: JA 1983, S. 1 ff.

5. Einzelfragen des Rechts der Verträge und ihre Regelung im GG und in den Länderverfassungen

a) Vorbehalte zu Verträgen

Ein Vorbehalt zu einem völkerrechtlichen Vertrag ist die anlässlich der endgültigen Bindung an den Vertrag (= zB Ratifikation im mehrphasigen Verfahren, Unterzeichnung im einphasigen Verfahren) einseitig abgegebene Erklärung, durch die ein Staat **200** die Rechtswirkung einzelner Vertragsbestimmungen für sich ausschließen oder ändern will (vgl Art. 2 Abs. 1 Buchstabe d WVRK).

201   Ein **Vorbehalt** ist gemäß Art. 19 WVRK dann **erlaubt**, wenn der Vertrag dies weder gänzlich noch speziell für den konkreten Vorbehalt verbietet oder – für den Fall, dass der Vertrag nichts über Vorbehalte aussagt – ein solcher nicht mit Ziel und Zweck des Vertrags unvereinbar ist.

Beispiel: Gemäß Art. 57 (früher Art. 64) der Konvention zum Schutz der Menschenrechte und Grundfreiheiten vom 4. November 1950 (Sartorius II, Nr 130) gilt für Vorbehalte zur Konvention folgendes:

„(1) Jeder Staat kann bei Unterzeichnung dieser Konvention oder bei Hinterlegung seiner Ratifikationsurkunde einen Vorbehalt zu einzelnen Bestimmungen der Konvention anbringen, soweit ein zu dieser Zeit in seinem Hoheitsgebiet geltendes Gesetz mit der betreffenden Bestimmung nicht übereinstimmt. Vorbehalte allgemeiner Art sind nach diesem Artikel nicht zulässig.

(2) Jeder nach diesem Artikel angebrachte Vorbehalt muß mit einer kurzen Darstellung des betreffenden Gesetzes verbunden sein."

Anlässlich der Ratifikation am 5. Dezember 1952 hat die Bundesrepublik einen Vorbehalt zu Art. 7 Abs. 2 angemeldet. Dieser Artikel hatte damals folgenden (heute geringfügig geänderten) Wortlaut:

„Durch diesen Artikel darf die Verurteilung oder Bestrafung einer Person nicht ausgeschlossen werden, die sich einer Handlung oder Unterlassung schuldig gemacht hat, welche im Zeitpunkt ihrer Begehung nach den allgemeinen von den zivilisierten Völkern anerkannten Rechtsgrundsätzen strafbar war."

Der Vorbehalt lautete:

„Gemäß Artikel 64 der Konvention macht die Bundesrepublik Deutschland den Vorbehalt, dass sie die Bestimmung des Artikels 7 Abs. 2 der Konvention nur in den Grenzen des Artikels 103 Abs. 2 des Grundgesetzes der Bundesrepublik Deutschland anwenden wird. Die letztgenannte Vorschrift lautet wie folgt:

Eine Tat kann nur bestraft werden, wenn die Strafbarkeit gesetzlich bestimmt war, bevor die Tat begangen wurde." (BGBl. 1954 II, S. 14).

202   Die **Wirkung** von Vorbehalten, die in der Regel nur bei multilateralen Verträgen vorkommen, hängt von der Reaktion der anderen Vertragspartner ab, wobei jeder für sich allein entscheidet (vgl Art. 20 f WVRK).

203   (1) Der Vorbehalt kann (ausdrücklich oder stillschweigend) **angenommen** werden. In diesem Fall tritt der Vertrag zwischen dem Staat, der den Vorbehalt anmeldet, und dem Staat, der den Vorbehalt annimmt, in Kraft (vgl Art. 20 Abs. 4 Buchstabe a WVRK) und es ändert sich der Vertragsinhalt zwischen den beiden Staaten so, wie dies der Vorbehalt vorsieht (vgl Art. 21 Abs. 1 WVRK = *der Vorbehalt setzt sich durch*).

Beispiel: Art. 27 Abs. 3 des Wiener Übereinkommens über diplomatische Beziehungen vom 18. April 1961 (Sartorius II, Nr 325) bestimmt:

„Das diplomatische Kuriergepäck darf weder geöffnet noch zurückgehalten werden."

Das Übereinkommen enthält keinerlei Bestimmungen über Vorbehalte. Anlässlich seines Beitritts zum Übereinkommen im Dezember 1971 erklärte Bahrain folgenden Vorbehalt (BGBl. 1972 II, S. 253):

„Mit Bezug auf Artikel 27 Abs. 3 betreffend das ‚diplomatische Kuriergepäck` behält sich die Regierung des Staates Bahrain das Recht vor, das diplomatische Kuriergepäck zu öffnen, wenn ernstliche Gründe zu der Annahme bestehen, daß es Gegenstände enthält, deren Einfuhr oder Ausfuhr gesetzlich verboten ist."

Wird der Vorbehalt von einem oder mehreren Vertragspartnern (ausdrücklich oder stillschweigend) angenommen, so verändert sich für Bahrain in seinen Vertragsbeziehungen zu diesen Parteien der Inhalt des Art. 27 Abs. 3 dahingehend, dass Bahrain in den genannten Fällen diplomatisches Kuriergepäck öffnen darf.

(2) Der Vorbehalt kann **abgelehnt** werden; gleichzeitig kann der ablehnende Staat **204** erklären, dass er deshalb das In-Kraft-Treten des Vertrages zwischen ihm und dem den Vorbehalt anmeldenden Staat überhaupt ablehnt. Die Folge ist, dass keinerlei Vertragsbeziehungen entstehen (vgl Art. 20 Abs. 4 Buchstabe b WVRK = *die Ablehnung setzt sich durch*).

(3) Der Vorbehalt kann **abgelehnt** werden, ohne dass der ablehnende Staat dem In-**205** Kraft-Treten des Vertrages widerspricht. Das hat zur Folge, dass der Vertrag zwischen den beiden Staaten in Kraft tritt und dass die Bestimmung, auf die sich der Vorbehalt bezieht, in dem darin vorgesehenen Ausmaß zwischen den beiden Staaten keine Anwendung findet (Art. 21 Abs. 3 WVRK = *der vom Vorbehalt erfasste Fall fällt aus dem Anwendungsbereich des Vertrages heraus*). Damit enthält der Vertrag eine Lücke, die durch Anwendung des allgemeinen Völkerrechts (Völkergewohnheitsrecht, allgemeine Rechtsgrundsätze) zu schließen ist. Hier unterscheidet sich die WVRK von dem allgemeinen Völkerrecht, das für alle Staaten gilt, die nicht Partner der WVRK sind. Nach allgemeinem Völkerrecht tritt zwar der Vertrag zwischen den den Vorbehalt anmeldenden und ablehnenden Staaten in Kraft, die Bestimmung, auf die sich der Vorbehalt bezieht, bleibt aber unberührt (= *die Ablehnung setzt sich durch*).

Beispiel: Auf den Vorbehalt Bahrains hat Bulgarien folgendes erklärt (BGBl. 1973 II, S. 227):

„Die Regierung der Volksrepublik Bulgarien kann den Vorbehalt der bahreinischen Regierung zu Artikel 27 Abs. 3 des Wiener Übereinkommens über diplomatische Beziehungen nicht als wirksam ansehen."

Da Bulgarien den Vorbehalt nur ablehnt, nicht aber gleichzeitig dem In-Kraft-Treten des Übereinkommens widersprochen hat, hat dies (geht man von der Lösung der WVRK aus) zur Folge, dass Art. 27 Abs. 3 die Frage, ob diplomatisches Kuriergepäck geöffnet werden darf, wenn ernstliche Gründe zu der Annahme bestehen, dass es Gegenstände enthält, deren Ein- oder Ausfuhr gesetzlich verboten ist, im Verhältnis Bahrain-Bulgarien überhaupt nicht regelt, da er insofern keine Anwendung findet. Wenn diese Frage aber durch die WVRK nicht geregelt wird, greift der Grundsatz des letzten Absatzes der Präambel der WVRK wonach „die Sätze des Völkergewohnheitsrechts weiterhin für Fragen gelten, die in diesem Übereinkommen nicht geregelt sind". Sollte Bahrain einmal bulgarisches Kuriergepäck öffnen oder zurückhalten, so wäre dieses Verhalten dann nach Völkergewohnheitsrecht zu beurteilen. Anders ist die Lösung, wenn man vom allgemeinen Völkerrecht ausgeht. Dann bleibt der Art. 27 Abs. 3 in seiner ursprünglichen Form erhalten.

(4) Lässt der Vertrag selbst gewisse Vorbehalte ausdrücklich zu, so kommt es auf **206** die Reaktion der anderen Vertragspartner nicht mehr an (zB Art. 57 der Europäi-

schen Menschenrechtskonvention, s. Rn 201). Insbesondere hat die Ablehnung eines Vorbehalts keinerlei Auswirkungen (Art. 20 Abs. 1 WVRK).

206a Sonderregelungen enthält die WVRK für Verträge mit begrenzter Mitgliederzahl und einem Ziel und Zweck, deren Anwendung in ihrer Gesamtheit zwischen allen Vertragsparteien eine wesentliche Voraussetzung für ihre Vertragspartnerschaft ist (Art. 20 Abs. 2 WVRK) sowie für Verträge, die Gründungsurkunden internationaler Organisationen bilden (Art. 20 Abs. 3 WVRK).

207 **Zuständig** für die Erklärung, Annahme oder Ablehnung eines Vorbehalts ist immer das Organ, das auch zum Vertragsabschluss zuständig ist, dh für den Bund immer der Bundespräsident gemäß Art. 59 Abs. 1 Satz 1 GG bzw – geht man von der verfassungsrechtlich fragwürdigen Praxis (s. Rn 139 und 190) aus – die Bundesregierung oder die Ressortminister bei Verwaltungsabkommen. Auf der Ebene der Länder ist dies in der Regel der Ministerpräsident bzw in Berlin der Regierende Bürgermeister, in Bremen und Hamburg der Senat sowie in Nordrhein-Westfalen die Landesregierung (s. Rn 141).

208 Ein besonderes Problem stellt sich bei Vorbehalten zu Verträgen, die eines Vertragsgesetzes bedürfen. Da ein Vorbehalt oder die Annahme eines Vorbehalts den Vertragsinhalt ändern kann, fragt sich, ob die Erklärung oder Annahme eines Vorbehalts ebenfalls eines Vertragsgesetzes bedarf. Die Meinungen in der Literatur gehen auseinander. Eine Meinung beruft sich auf die Praxis, wonach in solchen Fällen kein Vertragsgesetz erlassen wird. Eine andere Meinung hält diese Lösung für bedenklich, da eine vertragsändernde Wirkung eines Vorbehalts nach der Zweckrichtung des Art. 59 Abs. 2 Satz 1 GG ein Vertragsgesetz verlange. In der Praxis versuchte man das Problem dadurch zu umgehen, dass bei der Erklärung von Vorbehalten diese mit in das Vertragsgesetz aufgenommen werden.

Beispiel: Beim Verfahren des Vertragsgesetzes zum Übereinkommen über die Beschränkung der Haftung der Eigentümer von Seeschiffen vom 10. Oktober 1957 hatte der Bundesrat verfassungsrechtliche Bedenken dahingehend angemeldet, „dass die Bundesregierung befugt sein soll, Vorbehalte zu erklären, die für und gegen jedermann gelten sollen, ohne dass diese Vorbehalte in den Willen des Bundesgesetzgebers aufgenommen worden sind oder dass die Bundesregierung zur Rechtsetzung insoweit ermächtigt wird." (ZaöRVR 1974, S. 508). Daraufhin wurden die beabsichtigten Vorbehalte ins Vertragsgesetz aufgenommen (BGBl. 1972 II, S. 653 f, 681).

209 Beispiele wie dieses führten schließlich zu einer einheitlichen **pragmatischen Lösung**, an der Bundesregierung und Länder beteiligt waren. Eine Kommission der Landesjustizverwaltungen erarbeitete mit den betroffenen Bundesministerien „Leitsätze zu mit völkerrechtlichen Verträgen zusammenhängenden Rechtsfragen", darunter auch zur Erklärung von Vorbehalten in völkerrechtlichen Verträgen, die vom Rechtsausschuss des Bundesrates in seiner Sitzung am 7./8. Juni 1977 beschlossen wurden (Text in: *Fastenrath*, Kompetenzverteilung im Bereich der auswärtigen Gewalt, München 1986, S. 289 ff). Danach ist die Bundesregierung bei der Erklärung oder Unterlassung von Vorbehalten an ausdrückliche Maßgaben des Gesetzgebers gebunden. Zu diesem Zweck teilt sie den gesetzgebenden Körperschaften rechtzeitig ihre Absicht mit, einen Vorbehalt zu erklären. Diese können dann durch eine Ergänzung des Vertragsgesetzes die Bundesregierung binden, den beabsichtigten Vorbehalt zu erklären oder zu unterlassen (vgl dazu *Weißauer*, Völkerrechtliche Verträge – Zusammenwirken von Bund und Ländern, in: Festschrift für *K. Bengl*, München 1984, S. 149 ff, 165 f).

Vom **dogmatischen Standpunkt** aus gesehen ist dieser Lösung, die die zweite Meinung widerspiegelt, der Vorzug zu geben. Es würde die Zielrichtung des Art. 59 Abs. 2 Satz 1 GG zerstören, wenn die Beteiligung der gesetzgebenden Körperschaften dadurch umgangen werden könnte, dass man einen Vertrag so formuliert, dass kein Vertragsgesetz notwendig ist und seinen Inhalt dann durch einen Vorbehalt so ändert, dass nun ein Vertragsgesetz notwendig wäre. Man wird daher ein Vertragsgesetz für alle Vorbehalte fordern müssen, die dem Vertrag einen solchen Inhalt geben, dass er unter Art. 59 Abs. 2 Satz 1 GG fällt (vgl im einzelnen *Jarass*, in: DÖV 1975, S. 117 ff, 119 ff). **210**

Dasselbe gilt für die Annahme von Vorbehalten, wenngleich hier der Fall der Notwendigkeit eines Vertragsgesetzes mehr theoretischer Natur ist. Denn solche Vorbehalte beziehen sich in der Regel auf die Rechtsordnung des Staates, der den Vorbehalt anmeldet. Immerhin ist es bei Vorbehalten denkbar, die sich auf die politischen Beziehungen des Bundes iSv Art. 59 Abs. 2 Satz 1 Alternative 1 GG beziehen. **211**

Das gefundene Ergebnis gilt für die **Länderverfassungen** entsprechend. Nach dem Wortlaut der Verfassung von Bremen, das nur ein einphasiges Verfahren vorsieht, wäre nie ein Vertragsgesetz notwendig. Anders ist dies zu beurteilen, wenn man auch in diese Verfassung die Unterscheidung zwischen mehr- und einphasigen Verfahren hineininterpretiert (s. Rn 197). **212**

Literatur: *Heintschel von Heinegg*, Vorbehalte zu völkerrechtlichen Verträgen, in: JURA 1992, S. 457 ff; *Hilpold*, Das Vorbehaltsregime der Wiener Vertragsrechtskonvention, in: ArchVR 34 (1996), S. 376 ff; *Peter*, Die Rücknahme des deutschen Ausländervorbehalts zur UN-Kinderrechtskonvention im Spannungsfeld verfassungsrechtlicher Kompetenzzuweisung, in: ZAR 2002, S. 144 ff; *Schweisfurth*, Vorbehalte und Erklärungen beim Abschluss völkerrechtlicher Verträge, in: *Geiger*, Völkerrechtlicher Vertrag, S. 71 ff; *Treviranus*, Vorbehalte zu mehrseitigen Verträgen – Wohltat oder Plage?, in: GYIL 1982, S. 515 ff; *Wiese*, Verfassungsrechtliche Aspekte der Vorbehalte zu völkerrechtlichen Verträgen, in: DVBl. 1975, S. 73 ff.

b) Ungültigkeit von Verträgen

Fall 8: Nordrhein-Westfalen ficht im Verfahren der abstrakten Normenkontrolle vor dem BVerfG das Vertragsgesetz zu dem inzwischen vom Bundespräsidenten ratifizierten und in Kraft getretenen Vertrag zwischen der Bundesrepublik und Tuvalu (**Fall 5**, Rn 110) an. Zur Begründung wird angeführt, dass der Bund hinsichtlich des Art. 5 kein Vertragsschließungsrecht besitze. Dieses stehe gemäß Art. 32 Abs. 3 GG ausschließlich den Ländern zu. Die Bundesregierung beruft sich im Verfahren auf das Lindauer Abkommen. Trotzdem erklärt das BVerfG das Vertragsgesetz insoweit für nichtig. Kann **213**

die Bundesrepublik unter Berufung auf dieses Urteil den Vertrag erfolgreich anfechten? *Anmerkung:* Es ist davon auszugehen, dass beide Staaten Partner der WVRK sind.
Lösung: Rn 221

214 Die Artikel 46-53, 69 WVRK regeln die Ungültigkeit von Verträgen. Folgende **Gründe** sind vorgesehen:

a) Offenkundige Verletzung innerstaatlicher Kompetenzvorschriften über den Abschluss von Verträgen (Art. 46).

b) Überschreiten der Vollmacht des vertragsschließenden Staatenvertreters (Art. 47).

c) Irrtum (Art. 48).

d) Betrug (Art. 49).

e) Bestechung des vertragsschließenden Staatenvertreters (Art. 50).

f) Zwang gegen den vertragsschließenden Staatenvertreter (Art. 51).

g) Zwang gegen den Staat (Art. 52).

h) Widerspruch zu einer zwingenden Norm des Völkerrechts (ius cogens), die vertraglich nicht abdingbar ist (Art. 53).

215 Als **Folge** sieht Art. 69 Abs. 1 WVRK die Nichtigkeit des Vertrages vor. Für die Fragestellung des Staatsrechts III ist lediglich Art. 46 WVRK von Bedeutung. Dieser bestimmt:

„Innerstaatliche Bestimmungen über die Zuständigkeit zum Abschluß von Verträgen.

(1) Ein Staat kann sich nicht darauf berufen, daß seine Zustimmung, durch einen Vertrag gebunden zu sein, unter Verletzung einer Bestimmung seines innerstaatlichen Rechts über die Zuständigkeit zum Abschluß von Verträgen ausgedrückt wurde und daher ungültig sei, sofern nicht die Verletzung offenkundig war und eine innerstaatliche Rechtsvorschrift von grundlegender Bedeutung betraf.

(2) Eine Verletzung ist offenkundig, wenn sie für jeden Staat, der sich hierbei im Einklang mit der allgemeinen Übung und nach Treu und Glauben verhält, objektiv erkennbar ist."

216 Art. 46 WVRK stellt also auf die objektive Erkennbarkeit einer grundlegenden innerstaatlichen **Kompetenzvorschrift** über den Abschluss von Verträgen ab (sog. Evidenztheorie, vgl dazu *Ipsen*, Völkerrecht, S. 152 f). Dabei ist umstritten, ob auch materielle innerstaatliche Vorschriften mit zu berücksichtigen sind, wenn diese zB maßgeblich sind für die Notwendigkeit des mehrphasigen Verfahrens oder die Notwendigkeit der Mitwirkung anderer Staatsorgane beim Vertragsabschluss (vgl *Geiger*, S. 103).

217 Die Frage, wann die – hinsichtlich der „**Offenkundigkeit**" reichlich vage formulierten – Voraussetzungen des Art. 46 Abs. 2 WVRK vorliegen, ist allein nach völkerrechtlichen Kriterien zu beurteilen und hat zunächst keinen Bezug zum innerstaatlichen Recht. Man wird jedenfalls dann nicht mehr von „Offenkundigkeit" sprechen können, wenn es sich um Auslegungen des innerstaatlichen Rechts handelt, die über den Wortlaut der Bestimmungen hinausgehen bzw in Praxis und Lehre umstritten sind. So wird ein Vertrag, den der Bund über einen Gegenstand der Landesgesetzgebung schließt, nicht anfechtbar sein, da die Auslegung des Art. 32 GG nicht einmal innerstaatlich „offenkundig" ist.

Hingegen ist das innerstaatliche Recht relevant, wenn es gilt, festzustellen, welche   **218** Bestimmungen des GG oder der Länderverfassungen **„grundlegende Bedeutung"** iSd Art. 46 Abs. 1 WVRK haben, um bestimmen zu können, wann die Bundesrepublik oder ein Land unter Berufung auf Art. 46 WVRK einen Vertrag anfechten kann.

Dies kann grundsätzlich nur anhand des Einzelfalls abschließend beurteilt werden.   **219** Immerhin lassen sich einige generelle Aussagen machen. Danach sind folgende Bestimmungen von „grundlegender Bedeutung":

(1) Bestimmungen über die Vertragsfähigkeit (Art. 32 Abs. 1 und 3 GG). Dabei ist – vorbehaltlich des Problems der Offenkundigkeit (s. Rn 217) – insbesondere die Festlegung der Vertragsfähigkeit der Länder hervorzuheben. So wäre zB der Vertrag eines Landes über einen Gegenstand der Bundesgesetzgebung anfechtbar. Ebenso wäre nach der hL ein Vertrag anfechtbar, den ein Land ohne Zustimmung der Bundesregierung gemäß Art. 32 Abs. 3 GG abgeschlossen hat.

(2) Bestimmungen über die Organe des Vertragsschlusses (Art. 59 Abs. 1 Satz 1 und 2 GG, Art. 59 Abs. 2 Satz 2 GG, entsprechende Bestimmungen der Länderverfassungen, s. Rn 141). Danach wäre zB ein Vertrag anfechtbar, den ein Ministerialbeamter ohne Vollmacht im einphasigen Verfahren abgeschlossen hat.

(3) Umstritten ist die Lage bei Bestimmungen über die Festlegung des zweiphasigen Verfahrens. Dazu kommt noch, dass es auch hier fraglich ist, ob bei der schwierigen und umstrittenen Interpretation des Art. 59 Abs. 2 Satz 1 GG noch in jedem Fall von einer „Offenkundigkeit" iSv Art. 46 Abs. 2 WVRK gesprochen werden kann. Mag man dies bei evident hochpolitischen Verträgen des Bundes noch bejahen, so dürfte es sicherlich im Fall eines Vertrags zu verneinen sein, der deshalb eines Vertragsgesetzes des Bundes bedarf, weil er durch Landesgesetze ausgeführt werden muss (s. Rn 171). Die Lehre neigt eher dazu, diese Bestimmungen gänzlich aus der Anwendung des Art. 46 WVRK auszuschließen. Entsprechendes gilt für die Länderverfassungen.

Von diesem Ergebnis unabhängig ist die **innerstaatliche Behandlung** eines Vertra-   **220** ges, der gegen das GG verstößt. Ein solcher Vertrag kann vor dem BVerfG angefochten werden, das seine Verfassungsmäßigkeit oder Nichtigkeit feststellen kann. Stellt es die Nichtigkeit fest, so hat dies völkerrechtlich allerdings keine Auswirkungen, sofern sich die Bundesrepublik nicht auf Art. 46 WVRK berufen kann. Der Vertrag gilt völkerrechtlich weiter und die Bundesrepublik ist zu seiner Erfüllung verpflichtet. Innerstaatlich darf er allerdings nicht mehr angewandt werden (s. BVerfGE 72, S. 200 ff, 264 f).

Lösung Fall 8 (Rn 213):   **221**
1. Die Bundesrepublik kann sich gegenüber Tuvalu nur dann mit Erfolg auf die Ungültigkeit des Vertrages berufen, wenn ein völkerrechtlich anerkannter Ungültigkeitsgrund vorliegt. Das Urteil des BVerfG allein ist kein ausreichender Anfechtungs- bzw Ungültigkeitsgrund.

2. In Betracht käme insoweit Art. 46 WVRK. Die WVRK wäre aber nur dann anwendbar, wenn sowohl die Bundesrepublik als auch Tuvalu Vertragspartner der WVRK sind. Dies ist laut Sachverhalt gegeben.

3. Die vom BVerfG festgestellte Verletzung innerstaatlicher Zuständigkeitsbestimmungen müsste demnach „offenkundig" iSv Art. 46 Abs. 2 WVRK, dh objektiv aus dem Wortlaut der Verfassung erkennbar sein.

Der für die Kompetenzverteilung zwischen Bund und Ländern im Bereich der auswärtigen Beziehungen einschlägige Art. 32 GG verweist aber zum einen in Abs. 3 auf andere Verfassungsvorschriften (= die in sich wieder in vielen Einzelheiten umstrittenen Artikeln 70 ff GG) weiter, ist also nicht ohne weiteres aus sich heraus verständlich. Zum anderen gibt die Formulierung des Abs. 3, wonach die Länder unter bestimmten Voraussetzungen selbst völkerrechtliche Verträge abschließen „können", für einen fremden Staat nicht zu erkennen, dass sich aus dieser Bestimmung zugleich ein Vertragsabschlußverbot für den Bund ergeben soll.

Angesichts dieser schon für die deutsche Staatsrechtslehre bestehenden Interpretationsschwierigkeiten war die vom BVerfG gerügte GG-Verletzung für Tuvalu nicht „offenkundig", sodass sich die Bundesrepublik insofern nicht mit Erfolg auf die Ungültigkeit des Vertrages berufen kann.

4. Art. 46 Abs. 1 WVRK stellt des Weiteren darauf ab, dass eine „innerstaatliche Rechtsvorschrift von grundlegender Bedeutung" betroffen ist. Dies kann zwar für Art. 32 GG ganz allgemein bejaht werden, eine konkrete Prüfung kann aber im vorliegenden Fall dahingestellt bleiben. Denn die Aufzählung der Tatbestandsvoraussetzungen des Art. 46 Abs. 1 WVRK ist kumulativ, und bei Wegfall der Voraussetzung der „Offenkundigkeit" greift Art. 46 Abs. 1 WVRK insgesamt nicht ein.

Ergebnis: Die Bundesrepublik kann den Vertrag mit Tuvalu nicht mit Aussicht auf Erfolg unter Berufung auf das Urteil des BVerfG anfechten.

Literatur: *Geck*, Die völkerrechtlichen Wirkungen verfassungswidriger Verträge, Köln 1963; *Geiger*, S. 102-104; *Zehetner*, Staatliche Außenvertretungsbefugnis im Völkerrecht, in: ZaöRVR 37 (1977), S. 244 ff.

c) Änderung von Verträgen

222   **Fall 9:** Die Bundesrepublik vereinbart mit Tuvalu, den zwischen ihnen geschlossenen Vertrag (**Fall 5**, Rn 110) dahingehend zu ändern, dass Art. 17 Buchstabe c um folgenden Satz ergänzt wird: „Diese Beschränkung gilt nicht, wenn ein Staatsangehöriger einer Vertragspartei schon länger als 10 Jahre seinen ständigen Wohnsitz im Staatsgebiet der anderen Vertragspartei hat." Ist für diese Änderung ein Vertragsgesetz notwendig?
Lösung: Rn 227

223   Gemäß Art. 39 WVRK kann ein Vertrag durch Übereinkunft zwischen den Vertragsparteien geändert werden. In der Regel handelt es sich dabei um den Abschluss eines **Änderungsvertrages**, der nach den üblichen Regeln über den Vertragsabschluß zustandekommt. Des Weiteren unterliegt die Änderung eines Vertrages den Grundsätzen der Relativität und des Koordinationscharakters des Völkerrechts

(s. Rn 9). Dies bedeutet, dass jede Vertragspartei für sich entscheidet, ob sie sich an der Vertragsänderung beteiligen will, und dass keine Vertragspartei dazu gezwungen werden kann. Die Folge davon ist, dass sich der Vertrag in den ursprünglichen und den novellierten Vertrag aufspalten kann. Art. 40 WVRK regelt diese Aufsplitterung.

In seltenen Fällen sehen Verträge, insbesondere Gründungsverträge internationaler Organisationen, die Möglichkeit einer **mehrstimmigen Änderung** vor. Solche Regelungen durchbrechen den Koordinationscharakter und die Relativität des Völkerrechts. **224**

Beispiel: Art. 108 der Satzung der Vereinten Nationen vom 26. Juni 1945 (Sartorius II, Nr 1) bestimmt:

„Änderungen dieser Charta treten für alle Mitglieder der Vereinten Nationen in Kraft, wenn sie mit Zweidrittelmehrheit der Mitglieder der Generalversammlung angenommen und von zwei Dritteln der Mitglieder der Vereinten Nationen einschließlich aller ständigen Mitglieder des Sicherheitsrats nach Maßgabe ihres Verfassungsrechts ratifiziert worden sind."

Da sich die Vertragsänderung selbst wieder in Form eines völkerrechtlichen Vertrags vollzieht, gelten für diesen die Bestimmungen des GG und der Länderverfassungen über das Verfahren zum Abschluss von Verträgen. Eine solche Änderung kann für sich gesehen eines Vertragsgesetzes bedürfen. Darüber hinaus ist man sich einig, dass für eine Änderung, die eine Bestimmung des ursprünglichen Vertrags betrifft, die die Notwendigkeit eines Vertragsgesetzes bedingte, ebenfalls ein Vertragsgesetz notwendig ist. Hingegen ist umstritten, ob eine Änderung, die für sich gesehen keines Vertragsgesetzes bedarf und auch nicht eine die Notwendigkeit eines Vertragsgesetzes bedingende Bestimmung des ursprünglichen Vertrages betrifft, schon deshalb ein Vertragsgesetz notwendig macht, weil der ursprüngliche Vertrag eines Vertragsgesetzes bedurfte. Ein Teil der Lehre bejaht dies, wobei sie sich auf die Praxis stützen kann (zB *Rojahn*, in: *v. Münch*, Art. 59, Rn 44; aA *Zuleeg*, in: *Denninger*, Art. 59, Rn 34). **225**

Als hauptsächliches Argument wird dabei auf die Erhaltung der Kontrollfunktion der gesetzgebenden Körperschaften abgestellt. Nur so könne verhindert werden, dass zustimmungsfreie Vertragsteile, die aber der eigentliche Anlass für die politische Entscheidung über die Zustimmung zum Vertrag waren, herausgelöst und ohne neues Vertragsgesetz geändert werden. Diese Argumentation nähert sich stark der vom Bundesrat zeitweise vertretenen „Mitverantwortungstheorie" bei der Frage der Änderung zustimmungsbedürftiger Gesetze an (vgl *Kutscher,* DÖV 1952, S. 710 ff). **226**

Lösung Fall 9 (Rn 222): **227**

1. Ein Vertragsgesetz wäre dann notwendig, wenn die Vertragsänderung für sich gesehen ein Vertrag gemäß Art. 59 Abs. 2 Satz 1 GG wäre.

a) Die Ergänzung von Art. 17 Buchstabe c des Vertrages mit Tuvalu regelt – genauso wie der ursprüngliche Vertrag selbst – nicht die politischen Beziehungen iSv hochpolitisch. Die politische Dimension ist – wenn überhaupt – eine Nebenwirkung.

b) Die Ergänzung von Art. 17 Buchstabe c des Vertrages mit Tuvalu bezieht sich auch nicht auf Gegenstände der Bundesgesetzgebung. Sie bedarf, da sie keinen eigenständigen neuen Regelungsgehalt hat, zu ihrer Erfüllung keines Gesetzes. Vielmehr wird der ursprüngliche Rechtszustand teilweise wiederhergestellt. Für diese Fälle kommt das Einkommensteuergesetz wieder unbeschränkt zur Anwendung, ohne dass es geändert werden müsste.

2. Die Notwendigkeit eines Vertragsgesetzes könnte sich aber daraus ergeben, dass die Vertragsänderung eine Bestimmung des ursprünglichen Vertrages betrifft, die ihrerseits ein Vertragsgesetz bedingte.

Die Änderung betrifft Art. 17 Buchstabe c des Vertrages mit Tuvalu. Diese Bestimmung war eine, die sich auf Gegenstände der Bundesgesetzgebung bezog und daher ein Vertragsgesetz bedingte (vgl Rn 168). So gesehen wäre auch für die Änderung ein Vertragsgesetz notwendig.

3. Ein Teil der Lehre vertritt die Auffassung, dass jede Änderung eines Vertrages, der ursprünglich ein Vertragsgesetz bedingte, wiederum eines Vertragsgesetzes bedarf, unabhängig von seinem Inhalt und auch dann, wenn kein Fall der Ziffern 1 oder 2 dieser Lösungsskizze vorliegt. Folgt man dieser Ansicht, dann ist nur darauf abzustellen, dass der Vertrag mit Tuvalu eines Vertragsgesetzes bedurfte (s. Rn 168 und 172).

Ergebnis: Für die Änderung des Vertrages mit Tuvalu ist ein Vertragsgesetz notwendig.

Literatur: *Backsmann*, Über die Mitwirkung des Gesetzgebers bei der Änderung völkerrechtlicher Verträge, in: DVBl. 1956, S. 317 ff; *Fastenrath*, Inhaltsänderung völkerrechtlicher Verträge ohne Beteiligung des Gesetzgebers – verfassungsrechtliche Zulässigkeit und innerstaatliche Wirkung, in: *Geiger*, Völkerrechtlicher Vertrag, S. 93 ff; *Härle*, Die völkerrechtlichen Verwaltungsabkommen der Bundesrepublik, in: JIR 12 (1965), S. 93 ff, 103 ff.

d) Beendigung und Suspendierung von Verträgen

228   **Fall 10:** Nachdem auf Grund politischer Meinungsverschiedenheiten von Tuvalu die diplomatischen Beziehungen mit der Bundesrepublik abgebrochen wurden, beabsichtigt die Bundesregierung den Vertrag (**Fall 5**, Rn 110) zu kündigen. Ist dazu ein Vertragsgesetz notwendig? **Lösung: Rn 235**

229   Beendigung und Suspendierung von Verträgen sind größtenteils in der WVRK geregelt. Darüber hinaus existieren aber weitere Gründe für Beendigung und Suspendierung von Verträgen, die sich aus allgemeinem Völkerrecht ergeben. Folgende **Gründe** sind vorgesehen:

(1) Erfüllung.

(2) Verzicht.

(3) Kriegsausbruch. Nach allgemeinem Völkerrecht werden zwischen den Kriegsgegnern alle bilateralen Verträge bzw alle Vertragsbeziehungen im Rahmen multilateraler Verträge beendet. Eine Ausnahme gilt nur für die Vertragsbeziehungen im Rahmen multilateraler unpolitischer Verträge (zB Europäisches Kulturabkommen vom 19. Dezember 1954, BGBl. 1955 II, S. 1128 ff). Diese werden für die Dauer des Krieges suspendiert.

(4) Vertraglich vorgesehene Gründe (Art. 54 Buchstabe a, Art. 57 Buchstabe a und Art. 58 Abs. 1 Buchstabe a WVRK).

(5) Zustimmung aller Vertragsparteien (Art. 54 Buchstabe b und Art. 57 Buchstabe b WVRK).

(6) Kündigung (Art. 56 Abs. 1 WVRK).

(7) Partielle Suspendierung im Rahmen multilateraler Verträge (Art. 58 Abs. 1 Buchstabe b WVRK).

(8) Abschluss eines späteren Vertrages (Art. 59 WVRK).

(9) Reaktion auf Vertragsverletzung der Vertragspartner (Art. 60 WVRK).

(10) Unmöglichkeit der Erfüllung (Art. 61 WVRK).

(11) Grundlegende Änderung der Umstände, Berufung auf die clausula rebus sic stantibus (Art. 62 WVRK).

(12) Entstehung einer neuen zwingenden Norm (ius cogens) des Völkerrechts (Art. 64 WVRK).

Die **Beteiligung der staatlichen Organe** bei der Beendigung und Suspendierung **230** von Verträgen ist unterschiedlich. Während es zu einer Suspendierung immer des ausdrücklichen Tätigwerdens staatlicher Organe bedarf (Ausnahme: Kriegsausbruch), tritt die Beendigung von Verträgen manchmal ohne ein solches ein (so in den Fällen der Nummern 1, 10 und 12). In allen anderen Fällen aber muss ein staatliches Organ verzichten, zustimmen, kündigen oder sich auf andere Beendigungsgründe berufen (so in den Fällen der Nummern 9 und 11). Beim Abschluss eines späteren Vertrages handelt es sich überhaupt um ein neues, eigenständiges Vertragsschließungsverfahren, und die Frage nach der Beteiligung staatlicher Organe richtet sich dann danach.

Für die Fragestellung des Staatsrechts III ist also von Bedeutung, welche Organe die Beendigung und Suspendierung von Verträgen gegenüber den Vertragspartnern geltend machen und ob dabei die gesetzgebenden Körperschaften mitwirken müssen.

Zuständig für die Geltendmachung der Suspendierung oder Beendigung sind für **231** den Bund der Bundespräsident gemäß Art. 59 Abs. 1 Satz 1 GG bzw die Bundesregierung oder die Ressortminister bei Verwaltungsabkommen. Auf der Ebene der Länder ist zuständig in der Regel der Ministerpräsident bzw in Berlin der Regierende Bürgermeister, in Bremen und Hamburg der Senat sowie in Nordrhein-Westfalen die Landesregierung (s. Rn 141).

Schwieriger ist die Frage zu beantworten, ob bei der Suspendierung und Beendi- **232** gung von Verträgen die gesetzgebenden Körperschaften mitwirken müssen. Dieses Problem ist in der Literatur vornehmlich bezüglich der Kündigung diskutiert worden. Die hL geht dabei davon aus, dass eine Kündigung **keiner Mitwirkung der gesetzgebenden Körperschaften** bedürfe. Begründet wird dies hauptsächlich damit, dass der Wortlaut des Art. 59 Abs. 2 GG eben nur den Abschluss von Verträgen umfasse. Dies sei ein wechselseitiger Akt der Willensübereinstimmung, während die Kündigung ein einseitiger Akt eines Vertragspartners sei. Die Praxis entspricht durchaus der hL, ja geht sogar darüber hinaus, indem die Bundesregierung die Kompetenz zur Kündigung in Anspruch nimmt, und zwar auch dann, wenn es sich nicht um Verwaltungsabkommen handelt. Dies entspricht auch der Meinung des BVerfG (BVerfGE 68, S. 1 ff, 85 ff; E 90, S. 286 ff, 378 ff).

Beispiel: Das Internationale Übereinkommen zum Schutz des menschlichen Lebens auf See vom 31. Mai 1929 (RGBl. 1931 II, S. 235 ff) wurde von der Bundesregierung am 10. November 1954 gekündigt. Die Kündigung und das Datum des Außerkrafttretens des Übereinkommens wurde im BGBl. bekanntgemacht (BGBl. 1955 II, S. 905).

233   Eine Mindermeinung hält allerdings die **Mitwirkung** der gesetzgebenden Körperschaften für **notwendig**, sofern eine solche für den Abschluss des zu kündigenden Vertrages notwendig war. Insbesondere für Verträge, die die politischen Beziehungen des Bundes regeln, wird (mit einer Art actus-contrarius-Theorie) vorgebracht, dass ihre Kündigung ebenso die politischen Beziehungen beeinflusse und daher unter Art. 59 Abs. 2 Satz 1 Alternative 1 GG falle (vgl *Wolfrum*, Kontrolle der auswärtigen Gewalt, in: VVDStRL 56 (1997), S. 38 ff, 50). Als politische Lösung wird vorgeschlagen, dass im Vertragsgesetz eine eventuelle Kündigung des Vertrages unter den Vorbehalt eines neuerlichen Vertragsgesetzes gestellt werde.

234   Für die Länderverfassungen gelten die für das GG entwickelten Argumente entsprechend (vgl insbesondere für die Verfassung von Schleswig-Holstein BVerwGE 60, S. 162 ff, 175 ff).

235   **Lösung Fall 10** (Rn 228):
1. Der Vertrag zwischen der Bundesrepublik und Tuvalu enthält zwar keine Bestimmungen über eine Kündigung, eine solche ist aber eventuell gemäß Art. 56 WVRK erlaubt.
2. Obwohl es sich um einen Vertrag handelt, der sich auf Gegenstände der Bundesgesetzgebung bezieht (s. Rn 172), bedarf es keiner Mitwirkung der gesetzgebenden Körperschaften, da Art. 59 GG nur den Abschluss, nicht aber die Beendigung völkerrechtlicher Verträge regelt (hL und ständige Praxis).
3. Zudem handelt es sich nicht um einen Vertrag, der die politischen Beziehungen des Bundes regelt (s. Rn 164), und daher ist auch seine Kündigung ohne Auswirkung auf die politischen Beziehungen.
4. Daher ist für die Kündigung ein Vertragsgesetz nicht notwendig.

Literatur: *Bayer*, Die Aufhebung völkerrechtlicher Verträge im deutschen parlamentarischen Regierungssystem, Köln 1969, S. 201-216; *Diehl*, Die Mitwirkung des Parlaments bei der Kündigung völkerrechtlicher Verträge, Diss. Mainz 1967; *Stelzig*, Die Zuständigkeit des Bundestages für die Kündigung von Staatsverträgen nach geltendem Staatsrecht, Diss. Bonn 1957; *Schiffmann*, Die Frage der Mitwirkung der parlamentarischen Körperschaften bei der Aufhebung völkerrechtlicher Verträge, Tübingen 1962.

II. Völkergewohnheitsrecht

236   Das Gewohnheitsrecht ist die zweite wichtige Quelle des Völkerrechts. In den internationalen Beziehungen regeln zwar zunehmend völkerrechtliche Verträge die Rechte und Pflichten der Staaten, und man ist bestrebt, immer mehr Verträge zur Kodifikation des Völkergewohnheitsrechts abzuschließen, dennoch hat das Gewohnheitsrecht weiterhin eine wichtige Funktion. Dies gilt insbesondere im Zusammenhang mit der Relativität des Völkerrechts (s. Rn 9). Denn bei den großen multilateralen Kodifikationskonventionen ist es noch in keinem einzigen Fall dazu gekommen, dass alle Staaten Vertragspartner geworden sind. Daher regeln sich die Rechtsbeziehungen zwischen Vertragspartnern und Nichtvertragspartnern nach wie vor nach Gewohnheitsrecht.

1. Begriff

In Art. 38 Abs. 1 Buchstabe b StIGH wird das Gewohnheitsrecht definiert als „Ausdruck einer allgemeinen, als Recht anerkannten Übung". Daraus ergeben sich die beiden entscheidenden Definitionselemente für das Gewohnheitsrecht: **237**

(1) die **Übung** (consuetudo, objektives Element) und
(2) die **Rechtsüberzeugung** (opinio iuris, subjektives Element).

Dementsprechend kann man das Völkergewohnheitsrecht definieren als Summe der Normen, die durch eine von der Rechtsüberzeugung getragene Übung der Völkerrechtssubjekte entstanden sind. Diese Definition entspricht der hL, der Staatenpraxis und der internationalen Gerichtsbarkeit (vgl zB IGH in: ICJ-Reports 1969, S. 3 ff, 42 ff; 1985, S. 6 ff, 29 f; 1986, S. 14 ff, 97 f). Auch das BVerfG und das BVerwG judizieren unter Zugrundelegung dieser Definition (vgl zB BVerfGE 16, S. 27 ff, 34; 66, S. 39 ff, 64 f; BVerwGE 37, S. 116 ff, 123). **238**

Da diese Definition beide Elemente des Art. 38 Abs. 1 Buchstabe b StIGH enthält, spricht man von einer **dualistischen Theorie** des Gewohnheitsrechts. Daneben werden vereinzelt **monistische Theorien** vertreten, die nur auf eines der beiden Definitionselemente abstellen und dieses für die Entstehung von Gewohnheitsrecht als ausreichend erachten. **239**

So wird beispielsweise die **Rechtsüberzeugung** als psychologisch-subjektives Element als kaum nachweisbar und überflüssig bezeichnet. Die Übung allein genüge zum Entstehen von Gewohnheitsrecht, und bei der Prüfung, ob ein bestimmtes Gewohnheitsrecht vorliege, werde ohne weiteres von der Übung auf die dahinterstehende Rechtsüberzeugung geschlossen. Die Schwäche dieser Theorie liegt darin, dass sie nicht erklären kann, wie eine soziale Tatsache aus dem Seins-Bereich (Übung) plötzlich zu einem Sollens-Satz (Norm) wird. Darüber hinaus lässt sich mit dieser Theorie Gewohnheitsrecht nicht von der Völkercourtoisie (s. Rn 14) unterscheiden. **240**

Auf der anderen Seite wird vertreten, dass die **Übung** zwar für den Nachweis von Gewohnheitsrecht bedeutend, für dessen Entstehen aber nicht notwendig sei. Entscheidend dafür sei einzig und allein die übereinstimmende Rechtsüberzeugung der Völkerrechtssubjekte. Dies gehe soweit, dass es spontan entstandenes Gewohnheitsrecht gebe, das durch Übung lediglich bestätigt werde (sog. diritto spontaneo, vgl *Ago*, RdC 90 [1956 II], S. 857 ff, 932 ff). **241**

242 Kaum Meinungsverschiedenheiten gibt es hingegen über die **Erscheinungsformen** des Völkergewohnheitsrechts. So unterscheidet man üblicherweise zwischen universellem (= für alle geltendem), allgemeinem (= für eine Vielzahl von Völkerrechtssubjekten geltendem), partikulärem, regionalem oder lokalem (= für eine bestimmte geographisch, historisch, ideologisch etc abgegrenzte Anzahl von Völkerrechtssubjekten geltendem) und bilateralem (= zwischen zwei Völkerrechtssubjekten geltendem) Gewohnheitsrecht. Letzteres war längere Zeit umstritten, bis es der IGH im „Durchgangsrecht über indisches Gebiet-Fall" anerkannt hat (ICJ-Reports 1957, S. 125 ff; vgl dazu *Weber*, in: Encyclopedia, Bd. IV, S. 261 ff).

2. Entstehung

243 Völkergewohnheitsrecht entsteht, wenn staatliche Organe, getragen von der Rechtsüberzeugung, Übungshandlungen setzen. Dabei ist anerkannt, dass diese in positivem Handeln oder in Unterlassen bestehen können (vgl Ständiger IGH im „Lotus-Fall", PCIJ, Series A, Nr 9, S. 28; vgl dazu *Herndl*, in: Encyclopedia, Bd. III, S. 263 ff). Ebenso ist anerkannt, dass alle staatlichen Organe, nicht nur die Organe der auswärtigen Gewalt (wie Staatsoberhaupt, Regierung, Außenminister), relevante Übungshandlungen setzen können, also auch Gerichte, Behörden, beliehene Unternehmen etc. Da jedes Organhandeln, gleichgültig welches Organ auftritt, dem Staat bzw dem Völkerrechtssubjekt zuzurechnen ist, kann auch jedes Organ an der Entstehung von Gewohnheitsrecht mitwirken. Das Völkerrecht verweist insofern vollinhaltlich auf die innerstaatliche Rechtsordnung und deren Bestimmungen über Organe. Nicht ganz so klar ist dies bei der Frage, ob auch jedes Organ die Rechtsüberzeugung artikulieren kann (s. Rn 257).

244 Hinsichtlich der genauen Bestimmung der einzelnen **Elemente des Gewohnheitsrechts** lässt sich folgendes anführen:

a) Übung

245 Das **objektive Element** des Gewohnheitsrechts, die Übung, muss nach hL einheitlich, allgemein und von Dauer sein.

246 aa) **Einheitlichkeit** der Übung meint Widerspruchslosigkeit. Die einzelnen Präzedenzfälle müssen gleichartig sein, zumindest so gleichartig, dass sich daraus eine Regel ableiten lässt.

Beispiel: Im „Haya de la Torre-Fall" ging es um die Frage, ob Kolumbien dem peruanischen Staatsbürger Haya de la Torre, der nach einer erfolglosen Militärrebellion in Peru in die kolumbianische Botschaft in Lima geflüchtet war, diplomatisches Asyl gewähren könne mit der Folge, dass Haya de la Torre frei aus Peru ausreisen dürfe. Kolumbien berief sich dabei ua auf bestehendes kontinentales Gewohnheitsrecht, wonach diplomatisches Asyl anerkannt sei, und insbesondere auf eine Reihe von Präzedenzfällen. Der IGH, der gegen Kolumbien entschied, lehnte ein solches Gewohnheitsrecht ab und führte bezüglich der Präzedenzfälle aus (ICJ-Reports 1950, S. 266 ff, 277; vgl dazu *Hailbronner*, in: Encyclopedia, Bd. III, S. 683 ff):

„The facts brought to the knowledge of the Court disclose so much uncertainty and contradiction, so much fluctuation and discrepancy in the exercise of diplomatic asylum … that it is not possible to discern in all this any constant and uniform usage, accepted as law …"

bb) **Allgemeinheit** der Übung bedeutet, dass alle in ihren Interessen betroffenen Völkerrechtssubjekte sich einheitlich verhalten. Dies würde bei universellem Gewohnheitsrecht alle existierenden Völkerrechtssubjekte umfassen. Dabei geht man davon aus, dass nicht alle sich aktiv an der Übung beteiligt haben müssen, sondern dass es genügt, wenn die Nichtbeteiligten zustimmen oder sogar nur nicht widersprechen. Wenn sie dann allerdings in die Situation kommen, wo sich die Frage nach der Anwendung des Gewohnheitsrechts stellt, müssen sie sich einheitlich verhalten. Im streng dogmatischen Sinn muss man eigentlich den Begriff „allgemein" beziehen auf alle Völkerrechtssubjekte, die von der Gewohnheitsrechtsnorm gebunden werden sollen. Es wäre daher in jedem Einzelfall zu untersuchen, ob gerade die beteiligten Völkerrechtssubjekte sich an der Übung aktiv beteiligt bzw zugestimmt oder nicht widersprochen haben. Dabei werden sich Beteiligung und Zustimmung leichter nachweisen lassen als mangelnder Widerspruch, der ja letztlich aus dem Schweigen des Völkerrechtssubjekts abgeleitet werden muss. Die völkerrechtliche Judikatur und ein Teil der Lehre tendieren daher auch dazu, weniger auf die am Einzelfall beteiligten Völkerrechtssubjekte abzustellen, als vielmehr darauf, ob die Übung *überwiegend* praktiziert wird (so auch das BVerfG: zB BVerfGE 23, S. 288 ff, 316 f: „überwiegende Mehrheit der Staaten."; s. Rn 474). **247**

Anerkannt ist hingegen allgemein, dass ein Völkerrechtssubjekt, das sich von Anfang an einer Übung beharrlich widersetzt hat (sog. **persistent objector**), etwa durch Proteste oder eine erklärt anders geartete Übung, nicht durch diese ansonsten allgemein geübte Norm des Gewohnheitsrechts gebunden sein kann (so auch das von „beharrliche(r) Rechtsverwahrung von Anfang an" sprechende BVerfG, BVerfGE 46, S. 342 ff, 389; s. Rn 475). **248**

Beispiel: Im britisch-norwegischen Fischereistreit ging es um die Ausdehnung des norwegischen Küstenmeers und um die Art und Weise dessen Grenzziehung. Durch die von Norwegen praktizierte Grenzziehung nach der sog. Methode der markanten Punkte (vgl Art. 4 des Genfer Übereinkommens über das Küstenmeer und die Anschlusszone vom 29. April 1958, *Schweitzer/Rudolf*, S. 326 ff; jetzt auch Art. 7 des Seerechtsübereinkommens der Vereinten Nationen vom 10. Dezember 1982, Sartorius II, Nr 350) wurden ausländische und insbesondere britische Fischer von wichtigen Fischgründen ausgeschlossen. Großbritannien rief den IGH an und bestritt die Rechtmäßigkeit dieser Grenzziehung. Der IGH entschied gegen Großbritannien mit der Begründung, die seit langer Zeit von Norwegen und anderen Staaten geübte Grenzziehung sei auf keinerlei ernsthafte Proteste irgendwelcher Staaten, auch nicht Großbritanniens, gestoßen. Auf das britische Vorbringen, bei dieser Art der Grenzziehung existiere eine allgemeine, auch für Norwegen verbindliche Übung dahingehend, dass die gefundene Basislinie eine Länge von zehn Seemeilen nicht überschreiten dürfe, erwiderte der IGH (ICJ-Reports 1951, S. 115 ff, 131; vgl dazu *Gündling*, in: Encyclopedia, Bd. II, S. 381 ff):

„In these circumstances the Court deems it neccessary to point out that although the ten-mile rule has been adopted by certain States both in their national law and in their treaties and conventions, and although certain arbitral decisions have applied it as between these States, other States have adopted a different limit. Consequently, the ten-mile rule has not acquired the authority of a general rule of international law.

In any event the ten-mile rule would appear to be inapplicable as against Norway inasmuch as she has always opposed any attempt to apply it to the Norwegian coast."

249 cc) Die **Dauer** der Übung wird zwar allgemein als notwendige Voraussetzung für die Entstehung von Gewohnheitsrecht anerkannt, über eine genaue Festlegung der Dauer ist man sich aber uneinig. Der IGH forderte ursprünglich eine „sufficiently long practice" (so im britisch-norwegischen Fischereistreit, ICJ-Reports 1951, S. 115 ff, 139). Später hat er dieses Erfordernis relativiert, indem er eine kurze Zeit gelten lässt, wenn die Übung „extensive and virtually uniform" ist (so in den „Nordsee-Kontinentalschelf-Fällen", ICJ-Reports 1969, S. 3 ff, 43; vgl dazu *Jaenicke*, in: Encyclopedia, Bd. III, S. 657 ff). Die hL geht auch davon aus, dass sich Gewohnheitsrecht sehr schnell bilden kann, wenn die Übung entsprechend intensiv ist.

Beispiel: Die Einführung einer dem bisherigen Vertrags- und Gewohnheitsrecht widersprechenden „ausschließlichen Wirtschaftszone" in der Ausdehnung von 200 sm, in der dem Küstenstaat souveräne Rechte auf wirtschaftliche Betätigung zustehen, ist in knapp 10 Jahren vor sich gegangen. Spätestens ab 1982 (= Unterzeichnung des Seerechtsübereinkommens der Vereinten Nationen [Sartorius II, Nr 350], das diese „ausschließliche Wirtschaftszone" in den Artikeln 55-75 garantiert) wird das Recht der Küstenstaaten auf diese Zone als geltendes Gewohnheitsrecht angesehen.

b) Rechtsüberzeugung

250 Neben der Übung fordert die hL auch noch das **subjektive Element** der Rechtsüberzeugung für die Entstehung von Gewohnheitsrecht. Hinsichtlich des genauen Gehalts der Rechtsüberzeugung bestehen allerdings fundamentale Meinungsunterschiede.

251 Nach der traditionellen Lehre bedeutet die Rechtsüberzeugung, dass das die Übung setzende Völkerrechtssubjekt davon überzeugt ist, zu diesem Verhalten rechtlich verpflichtet zu sein (so auch das BVerfG, BVerfGE 15, S. 25 ff, 35; 16, S. 27 ff, 34; 46, S. 342 ff, 367). Die Rechtsüberzeugung ist danach also ein Produkt der **Rechtserkenntnis**. Die Schwierigkeit dieser Theorie liegt darin, dass die ersten Übungshandlungen, die zur Entstehung von Gewohnheitsrecht führen, dann entweder auf einer irrtümlichen Rechtsüberzeugung beruhen oder ohne Rechtsüberzeugung gesetzt werden. Noch gravierender ist der Einwand, dass die ersten Übungshandlungen, die zur Änderung bestehenden Gewohnheitsrechts führen, entweder auf einer irrtümlichen Rechtsüberzeugung beruhen oder gar einen Rechtsbruch darstellen. Denn das Völkerrechtssubjekt, das diese Übung setzt, weiß, wenn es nicht irrtümlich handelt, ganz genau, dass es bestehendes Gewohnheitsrecht verletzt.

Man versucht, diesem Dilemma zu entkommen, indem man von der *opinio iuris sive necessitatis* spricht, sodass die Rechtsüberzeugung nicht nur die Überzeugung hinsichtlich eines rechtlich gebotenen, sondern auch eines politisch notwendigen Verhaltens sein kann. Teilen andere Staaten diese Einschätzung einer politischen

Notwendigkeit, werden sie sich gleichmäßig verhalten und allmählich wird die opinio necessitatis zu einer opinio iuris. Man spricht in diesem Zusammenhang auch von „stabilisierten Verhaltenserwartungen", die zur Bildung von Völkergewohnheitsrecht führen.

In diesem Bereich nähert sich die hL der zweiten wichtigen Theorie zur Rechtsüberzeugung. Danach ist die Rechtsüberzeugung die Überzeugung, dass eine bestimmte Übung rechtens sein soll. Sie ist also ein Akt der **Rechtsschöpfung**. Teilen andere Staaten diese Überzeugung, setzen auch sie entsprechende Übungshandlungen. Es kommt zu einer Willensübereinstimmung und damit zur Schaffung einer Norm. Das Ganze läuft auf die Theorie hinaus, die das Gewohnheitsrecht als stillschweigenden Vertrag (*pactum tacitum*) betrachtet. **252**

Die **Rechtsprechung des IGH** hat bisher wenig zur Lösung dieses Theorienstreits beigetragen, da sie dazu keine Stellung genommen hat. Man versucht neuerdings in der Lehre, das Problem pragmatischer zu behandeln. Man spricht daher ua von einer Überzeugung, eine im Werden befindliche Norm zu beobachten, man ordnet je nach Lage des Falles die opinio iuris einmal der Rechtserkenntnis und dann der Rechtsschöpfung zu und weist vor allem darauf hin, dass das Gewohnheitsrecht dynamisch sei, dass man sein genaues In-Kraft-Treten gar nicht exakt feststellen könne und dass es daher nur darauf ankomme, festzustellen, welchen Inhalt eine Norm des Gewohnheitsrechts zu einem bestimmten Zeitpunkt gerade habe. **253**

3. Regelung im GG und in den Länderverfassungen

Weder das GG noch die Länderverfassungen verwenden den Begriff des Völkergewohnheitsrechts. Hingegen besteht Einigkeit darüber, dass die Art. 25 GG (s. Rn 471 f), Art. 84 der Verfassung von Bayern, Art. 122 der Verfassung von Bremen und Art. 67 der Verfassung von Hessen sich zumindest auch (wenn nicht ausschließlich) auf Völkergewohnheitsrecht beziehen. **254**

Allerdings regeln diese Bestimmungen lediglich die Transformation von Gewohnheitsrecht (s. Rn 471 ff) und setzen im Übrigen Begriff und Einzelheiten des Gewohnheitsrechts voraus.

GG und Länderverfassungen können daher in Bezug auf Gewohnheitsrecht nur insofern herangezogen werden, als sie die **Organe** bestimmen, die zuständig sind für die Setzung von Übungshandlungen und für die Äußerung der Rechtsüberzeugung. **255**

Hinsichtlich der **Übung** sind dies nach der hL alle staatlichen Organe (s. Rn 243), also Bundes- und Landesorgane der Gesetzgebung, der Rechtsprechung und der Vollziehung (vgl auch BVerfGE 15, S. 25 ff, 35; 16, S. 27 ff, 34 ff; 46, S. 342 ff, 367 f = Beispiel in Rn 257a). Wer auch immer vom GG oder den Länderverfassungen zu hoheitlichem Handeln, zur Ausübung von Staatsgewalt ermächtigt wird, kann völkerrechtlich relevante Übungshandlungen setzen. Da der Bundesstaat – völkerrechtlich gesehen – nach außen hin als Einheitsstaat auftritt (s. Rn 114), sind auch die von den Landesorganen gesetzten Übungshandlungen dem Bund zuzurechnen. **256**

257 Hinsichtlich der **Rechtsüberzeugung** ist die Frage schwieriger zu beantworten. Äußerungen der Rechtsüberzeugung können sich üblicherweise finden in Erklärungen der für die auswärtigen Beziehungen zuständigen Organe, in Beschlüssen und Gesetzen der Parlamente und in Urteilen der Höchstgerichte. In diesen Erklärungen, Beschlüssen und Urteilen kann sich die Rechtsüberzeugung manifestieren, zumindest wenn man von der Ansicht ausgeht, wonach die Rechtsüberzeugung ein Produkt der Rechtserkenntnis ist.

257a Dies trifft zwar grundsätzlich auch für das Handeln aller anderen staatlichen Organe zu, die völkerrechtliche Relevanz ihres Handelns und daher ihre Rechtsüberzeugung wird aber teilweise mit dem Argument bestritten, dass sie ja nur interne staatliche Vorgänge und nicht zwischenstaatliche Beziehungen gestalten wollen. Die ihr Handeln begleitende Rechtsüberzeugung wird in aller Regel nicht darin bestehen, zu diesem Handeln *völkerrechtlich*, sondern vielmehr *innerstaatlich* verpflichtet zu sein. Verwaltungsbehörden und Gerichte müssen bestehende Gesetze anwenden. Dabei kommt es auf ihre völkerrechtliche Rechtsüberzeugung gar nicht an. Die Rechtsüberzeugung des Staates manifestiert sich vielmehr in diesen Gesetzen. Daher wird in vielen Fällen beim Handeln staatlicher Organe gar nicht ihre eigene Auffassung zum Völkergewohnheitsrecht zum Ausdruck kommen. Insgesamt gesehen wird man zwar auch bei der Rechtsüberzeugung grundsätzlich auf das Handeln aller staatlichen Organe abstellen können, muss aber im Einzelfall sehr genau prüfen, ob tatsächlich eine völkerrechtliche Rechtsüberzeugung nachweisbar ist. Insofern spielt auch hier die Ermächtigung des GG und der Länderverfassungen zur Ausübung von Staatsgewalt eine Rolle.

Beispiel: Für den gesamten Komplex der Überprüfung der Rechtsüberzeugung bietet der Beschluss des BVerfG vom 13. Dezember 1977 ein anschauliches Beispiel, der im Verfahren nach Art. 100 Abs. 2 GG (s. Rn 771) ergangen ist. Es handelte sich dabei um die Frage, ob Völkergewohnheitsrecht bestehe, das die Zwangsvollstreckung aus einem Urteil verbietet, das gegen einen ausländischen Staat in Bezug auf seine nicht-hoheitliche Tätigkeit erlassen wurde. Konkret ging es um die Zwangsvollstreckung in ein Bankkonto dieses Staates, das im Inland besteht und zur Deckung der offiziellen Ausgaben und Kosten einer Botschaft bestimmt ist.

Das BVerfG führte zunächst allgemein zur Frage der für die Entstehung von Gewohnheitsrecht relevanten Staatsorgane aus (BVerfGE 46, S. 342 ff, 367):
„Bei der Ermittlung von Normen des Völkergewohnheitsrechts ist in erster Linie auf das völkerrechtlich erhebliche Verhalten derjenigen Staatsorgane abzustellen, die kraft Völkerrechts oder kraft innerstaatlichen Rechts dazu berufen sind, den Staat im völkerrechtlichen Verkehr zu repräsentieren. Daneben kann sich eine solche Praxis aber auch in den Akten anderer Staatsorgane, wie des Gesetzgebers oder der Gerichte bekunden, zumindest soweit ihr Verhalten unmittelbar völkerrechtlich erheblich ist, etwa zur Erfüllung einer völkerrechtlichen Verpflichtung oder zur Ausfüllung eines völkerrechtlichen Gestaltungsspielraums dienen kann."

Im Weiteren untersuchte das BVerfG die Praxis einzelner Staaten, um eine Aussage über das Gewohnheitsrecht machen zu können. Im Falle der USA konnte das BVerfG auf den Foreign Sovereign Immunities Act of 1976 abstellen, worin zwar grundsätzlich eine Immunität fremder Staaten im Erkenntnis- und im Vollstreckungsverfahren, aber auch eine Reihe von Ausnahmen festgelegt wurden. Daraus schließt das BVerfG (aaO, S. 378 f):

„Die Regelungen des Gesetzes bekunden damit die Hinwendung der Vereinigten Staaten von Amerika zur Lehre von der beschränkten Immunität fremder Staaten im Erkenntnis- wie im Vollstreckungsverfahren, und zwar gerade auch bei *in personam*-Verfahren, in denen der fremde Staat unmittelbar als Partei eines Erkenntnis- oder als Schuldner eines Vollstreckungsverfahrens in Anspruch genommen wird. Mag es für die frühere Rechtsprechung der Gerichte der Vereinigten Staaten nicht unzweifelhaft sein, inwieweit sie als Ausdruck auch *völkerrechtlicher* Gebundenheit und nicht lediglich als *comitas gentium* zu werten ist …, bei den Regelungen, die nunmehr der Foreign Sovereign Immunities Act of 1976 getroffen hat, spricht alles dafür, daß sie bewußt im Hinblick auch auf die Mindestverpflichtungen erlassen wurden, die das allgemeine Völkerrecht auferlegt, mag die Ausgestaltung des Gesetzes mitunter auch darüber hinausgehen und den fremden Staat günstiger stellen als nach allgemeinem Völkerrecht geboten. Darauf deutet einmal, daß es nach dem Inkrafttreten des Gesetzes fortan allein Sache der Gerichte ist, über Immunitätsfragen nach rechtlichen Maßstäben zu befinden. Es wird weiter belegt durch die Stellungnahmen des State Department, des Justizministeriums und der Kongreßausschüsse in den Vorarbeiten zu dem Gesetz. Darin heißt es, es sei das zentrale Anliegen des Gesetzes, daß Entscheidungen über die Inanspruchnahme von Immunität durch fremde Staaten am besten von den Gerichten auf der Grundlage einer gesetzlichen Regelung getroffen werden sollten, die Maßstäbe inkorporiere, die nach internationalem Recht anerkannt seien …"

Im Ergebnis hat das BVerfG festgestellt, dass es keine Norm des Völkergewohnheitsrechts gebe, wonach eine Zwangsvollstreckung gegen einen fremden Staat in dessen im Gerichtsstaat belegene Vermögensgegenstände schlechthin verboten wäre. Eine solche Norm bestehe nur hinsichtlich von Vermögen, das hoheitlichen Zwecken diene. Bei einer erlaubten Zwangsvollstreckung gegen einen fremden Staat aber dürfe nicht auf Gegenstände zugegriffen werden, die seiner diplomatischen Vertretung zur Wahrnehmung ihrer amtlichen Funktionen dienen. Das Völkergewohnheitsrecht bestimme nämlich, dass Forderungen aus einem laufenden allgemeinen Bankkonto der Botschaft eines fremden Staates, das im Gerichtsstaat bestehe und zur Deckung der Ausgaben und Kosten der Botschaft bestimmt sei, nicht der Zwangsvollstreckung unterliege.

Literatur: *Bleckmann*, Zur Feststellung und Auslegung von Völkergewohnheitsrecht, in: ZaöRVR 1977, S. 504 ff; *Ferdinand*, Die Rechtsprechung der Gerichte der Bundesrepublik Deutschland zum Völkergewohnheitsrecht, Frankfurt a.M. 1985; *Geiger*, Zur Lehre von Völkergewohnheitsrecht in der Rechtsprechung des Bundesverfassungsgerichts, in: AöR 103 (1978), S. 382 ff; *Ipsen*, Völkerrecht, S. 181-198; *Schweitzer/Weber*, Handbuch, Rn 242-280; *Seidl-Hohenveldern*, Gewohnheitsrecht, völkerrechtliches, in: Lexikon, S. 147 ff; *Simma*, Das Reziprozitätselement in der Entstehung des Völkergewohnheitsrechts, München 1970; *Steinberger*, Allgemeine Regeln des Völkerrechts, in: *Isensee/Kirchhof*, Bd. VII, S. 525 ff; *Zemanek*, Die Bedeutung der Kodifizierung des Völkerrechts für seine Anwendung, in: Internationale Festschrift für A. *Verdross* zum 80. Geburtstag, München 1971, S. 565 ff.

III. Allgemeine Rechtsgrundsätze

Als dritte Rechtsquelle des Völkerrechts nennt Art. 38 Abs. 1 Buchstabe c StIGH **258** **„die von den Kulturvölkern anerkannten allgemeinen Rechtsgrundsätze".** Zwar sind anerkanntermaßen alle Rechtsquellen des Völkerrechts gleichrangig und es gelten daher die Sätze „lex posterior derogat legi priori" und „lex specialis derogat legi generali", in der Praxis kommen aber die allgemeinen Rechtsgrundsätze meist nur subsidiär zur Anwendung, da sie in aller Regel leges generales sind. Erst dort, wo weder im Vertrags- noch im Gewohnheitsrecht Regelungen bestehen, wo also im Völkerrecht Lücken existieren, bekommen sie originäre Bedeutung, indem sie diese Lücken ausfüllen können.

259   Die Formulierung des Art. 38 Abs. 1 Buchstabe c StIGH, die auf die „**Kulturvölker**" abstellt, gilt heute nach einhelliger Meinung als überholt. Man subsumiert darunter alle Staaten.

1. Begriff

260   Einigkeit besteht darüber, dass die allgemeinen Rechtsgrundsätze die **von den nationalen Rechtsordnungen übereinstimmend anerkannten Grundsätze** sind. Dabei handelt es sich um Grundsätze und nicht um detaillierte Regelungen. Es sind Grundsätze, die übereinstimmend in den Rechtsordnungen der Staaten vorhanden sind. Man kann sie daher nur im Rahmen der Rechtsvergleichung erkennen. Sie können sowohl dem Privatrecht als auch dem öffentlichen Recht angehören, müssen aber auf die internationalen Beziehungen übertragbar sein, weil sie ansonsten keinen Anwendungsbereich haben. Auf Grund des Koordinationscharakters des Völkerrechts (s. Rn 9) sind meist Grundsätze des (ebenfalls koordinationsrechtlichen) Privatrechts besser übertragbar als solche des öffentlichen Rechts.

Beispiele: Als allgemeine Rechtsgrundsätze werden allgemein bezeichnet die Regeln über Verjährung von Forderungen, Treu und Glauben, Verbot des Rechtsmissbrauchs, estoppel (= Verbot des venire contra factum proprium), ungerechtfertigte Bereicherung, Schadensersatz, Achtung wohlerworbener Rechte, Irrtum, Grundsätze des gerichtlichen Verfahrens etc.

261   Diese übereinstimmenden Grundsätze werden als Ausdruck **gemeinsamer Rechtsanschauungen** eingestuft, und ihnen wird daher ein Rechtswert zugesprochen, der notwendiger Bestandteil auch des Völkerrechts sei. Erkennt man im Völkerrecht eine Lücke, so greift man auf die Grundsätze zurück, mit denen die Staaten diese Fragen innerstaatlich lösen.

262   In der **Praxis** werden die allgemeinen Rechtsgrundsätze entgegen dem theoretischen Konzept allerdings nicht auf Grund umfassender Rechtsvergleichung formuliert. Eine solche wäre wahrscheinlich auch kaum zu bewältigen. Meist beschränkt man sich auf die Analyse der wichtigsten Rechtskreise.

Beispiel: Im „Russischen Entschädigungsfall" hatte der Ständige Schiedshof zu entscheiden, ob die Türkei an Russland Verzugszinsen für zu spät gezahlte Entschädigungen aufgrund des Friedensvertrages von Konstantinopel 1879 zu zahlen hätte. Dafür sah weder der Friedensvertrag noch das Völkergewohnheitsrecht eine Regelung vor. Der Ständige Schiedshof bejahte die grundsätzliche Verpflichtung zu Verzugszinsen, wobei er ausführte (*Neuhold/ Hummer/Schreuer*, Österreichisches Handbuch des Völkerrechts, Bd. 2, 3. Aufl., Wien 1997, S. 82 f; vgl dazu *Seidl-Hohenveldern*, in: Encyclopedia, Bd. IV, S. 268 f):

„Um festzustellen, worin die spezielle Verpflichtung des Schuldnerstaates besteht, welcher eine fällige und einforderbare Summe schuldet, ist es, wie in den zitierten Schiedssprüchen, angebracht, durch Analogie die allgemeinen öffentlichrechtlichen und privatrechtlichen

Grundsätze in diesem Bereiche zu untersuchen, und zwar sowohl vom Standpunkt des Ausmaßes dieser Verpflichtung als auch dem der entgegenstehenden Ausnahmen.

Das Privatrecht der Staaten, welche das Europäische Konzert darstellen, ebenso wie früher das Römische Recht, anerkennen die Verpflichtung zumindest für Verzugszinsen aus dem Titel des Schadensersatzes, wenn es sich um die Nichterfüllung einer vertraglich fixierten, fälligen und einforderbaren Zahlungsverpflichtung handelt, und zwar zumindest vom Zeitpunkte der Einforderung. – Manche Rechtsordnungen gehen weiter und betrachten den Schuldner bereits vom Tage der Fälligkeit als im Verzuge oder sehen sogar vollen Schadensersatz statt Verzugszinsen vor.“

Manchmal haben sich **internationale Gerichte** sogar schon auf die bloße, durch nichts substantiierte Behauptung der Existenz eines allgemeinen Rechtsgrundsatzes beschränkt. **263**

Beispiel: Im „Chorzów-Fall“ ging es vor dem Ständigen Internationalen Gerichtshof um die Frage des Schadensersatzes wegen Vertragsverletzung. Dazu führte der Gerichtshof aus (PCIJ, Series A, Nr 17, S. 29; vgl dazu *Seidl-Hohenveldern*, in: *Strupp/Schlochauer*, Wörterbuch, Bd. 1, S. 284 ff):

„As regards the first point, the Court observes that it is a principle of international law, and even a general conception of law, that any breach of an engagement involves an obligation to make reparation. In Judgment No. 8, when deciding on the jurisdiction derived by it from Article 23 of the Geneva Convention, the Court has already said that reparation is the indispensable complement of a failure to apply a convention, and there is no necessity for this to be stated in the convention itself.“

In der **Lehre** wird teilweise der Begriff der allgemeinen Rechtsgrundsätze noch weiter gefasst. Danach handelt es sich auch um Grundsätze, die aus der Struktur der Völkerrechtsordnung oder der Völkergemeinschaft abgeleitet werden können. Man gewinnt sie durch Abstraktion aus dem bestehenden Vertrags- und Gewohnheitsrecht. Man bezeichnet sie zu Unterscheidungszwecken meist als „allgemeine Grundsätze des Völkerrechts“. **264**

Beispiele: Dazu zählt man die sog. Grundrechte der Staaten (wie zB Gleichheit und Unabhängigkeit), den Grundsatz „pacta sunt servanda“, die Grundsätze der Vertragsauslegung und Rechtserzeugung etc.

Da sie aber von der Geltungsgrundlage her gesehen dem Vertrags- und Gewohnheitsrecht zuzurechnen sind, wird man sie diesen Quellen und nicht den allgemeinen Rechtsgrundsätzen zuzuordnen haben.

2. Regelung im GG und in den Länderverfassungen

Weder das GG noch die Länderverfassungen verwenden den Begriff der allgemeinen Rechtsgrundsätze. Hingegen ist umstritten, ob sich die Art. 25 GG („allgemeine Regeln des Völkerrechts“), Art. 84 der Verfassung von Bayern und Art. 122 der Verfassung von Bremen („allgemein anerkannte Grundsätze des Völkerrechts“) auf die allgemeinen Rechtsgrundsätze beziehen. Geht man mit der herrschenden Lehre davon aus, dass die allgemeinen Rechtsgrundsätze die von den nationalen Rechtsordnungen übereinstimmend anerkannten Grundsätze sind, wird man dies eher verneinen. Denn die genannten Artikel regeln die Transformation bestimmter Rechts- **265** sätze (s. Rn 471 ff). Ein allgemeiner Rechtsgrundsatz kann aber nur dann bestehen, wenn er auch Bestandteil der Rechtsordnung der Bundesrepublik ist. Als solcher bedarf er aber keiner Transformation. Diese wäre sinnlos. Geht man aber von der Mindermeinung hinsichtlich des Begriffs der allgemeinen Rechtsgrundsätze aus, wonach diese Strukturgrundsätze der Völkerrechtsordnung seien, die aus Vertrags- und Gewohnheitsrecht abgeleitet werden, bedarf es wieder keiner eigenständigen Transformation, da sie mit dem Vertrags- und Gewohnheitsrecht gemeinsam ohnehin schon transformiert werden können (s. Rn 264).

266 Etwas anderes gilt für Art. 67 Satz 1 der Verfassung von Hessen. Danach sind die Regeln des Völkerrechts bindender Bestandteil des Landesrechts. Diese Formulierung umfasst zunächst sicher auch die allgemeinen Rechtsgrundsätze. Dennoch ist Art. 67 Satz 1 auf sie nicht anwendbar. Denn wiederum bedarf es keiner Transformation eines bereits in der innerstaatlichen Rechtsordnung vorhandenen oder über Vertrags- oder Gewohnheitsrecht transformierbaren Rechtsgrundsatzes.

267 Der in Art. 123 Abs. 2 GG verwendete Begriff „allgemeine Rechtsgrundsätze" ist weiter gemeint und umfasst alle Rechtsquellen des Völkerrechts (s. Rn 592).

Literatur: *Geck*, Das Bundesverfassungsgericht und die allgemeinen Regeln des Völkerrechts, in: *Starck* (Hrsg.), Bundesverfassungsgericht und Grundgesetz, Bd. II, Tübingen 1976, S. 125 ff; *Papadimitriu*, Die Stellung der allgemeinen Regeln des Völkerrechts im innerstaatlichen Recht, Berlin 1972; *Ress*, Rechtsgrundsätze, allgemeine, in: Lexikon, S. 322 ff; *Silagi*, Die allgemeinen Regeln des Völkerrechts als Bezugsgegenstand in Art. 25 GG und Art. 26 EMRK, in: EuGRZ 1980, S. 632 ff; *Steinberger*, Allgemeine Regeln des Völkerrechts, in: *Isensee/Kirchhof*, Bd. VII, S. 525 ff; *Verosta*, Die allgemeinen Rechtsgrundsätze in der Staatenpraxis, in: ÖJZ 1950, S. 101 ff; *Weiss*, Allgemeine Rechtsgrundsätze des Völkerrechts, in: ArchVR 2001, S. 394 ff.

IV. Beschlüsse internationaler Organisationen

1. Begriff

268 Beschlüsse internationaler Organisationen als Quellen des Völkerrechts werden in Art. 38 Abs. 1 StIGH nicht genannt. Dies ist zunächst historisch dadurch erklärbar, dass es sich bei den internationalen Organisationen um eine Entwicklung der jüngsten Zeit handelt, die bei der Formulierung des Art. 38 StIGH noch keine Rolle gespielt hat. Man hat aus diesem Grund versucht, sie einer der in Art. 38 Abs. 1 StIGH genannten Quellen zuzuordnen, insbesondere hat man sie als neue Form des Vertragsrechts, als **abgeleitetes Vertragsrecht**, bezeichnet. Dem kann insofern zugestimmt werden, als solche Beschlüsse immer auf dem Gründungsvertrag einer internationalen Organisation basieren. Genauso wie für den Gründungsvertrag gilt auch für die darin vorgesehenen Beschlüsse der Grundsatz „pacta sunt servanda". Wenn daher ein Mitgliedstaat einen verbindlichen Beschluss nicht befolgt, verletzt er den Gründungsvertrag.

Besonders klargestellt wird dies in der SVN. Diese sieht verbindliche Beschlüsse des Sicherheitsrates über Maßnahmen zur Wahrung des Weltfriedens und der internationalen Sicherheit vor. Der Sicherheitsrat legt auch fest, welche Mitglieder der Vereinten Nationen diese Maßnahmen zu treffen haben. In diesem Zusammenhang bestimmt Art. 48 Abs. 2 SVN (Sartorius II, Nr 1):

„Diese Beschlüsse werden von den Mitgliedern der Vereinten Nationen unmittelbar sowie durch Maßnahmen in den geeigneten internationalen Einrichtungen durchgeführt, deren Mitglieder sie sind."

Und Art. 25 SVN formuliert diese Pflicht noch einmal ganz allgemein:

„Die Mitglieder der Vereinten Nationen kommen überein, die Beschlüsse des Sicherheitsrats im Einklang mit dieser Charta anzunehmen und durchzuführen."

Eine Nichtbefolgung eines diesbezüglichen Beschlusses des Sicherheitsrates wäre also eine Verletzung des Art. 48 Abs. 2 und des Art. 25 der SVN.

Es mehren sich in der Lehre die Stimmen, Beschlüsse internationaler Organisationen als neue, **eigenständige Rechtsquelle** des Völkerrechts zu bezeichnen. Echten Rechtsquellencharakter können diese Beschlüsse allerdings nur dann haben, wenn sie verbindlich sind. Unverbindliche Beschlüsse in Form von Empfehlungen, Deklarationen etc (sog. *soft law*) haben keine normative Funktion und können daher nicht als Rechtsquelle eingestuft werden. Ihre Bedeutung liegt vielmehr im politischen Bereich, wobei sie allerdings erhebliche moralische Autorität entfalten können. **269**

Beispiele:
– Allgemeine Erklärung der Menschenrechte der Generalversammlung der Vereinten Nationen vom 10. Dezember 1948 (Sartorius II, Nr 19).
– Erklärung der Generalversammlung der Vereinten Nationen über völkerrechtliche Grundsätze für freundschaftliche Beziehungen und Zusammenarbeit zwischen den Staaten im Sinne der Charta der Vereinten Nationen vom 24. Oktober 1970 (sog. „Friendly Relations Declaration", Sartorius II, Nr 4).

Ebenfalls auszuscheiden sind die Beschlüsse, die zwar verbindlich sind, aber nur für den Innenbereich der Organisation erlassen werden und sich in der Regel auf interne Organisationsfragen oder dienstrechtliche Belange beziehen (= internes Staatengemeinschaftsrecht, s. Rn 14). **270**

Manche verbindlichen Beschlüsse internationaler Organisationen weisen noch die Besonderheit auf, dass sie gegen den Willen von Mitgliedstaaten erlassen werden können. Dies wird entweder durch Mehrheitsbeschlüsse (zB im Rat der EG) erreicht oder durch die Besetzung der Beschlussorgane dergestalt, dass nicht alle (zB im Sicherheitsrat der UNO) oder gar keine Mitgliedstaaten (zB in der Kommission der Europäischen Gemeinschaften) darin vertreten sind. Bisweilen werden solche Organisationen und ihre Beschlüsse als **supranational** bezeichnet (s. Rn 691). **271**

2. Regelung im GG und in den Länderverfassungen

GG und Länderverfassungen enthalten mit einer Ausnahme (s. Rn 283) keine ausdrückliche Regelung über Beschlüsse internationaler Organisationen. Es kommen allerdings die Bestimmungen in Betracht, die Aussagen über den **Beitritt zu internationalen Organisationen** enthalten (s. Rn 696 ff). **272**

273   Stuft man die **Europäischen Gemeinschaften** als internationale Organisationen ein (umstritten, s. dazu *Schweitzer/Hummer*, Europarecht, Rn 85 bis 87), so ist auch noch auf Art. 23 Abs. 3 Satz 1 GG hinzuweisen, der auf Rechtsetzungsakte der Europäischen Union abstellt. Da diese aber allgemein nicht als internationale Organisation eingestuft wird (s. Rn 19), kann im hier behandelten Zusammenhang nur die Erste Säule der Europäischen Union in Betracht kommen (s. Rn 17).

274   Der **Beitritt der Bundesrepublik** hängt davon ab, um welche Art von internationalen Organisationen es sich handelt, und welche Wirkungen ihre Beschlüsse haben. Der Beitritt kann sich vollziehen in Form eines Vertragsabschlusses über die Gründung einer internationalen Organisation. Damit werden auch die Bestimmungen des Gründungsvertrages über die Beschlussfassung, deren Verbindlichkeit und die Befolgungsverpflichtungen akzeptiert. In diesen Fällen gelten daher die Bestimmungen des GG über den Abschluss von Verträgen. In vielen Fällen wird ein Beitritt zu einer internationalen Organisation die politischen Beziehungen des Bundes regeln und daher gemäß Art. 59 Abs. 2 Satz 1 Alternative 1 GG ein Vertragsgesetz bedingen.

   Beispiel: Gesetz über den Beitritt der Bundesrepublik Deutschland zum Europarat vom 8. Juli 1950 (BGBl. 1950, S. 263 ff).

275   Davon abgesehen wird in einer Reihe von Fällen der Gründungsvertrag einer internationalen Organisation sich auf Gegenstände der Bundesgesetzgebung beziehen und daher ein Vertragsgesetz nach Art. 59 Abs. 2 Satz 1 Alternative 2 GG notwendig machen.

   Beispiel: Gesetz … über die Errichtung einer Europäischen Organisation für kernphysikalische Forschung (CERN) vom 25. Juni 1969 (BGBl. 1969 II, S. 1197 ff).

275a Der Beitritt kann sich uU auch in Form von Verwaltungsabkommen vollziehen.

   Beispiel: Übereinkommen über die Internationale Hydrographische Organisation vom 3. Mai 1967 (BGBl. 1969 II, S. 418 ff).

276   In den Fällen, in denen mit dem Beitritt auch **Hoheitsrechte** auf die internationalen Organisationen **übertragen** werden, kommen zudem Art. 23 GG und Art. 24 GG zur Anwendung. Dabei regelt Art. 23 Abs. 1 Satz 2 GG die Übertragung von Hoheitsrechten auf die Europäische Union, Art. 24 Abs. 1 GG die Übertragung von Hoheitsrechten auf andere internationale Organisationen allgemein, während sich Art. 24 Abs. 2 GG auf internationale Organisationen bezieht, die zur Wahrung des Friedens ein System der kollektiven Sicherheit errichten.

277   Für die Übertragung von Hoheitsrechten gemäß Art. 23 Abs. 1 Satz 2 GG und Art. 24 Abs. 1 GG gelten die oben dargestellten Bedingungen (s. Rn 54 ff). Danach bedarf es eines Gesetzes, das insofern eine Doppelfunktion hat, als es sowohl als Gesetz für die Übertragung von Hoheitsrechten gemäß Art. 23 Abs. 1 Satz 2 GG oder Art. 24 Abs. 1 GG als auch als Vertragsgesetz gemäß Art. 59 Abs. 2 Satz 1 GG einzustufen ist.

278   Demgegenüber spricht Art. 24 Abs. 2 GG nur von der **„Beschränkung" von Hoheitsrechten**, wenn der Bund sich zur Wahrung des Friedens einem System der ge-

genseitigen kollektiven Sicherheit einordnet. Man sieht den wesentlichen Unterschied zu Abs. 1 darin, dass eine Organisation gemäß Abs. 2 die Hoheitsrechte nicht eigenständig handhaben kann und einer rechtlichen und tatsächlichen Kündigungsmöglichkeit unterliegen muss.

Des Weiteren enthält Art. 24 Abs. 2 GG keine Aussage über die Form der Beschränkung der Hoheitsrechte; insbesondere wird **kein Gesetz** gefordert. Daher sieht man in Art. 24 Abs. 2 GG nur eine Ergänzung und Klarstellung zu Art. 32 GG und Art. 59 GG. Wenn gemäß Art. 32 Abs. 1 GG die Pflege der Beziehungen zu auswärtigen Staaten als Sache des Bundes erklärt wird, gehört es auch zur Kompetenz des Bundes, einem System der kollektiven Sicherheit beizutreten. Dies ist gemäß Art. 24 Abs. 2 GG nur dann erlaubt, wenn es zur Wahrung des Friedens dient. Diese Friedenspflicht ist allerdings wiederum nur eine Klarstellung, da sie umfassend in Art. 26 GG angelegt ist. Die Form des Beitritts bestimmt sich dabei nach Art. 59 Abs. 2 GG. Da ein solcher Beitritt in jedem Fall die politischen Beziehungen des Bundes regelt, ist immer ein Vertragsgesetz notwendig. **279**

Unter einem **System der gegenseitigen kollektiven Sicherheit** versteht man ein System, in dem sich die Mitgliedstaaten zur friedlichen Beilegung ihrer Streitigkeiten sowie zu gegenseitigem Nichtangriff und damit zur gegenseitigen Sicherheit verpflichten, wobei der Friedenszustand notfalls durch Einsatz von Streitkräften wiederhergestellt wird (zB UNO, vgl BVerfGE 90, S. 286 ff, 349). Umstritten war, ob auch solche Systeme umfasst werden, die die gegenseitige Unterstützung im Falle eines Angriffs auf einen Mitgliedstaat vorsehen. **280**

Beispiel: Nordatlantikvertrag vom 4. April 1949 (Sartorius II, Nr 65):
„Art. 1:
Die Parteien verpflichten sich, in Übereinstimmung mit der Satzung der Vereinten Nationen jeden internationalen Streitfall, an dem sie beteiligt sind, auf friedlichem Wege so zu regeln, daß der internationale Friede, die Sicherheit und die Gerechtigkeit nicht gefährdet werden, und sich in ihren internationalen Beziehungen jeder Gewaltandrohung oder Gewaltanwendung zu enthalten, die mit den Zielen der Vereinten Nationen nicht vereinbar ist.
Art. 5 Abs. 1:
Die Parteien vereinbaren, daß ein bewaffneter Angriff gegen eine oder mehrere von ihnen in Europa oder Nordamerika als ein Angriff gegen sie alle angesehen werden wird; sie vereinbaren daher, daß im Falle eines solchen bewaffneten Angriffs jede von ihnen in Ausübung des in Artikel 51 der Satzung der Vereinten Nationen anerkannten Rechts der individuellen oder kollektiven Selbstverteidigung der Partei oder den Parteien, die angegriffen werden, Beistand leistet, indem jede von ihnen unverzüglich für sich und im Zusammenwirken mit den anderen Parteien die Maßnahmen, einschließlich der Anwendung von Waffengewalt, trifft, die sie für erforderlich erachtet, um die Sicherheit des nordatlantischen Gebiets wiederherzustellen und zu erhalten …“

Das **BVerfG** hatte die NATO zunächst als zwischenstaatliche Einrichtung iSd Art. 24 Abs. 1 GG qualifiziert. Zur Begründung hatte das BVerfG auf eine Art Integrationsdynamik des NATO-Vertrags abgestellt, der für sich gesehen noch keine ausdrückliche Übertragung von Hoheitsrechten vorsehe. Im Einzelnen führte das BVerfG dazu aus (BVerfGE 68, S. 1 ff, 68): **281**

„… ist die sachliche Reichweite des Gesetzesvorbehalts in Art. 24 Abs. 1 GG auch mit Blick auf die Art und Weise zu bestimmen, in der Einrichtungen im Sinne dieser Vorschrift auf der zwischenstaatlichen Ebene errichtet werden und funktionieren. Dies geschieht typischerweise im Rahmen eines Integrationsprozesses. In seinem zeitlichen Verlauf sind zahlreiche einzelne Vollzugsakte erforderlich, um den im Gründungsvertrag angestrebten Zustand herbeizuführen. Die Rechtsformen, in denen sich das vollzieht, können vielfältig sein. Auch dort, wo nicht schon der Gründungsvertrag selbst den Ablauf eines Integrationsprozesses nach Inhalt, Form und Zeitpunkt festgelegt hat, bedarf es für die einzelnen Vollzugsschritte nicht von vornherein jeweils eines gesonderten Gesetzes im Sinne des Art. 24 Abs. 1 GG. Es ist dort entbehrlich, wo bereits der Gründungsvertrag, dem durch Gesetz zugestimmt worden ist, diesen künftigen Vollzugsverlauf hinreichend bestimmbar normiert hat."

Das BVerfG hat insbesondere darauf hingewiesen, dass im Zusammenhang mit der Stationierung von Mittelstreckenraketen auf Grund der diesbezüglichen Entscheidungsbefugnisse des Präsidenten der USA über den Einsatz dieser Raketen Hoheitsrechte auf die NATO übertragen werden (aaO, S. 93).

282   In der Literatur wird demgegenüber aber auch vertreten, dass auf die NATO keine Hoheitsrechte übertragen wurden. Es entscheidet nämlich jeder Mitgliedstaat der NATO für sich, ob er den Bündnisfall (Art. 5 NATO-Vertrag) als gegeben ansieht und – wenn er dies tut – auf welche Weise – militärisch oder anders – er seiner Beistandsverpflichtung genügen will. Auch die Zuteilung nationaler Truppen zu integrierten Stäben kann jederzeit rückgängig gemacht werden. Darüber hinaus können die Organe der NATO keine für die Mitgliedstaaten verbindlichen Beschlüsse fassen. Dies alles spricht eher gegen eine Einordnung der NATO in den Bereich des Art. 24 Abs. 1 GG (s. dazu *Ipsen*, JöR 21 [1972], S. 1 ff, 50 f). In seinem „**Blauhelme-Urteil**" vom 12. Juli 1994 (BVerfGE 90, S. 286 ff, 350 f; s. Rn 703) hat das BVerfG die NATO dann auch als „System gegenseitiger kollektiver Sicherheit im Sinne des Art. 24 Abs. 2 GG" eingestuft (ebenso im „**Kosovo-Beschluss**" EuGRZ 1999, S. 355 ff, 356).

283   Vollzieht sich der Beitritt der Bundesrepublik zu einer bereits bestehenden internationalen Organisation durch eine Beitrittserklärung, so stellt diese für die Organisation und deren Mitglieder einen einseitigen Akt dar. Da aber die Folgen eines solchen einseitigen Aktes darin bestehen, dass die Bundesrepublik Mitglied des Gründungsvertrages wird, kommt dies aufseiten der Bundesrepublik einem Vertragsabschluß gleich. Daher gilt auch für dieses Verfahren das bisher Ausgeführte.

284   Das GG nimmt – sieht man von Art. 23 Abs. 3 Satz 1 GG ab (s. Rn 273) – nur in einem Fall, nämlich in **Art. 80a Abs. 3 GG**, ausdrücklich Bezug auf einen Beschluß einer internationalen Organisation. Diese Bestimmung wird als „Bündnisklausel" oder „NATO-Klausel" bezeichnet. Sie enthält keine näheren Aussagen über den Begriff des Beschlusses einer internationalen Organisation, sondern setzt ihn im Rahmen bestehender Bündnisverpflichtungen der Bundesrepublik voraus. Art. 80a Abs. 3 GG dient primär dazu, die Kompetenzfestlegung des Art. 80a Abs. 1 GG zu Gunsten der Bundesregierung zu verschieben, um so die außenpolitische Manövrierfähigkeit der Bundesregierung zu fördern (vgl BT-Drucks. V/2873, S. 12). Der Bundestag wird jedoch nicht gänzlich ausgeschaltet, da er – mit der

Mehrheit seiner Mitglieder – verlangen kann, dass die nach diesem Verfahren angewandten Maßnahmen wieder aufzuheben sind.

Einigkeit besteht darüber, dass die **Länder** keinen internationalen Organisationen beitreten können, wenn damit die Übertragung von Hoheitsrechten verbunden ist. Dazu fehlen positivrechtliche Verfassungsbestimmungen. Allerdings dürfen sie gemäß Art. 24 Abs. 1a GG unter den dort genannten Voraussetzungen Hoheitsrechte auf grenznachbarschaftliche Einrichtungen übertragen (s. Rn 67). Sie dürfen des Weiteren im Rahmen ihrer Vertragsschließungsgewalt (s. Rn 117 ff) sonstigen internationalen Organisationen oder Kommissionen im Rahmen völkerrechtlicher Verträge beitreten.

285

Beispiel: Übereinkommen über den Schutz des Bodensees gegen Verunreinigung vom 27. Oktober 1960 (GBl. für Baden-Württemberg 1962, S. 1 ff):

„Art. 1 Abs. 1:

Die Anliegerstaaten des Bodensees, das Land Baden-Württemberg, der Freistaat Bayern, die Republik Österreich und die Schweizerische Eidgenossenschaft (Kantone St. Gallen und Thurgau), verpflichten sich zur Zusammenarbeit auf dem Gebiet des Gewässerschutzes für den Bodensee.

Art. 3 Abs. 1 und 2:

(1) Der Zusammenarbeit dient die von den Anliegerstaaten gebildete ständige Internationale Gewässerschutzkommission für den Bodensee (nachstehend Kommission genannt).

(2) In der Kommission ist jeder Anliegerstaat durch eine Delegation vertreten, der jeweils eine Stimme zukommt.

Art. 4:

Die Kommission hat folgende Aufgaben:

a) Sie stellt den Zustand des Bodensees und die Ursachen seiner Verunreinigung fest.

b) Sie beobachtet laufend die Wasserbeschaffenheit des Bodensees.

c) Sie berät und empfiehlt den Anliegerstaaten Maßnahmen zur Behebung bestehender Mißstände sowie zur Verhütung künftiger Verunreinigungen.

d) Sie erörtert geplante Maßnahmen eines Anliegerstaates im Sinne des Art. 1 Abs. 3.

e) Sie prüft die Möglichkeit und den etwaigen Inhalt einer Reinhalteordnung für den Bodensee, die gegebenenfalls den Gegenstand eines weiteren Abkommens der Anliegerstaaten bilden soll.

f) Sie behandelt sonstige Fragen, die die Reinhaltung des Bodensees berühren können.“

Literatur: *Doehring*, Systeme kollektiver Sicherheit, in: *Isensee/Kirchhof*, Bd. VII, S. 669 ff; *Golsong/Ermacora*, Das Problem der Rechtsetzung durch internationale Organisationen (insbesondere im Rahmen der UN), Berichte der deutschen Gesellschaft für Völkerrecht, Heft 10, Karlsruhe 1971; *Miehsler*, Zur Autorität von Beschlüssen Internationaler Organisationen, in: *Schreuer* (Hrsg.), Autorität und internationale Ordnung, Berlin 1979, S. 35 ff; *Schreuer*, Die Beschlüsse Internationaler Organisationen, in: *Neuhold/Hummer/Schreuer*, Österreichisches Handbuch des Völkerrechts, Bd. 1, 3. Aufl. Wien 1997, S. 90 ff; *Schweitzer/Weber*, Handbuch, Rn 321-366.

V. Einseitige Rechtsgeschäfte

1. Begriff

286   Das Völkerrecht als Koordinationsrecht (s. Rn 9) entsteht durch Zusammenwirken der Völkerrechtssubjekte. Einseitige Rechtssetzung ist nicht vorgesehen. Dennoch ist es anerkannt, dass in manchen Fällen Völkerrechtssubjekte durch einseitige Akte völkerrechtliche Rechte und Pflichten begründen, ändern oder beenden können. Man spricht dann von den „einseitigen Rechtsgeschäften".

287   Diese sind anerkanntermaßen **keine** eigenständige **Völkerrechtsquelle**. Vielmehr bestimmt das allgemeine Völkerrecht, dass einseitige Rechtsgeschäfte Rechtsfolgen hervorrufen können. Welcher Völkerrechtsquelle diese Bestimmung zuzuordnen ist, ist umstritten. Meist qualifiziert man sie als Bestandteil des Völkergewohnheitsrechts, manchmal als Bestandteil der allgemeinen Rechtsgrundsätze (speziell als Produkt des Prinzips von Treu und Glauben).

288   Grundsätzlich sind alle einseitigen Rechtsgeschäfte **empfangsbedürftig**. In der Praxis werden sie üblicherweise notifiziert, dh förmlich mitgeteilt.

2. Arten einseitiger Rechtsgeschäfte und die Regelung im GG und in den Länderverfassungen

289   Die einzelnen einseitigen Rechtsgeschäfte kann man danach unterscheiden, ob sie abhängig sind von einem anderen einseitigen Rechtsgeschäft oder einem völkerrechtlichen Vertrag (in diesen Fällen spricht man von **abhängigen** einseitigen Rechtsgeschäften) oder ob sie ohne eine solche Abhängigkeit Rechte und Pflichten erzeugen können (in diesen Fällen spricht man von **selbstständigen** einseitigen Rechtsgeschäften).

a) Abhängige einseitige Rechtsgeschäfte

aa) Angebot und Annahme

290   Angebot und Annahme sind einseitige Erklärungen, die auf die Entstehung bestimmter Rechtsfolgen gerichtet sind. Das Produkt von übereinstimmenden Erklärungen ist ein völkerrechtlicher Vertrag, meist ein mündlicher oder formloser.

Beispiel: Angebot zur Aufnahme diplomatischer Beziehungen und Annahme entweder mündlich oder durch Briefwechsel. Das Ergebnis (die Aufnahme diplomatischer Beziehungen) wird in der Regel in einer gemeinsamen Erklärung bekannt gegeben (zB Bundesrepublik Deutschland – Jugoslawien 1968, AdG 1968, S. 13700 C):

„Gemeinsame Erklärung der Wiederaufnahme der diplomatischen Beziehungen zwischen der BR Deutschland und der SFR Jugoslawien: Die Regierung der BR Deutschland und die Regierung der SFR Jugoslawien sind übereingekommen, mit Wirkung vom heutigen Tage diplomatische Beziehungen aufzunehmen. Sie werden sobald wie möglich diplomatische Vertretungen im Range von Botschaften errichten und Botschafter austauschen. Beide Regierungen sind davon überzeugt, daß die Wiederaufnahme diplomatischer Beziehungen dazu beitragen wird, die gegenseitigen Beziehungen zu fördern und zu erweitern. Sie sind ebenso davon überzeugt, daß dieser Beschluß der beiden Regierungen dem Bedürfnis nach verstärkter friedlicher Zusammenarbeit zwischen den europäischen Staaten entspricht und einen positiven Beitrag zu dem Prozeß der Entspannung in Europa darstellt."

Da Angebot und Annahme vertragsbedingende einseitige Rechtsgeschäfte sind, fin- **291** den auf sie die Bestimmungen des GG und der Länderverfassungen über Zuständigkeit und Verfahren beim Vertragsabschluss Anwendung. Dabei handelt es sich immer um die Bestimmungen über **Verwaltungsabkommen** (s. Rn 189 ff), da formlose oder mündliche Verträge nur im einphasigen Verfahren abgeschlossen werden können. Bedingt der Inhalt von Angebot und Annahme die Anwendung von Art. 59 Abs. 2 Satz 1 GG, so bedarf es eines förmlichen Vertragsabschlussverfahrens.

bb) Vorbehalt

Ein Vorbehalt ist eine einseitige Erklärung, die anlässlich der endgültigen Bindung **292** an einen völkerrechtlichen Vertrag abgegeben wird, und durch die ein Völkerrechtssubjekt die Rechtswirkung einzelner Vertragsbestimmungen für sich ausschließen oder ändern will (vgl Art. 2 Abs. 1 Buchstabe d WVRK).

Zu den näheren Einzelheiten und zur Regelung im GG und in den Länderverfassungen s. Rn 200 ff.

cc) Beitritt

Manche völkerrechtliche Verträge, insbesondere Gründungsverträge internationaler **293** Organisationen, sehen vor, dass nach In-Kraft-Treten des Vertrages weitere Völkerrechtssubjekte durch Beitritt Vertragspartner werden können. Bei den Gründungsverträgen internationaler Organisationen wird ein Beitritt in der Regel von der Zustimmung der anderen Mitgliedstaaten bzw der Organe der Organisation abhängig gemacht.

Beispiele: – Nordatlantikvertrag vom 4. April 1949 (Sartorius II, Nr 65):

„Art. 10:
Die Parteien können durch einstimmigen Beschluß jeden anderen europäischen Staat, der in der Lage ist, die Grundsätze dieses Vertrages zu fördern und zur Sicherheit des nordatlantischen Gebiets beizutragen, zum Beitritt einladen. Jeder so eingeladene Staat kann durch Hinterlegung seiner Beitrittsurkunde bei der Regierung der Vereinigten Staaten von Amerika Mitglied dieses Vertrags werden. Die Regierung der Vereinigten Staaten von Amerika unterrichtet jede der Parteien von der Hinterlegung einer solchen Beitrittsurkunde."

– Charta der Vereinten Nationen vom 26. Juli 1945 (Sartorius II, Nr 1):

„Art. 4 (1):
Mitglied der Vereinten Nationen können alle sonstigen friedliebenden Staaten werden, welche die Verpflichtungen aus dieser Charta übernehmen und nach dem Urteil der Organisation fähig und willens sind, diese Verpflichtungen zu erfüllen.

(2) Die Aufnahme eines solchen Staates als Mitglied der Vereinten Nationen erfolgt auf Empfehlung des Sicherheitsrats durch Beschluß der Generalversammlung."

294 Bei den meisten Verträgen, die einen Beitritt vorsehen, insbesondere bei den Kodifikationskonventionen (s. Rn 236), wird der Kreis der potenziellen Beitrittskandidaten im Vertrag selbst umschrieben. Dabei bedient man sich in der Regel der sog. „Wiener Formel", wie zB in Art. 83 WVRK. Da damit nicht alle Staaten umfasst werden, spricht man von **beschränkt offenen Verträgen**.

„Art. 83:
Dieses Übereinkommen steht jedem Staat zum Beitritt offen, der einer der in Artikel 81 bezeichneten Kategorien angehört. Die Beitrittsurkunden werden beim Generalsekretär der Vereinten Nationen hinterlegt.
Art. 81 (sog. „Wiener Formel"; Anm. d. Verf.):
Dieses Übereinkommen liegt für alle Mitgliedstaaten der Vereinten Nationen, einer ihrer Spezialorganisationen oder der Internationalen Atomenergie-Organisation, für Vertragsparteien des Statuts des Internationalen Gerichtshofs und für jeden anderen Staat, den die Generalversammlung der Vereinten Nationen einlädt, Vertragspartei des Übereinkommens zu werden, wie folgt zur Unterzeichnung auf: bis zum 30. November 1969 im Bundesministerium für Auswärtige Angelegenheiten der Republik Österreich und danach bis zum 30. April 1970 am Sitz der Vereinten Nationen in New York."

295 In seltenen Fällen steht der Beitritt ohne Beschränkung allen Staaten offen. Man spricht dabei von **offenen Verträgen**.

Beispiel: Vertrag über die Grundsätze zur Regelung der Tätigkeiten von Staaten bei der Erforschung und Nutzung des Weltraums einschließlich des Mondes und anderer Himmelskörper vom 27. Januar 1967 (Sartorius II, Nr 395):
„Art. 14 Abs. 1:
Dieser Vertrag liegt für alle Staaten zur Unterzeichnung auf. Jeder Staat, der ihn vor seinem Inkrafttreten nach Absatz 3 nicht unterzeichnet hat, kann ihm jederzeit beitreten."

296 Ein Beitritt zu einem völkerrechtlichen Vertrag stellt sich für die Vertragspartner als einseitiger Akt dar. Für die Bundesrepublik und die Länder bedeutet es aber, dass diese Vertragspartner werden; er kommt also einem Vertragsabschluss gleich. Daher gelten für den Beitritt die Regelungen des GG und der Länderverfassungen über den Abschluss von Verträgen (s. Rn 162 ff). Insbesondere wird der Beitritt zu einer internationalen Organisation in vielen Fällen gemäß Art. 59 Abs. 2 Satz 1 Alternative 1 GG ein Vertragsgesetz notwendig machen (vgl Rn 274 f).

dd) Kündigung, Vertragsbeendigung, Suspendierung

297 Die **Kündigung** (oder **Rücktritt**) ist die einseitige Erklärung eines Völkerrechtssubjekts, aus einem bestehenden Vertrag auszuscheiden. Sie ist gemäß Art. 54 und Art. 56 WVRK dann erlaubt, wenn sie im Einvernehmen aller Vertragsparteien vorgenommen wird, im Vertrag ausdrücklich vorgesehen ist oder wenn eine Gesamtinterpretation des Vertrages eine Kündigung nicht ausgeschlossen erscheinen lässt. Dies wird allerdings im Einzelfall nur sehr schwer feststellbar sein. So wird man eine Kündigung trotz fehlender einschlägiger Bestimmungen bei den Verträgen annehmen können, die vom Typ her gesehen üblicherweise Kündigungsklauseln enthalten, wie zB Handelsverträge (vgl auch BVerfGE 6, S. 309 ff, 334). Als Gegenbeispiel wird von der hL die SVN angeführt, die keine Kündigung vorsieht und die wegen Sinn und Zweck der Organisation, insbesondere was die Sicherung des Weltfriedens anbelangt, auch so ausgelegt werden müsse, dass eine Kündigung ausgeschlossen sei.

Beispiel: Vertrag über das Verbot von Kernwaffenversuchen in der Atmosphäre, im Weltraum und unter Wasser vom 5. August 1963 (Sartorius II, Nr 59):
„Art. 4:
Dieser Vertrag hat unbegrenzte Geltungsdauer. Jede Vertragspartei ist in Ausübung ihrer nationalen Souveränität berechtigt, von dem Vertrag zurückzutreten, wenn sie feststellt, daß durch außergewöhnliche, den Gegenstand dieses Vertrags berührende Ereignisse eine Gefährdung der lebenswichtigen Interessen ihres Landes eingetreten ist. Sie zeigt diesen Rücktritt allen anderen Vertragsparteien drei Monate im voraus an."

Die **Beendigung** ist die einseitige Erklärung eines Völkerrechtssubjekts über die Beseitigung der Vertragsbeziehungen. Ihre Abgrenzung zur Kündigung und zum Rücktritt ist des öfteren fließend. Sie ist gemäß Art. 54, Art. 60, Art. 61 Abs. 1 Satz 1 und Art. 62 WVRK dann erlaubt, wenn sie auf Grund ausdrücklicher Vertragsbestimmungen im Einvernehmen aller Vertragsparteien, als Reaktion auf erhebliche Vertragsverletzungen durch die anderen Vertragsparteien, wegen Unmöglichkeit der Vertragserfüllung oder wegen grundlegender Änderung der Umstände erklärt wird. **298**

Beispiel: Am 13. September 1968 beschloss das albanische Parlament als Reaktion auf den Einmarsch von Truppen des Warschauer Pakts in die Tschechoslowakei im August 1968 den Austritt Albaniens aus dem Pakt. Zur Begründung für die Vertragsbeendigung wurde angeführt die „Tatsache, daß der Vertrag im Hinblick auf die Volksrepublik Albanien … von der Regierung der UdSSR und den Regierungen der anderen Mitgliedsländern gröblich und systematisch verletzt worden ist, daß die gesamte Tätigkeit der Regierung der UdSSR und der Regierung der anderen ihr folgenden Mitgliedsländer des Vertrages zum Schaden der grundlegenden Interessen der Völker und in offenem Gegensatz zum gesamten Geist des Vertrages von den auf die Weltherrschaft ausgerichteten imperialistischen Zielen der sowjetisch-amerikanischen Kollaboration ausgeht …" (Text nach *Haefs*, Die Ereignisse in der Tschechoslowakei vom 27.6.1967 bis 18.10.1968, Bonn 1969, S. 233).

Die **Suspendierung** ist die einseitige Erklärung eines Völkerrechtssubjekts, dass ein völkerrechtlicher Vertrag vorübergehend nicht zur Anwendung kommt, ohne dass er außer Kraft tritt. Sie ist ua gemäß Art. 57, Art. 60, Art. 61 Abs. 1 Satz 2 und Art. 62 Abs. 3 WVRK unter den dort näher genannten Bedingungen dann erlaubt, wenn sie auf Grund ausdrücklicher Vertragsbestimmungen im Einvernehmen aller Vertragsparteien, als Reaktion auf erhebliche Vertragsverletzungen durch die anderen Vertragsparteien, wegen vorübergehender Unmöglichkeit der Vertragserfüllung oder wegen grundlegender Änderung der Umstände beim Vertragsabschluss erklärt wird. **299**

Beispiel: Wegen der Krise in Jugoslawien suspendierte die EG mit Wirkung vom 15. November 1991 die sich aus dem Kooperationsabkommen zwischen der EG und Jugoslawien vom 2. April 1980 ergebenden Handelszugeständnisse. In der Begründungserwägung 2 der Präambel der diesbezüglich erlassenen Verordnung der EG Nr 3300/91 vom 11. November 1991 (ABl. 1991, Nr L 315, S. 1 f) hieß es:
„Die Fortsetzung der Feindseligkeiten und ihre Auswirkungen auf die wirtschaftlichen und handelspolitischen Beziehungen sowohl der einzelnen Republiken Jugoslawiens untereinan-

der als auch mit der Gemeinschaft stellen eine grundlegende Veränderung der Verhältnisse dar, unter denen das Kooperationsabkommen ... und seine Protokolle geschlossen wurden; sie stellen die Anwendung des Abkommens und der Protokolle in Frage."

Zur Regelung im GG und in den Länderverfassungen s. Rn 229 ff.

ee) Unterwerfungserklärung

300 Mit der Unterwerfungserklärung ordnet sich ein Völkerrechtssubjekt der Zuständigkeit oder Jurisdiktion eines internationalen Organs, in aller Regel im Rahmen einer internationalen Organisation, unter. Damit werden die zukünftigen Beschlüsse oder Urteile dieser Organe anerkannt und ihre Befolgung zugesagt.

Beispiel: Österreichische Unterwerfungserklärung gemäß Art. 36 StIGH (BGBl. 1974 II, S. 1417 f):

„Hiermit erkläre ich, daß die Republik Österreich die Zuständigkeit des Internationalen Gerichtshofs von Rechts wegen und ohne besondere Übereinkunft gegenüber jedem anderen Staat, der dieselbe Verpflichtung übernimmt oder übernommen hat, für alle in Artikel 36 Abs. 2 des Statuts des Internationalen Gerichtshofs bezeichneten Rechtsstreitigkeiten als obligatorisch anerkennt.

Diese Erklärung gilt nicht für eine Streitigkeit, bezüglich derer die Streitparteien zwecks endgültiger und bindender Entscheidung eine andere Art der friedlichen Beilegung vereinbart haben oder vereinbaren.

Diese Erklärung bleibt für einen Zeitabschnitt von fünf Jahren und danach so lange in Kraft, bis sie durch eine schriftliche Erklärung beendet oder geändert wird.

Gegeben zu Wien am 28. April 1971

Franz Jonas
Bundespräsident"

301 **Zuständig** zur Abgabe von Unterwerfungserklärungen sind nach dem GG der Bundespräsident und nach hL und Praxis auch die Bundesregierung oder die Ressortminister, wenn es sich um Erklärungen im Zusammenhang mit Verwaltungsabkommen handelt (s. Rn 189 ff). Eine Mitwirkung der gesetzgebenden Körperschaften ist nicht notwendig. Dies erklärt sich daraus, dass Art. 59 Abs. 2 Satz 1 GG seinem Wortlaut nach nur auf Verträge Anwendung findet und nicht auf einseitige Rechtsgeschäfte. Ähnliche Überlegungen wie bei der Mitwirkung der gesetzgebenden Körperschaften bei Vorbehalten (s. Rn 208 ff) oder nach der Mindermeinung in der Lehre bei der Kündigung (s. Rn 233) kommen hier nicht zum Tragen. Denn eine Unterwerfungserklärung hat keinen Einfluss auf den Inhalt des Vertrages, mit dem das internationale Organ eingesetzt wurde. Da es sich zudem bei diesen Verträgen fast immer um Gründungsverträge internationaler Organisationen handelt, unterlagen diese in vielen Fällen gemäß Art. 59 Abs. 2 Satz 1 Alternative 1 GG einem Vertragsgesetz. Damit ist die Mitwirkungsbefugnis der gesetzgebenden Körperschaften ausreichend gewahrt.

302 Auf der **Länderebene** ist zuständig für die Abgabe von Unterwerfungserklärungen (sofern den Ländern in diesem Bereich überhaupt Kompetenzen zustehen, s. Rn 285) der Ministerpräsident bzw in Berlin der Regierende Bürgermeister, in Bremen, Hamburg und Nordrhein-Westfalen der Senat bzw die Landesregierung sowie die Ressortminister bei Erklärungen im Zusammenhang mit Verwaltungsabkommen. Auch hier kommt es nicht zur Mitwirkung der Landtage und Bürgerschaften bzw des Abgeordnetenhauses.

b) Selbstständige einseitige Rechtsgeschäfte

aa) Anerkennung

Die Anerkennung ist eine einseitige Erklärung eines Völkerrechtssubjekts, dass ein Zustand oder ein Anspruch außer Streit gestellt wird bzw rechtmäßig ist. Die Anerkennung ist ausdrücklich oder stillschweigend möglich, letzteres meist durch konkludente Handlungen. **303**

Beispiel: Anerkennung des Staates Malta durch die Bundesrepublik 1964 (Bulletin 1964, Nr 144, S. 1335):

„Exzellenz, der Präsident der Bundesrepublik Deutschland hat mich ermächtigt, Euerer Exzellenz mitzuteilen, daß die Bundesrepublik Deutschland Malta als unabhängigen und souveränen Staat anerkennt und bereit ist, diplomatische Beziehungen mit Malta aufzunehmen.

Das deutsche Volk begrüßt in diesem Augenblick Malta als neues Mitglied in der Gemeinschaft der freien und unabhängigen Staaten der Welt. Es ist davon überzeugt, daß Malta zur Erhaltung des Friedens und der Freiheit in der Welt und zu den Bemühungen um ein gegenseitiges Verständnis der Völker einen wertvollen Beitrag leisten wird. Es wird das Bestreben der Regierung der Bundesrepublik Deutschland sein, die seit langer Zeit bestehenden Bande der Freundschaft und Sympathie zwischen dem deutschen Volk und dem Volk von Malta weiter zu vertiefen und zu stärken.

Ich bitte Sie, Herr Ministerpräsident, meine, der Bundesregierung und des ganzen deutschen Volkes besten Wünsche für eine glückliche und erfolgreiche Entwicklung Ihres Landes entgegennehmen zu wollen.

Genehmigen Sie den Ausdruck meiner ausgezeichneten Hochachtung.

Ludwig Erhard
Bundeskanzler
der Bundesrepublik Deutschland"

Zuständig für die Anerkennung ist nach dem klaren Wortlaut des Art. 59 Abs. 1 Satz 1 GG nur der **Bundespräsident**. Er kann allenfalls andere Staatsorgane beauftragen, die Anerkennung in seinem Namen auszusprechen (s. die eben zitierte Anerkennung Maltas durch den Bundeskanzler nach Ermächtigung durch den Bundespräsidenten). Auch hier ist aber die Praxis gegenläufig, indem Anerkennungen häufig von der Bundesregierung oder einzelnen ihrer Mitglieder ausgesprochen werden. **304**

Beispiele: – So hat der damalige Bundeskanzler Adenauer im Jahre 1960 den neuentstandenen Staat Madagaskar anerkannt, ohne sich auf eine Ermächtigung durch den Bundespräsidenten zu berufen (Bulletin 1960, Nr 116, S. 1152).

– Die Anerkennung der Bundesrepublik Jugoslawien 1996 beruhte nach einer ausdrücklichen Erklärung des Außenministers Kinkel nicht auf einer Ermächtigung durch den Bundespräsidenten, sondern auf einem Beschluss der Bundesregierung (ZaöRVR 1998, S. 924).

Die hL behilft sich – wie bei der Vertragsabschlussbefugnis (s. Rn 139) – mit der Annahme einer Delegation oder mit der Auslegung des Art. 59 Abs. 1 GG dahingehend, dass die Sätze 2 und 3 den Inhalt der völkerrechtlichen Vertretungsbefugnis des Satzes 1 umschreiben. So gesehen fiele die Anerkennung gänzlich aus der Kompetenz des Bundespräsidenten heraus.

305 Hinsichtlich der **Länder** scheiden aus ihrem Kompetenzbereich sämtliche Anerkennungen aus, die nicht im Zusammenhang mit einem völkerrechtlichen Vertrag stehen, wie zB die Anerkennung fremder Staaten. Das ergibt sich aus Art. 32 Abs. 3 GG, der auswärtige Kompetenzen der Länder nur im Bereich der Verträge vorsieht. Eine Zuständigkeit der Länder könnte also allenfalls existieren für Anerkennungen, die sich auf den Anspruch aus einem Vertrag beziehen, zB auf eine ganz bestimmte Auslegung eines Vertrages. Da dies eher auf das Institut des Vorbehalts, im speziellen eines Interpretationsvorbehalts hinausläuft, sind diese Fälle nach den für Vorbehalte geltenden Regelungen zu beurteilen (s. Rn 207).

bb) Protest

306 Der Protest ist eine einseitige Erklärung eines Völkerrechtssubjekts, dass ein Zustand oder ein Anspruch bestritten wird bzw unrechtmäßig ist. Der Protest bewirkt, dass die Heilung der Unrechtmäßigkeit nicht eintreten kann, dass insbesondere nicht von einer stillschweigenden Anerkennung gesprochen werden kann. Besondere Bedeutung erlangt der Protest bei der Entstehung von Völkergewohnheitsrecht für den persistent objector (s. Rn 248).

Beispiel: Protest der Vereinigten Staaten gegenüber der UdSSR vom 16. August 1961 (Bulletin 1961, Nr 154, S. 1487):

„Am 13. August haben die ostdeutschen Behörden verschiedene Maßnahmen in Kraft gesetzt, mit denen der Verkehr an der Grenze zwischen den Westsektoren und dem Sowjetsektor Berlins geregelt wird. Diese Maßnahmen hatten eine Begrenzung der Passage vom Sowjetsektor in die Westsektoren der Stadt zur Folge, die an eine völlige Unterbindung heranreicht. Begleitet waren diese Maßnahmen von einer Abschließung der Sektorengrenze durch beträchtliche Einheiten der Polizei und durch militärische Verbände, die zu diesem Zweck nach Berlin gebracht wurden.

Alles dies stellt eine flagrante und besonders ernste Verletzung des Vier-Mächte-Status Berlins dar … Die Regierung der Vereinigten Staaten betrachtet daher die von den ostdeutschen Behörden verfügten Maßnahmen als illegal. Sie wiederholt, dass sie die Behauptung, der Sowjetsektor Berlins bilde einen Teil der so genannten Deutschen Demokratischen Republik und Berlin liege auf deren Territorium, nicht anerkannt …

Die Regierung der Vereinigten Staaten protestiert feierlich gegen die oben genannten Maßnahmen, für die sie die sowjetische Regierung verantwortlich macht. Die Regierung der Vereinigten Staaten erwartet, dass die sowjetische Regierung diesen illegalen Maßnahmen ein Ende setzt. Diese einseitige Verletzung des Vier-Mächte-Status Berlins kann nur die bestehenden Spannungen und Gefahren vergrößern."

307 **Zuständig** für den Protest ist gemäß Art. 59 Abs. 1 Satz 1 GG der **Bundespräsident**. Allerdings gilt auch beim Protest das bei der Anerkennung Ausgeführte über die gegenläufige Praxis und deren Begründung (s. Rn 304).

308 Auch für die **Länder** gilt das bei der Anerkennung Ausgeführte (s. Rn 305). Sie besitzen die Kompetenz für Proteste nur in Bezug auf Fragen, die im Zusammenhang stehen mit von ihnen abgeschlossenen Verträgen. Als zuständige Organe kommen die Ministerpräsidenten, die Regierungen und bei Verwaltungsabkommen auch die Ressortminister in Frage.

cc) Verzicht

Der Verzicht ist die einseitige Erklärung eines Völkerrechtssubjekts, mit der ein **309** Recht oder ein Anspruch aufgegeben wird. Die Folge ist, dass das Recht oder der Anspruch damit untergehen. Der Verzicht ist ausdrücklich oder stillschweigend möglich, letzteres meist durch konkludente Handlungen.

Beispiel: Japanische Kapitulationsurkunde vom 2. September 1945 (JIR 1948, S. 428):

„We, acting by command of and in behalf of the Emperor of Japan, the Japanese Government and the Japanese Imperial General Headquarters, hereby accept the provisions set forth in the declaration issued by the heads of the Governments of the United States, China and Great Britain on 26 July 1945, at Potsdam, and subsequently adhered to by the Union of Soviet Socialist Republics, which four powers are hereafter referred to as the Allied Powers."

In den angesprochenen Teilen der Potsdamer Deklaration vom Juli 1945 wurde die japanische Souveränität auf Honshu, Hokkaido, Kyushu, Shikoku und einige kleinere Inseln beschränkt. Damit verzichtete Japan ua auf Formosa und Korea. Dieser Verzicht wurde im japanischen Friedensvertrag vom 8. September 1951 bestätigt.

Zuständig für den Verzicht ist nach dem Wortlaut des Art. 59 Abs. 1 Satz 1 GG der **310** **Bundespräsident**. Auch beim Verzicht gilt das bei der Anerkennung Ausgeführte über die gegenläufige Praxis und deren Begründung (s. Rn 304). Meinungsverschiedenheiten könnten sich ergeben bei einem Verzicht in Bezug auf ein vertragliches Recht, wenn für den Vertrag ein Vertragsgesetz gemäß Art. 59 Abs. 2 Satz 1 GG notwendig war. Hier gilt das bei der Kündigung von Verträgen Ausgeführte entsprechend (s. Rn 232 f).

Verzichtserklärungen der **Länder** sind nur möglich hinsichtlich von Rechten aus **311** von ihnen abgeschlossenen Verträgen, da ihnen wegen Art. 32 Abs. 3 GG darüber hinaus keine völkerrechtlichen Rechte oder Ansprüche zustehen können. Hinsichtlich des Problems eines Verzichts in Bezug auf ein Recht aus einem Vertrag, zu dem ein Vertragsgesetz notwendig war, gilt ebenfalls das zur Kündigung von Verträgen Ausgeführte entsprechend (s. Rn 234).

dd) Versprechen

Das Versprechen ist die einseitige Erklärung eines Völkerrechtssubjekts, mit dem **312** sich dieses zu einem bestimmten Verhalten verpflichtet.

Beispiel: In den „Kernwaffenversuche-Fällen" ging es um Klagen von Australien und Neuseeland gegen Frankreich wegen dessen Kernwaffenversuchen in der Atmosphäre im Südpazifik. Trotz einer Verfügung des IGH vom 22. Juni 1973, wonach während der Anhängigkeit des Verfahrens keine weiteren Versuche stattfinden dürften, führte Frankreich, das die Zuständigkeit des IGH bestritt, 1973 und 1974 zwei weitere Versuchsserien durch. Danach gab Frankreich mehrere gleich lautende Erklärungen ab, die Australien und Neuseeland auch offiziell zugestellt wurden. Darin hieß es (ICJ-Reports 1974, S. 253 ff, 266):

„La France, au point où en est parvenue l'exécution de son programme de défense en moyens nucléaires, sera en mesure de passer au stade des tirs souterrains aussitôt que la série d'expériences prévues pour cet été sera achevée.

Ainsi, les essais atmosphériques qui seront prochainement effectués seront normalement les derniers de ce type."

Der IGH entschied daraufhin, dass diese rechtsverbindlichen Erklärungen ausreichen würden und dass damit die Klagen gegenstandslos geworden seien (vgl dazu *Berg*, in: Encyclopedia, Bd. III, S. 727 ff).

313 **Zuständig** für Versprechen ist gemäß Art. 59 Abs. 1 Satz 1 GG der **Bundespräsident**. Wiederum gilt das bei der Anerkennung Ausgeführte über die gegenläufige Praxis und deren Begründung (s. Rn 304). Beim Versprechen wird zudem das grundsätzliche Problem besonders deutlich, dass nämlich nach der hL und Praxis einseitige Rechtshandlungen nicht gemäß Art. 59 Abs. 2 Satz 1 GG eines Vertragsgesetzes bedürfen. Auf Grund dieser Auslegung wäre es daher möglich, Versprechen abzugeben, die – inhaltlich gesehen – die politischen Beziehungen des Bundes regeln oder sich auf Gegenstände der Bundesgesetzgebung beziehen, ohne dass es zu einem Mitwirken der gesetzgebenden Körperschaften käme. Es wäre so eine Umgehung von Art. 59 Abs. 2 Satz 1 GG möglich, wenn die Regierung, anstatt einen Vertrag zu schließen, der ein Vertragsgesetz notwendig macht, ein gleich lautendes Versprechen abgäbe. Daher muss man von der Zielrichtung des Art. 59 Abs. 2 Satz 1 GG ausgehend auch in diesen Fällen eine Beteiligung der gesetzgebenden Körperschaften fordern. Es ist deshalb in jedem Einzelfall zu prüfen, ob durch ein Versprechen nicht eigentlich ein konkludenter Vertragsabschluss bewirkt wird. Ist das der Fall, kommt Art. 59 Abs. 2 Satz 1 GG zur Anwendung (BVerfGE 90, S. 286 ff, 359 ff). Es bedarf dann eines förmlichen Vertragsabschlussverfahrens.

314 Versprechen der **Länder** sind nur im Zusammenhang mit Verträgen möglich, zu deren Abschluss sie berechtigt sind. Insbesondere wäre ein Versprechen denkbar, einen bestimmten Vertrag abzuschließen. Nach der klaren Zielrichtung des Art. 32 Abs. 3 GG bedürfte schon ein solches Versprechen der Zustimmung der Bundesregierung. Als zuständige Organe kommen die Ministerpräsidenten, die Regierungen und bei Verwaltungsabkommen auch die Ressortminister in Frage.

ee) Sonstige selbstständige einseitige Rechtsgeschäfte

315 In der völkerrechtlichen Praxis kommen noch weitere selbstständige einseitige Rechtsgeschäfte vor. Dazu gehören die Neutralitätserklärung, die Erklärung über die Breite des Küstenmeeres oder die Errichtung einer Fischerei- oder Wirtschaftszone, die Kapitulationserklärung etc.

Beispiel: Proklamation der Bundesrepublik Deutschland über die Errichtung einer Fischereizone der Bundesrepublik Deutschland in der Nordsee vom 21. Dezember 1976 (BGBl. 1976 II, S. 1999 f):

„In Ausführung der Entschließung des Rates der Europäischen Gemeinschaften vom 3. November 1976 und nach Konsultation mit den anderen Mitgliedstaaten erklärt die Bundesrepublik Deutschland folgendes:

1. Die Bundesrepublik Deutschland errichtet mit Wirkung vom 1. Januar 1977 in der Nordsee vor der seewärtigen Grenze ihres Küstenmeers eine Fischereizone von bis zu 200 Seemeilen, gemessen von der Basislinie, und übt in dieser Zone hoheitliche Rechte zum Zwecke der Erhaltung und Nutzung der Fischbestände aus. Die Abgrenzung der Fischereizone der Bundesrepublik Deutschland gegenüber den Fischereizonen anderer Staaten in der Nordsee bleibt Vereinbarungen mit diesen Staaten vorbehalten.

2. In Übereinstimmung mit der Entschließung des Rates der Europäischen Gemeinschaften vom 3. November 1976 ist die Ausübung der Fischerei in der Fischereizone der Bundesrepublik Deutschland Fischern aus den Mitgliedstaaten der Europäischen Gemeinschaften nach Maßgabe des Gemeinschaftsrechts, Fischern aus Drittländern vom 1. Januar 1977 an nur auf Grund von besonderen Genehmigungen oder Vereinbarungen mit diesen Drittländern gestattet. Für den Fall von Zuwiderhandlungen behält sich die Bundesrepublik Deutschland vor, erforderlichenfalls die geeigneten Maßnahmen zu treffen …"

Hinsichtlich der Zuständigkeitsaufteilung für diese einseitigen Rechtsgeschäfte zwischen Bund und Ländern und hinsichtlich der jeweils zuständigen Organe gelten die im Vorstehenden entwickelten Grundsätze. **316**

Für eines dieser einseitigen Rechtsgeschäfte enthält das GG eine ausdrückliche Regelung. Gemäß Art. 115a GG kann der Bundespräsident unter bestimmten Voraussetzungen völkerrechtliche Erklärungen über das Bestehen des **Verteidigungsfalles** mit Zustimmung des Bundestages abgeben. Das Völkerrecht kennt allerdings solche Erklärungen nicht, völkerrechtlich lässt sich daraus daher nichts ableiten. Aus diesem Grund sieht man darin übereinstimmend die **Kriegserklärung**, dh die Erklärung, dass die Bundesrepublik sich völkerrechtlich gesehen im Kriegszustand befindet. Dies hat zur Folge, dass das völkerrechtliche Kriegsrecht an die Stelle des Friedensvölkerrechts tritt und dass ua Verträge beendet sind oder als suspendiert gelten (s. Rn 229). **317**

Art. 115a Abs. 5 GG stellt alle oben genannten Rechtsfragen bei der Abgabe einseitiger Erklärungen außer Streit. Eine Kriegserklärung kann danach nur der Bund abgeben. Das zuständige Organ ist ausschließlich der **Bundespräsident**, der dazu der Zustimmung des Bundestages bedarf. Da keine Gesetzesform vorgeschrieben ist, handelt es sich um einen einfachen Parlamentsbeschluss.

Art. 115l Abs. 3 GG regelt den **Friedensschluss**. Dabei handelt es sich nicht mehr um ein einseitiges Rechtsgeschäft, sondern um einen Vertrag, der Art. 59 Abs. 2 GG unterliegt. Indem Art. 115l Abs. 3 GG ein Bundesgesetz vorschreibt, wird klargestellt, dass ein solcher Vertrag eines Vertragsgesetzes bedarf. Dies ist aber insofern nur deklaratorisch, als es sich ohnehin immer um einen Vertrag gemäß Art. 59 Abs. 2 Satz 1 Alternative 1 GG handelt. Einigkeit besteht darüber, dass der Bundespräsident nach dem Erlass des Bundesgesetzes über den Friedensschluss im Gegensatz zu sonstigen völkerrechtlichen Verträgen zur Ratifikation verpflichtet ist. **318**

Literatur: s. nach Rn 212 und 235; *Bindschedler*, Die Anerkennung im Völkerrecht, in: ArchVR 9 (1961/62), S. 377 ff; *Fiedler*, Zur Verbindlichkeit einseitiger Versprechen im Völkerrecht, in: JIR 19 (1976), S. 35 ff; *Kokott*, Art. 59 Abs. 2 GG und einseitige völkerrechtliche Akte, in: Festschrift für *K. Doehring* zum 70. Geburtstag, Berlin ua 1989, S. 503 ff; *Leutert*, Einseitige Erklärungen im Völkerrecht, Diss. Bern 1979; *Miehsler/Uibopuu*, Die einseitigen

Rechtsgeschäfte, in: *Neuhold/Hummer/Schreuer*, Österreichisches Handbuch des Völkerrechts, Bd. 1, 3. Aufl., Wien 1997, S. 97-101; *Rieder*, Die Entscheidung über Krieg und Frieden nach deutschem Verfassungsrecht, Berlin 1984, S. 285 ff; *Schweitzer/Weber*, Handbuch, Rn 162-270; *Suy*, Rechtsgeschäfte, einseitige, in: Lexikon, S. 319 ff.

C. Die Quellen des Europarechts

319   **Fall 11:** Gemäß Art. 93/99 aF EGV ist die Harmonisierung der Rechtsvorschriften der Mitgliedstaaten über bestimmte Steuern vorgesehen.

Zu diesem Zweck erließ der Rat 1965 eine Entscheidung (E 1965) und 1967 eine darauf aufbauende Richtlinie (RL 1967), beide an die EG-Mitgliedstaaten gerichtet. Darin wurde bestimmt, dass die Mitgliedstaaten bis spätestens zum 1. Januar 1970 ihre damaligen Umsatzsteuersysteme durch ein gemeinsames Mehrwertsteuersystem zu ersetzen hätten. Dieses neue Mehrwertsteuersystem sollte gemäß der RL 1967 auch an die Stelle solcher spezifischer Steuern treten, die bis dahin statt der Umsatzsteuer, zB auf die Güterbeförderung im Straßenverkehr, erhoben wurden.

Gemäß diesen EG-Vorschriften führte die Bundesrepublik – schneller als andere Mitgliedstaaten, die hiermit zT bis zum Fristablauf warteten – 1968 durch das Umsatzsteuergesetz die Mehrwertsteuer ein. 1969 wurde außerdem ein Gesetz über die Besteuerung des Straßengüterverkehrs erlassen, demzufolge Beförderungen im (Straßen-)Güterfernverkehr zusätzlich mit 1 Pfennig pro t/km besteuert wurden (nach dem damaligen Bundesverkehrsminister „Leberpfennig" genannt).

Spediteur B beförderte 1969 Obstkonserven von Hamburg nach Wien. Beim Grenzübertritt erhob das deutsche Zollamt auf Grund des neuen Straßengüterbesteuerungsgesetzes von B eine entsprechende Steuer. B war der Auffassung, das Gesetz von 1969 verstoße gegen EG-Recht und wollte mit dieser Begründung gegen den Steuerbescheid des Zollamtes gerichtlich vorgehen. Mit Aussicht auf Erfolg? **Lösung: Rn 396**

320   Im Sinne der oben entwickelten Definition des **Europarechts im weiteren Sinn** umfasst dieses das Recht der europäischen internationalen Organisationen (s. Rn 15). Im Hinblick auf diese gilt das oben Ausgeführte über die Gründung von oder den Beitritt zu internationalen Organisationen (s. Rn 273 ff) sowie über deren Beschlüsse (s. Rn 268 ff).

Demgegenüber umfasst das **Europarecht im engeren Sinn** das Recht der Europäischen Union, bestehend aus dem Unionsrecht und dem Europäischen Gemeinschaftsrecht (s. Rn 16 ff). Beide Gebiete wurden im Vertrag von Maastricht zusammengefaßt, der insofern ein gespaltener Vertrag ist. Im Hinblick auf die Zweite und Dritte Säule sowie auf das Dach und den Sockel (s. Rn 16) ist er ein völkerrechtlicher Vertrag. Man kann von primärem Unionsrecht sprechen. Daher gilt das oben Ausgeführte (s. Rn 103 ff). Im Hinblick auf die Erste Säule ist er Europäisches Gemeinschaftsrecht in Form von primärem Gemeinschaftsrecht (s. Rn 322 ff).

320a   Beschlüsse im Rahmen der Zweiten und Dritten Säule sind keine Beschlüsse internationaler Organisationen, sofern man mit der hL der Europäischen Union diese

Qualifikation abspricht (s. Rn 19). Von den Rechtsquellen her gesehen kann man sie daher nur dem völkerrechtlichen Vertragsrecht zuordnen. Sie ergehen als Beschlüsse des (intergouvernemental agierenden) Rates in Form von Grundsätzen und allgemeinen Leitlinien, gemeinsamen Strategien, gemeinsamen Aktionen und gemeinsamen Standpunkten (Art. 13 bis 15 EUV) in der Zweiten Säule bzw in Form von gemeinsamen Standpunkten, Rahmenbeschlüssen, sonstigen Beschlüssen und Durchführungsmaßnahmen zu diesen, Empfehlungen für den Abschluss von völkerrechtlichen Verträgen durch die Mitgliedstaaten sowie Durchführungsmaßnahmen zu diesen (Art. 34 Abs. 2 EUV) in der Dritten Säule. Man kann diese Beschlüsse als sekundäres Unionsrecht bezeichnen. Beschlüsse im Rahmen der Ersten Säule sind Europäisches Gemeinschaftsrecht in Form von sekundärem Gemeinschaftsrecht (s. Rn 334 ff).

Die Quellen des Europäischen Gemeinschaftsrechts werden in primäres und sekundäres Gemeinschaftsrecht eingeteilt. Daneben kennt man ungeschriebenes Gemeinschaftsrecht in Form von allgemeinen Rechtsgrundsätzen und Gewohnheitsrecht, begleitendes Gemeinschaftsrecht sowie völkerrechtliche Verträge der Europäischen Gemeinschaften. Trotz der Tatsache, dass die hL das Europäische Gemeinschaftsrecht nicht als Völkerrecht einstuft (s. Rn 45), ergibt sich eine Reihe von Überschneidungen, die zeigt, dass trotz aller theoretischer Überlegungen die Trennung des Gemeinschaftsrechts vom Völkerrecht in der Praxis nicht immer stattgefunden hat. **321**

I. Primäres Gemeinschaftsrecht

1. Begriff

Unter primärem Gemeinschaftsrecht versteht man die Gründungsverträge der Europäischen Gemeinschaften EG und EAG einschließlich Anlagen, Anhängen und Protokollen sowie deren spätere Ergänzungen und Änderungen. **322**

Beispiele:

– Vertrag zur Gründung der Europäischen Wirtschaftsgemeinschaft vom 25. März 1957 = Römischer Vertrag, EWGV (jetzt EGV), Gemeinsamer Markt (Sartorius II, Nr 150).

– Vertrag zur Gründung der Europäischen Atomgemeinschaft vom 25. März 1957 = Römischer Vertrag, EAGV (Sartorius II, Nr 200).

– Protokoll über die Satzung des Gerichtshofes vom 26. Februar 2001 (Sartorius II, Nr 245).

– Vertrag zur Änderung bestimmter Haushaltsvorschriften der Verträge zur Gründung der Europäischen Gemeinschaften und des Fusionsvertrages vom 22.April 1970 = Haushaltsvertrag (ABl. 1971, Nr L 2, S. 1 ff).

– Einheitliche Europäische Akte vom 17./28. Februar 1986 (ABl. 1987, Nr L 169, S. 1 ff).

– Vertrag über die Europäische Union vom 7. Februar 1992 = Vertrag von Maastricht (Sartorius II, Nr 145).

– Vertrag über den Beitritt (des Königreichs Norwegen), der Republik Österreich, der Republik Finnland und des Königreichs Schweden zur Europäischen Union vom 24. Juni 1994 (ABl. 1994, Nr C 241, S. 9 ff).

– Vertrag von Amsterdam zur Änderung des Vertrags über die Europäische Union, der Verträge zur Gründung der Europäischen Gemeinschaften sowie einiger damit zusammenhängender Rechtsakte vom 2. Oktober 1997 = Vertrag von Amsterdam (ABl. 1998, Nr C 340, S. 1 ff).
– Protokoll über die Festlegung der Sitze der Organe und bestimmter Einrichtungen und Dienststellen sowie des Sitzes von Europol vom 2. Oktober 1997 (Sartorius II, Nr 214).
– Vertrag von Nizza zur Änderung des Vertrags über die Europäische Union, der Verträge zur Gründung der Europäischen Gemeinschaften sowie einiger damit zusammenhängender Rechtsakte vom 26. Februar 2001 = Vertrag von Nizza (Sartorius II, Nr 147).
– Protokoll über die Erweiterung der Europäischen Union vom 26. Februar 2001 (Sartorius II, Nr 151, S. 11a ff).

Das primäre Gemeinschaftsrecht umfasst also sämtliche völkerrechtliche Verträge über die Gründung und Ausgestaltung der Europäischen Gemeinschaften. Daher unterliegt es allen oben genannten völkerrechtlichen Regelungen über das Recht der Verträge.

323   Diese Argumentation widerspricht der hL, die im primären Gemeinschaftsrecht **kein Völkerrecht** sieht (s. Rn 45). Allerdings gibt es gegen diese hL gewichtige Einwände. Denn dass die Gründungsverträge der Europäischen Gemeinschaften ursprünglich völkerrechtliche Verträge waren, lässt sich ja nicht leugnen. Dass sie diesen Charakter später verändert haben, dass sie sich also von ihrem völkerrechtlichen Geltungsgrund gelöst haben sollen, ist – juristisch gesehen – kaum einsichtig. Diese Loslösung vom Geltungsgrund kann allenfalls ein soziologisches Phänomen sein, das eine weit fortgeschrittene Integration und eine Änderung des Rechtsbewußtseins der Integrationspartner voraussetzt. Dies lässt sich aber beim gegenwärtigen Zustand der Europäischen Gemeinschaften nur sehr bedingt behaupten. Nicht ausreichend dürfte sein, dass das Gemeinschaftsrecht einmalige Besonderheiten aufweise. Denn erachtet man das Völkerrecht als halbwegs dynamische Rechtsordnung, so sind atypische Regelungsmaterien eigentlich eine Selbstverständlichkeit. Außerdem sind die Besonderheiten, auf die der EuGH in seiner Rechtsprechung hinweist (s. Rn 47), im Völkerrecht nichts gänzlich Neues. Als Beispiel sei der Deutsche Zollverein von 1834 mit seinen unabhängigen Organen, Mehrheitsbeschlüssen und transformationslos geltenden Zollgesetzen genannt. Schließlich spricht auch ein verfassungsvergleichendes Argument gegen die hL. Während Art. 24 Abs. 1 GG, der für die Übertragung von Hoheitsrechten auf die Europäischen Gemeinschaften galt, und Art. 23 GG, der nunmehr bezüglich der EU gilt, wenig über deren völkerrechtlich oder nichtvölkerrechtlichen Charakter aussagen, ist dies bei den Verfassungen anderer Mitgliedstaaten keineswegs so. So sprechen zB Art. 49a der luxemburgischen und Art. 92 der niederländischen Verfassung von „Institutionen des internationalen Rechts" bzw von „völkerrechtlichen Organisationen", denen Hoheitsrechte übertragen werden können. Es ist daher nur schwer einzusehen, warum völkerrechtliche Verträge, die Hoheitsrechte auf völkerrechtliche Organisationen übertragen, ihre Qualifikation als Völkerrecht verlieren sollen.

324   Anders als typische völkerrechtliche Verträge berechtigt und verpflichtet das primäre Gemeinschaftsrecht nicht nur die Mitgliedstaaten, sondern teilweise auch die natürlichen und juristischen Personen in den Mitgliedstaaten. Es hat nämlich **unmittelbare Geltung** in den Mitgliedstaaten. Es gilt also *für die* und *in den* Mitgliedstaaten. Mit Beitritt zur EU wird das primäre Gemeinschaftsrecht Bestandteil der in jedem Mitgliedstaat geltenden Rechtsordnung. Begründet wird dies damit, dass das primäre Gemeinschaftsrecht Bestandteil einer originären Hoheitsgewalt ist (s. Rn 517 f).

Diese unmittelbare Geltung schafft aber nur dann konkrete Rechte und Pflichten für natürliche und juristische Personen, wenn die betreffende Norm **unmittelbare Anwendbarkeit** besitzt, dh inhaltlich geeignet ist, dem einzelnen Rechte zu verleihen oder Pflichten aufzuerlegen (EuGH seit Rs. 26/62, van Gend & Loos, Slg. 1963, S. 1 ff, 25). „Unmittelbar anwendbar" bedeutet letztlich das gleiche wie „self-executing" (s. Rn 438 und 476), das entsprechende primäre Gemeinschaftsrecht ist daher vollzugsfähig (s. Rn 520). Der EuGH hat zB bezüglich des damaligen Art. 12 EWGV, der bestimmte, dass die Mitgliedstaaten keine neuen Zölle einführen und keine bestehenden erhöhen dürfen, in diesem Zusammenhang ausgeführt (aaO, S. 25): **325**

„Aus alledem ist zu schließen, daß die Gemeinschaft eine neue Rechtsordnung des Völkerrechts darstellt, zu deren Gunsten die Staaten, wenn auch in begrenztem Rahmen, ihre Souveränitätsrechte eingeschränkt haben, eine Rechtsordnung, deren Rechtssubjekte nicht nur die Mitgliedstaaten, sondern auch die Einzelnen sind. Das von der Gesetzgebung der Mitgliedstaaten unabhängige Gemeinschaftsrecht soll daher den Einzelnen, ebenso wie es ihnen Pflichten auferlegt, auch Rechte verleihen. Solche Rechte entstehen nicht nur, wenn der Vertrag dies ausdrücklich vorsieht, sondern auch auf Grund von eindeutigen Verpflichtungen, die der Vertrag den Einzelnen wie auch den Mitgliedstaaten und den Organen der Gemeinschaft auferlegt. … Der Wortlaut von Artikel 12 enthält ein klares und uneingeschränktes Verbot, eine Verpflichtung, nicht zu einem Tun, sondern zu einem Unterlassen. Diese Verpflichtung ist übrigens von keinem Vorbehalt der Staaten eingeschränkt, der ihre Erfüllung von einem internen Rechtssetzungsakt abhängig machen würde. Das Verbot des Artikels 12 eignet sich seinem Wesen nach vorzüglich dazu, unmittelbare Rechtsbeziehungen zwischen den Mitgliedstaaten und den in ihrem Recht unterworfenen Einzelnen zu erzeugen."

Kollidiert unmittelbar anwendbares primäres Gemeinschaftsrecht mit widersprechendem nationalen Recht, setzt es sich auf Grund seines **Vorrangs** durch, das nationale Recht darf daher nicht mehr angewandt werden (s. Rn 45 ff). **326**

Konsequenz der unmittelbaren Geltung und des Vorrangs von primärem Gemeinschaftsrecht ist letztlich die **Haftung der Mitgliedstaaten** gegenüber dem Einzelnen bei Verletzung dieses Rechts, dem folgend aber auch bei Verletzung von sonstigem Gemeinschaftsrecht (s. auch Rn 351 f). Dieser Staatshaftungsanspruch wird vom EuGH unmittelbar aus dem primären Gemeinschaftsrecht abgeleitet. Er stellt ein eigenständiges, von den Rechtsgrundlagen des nationalen Staatshaftungsrechts unabhängiges Rechtsinstitut dar (s. auch BGHZ 134, S. 30 ff; in der Literatur ist dies umstritten). Er ist gegeben, wenn folgende Voraussetzungen vorliegen (EuGH, verb. Rs. C-46/93 und C-48/93, Brasserie du pêcheur/Bundesrepublik Deutschland, Slg. 1996, S. I-1029 ff): **327**

(1) Zurechenbarer Verstoß eines Mitgliedstaates durch Tun oder Unterlassen, wobei es auf Verschulden nicht ankommt (Rn 32, 34 und 79).

(2) Verstoß gegen eine Norm, die bezweckt, dem Einzelnen Rechte zu verleihen (Rn 51).

(3) Hinreichend qualifizierter Verstoß, was von der Klarheit und Genauigkeit der verletzten Norm und vom Umfang des Ermessensspielraums ebenso abhängt, wie von der Frage, ob der Verstoß vorsätzlich begangen wurde, ob ein etwaiger Rechtsirrtum entschuldbar ist oder ob eine einschlägige Rechtsprechung des EuGH vorliegt (Rn 55-57).

(4) Kausalzusammenhang zwischen Verstoß und Schaden (Rn 51).

Während der Staatshaftungsanspruch unmittelbar aus dem primären Gemeinschaftsrecht abgeleitet wird, richten sich Verfahren der Geltendmachung und Rechtsfolgen grundsätzlich nach nationalem Recht, in der Bundesrepublik Deutschland daher nach Art. 34 GG iVm § 839 BGB. Daher richtet sich auch die Bestimmung des exakten Anspruchsgegners nach nationalem Recht (s. EuGH, Rs. C-302/97, *Konle*, Slg. 1999, S. I-3099 ff, Rn 62 ff). In der Bundesrepublik bedeutet das, dass der jeweilige Träger der handelnden Organe haftet. Je nach Zuständigkeit kommt daher eine Haftung des Bundes, der Länder, der Kommunen oder anderer öffentlich-rechtlicher Körperschaften in Frage.

2. Regelung im GG und in den Länderverfassungen

328   Da es sich beim primären Gemeinschaftsrecht um völkerrechtliches Vertragsrecht handelt, kommen alle genannten Regelungen des GG über Verträge zur Anwendung. Insbesondere handelt es sich um Verträge, zu deren Abschluss auf Grund beider Alternativen des Art. 59 Abs. 2 Satz 1 GG Vertragsgesetze notwendig waren. Allerdings ergeben sich folgende Besonderheiten:

329   (1) Der **Beitritt** zu den Europäischen Gemeinschaften bedeutete auch eine Übertragung von Hoheitsrechten iSv Art. 24 Abs. 1 GG. Daher bedurfte es nicht nur eines Gesetzes gemäß Art. 59 Abs. 2 Satz 1 GG, sondern auch eines solchen gemäß Art. 24 Abs. 1 GG (s. Rn 56 und 276).

330   (2) Zukünftige **Übertragungen von Hoheitsrechten** auf die Europäischen Gemeinschaften als Bestandteil der EU sind nur mehr über Art. 23 Abs. 1 GG iVm Art. 59 Abs. 2 Satz 1 GG möglich.

331   (3) Art. 23 Abs. 1 GG ermächtigt nur den **Bund**, nicht aber die Länder zur Übertragung von Hoheitsrechten. Daher kommen die Bestimmungen der Länderverfassungen über den Abschluss von Verträgen auf das primäre Gemeinschaftsrecht nicht zur Anwendung.

332   (4) Nach hL ist Art. 23 Abs. 1 GG dahingehend auszulegen, dass der Bund auch **Hoheitsrechte der Länder** übertragen darf. Insofern spielt die umstrittene Auslegung des Art. 32 GG (s. Rn 126 ff) im Bereich des primären Gemeinschaftsrechts keine Rolle.

333   (5) Art. 23 Abs. 1 und Art. 24 Abs. 1 GG ermächtigen den Bund **nicht schrankenlos** zur Übertragung von Hoheitsrechten. Das Ausmaß der Beschränkung ist allerdings umstritten. Als allgemein anerkanntes Mindestmaß gelten die in Art. 79 Abs. 3 GG genannten Rechtsgüter (s. Rn 58).

Literatur: S. nach Rn 22 und nach Rn 96; *Frowein*, Europäisches Gemeinschaftsrecht und Bundesverfassungsgericht, in: *Starck* (Hrsg.), Bundesverfassungsgericht und Grundgesetz, Bd. 2, Tübingen 1976, S. 187 ff; *Gundel*, Die Bestimmung des richtigen Anspruchsgegners der Staatshaftung für Verstöße gegen Gemeinschaftsrecht, in: DVBl. 2001, S. 95 ff; *Ipsen*, Gemeinschaftsrecht, S. 62-93; *König*, Die Übertragung von Hoheitsrechten im Rahmen des europäischen Integrationsprozesses – Anwendungsbereich und Schranken des Artikels 23 des GG, Kiel 2000; *Meng*, Das Recht der Internationalen Organisationen – eine Entwicklungsstufe des Völkerrechts, Baden-Baden 1979; *Papier*, Staatshaftung bei der Verletzung von Gemeinschaftsrecht, in: *Rengeling* (Hrsg.), Handbuch zum europäischen und deutschen Umweltrecht, Bd. 1, 2. Aufl., Köln ua 2003, S. 1577 ff; *Saenger*, Staatshaftung wegen Verletzung von europäischem Gemeinschaftsrecht, in: JuS 1997, S. 865 ff; *Schweitzer/Hummer*, Europarecht, Rn 967-988.

II. Sekundäres Gemeinschaftsrecht

1. Begriff

Unter sekundärem Gemeinschaftsrecht versteht man das von den Organen der Europäischen Gemeinschaften nach Maßgabe der Gründungsverträge erlassene Recht (= **organgeschaffenes Recht, Folgerecht**). Völkerrechtlich gesehen handelt es sich um Beschlüsse internationaler Organisationen. Dennoch geht die hL, gestützt von der Rechtsprechung des EuGH, davon aus, dass das sekundäre Gemeinschaftsrecht dogmatisch nicht dieser Kategorie zuzuordnen sei, sondern dass es sich vielmehr um eine eigene, vom Völkerrecht unterschiedliche Rechtsordnung handle. Dies ist letztlich nur konsequent, da ja nach der hL schon das primäre Gemeinschaftsrecht nicht mehr dem Völkerrecht zuzuordnen ist (s. Rn 45 und 323). **334**

So hat der EuGH seine diesbezügliche ständige Rechtsprechung eingeleitet mit dem Urteil vom 15. Juli 1964, wo es ua heißt (Rs. 6/64, Costa/ENEL, Slg. 1964, S. 1255 ff, 1270):

„Aus alledem folgt, daß dem vom Vertrag geschaffenen, somit aus einer autonomen Rechtsquelle fließenden Recht wegen dieser seiner Eigenständigkeit keine wie immer gearteten innerstaatlichen Rechtsvorschriften vorgehen können …"

Daraus wurde allgemein die Rechtsansicht des EuGH abgeleitet, das primäre und sekundäre Gemeinschaftsrecht sei weder Völkerrecht noch nationales Recht. Diese Ansicht vertritt auch das BVerfG (zB BVerfGE 37, S. 271 ff, 277 f):

„Der Senat hält – insoweit in Übereinstimmung mit der Rechtsprechung des Europäischen Gerichtshofs – an seiner Rechtsprechung fest, daß das Gemeinschaftsrecht (gemeint ist sekundäres Gemeinschaftsrecht, Anm. d. Verf.) weder Bestandteil der nationalen Rechtsordnung noch Völkerrecht ist, sondern eine eigenständige Rechtsordnung bildet, die aus einer autonomen Rechtsquelle fließt."

2. Das Prinzip der begrenzten Ermächtigung

Das sekundäre Gemeinschaftsrecht wird beherrscht vom Prinzip der begrenzten Ermächtigung. Es besagt, dass die Gründungsverträge der Europäischen Gemein- **335**

schaften **keine generelle Ermächtigung zur Rechtsetzung**, sondern nur Einzeler-
mächtigungen für ganz bestimmte Rechtsakte kennen.

Gemeinschaftsrechtlich ergibt sich das aus Art. 249 Abs. 1 EGV und Art. 161 Abs. 1 EAGV
sowie aus Art. 7 Abs. 1 Unterabs. 2 EGV, die übereinstimmend den Erlass von sekundärem
Gemeinschaftsrecht durch die Organe *„nach Maßgabe dieses Vertrages"* bzw *„nach Maßgabe der ... in diesem Vertrag zugewiesenen Befugnisse"* vorsehen (Organkompetenz). Gemäß Art. 5 Abs. 1 EGV wird die Gemeinschaft *„innerhalb der Grenzen"* der ihr im EGV zugewiesenen Befugnisse und gesetzten Ziele tätig (Verbandskompetenz). Hinzu kommt Art. 5
EUV, der dieses Prinzip bezüglich der Organkompetenz für alle drei Säulen der Europäischen Union festschreibt.

Staatsrechtlich gesehen entspricht dies Art. 23 Abs. 1 GG und Art. 24 Abs. 1 GG, die nur zur
Übertragung einzelner, nicht aller Hoheitsrechte ermächtigen.

336 Die Organe der Europäischen Gemeinschaften können also nur in den Fällen sekundäres Gemeinschaftsrecht erlassen, die das primäre Gemeinschaftsrecht ausdrücklich vorsieht. Sie dürfen daher weder in Bereichen sekundäres Gemeinschaftsrecht
erlassen, die im primären Gemeinschaftsrecht nicht geregelt sind, wie zB auf dem
Gebiet des Staatsangehörigkeitsrechts, noch dürfen sie über die im primären Gemeinschaftsrecht einzeln angeführten Kompetenzen hinausgehen, indem sie zB
anderes als das für den speziellen Fall vorgesehene sekundäre Gemeinschaftsrecht
erlassen. Sie sind also hinsichtlich **Inhalt und Form des sekundären Gemeinschaftsrechts** beschränkt. Man spricht daher vom Prinzip der begrenzten Ermächtigung. Dadurch unterscheiden sich die gemeinschaftlichen von den staatlichen Le-
gislativorganen, die grundsätzlich jede Materie regeln und auch hinsichtlich der
Form (Verfassungsgesetz, Gesetz, Verordnung, Satzung) wählen können.

336a Der EuGH hat dieses Prinzip allerdings teilweise eingeschränkt, indem er – ohne es
ausdrücklich zu erwähnen – auf die **„implied-powers"-Lehre** zurückgegriffen hat.
Danach werden aus geschriebenen Zuständigkeiten der EG weitergehende – unge-
schriebene – Zuständigkeiten zu solchen Maßnahmen abgeleitet, die zur wirksamen
und vollständigen Ausübung der geschriebenen Zuständigkeiten erforderlich sind
(s. zB EuGH, Rs. 165/87, Kommission/Rat, Slg. 1988, S. 5545 ff).

336b Der EuGH hat erst ein einziges Mal der EG die Verbandskompetenz für einen se-
kundären Rechtsakt abgesprochen, indem er auf Klage der Bundesrepublik gemäß
Art. 230 EGV hin die Tabakwerberichtlinie (Richtlinie 98/43 zur Angleichung der
Rechts- und Verwaltungsvorschriften der Mitgliedstaaten über Werbung und Spon-
soring zu Gunsten von Tabakerzeugnissen vom 6. Juli 1998, ABl. 1998, Nr L 213,
S. 9 ff) für nichtig erklärt hat (Rs. 376/98, Deutschland/Europäisches Parlament und
Rat, Slg. 2000, S. I-8419 ff).

3. Arten

337 Die verschiedenen Arten des sekundären Gemeinschaftsrechts werden in Art. 249
EGV und Art. 161 EAGV aufgelistet. Daneben gibt es noch mehrere Vertragsbestimmungen, die den Erlass von sekundärem Gemeinschaftsrecht vorsehen, ohne es

einer bestimmten Form der Kataloge zuzuordnen. Man spricht von ungekennzeichneten Rechtshandlungen. Zusammenfassend lässt sich folgender **Katalog des sekundären Gemeinschaftsrechts** erstellen:

(1) Verordnungen (Art. 249 Abs. 2 EGV, Art. 161 Abs. 2 EAGV).

(2) Richtlinien (Art. 249 Abs. 3 EGV, Art. 161 Abs. 3 EAGV).

(3) Entscheidungen (Art. 249 Abs. 4 EGV, Art. 161 Abs. 4 EAGV).

(4) Empfehlungen und Stellungnahmen (Art. 249 Abs. 5 EGV, Art. 161 Abs. 5 EAGV).

(5) Ungekennzeichnete Rechtsakte (EGV, EAGV passim).

Die Kataloge des EGV und des EAGV sind wortgleich und daher unterschiedslos auszulegen. Da der EGV in der Praxis die überragende Rolle spielt, wird im folgenden nur mehr auf diesen Bezug genommen.

Daneben gibt es noch andere Arten organgeschaffenen Rechts, wie zB Geschäfts- und Verfahrensordnungen oder interorgane Vereinbarungen. Sie haben aber nur interne Wirkung, insbesondere auf die Arbeitsweise der Organe, und sind (ebenso wie das sog. interne Staatengemeinschaftsrecht, s. Rn 14) ohne Bezug zum GG. Sie können daher von den weiteren Behandlungen ausgenommen werden. **338**

a) Verordnungen

Die wichtigste Art des sekundären Gemeinschaftsrechts ist die Verordnung. **339**

Die entscheidenden **Merkmale** der Verordnung werden in Art. 249 Abs. 2 EGV dahingehend umschrieben, dass sie allgemeine Geltung hat, in allen ihren Teilen verbindlich ist und unmittelbar in jedem Mitgliedstaat gilt. **340**

Unter „**allgemeiner Geltung**" versteht man, dass die Verordnung (im Gegensatz zu einer individuellen Geltung) eine unbestimmte Vielzahl von Sachverhalten generell und abstrakt regelt und somit Rechtssatzqualität hat. Sie erfüllt die Bedingungen eines Gesetzes im materiellen Sinn. **341**

Die Gesamtverbindlichkeit der Verordnung (= „in allen ihren Teilen verbindlich") dient der Abgrenzung von den Richtlinien, die nur hinsichtlich ihres Ziels verbindlich sind (s. Rn 344 f). **341a**

Das besondere Merkmal der Verordnung aber ist ihre **unmittelbare Geltung** in den Mitgliedstaaten. Damit wird ausgesagt, dass sie mit In-Kraft-Treten im Staat gilt, ohne dass die Legislativorgane des Staates diese Geltung angeordnet haben. Die Legislativorgane werden in keiner Weise mehr beteiligt. **342**

Beispiel: Dazu hat der EuGH (in der Rs. 94/77, Fratelli Zerbone/Amministrazione delle Finanze dello Stato, Slg. 1978, S. 99 ff) ausgeführt:

„(22/27) Die Gemeinschaftsverordnung ist in allen ihren Teilen verbindlich und gilt unmittelbar in jedem Mitgliedstaat. Wie der Gerichtshof bereits … ausgeführt hat, setzt die unmittelbare Geltung voraus, daß die Verordnung in Kraft tritt und zugunsten oder zu Lasten der Rechtssubjekte Anwendung findet, ohne daß es irgendwelcher Maßnahmen zur Umwandlung in nationales Recht bedarf. Die Mitgliedstaaten dürfen auf Grund der ihnen aus dem

Vertrag obliegenden Verpflichtungen nicht die unmittelbare Geltung vereiteln, die Verordnungen … äußern. Die gewissenhafte Beachtung dieser Pflicht ist eine unerläßliche Voraussetzung für die gleichzeitige und einheitliche Anwendung der Gemeinschaftsverordnungen in der gesamten Gemeinschaft. Folglich dürfen die Mitgliedstaaten keine Handlungen vornehmen, durch die die gemeinschaftliche Natur einer Rechtsvorschrift und die sich daraus ergebenden Wirkungen den einzelnen verborgen würden, noch dürfen sie die Vornahme einer solchen Handlung innerstaatlichen Körperschaften mit Rechtsetzungsmacht gestatten. Wenn auch eine einzelstaatliche Verwaltung im Falle von Auslegungsschwierigkeiten sich veranlaßt sehen kann, Maßnahmen zur Durchführung einer Gemeinschaftsverordnung zu ergreifen und bei dieser Gelegenheit entstandene Zweifel zu beheben, so ist sie dazu doch nur unter Beachtung der Gemeinschaftsbestimmungen berechtigt, ohne daß die einzelstaatlichen Behörden Auslegungsregeln mit bindender Wirkung erlassen könnten."

343   Damit gelten die Verordnungen nicht nur für die Mitgliedstaaten (das entspricht dem herkömmlichen Typus von Beschlüssen internationaler Organisationen), sondern auch in den Mitgliedstaaten. Der einzelne kann sich darauf vor den **Behörden** und **Gerichten** berufen, diese haben die Verordnungen unmittelbar anzuwenden. Kollidieren sie mit nationalem Recht, haben sie Vorrang (s. Rn 46 ff, 68 ff) mit der Folge, dass das nationale Recht nicht mehr angewandt werden darf (Anwendungsvorrang). Behörden und Gerichte haben daher in Bezug auf kollidierendes nationales Recht eine **Verwerfungspflicht**. Verstoßen sie gegen diese Pflicht, so kann das einen Staatshaftungsanspruch auslösen (s. Rn 327).

Beispiel: Gemäß Art. 39 Abs. 2 EGV umfasst die Freizügigkeit der Arbeitnehmer der Mitgliedstaaten, die gemäß Art. 39 Abs. 1 EGV vorgeschrieben ist, die Abschaffung jeder auf der Staatsangehörigkeit beruhenden unterschiedlichen Behandlung in Bezug auf Beschäftigung, Entlohnung und sonstige Arbeitsbedingungen. In Ausführung dieser Bestimmung erging die Verordnung Nr 1612/68 über die Freizügigkeit der Arbeitnehmer innerhalb der Gemeinschaft vom 15. Oktober 1968 (Sartorius II, Nr 180). Darin werden in Art. 3 ua Rechts- und Verwaltungsvorschriften oder Verwaltungspraktiken eines Mitgliedstaats verboten, die zwar formal nichtdiskriminierend konzipiert sind, in Wirklichkeit aber eine Diskriminierung der Angehörigen der anderen Mitgliedstaaten bezwecken oder bewirken. Dazu bestimmt Art. 3 Abs. 1 Unterabs. 2 folgende Ausnahme:

„Diese Bestimmung gilt nicht für Bedingungen, welche die in Anbetracht der Besonderheit der zu vergebenden Stelle erforderlichen Sprachkenntnisse betreffen."

Diese Verordnung gilt unmittelbar. Ein Ausländer kann sich gegenüber den Arbeitsämtern darauf berufen. Sollte ihm die Bewerbung zB um die Stelle eines Autowäschers, die kein sprachliches Ausdrucksvermögen voraussetzt, mit der Begründung seiner mangelnden Sprachkenntnisse verweigert werden, kann er – gestützt auf die Verordnung – die Zulassung seiner Bewerbung verlangen. Im Falle der Ablehnung könnte er – wiederum gestützt auf die Verordnung – dagegen Klage erheben.

343a   Für den **Gesetzgeber** bedeutet die unmittelbare Geltung von Verordnungen, dass er keine widersprechenden Gesetze erlassen darf. Tut er es trotzdem, so kommen diese Gesetze wegen des Vorrangs des Gemeinschaftsrechts nicht zur Anwendung. Der EuGH geht sogar noch weiter, indem er dem nationalen Gesetzgeber sogar den Erlaß von gleich lautendem nationalem Recht untersagt (sog. *Wiederholungsverbot*). Er hat dies wie folgt begründet (Rs. 34/73, Variola/Amministrazione italiana delle Finanze, Slg. 1973, S. 981 ff):

„(9) In der vierten und fünften Frage geht es im wesentlichen darum, ob eine Aufnahme der streitigen Verordnungsvorschriften in die Rechtsordnung der Mitgliedstaaten durch innerstaatliche Rechtsvorschriften, die den Inhalt der gemeinschaftsrechtlichen Vorschriften wiedergeben, erfolgen kann und ob dies bewirkt, daß die betreffende Rechtsmaterie fortan dem innerstaatlichen Recht unterliegt und die Zuständigkeit des Gerichtshofes infolgedesssen ausgeschlossen ist.

(10) Die unmittelbare Geltung setzt voraus, daß die Verordnung in Kraft tritt und zugunsten oder zu Lasten der Rechtssubjekte Anwendung findet, ohne daß es irgendwelcher Maßnahmen zur Umwandlung in nationales Recht bedarf. Die Mitgliedstaaten dürfen auf Grund der ihnen aus dem Vertrag obliegenden Verpflichtungen, die sie mit dessen Ratifizierung eingegangen sind, nicht die unmittelbare Geltung vereiteln, die Verordnungen und sonstige Vorschriften des Gemeinschaftsrechts äußern. Die gewissenhafte Beachtung dieser Pflicht ist eine unerläßliche Voraussetzung für die gleichzeitige und einheitliche Anwendung der Gemeinschaftsverordnungen in der gesamten Gemeinschaft.

(11) Insbesondere dürfen die Mitgliedstaaten keine Maßnahmen ergreifen, die geeignet sind, die Zuständigkeit des Gerichtshofes zur Entscheidung über Fragen der Auslegung des Gemeinschaftsrechts oder der Gültigkeit der von den Organen der Gemeinschaft vorgenommenen Handlungen zu beschneiden. Infolgedessen sind Praktiken unzulässig, durch die die Normadressaten über den Gemeinschaftscharakter einer Rechtsnorm im unklaren gelassen werden. Die Zuständigkeit des Gerichtshofes, namentlich auf Grund von Artikel 177, bleibt ungeschmälert, unbeschadet aller Versuche, Normen des Gemeinschaftsrechts durch nationales Gesetz in innerstaatliches Recht zu transformieren.“

b) Richtlinien

Die Richtlinie ist gemäß Art. 249 Abs. 3 EGV für die Mitgliedstaaten, an die sie gerichtet ist, nur hinsichtlich des zu erreichenden Ziels verbindlich. Hingegen bleibt es den Mitgliedstaaten überlassen, die Form und die Mittel auszuwählen, die sie für die Erreichung des Ziels als geeignet erachten. Sie haben dabei allerdings eine in der jeweiligen Richtlinie festgelegte Frist zu beachten. **344**

Im Gegensatz zur Verordnung ist die Richtlinie nicht in allen ihren Teilen verbindlich, sondern nur hinsichtlich der festgelegten Ziele. Man spricht daher von einer **„gestuften Verbindlichkeit“**. Indem die Richtlinie nur ein zu erreichendes Ziel vorgibt, ist es Sache der Mitgliedstaaten, wie sie dieses Ziel erreichen. Sie können dies durch Gesetz, Verordnung, völkerrechtliche Verträge oder auf jede andere mögliche Weise verwirklichen. **345**

Nach der Rechtsprechung des EuGH haben die Mitgliedstaaten allerdings bei der Wahl der Form und der Mittel diejenigen zu ergreifen, die für die Gewährleistung der praktischen Wirksamkeit der Richtlinien am besten geeignet sind. Sie müssen sie daher so umsetzen, dass sie innerstaatlich verbindlich werden; schlichte Verwaltungspraktiken genügen nicht (Rs. 96/81, Kommission/Niederlande, Slg. 1982, S. 1791 ff, Rn 11 f). Es muss sich also um eine **normative Umsetzung** handeln. Daher hat der EuGH die Umsetzung einer Richtlinie in der Bundesrepublik Deutschland durch eine normenkonkretisierende Verwaltungsvorschrift (TA Luft) nicht für ausreichend erachtet (Rs. 361/88, Kommission/Bundesrepublik Deutschland, Slg. 1991, S. I-2567 ff, Rn 20 f). **346**

In Folge dieser Rechtsprechung wurden vom deutschen Gesetzgeber in zahlreichen Fachgesetzen, so etwa im Wasser-, Immissionsschutz-, Naturschutz- und Abfallrecht pauschale Verordnungsermächtigungen zur Umsetzung von EG-Richtlinien eingeführt. Ihre Verfassungsmäßigkeit im Hinblick auf das Bestimmtheitsgebot in Art. 80 Abs. 1 Satz 2 GG wird teilweise in Frage gestellt (vgl dazu *Weihrauch*, Pauschale Verordnungsermächtigungen zur Umsetzung von EG-Recht, in: NVwZ 2001, S. 265 ff).

346a   Während des Fristenlaufs zur Erreichung des in einer Richtlinie vorgesehenen Ziels können die Mitgliedstaaten ihre bestehenden Vorschriften aufrechterhalten oder neue erlassen, selbst wenn diese dem Ziel widersprechen. Dies gilt allerdings nur insoweit, als damit nicht das Ziel *ernstlich* in Frage gestellt wird. Man spricht in diesem Zusammenhang von einer „**präventiven Sperrwirkung**" einer Richtlinie (s. EuGH, Rs. C-129/96, Inter-Environnement Wallonie/Région wallonne, Slg. 1997, S. I-7411 ff, Rn 45 ff).

347   Auf Grund dieser Konstruktion eignen sich die Richtlinien insbesondere als Instrument der **Rechtsangleichung**. Sie schreiben vor, welche einheitliche rechtliche Lage erreicht werden soll, und die Mitgliedstaaten passen daraufhin ihre Rechts- und Verwaltungsvorschriften in der innerstaatlich vorgesehenen und ausgewählten Form an. Damit wird erreicht, dass die Rechtslage überall gleich ist, die Rechtsgrundlagen und das Verfahren aber jeweils den nationalen Bedürfnissen angepasst sind und daher differieren können.

Beispiel: Die Personenfreizügigkeitsrechte des EGV (Art. 39 ff = Arbeitnehmerfreizügigkeit, Art. 43 ff = Niederlassungsfreiheit, Art. 49 ff = Freiheit des Dienstleistungsverkehrs) wurden durch eine Reihe von Verordnungen und Richtlinien spezifiziert. Von besonderer Bedeutung sind die Richtlinie Nr 68/360 zur Aufhebung der Reise- und Aufenthaltsbeschränkungen für Arbeitnehmer der Mitgliedstaaten und ihre Familienangehörigen innerhalb der Gemeinschaft vom 15. Oktober 1968 (Sartorius II, Nr 180c) und die Richtlinie 73/148 zur Aufhebung der Reise- und Aufenthaltsbeschränkungen für Staatsangehörige der Mitgliedstaaten innerhalb der Gemeinschaft auf dem Gebiet der Niederlassung und des Dienstleistungsverkehrs vom 21. Mai 1973 (Sartorius II, Nr 180a). In der Bundesrepublik galt 1968 das Ausländergesetz für alle Ausländer, gleichgültig, ob sie Angehörige von Mitgliedstaaten der EG waren oder nicht. In Durchführung der Richtlinie 68/360 und zur Behebung einiger Unklarheiten im Verhältnis des Ausländergesetzes zum Gemeinschaftsrecht wurde 1969 das Gesetz über Einreise und Aufenthalt von Staatsangehörigen der Mitgliedstaaten der Europäischen Wirtschaftsgemeinschaft erlassen (Sartorius I, Nr 560). Das alte Ausländergesetz gilt weiter, es gibt seit 1969 zwei Ausländergesetze. Damit war das vorgeschriebene Ziel der Richtlinie 68/360 erreicht. Die Bundesrepublik hat die Form und das Mittel eines eigenständigen Gesetzes für die EG-Ausländer gewählt. Sie hätte aber auch das alte Ausländergesetz novellieren oder auf Grund von Verordnungen Sonderregelungen für EG-Ausländer erlassen können (§ 2 Abs. 3 des Ausländergesetzes in der damaligen Fassung).

348   Lange umstritten war die Frage, ob auch Richtlinien eine **unmittelbare Geltung** in den Mitgliedstaaten besitzen. Dies ist nach dem Wortlaut des Art. 249 Abs. 3 EGV zu verneinen. Danach tritt eine Geltung für den Einzelnen erst dann ein, wenn die Mitgliedstaaten tätig geworden sind, insbesondere durch Gesetze. Nach der hL und

der Rechtsprechung des EuGH kann hingegen eine Richtlinie uU eine subjektive **unmittelbare Wirkung** entfalten. Dies ist dann der Fall, wenn

(1) die in der Richtlinie genannte Frist zur Zielverwirklichung abgelaufen ist, ohne dass der Mitgliedstaat die Richtlinie umgesetzt hat,

(2) die Richtlinie dem Einzelnen gegenüber dem Staat Rechte einräumt und

(3) die Richtlinie so hinreichend genau formuliert ist, dass der Einzelne daraus unmittelbar seine Rechte ableiten kann (unmittelbare Anwendbarkeit, s. Rn 325).

Dies erscheint einleuchtend: Die Richtlinie gibt ein Ziel vor; wenn der Mitgliedstaat dieses Ziel nicht verwirklicht, wirkt die Richtlinie unmittelbar, dh eben ohne Zutun des Mitgliedstaates. So kann kein Mitgliedstaat den Eintritt der mit der Richtlinie beabsichtigten Rechtswirkungen durch Nichtumsetzung hinauszögern oder vereiteln. Die unmittelbare Wirkung von Richtlinien ist daher gewissermaßen eine **Sanktion** gegenüber dem Mitgliedstaat. **348a**

Beispiel: Gemäß § 4 Nr 8 Buchstabe a des Umsatzsteuergesetzes von 1980 waren ab 1. Januar 1980 Umsätze aus Kreditvermittlung steuerbefreit.

Gemäß Art. 13 Teil B Buchstabe d Nr 1 der „Sechsten Richtlinie 77/388 der EWG zur Harmonisierung der Rechtsvorschriften der Mitgliedstaaten über die Umsatzsteuern – Gemeinsames Mehrwertsteuersystem: einheitliche steuerpflichtige Bemessungsgrundlage" vom 17. Mai 1977 war dieselbe Steuerbefreiung vorgesehen. Die Richtlinie musste bis 1. Januar 1979 innerstaatlich umgesetzt werden.

Eine Kreditvermittlerin beantragte bei einem deutschen Finanzamt eine Steuerbefreiung ihrer im Jahre 1979 erzielten Umsätze. Der Antrag wurde abgelehnt mit der Begründung, eine solche Befreiung komme erst ab 1. Januar 1980 in Frage. Nach erfolglosem Widerspruchsverfahren erhob die Kreditvermittlerin Klage beim zuständigen Finanzgericht.

Dieses setzte das Verfahren aus und ersuchte den EuGH gemäß Art. 177 (jetzt Art. 234) EGV um eine Vorabentscheidung über die Frage, ob die genannte Richtlinie bereits für 1979 unmittelbar wirkendes Recht in der Bundesrepublik gewesen sei.

Der EuGH bejahte die Frage, indem er ua ausführte (Rs. 8/81, Becker/Finanzamt Münster-Innenstadt, Slg. 1982, S. 53 ff):

„(22) Mit der den Richtlinien durch Artikel 189 zuerkannten verbindlichen Wirkung wäre es folglich unvereinbar, grundsätzlich auszuschließen, daß sich betroffene Personen auf die durch die Richtlinie auferlegte Verpflichtung berufen können.

(23) Insbesondere in den Fällen, in denen etwa die Gemeinschaftsbehörden die Mitgliedstaaten durch Richtlinie zu einem bestimmten Verhalten verpflichten, würde die praktische Wirksamkeit einer solchen Maßnahme abgeschwächt, wenn die einzelnen sich vor Gericht hierauf nicht berufen und die staatlichen Gerichte sie nicht als Bestandteil des Gemeinschaftsrechts berücksichtigen könnten.

(24) Daher kann ein Mitgliedstaat, der die in der Richtlinie vorgeschriebenen Durchführungsmaßnahmen nicht fristgemäß erlassen hat, den einzelnen nicht entgegenhalten, daß er die aus dieser Richtlinie erwachsenen Verpflichtungen nicht erfüllt hat.

(25) Demnach können sich die einzelnen in Ermangelung von fristgemäß erlassenen Durchführungsmaßnahmen auf Bestimmungen einer Richtlinie, die inhaltlich als unbedingt und hinreichend genau erscheinen, gegenüber allen innerstaatlichen, nicht richtlinienkonformen Vorschriften berufen; einzelne können sich auf diese Bestimmungen auch berufen, soweit diese Rechte festlegen, die dem Staat gegenüber geltend gemacht werden können."

349 Gegen diese Rechtsprechung des EuGH gab es zum Teil Widerstand aus der nationalen Rechtsprechung, insbesondere vonseiten des deutschen Bundesfinanzhofes.

Beispiel: In einem gleich gelagerten Fall beantragte eine Kreditvermittlerin zugleich mit der Klage die Aussetzung der Vollziehung des Umsatzsteuerbescheides für 1979. Das Finanzgericht gab dem Antrag statt. Dem Änderungsantrag des Finanzamts wurde nicht abgeholfen. Dieses legte daraufhin Beschwerde beim BFH ein. Der BFH hob den Beschluß des Finanzgerichts über die Aussetzung der Vollziehung auf (Beschluss vom 16. Juli 1981). Zur Begründung führte er an, dass das 1979 geltende Umsatzsteuergesetz eine solche Befreiung nicht vorsah. Hinsichtlich der Richtlinie entschied der BFH (EuR 1981, S. 442 ff, 443):

„Die der EG im Bereich der Umsatzsteuer übertragenen Rechte ergeben sich aus Art. 99, 100 EWGV. Das Instrumentarium der Rechtsetzung ergibt sich aus Art. 189 EWGV. Dieser unterscheidet zwischen Verordnungen (Art. 189 Abs. 2 EWGV) und Richtlinien (Art. 189 Abs. 3 EWGV). Eine Verordnung hat allgemeine Geltung. Sie ist in allen ihren Teilen verbindlich und gilt unmittelbar in jedem Mitgliedstaat. Die Richtlinie dagegen ist für jeden Mitgliedstaat, an den sie gerichtet wird, hinsichtlich des zu erreichenden Ziels verbindlich, überläßt jedoch den innerstaatlichen Stellen die Wahl der Form und der Mittel.

Daraus folgt außerhalb jeden ernstlichen Zweifels, daß eine Richtlinie für die Vertragsstaaten verbindlich ist, ebenso aber auch, daß sie in den Vertragsstaaten kein unmittelbar geltendes Recht erzeugen kann. Die Antragstellerin kann sich daher für die Inanspruchnahme ihrer im Jahre 1979 aus Kreditvermittlungsgeschäften erzielten Umsätze nicht auf Art. 13 Abschn. B Buchst. d der 6. USt-Richtlinie berufen, auch wenn die Bundesrepublik Deutschland entgegen ihren Verpflichtungen als Mitgliedstaat die Anpassung ihrer innerstaatlichen Rechtsvorschriften entgegen der Richtlinie nicht zum 1. Januar 1979 vorgenommen hat. Denn insoweit ist die alleinige Gesetzgebungskompetenz der Vertragsstaaten unberührt geblieben."

Bemerkenswerterweise haben einige Instanzgerichte diese Rechtsprechung des BFH nicht akzeptiert. So hat das Finanzgericht Hamburg in seinem Vorlagebeschluss an den EuGH gemäß Art. 177 (jetzt Art. 234) EGV vom 4. September 1981 nicht nur die Meinung des BFH als unbegründet bezeichnet, sondern ihm auch eine Verletzung des Art. 177 (jetzt Art. 234) EGV vorgeworfen (RIW 1981, S. 692 ff). Das Niedersächsische Finanzgericht hat hinsichtlich des Urteils des BFH ausgeführt (Urteil vom 3. März 1983, RIW 1983, S. 523 f): „Dieser Entscheidung ... folgt der Senat nicht." Diese Art der Behandlung höchstrichterlicher Rechtsprechung durch Instanzgerichte war sicher ungewöhnlich, in der Sache aber wohl gerechtfertigt.

Der BFH hat daraufhin seine Meinung mit Urteil vom 25. April 1985 bekräftigt (EuR 1985, S. 191 ff, 196):

„Richtlinien dienen einer zweistufigen Rechtsetzung. Auf der ersten Stufe werden der Inhalt des zu harmonisierenden Rechts und die Frist zur Umsetzung durch die Mitgliedstaaten festgelegt. Auf der zweiten Stufe haben die Mitgliedstaaten die an sie gerichteten Richtlinien binnen der ihnen gesetzten Frist in staatliches Recht umzusetzen. Richtlinien können nur an Mitgliedstaaten ergehen und sind für den Staat, an den sie gerichtet werden, hinsichtlich des zu erreichenden Ziels verbindlich, überlassen jedoch den innerstaatlichen Stellen die Wahl der Form und der Mittel (Art. 189 Abs. 3 EWGV).

Mit der Zustimmung zu diesem Weg der Rechtsangleichung auf dem Gebiet der Umsatzsteuer und zu Art. 189 Abs. 3 EWGV sollte demnach nicht die Kompetenz übertragen werden, Richtlinien (in den nicht zur Rechtsetzung mit unmittelbarer Geltung übertragenen Bereichen) – auch nicht im Wege der Rechtsfortbildung – ähnliche Wirkungen beizulegen wie Verordnungen.

Von diesem Verständnis des Art. 189 EWGV sind die Vertragschließenden im Jahre 1957 ausgegangen."

Gegen dieses Urteil des BFH erhob die Klägerin Verfassungsbeschwerde zum BVerfG, das mit Beschluss vom 8. April 1987 das Urteil des BFH aufhob und die Möglichkeit der unmittelbaren Wirkung von Richtlinien bestätigte (BVerfGE 75, S. 223 ff). Das BVerfG führte aus, dass die Auslegung des Art. 189 (jetzt Art. 249) Abs. 3 EGV durch den EuGH sowohl sachlich zutreffend als auch mit Art. 24 Abs. 1 GG vereinbar sei, da es sich dabei um richterliche Rechtsfortbildung, nicht aber um die Inanspruchnahme neuer, im EGV nicht vorgesehener Kompetenzen handele. Zugleich hob das BVerfG hervor (aaO, S. 236 f):

„(Der EuGH) hat dabei Richtlinien zwar nicht den Verordnungen förmlich gleichgestellt, wohl aber dem privaten Einzelnen die Möglichkeit zuerkannt, sich auf die Bestimmungen von Richtlinien gegenüber dem Mitgliedstaat, an den sie gerichtet sind – nicht auch gegenüber Dritten –, in gewissem Umfang zu seinen Gunsten zu „berufen"."

Damit hat das BVerfG bestätigt, dass der Grund für die unmittelbare Wirkung von Richtlinien darin liegt, dass ein Mitgliedstaat sich gegenüber dem Bürger nicht auf sein eigenes vertragswidriges Verhalten (nämlich die Nichtumsetzung der Richtlinie innerhalb der vorgesehenen Frist) berufen darf.

Das Verhalten des BFH hat das BVerfG als Verstoß gegen das Grundrecht auf den gesetzlichen Richter gemäß Art. 100 Abs. 1 Satz 2 GG eingestuft (s. Rn 530), indem es ausführte (aaO, S. 244 f):

„Wollte der Bundesfinanzhof der Rechtsauffassung des Gerichtshofs gleichwohl nicht folgen, so wäre er, da die Auslegung der Sechsten Umsatzsteuerrichtlinie des Rates für ihn entscheidungserheblich war, gemäß Art. 177 Abs. 3 EWGV zu einer neuerlichen Vorlage an den Gerichtshof verpflichtet gewesen. In seinem Vorlagebeschluß hätte er seine Bedenken gegen die Rechtsauffassung des Gerichtshofs zur Anrufbarkeit nicht fristgerecht in innerstaatliches Recht umgesetzter Richtlinien und zumal in Bezug auf die nach seiner Auffassung fehlende Kompetenz des Gerichtshofs zur Rechtsfortbildung des Vertragsrechts dartun müssen.

4. Dieser Verpflichtung zur neuerlichen Vorlage an den Gerichtshof gemäß Art. 177 Abs. 3 EWGV hat sich der Bundesfinanzhof in objektiv willkürlicher Weise entzogen: Verweigert sich ein letztinstanzliches Gericht dieser Vorlagepflicht bezüglich derjenigen Rechtsfragen, die bereits Entscheidungsgegenstand einer im selben Verfahren ergangenen Vorabentscheidung des Europäischen Gerichtshofs waren, so ist das eine Verletzung des Art. 101 Abs. 1 Satz 2 GG, wie immer im übrigen der Maßstab der Willkür im Hinblick auf Verstöße gegen die Vorlagepflicht aus Art. 177 EWGV zu fassen sein mag. …"."

Auf dieser Rechtsprechung aufbauend hat der EuGH ausdrücklich entschieden, dass es grundsätzlich **keine unmittelbare Wirkung** von den Einzelnen verpflichtenden (dh rechtlich belastenden) und auch nicht von Richtlinien mit horizontaler Wirkung, dh nur das Verhältnis von Einzelnen untereinander regelnder Richtlinien, gibt (s. aber Rn 352a f). Auch diese Rechtsprechung lässt sich mit dem Sanktionsgedanken erklären. Es wäre keine Sanktion für die Mitgliedstaaten, wenn sie sich zulasten des Einzelnen auf von ihnen nicht umgesetzte Richtlinien berufen könnten. Und bei Richtlinien, die nur das Verhältnis von Einzelnen untereinander regeln (insbesondere bei der zivilrechtlichen Rechtsangleichung), gibt es sowohl Begünstigte als auch Belastete; der Belastete kann aber nicht für die Nichtumsetzung der Richtlinie sanktioniert werden.

350

Beispiele: – Gemäß der Mineralwasserrichtlinie 80/777 vom 15. Juli 1980 mussten die Mitgliedstaaten ua die erforderlichen Maßnahmen treffen, damit nur ein aus dem Boden eines Mitgliedstaats gewonnenes und behördlich anerkanntes Wasser als natürliches Mineralwasser in den Handel gebracht werden darf. Die Niederlande setzten die Richtlinie nicht fristgerecht um.

Das Unternehmen Kolpinghuis Nijmegen verkaufte in seinem Cafe ein aus Leitungswasser und Kohlensäure bestehendes Getränk unter der Bezeichnung „Mineralwasser". Daraufhin wurde gegen das Unternehmen ein Strafverfahren mit der Begründung eingeleitet, es habe gegen die Inspektionsverordnung der Stadt Nijmegen verstoßen, wonach es verboten ist, fehlerhaft zusammengesetzte Lebensmittel zu verkaufen. Der Staatsanwalt berief sich dabei auf die Mineralwasserrichtlinie, aus der abzuleiten sei, dass es sich um ein „fehlerhaft zusammengesetztes" Lebensmittel handle.

Das niederländische Gericht legte dem EuGH gemäß Art. 177 (jetzt Art. 234) EGV ua die Fragen vor, ob sich eine nationale Behörde zulasten einer Person auf eine nicht umgesetzte Richtlinie berufen kann und ob ein nationales Gericht auch dann eine Richtlinie unmittelbar anwenden muss, wenn Belastungen von Personen abzuleiten sind. Der EuGH verneinte beide Fragen (Rs. 80/86, Kolpinhuis Nijmegen, Slg. 1987, S. 3982 ff, Rn 6 ff).

– Die Richtlinie 85/577 betreffend den Verbraucherschutz im Falle von außerhalb von Geschäftsräumen geschlossenen Verträgen vom 20. Dezember 1985 sieht vor, dass bei solchen Haustürgeschäften der Verkäufer den Käufer schriftlich über ein Widerrufsrecht zu belehren habe. Der Käufer hat diesbezüglich das Recht, vom Vertrag zurückzutreten, wobei ihm eine Frist von mindestens sieben Tagen zur Verfügung steht.

Italien setzte die Richtlinie nicht fristgerecht um. Nach italienischem Recht war ein Widerruf von Verträgen, die bei Haustürgeschäften abgeschlossen wurden, nicht möglich.

Eine italienische Firma schloss mit Frau Dori im Rahmen eines Haustürgeschäfts einen Vertrag über einen Englischkurs im Fernunterricht. Frau Dori teilte der Firma nach vier Tagen mit, dass sie ihre Bestellung widerrufe. Sie berief sich dabei insbesondere auf das Widerrufsrecht nach der Richtlinie 85/577.

Es kam zu einem gerichtlichen Verfahren, in dem das italienische Gericht dem EuGH gemäß Art. 177 (jetzt Art. 234) EGV ua die Frage vorlegte, ob die Richtlinie „in der Zeit zwischen dem Ablauf der Umsetzungsfrist und dem Tag, an dem Italien tatsächlich umgesetzt hat, Wirkungen im Verhältnis … der Bürger untereinander" entfalten konnte. Der EuGH hat eine solche horizontale Wirkung der nicht umgesetzten Richtlinie ausgeschlossen. Er hat dies insbesondere auch damit begründet, dass die EG anderenfalls die Befugnis bekäme, mit unmittelbarer Wirkung zulasten des Einzelnen Verpflichtungen anzuordnen, was sie aber nur mittels Verordnungen machen dürfe (Rs. C-91/92, Faccini Dori/Recreb Srl, Slg. 1994, S. I-3325 ff, Rn 22 ff).

351 Der EuGH hat außerdem festgestellt, dass die **Nichtumsetzung** einer Richtlinie innerhalb der vorgeschriebenen Frist zur **Staatshaftung** führen kann (verb. Rs. C-6/90 und C-9/90, Francovich, Slg. 1991, S. I-5357 ff, s. auch Rn 327). Dazu müssen folgende Voraussetzungen vorliegen (aaO, Rn 40):

(1) Ziel der Richtlinie muss sein, dem Einzelnen Rechte zu verleihen.

(2) Der Inhalt der Richtlinie muss unbedingt und hinreichend genau sein.

(3) Es muss ein Kausalzusammenhang zwischen dem Verstoß des Mitgliedstaates und dem entstandenen Schaden vorliegen.

352 Im Rahmen seiner Rechtsprechung zur Staatshaftung (s. Rn 327) geht der EuGH davon aus, dass die Nichtumsetzung einer Richtlinie immer als qualifizierter Verstoß einzustufen ist (verb. Rs. C-178/94, C-179/94, C-188/94 und C-190/94, Dillen-kofer ua/Bundesrepublik Deutschland, Slg. 1996, S. I-4845 ff, Rn 26 ff). Hingegen muss bei einer **fehlerhaften Umsetzung** einer Richtlinie speziell geprüft werden, ob ein qualifizierter Verstoß vorliegt (s. zB Rs. C-392/93, The Queen/H.M. Treasury, ex parte: British Telecommunications, Slg. 1996, S. I-1631 ff).

In seiner neuesten Rechtsprechung geht der EuGH schließlich von einer Art **objektiven unmittelbaren Wirkung** von Richtlinien aus. Gemeint ist damit, dass Richtlinien, die gar keine Rechte für Einzelne begründen sollen, sondern nur die Mitgliedstaaten verpflichten, Behörden und Gerichte dann binden, wenn die Umsetzungsfrist abgelaufen ist, und die relevanten Richtlinienbestimmungen unmittelbar anwendbar sind (s. zB Rs. C-431/92, Kommission/Bundesrepublik Deutschland, Slg. 1995, S. I-2189 ff, Rn 24 ff).   **352a**

Letzteres kann im Ergebnis allerdings dazu führen, dass eine indirekte oder reflexartige Berechtigung oder Belastung des Einzelnen aus einer nicht umgesetzten Richtlinie entstehen kann, die Einzelne weder berechtigen noch verpflichten will. Dies scheint der oben dargestellten Rechtsprechung des EuGH zu widersprechen. Das ist allerdings nicht der Fall, da sich der Berechtigte in solchen Situationen ja eigentlich nur darauf beruft, dass der Staat die Pflicht habe, eine nicht oder nicht ordnungsgemäß umgesetzte, aber unmittelbar anwendbare Richtlinie zu befolgen.   **352b**

Beispiel: In einem Rechtsstreit zwischen den Firmen Unilever Italia und Central Food ging es ua um die Auslegung der Richtlinie 83/189 über ein Informationsverfahren auf dem Gebiet der Normen und technischen Vorschriften vom 28. März 1983. Gemäß Art. 8 dieser Richtlinie sind die Mitgliedstaaten verpflichtet, jeden Entwurf einer technischen Vorschrift (ausgenommen vollständige Übertragungen internationaler oder europäischer Normen) samt einer Begründung für deren Erforderlichkeit der Kommission zu übermitteln. Gemäß Art. 9 sind Fristen von 3, 6 oder 12 Monaten vorgesehen, vor deren Ablauf der betreffende Mitgliedstaat diese technische Vorschrift nicht annehmen darf. In dringenden Fällen (insbesondere aus Gründen des Gesundheitsschutzes) sind auch kürzere Fristen erlaubt. In einer auf die Richtlinie bezogenen Mitteilung der Kommission, die im Amtsblatt der EG veröffentlicht wurde, stellte die Kommission ihren Standpunkt hinsichtlich der sich aus der Richtlinie ergebenden Verpflichtungen der Mitgliedstaaten dar. Sie kam dabei zu dem Schluss, dass nicht dem Verfahren der Artikel 8 und 9 entsprechende Vorschriften nach der Rechtsordnung des betreffenden Mitgliedstaats gegenüber Dritten nicht durchsetzbar und daher unanwendbar seien.

Italien hatte einen Gesetzesentwurf zur Regelung der Angabe des geographischen Ursprungs verschiedener Olivenölsorten auf dem Etikett zwar der Kommission der Richtlinie 83/189 gemäß vorgelegt, die notwendige Frist aber nicht abgewartet und das Gesetz verabschiedet. Als Unilever Italia Olivenöl an Central Food lieferte, verweigerte diese die Zahlung mit der Begründung, dass die gelieferte Ware nicht dem neuen Gesetz entsprechend und daher falsch etikettiert sei. Unilever Italia berief sich demgegenüber auf die – in einem anderen Verfahren – vom EuGH bestätigte Meinung der Kommission, der zufolge das neue italienische Gesetz unanwendbar sei. Es bestehe daher kein Grund für eine Zahlungsverweigerung.

Das mit der Streitigkeit befasste italienische Gericht rief den EuGH gemäß Art. 177 (jetzt Art. 234) EGV an und fragte, ob es das neue Gesetz wegen Verstoßes gegen die Verfahrensvorschriften der Richtlinie 83/189 unangewendet lassen müsse. Der EuGH führte dazu ua aus: (Rs. C-443/98, Unilever Italia/Central Food, Slg. 2000, S. I-7535 ff):

„(45) Daher ist zweitens zu prüfen, ob in einem Zivilrechtsstreit zwischen Einzelnen über vertragliche Rechte und Pflichten die Unanwendbarkeit unter Verstoß gegen Artikel 9 der Richtlinie 83/189 erlassener technischer Vorschriften geltend gemacht werden kann.

(46) Zunächst ist festzustellen, dass im Rahmen eines derartigen Zivilrechtsstreits die Anwendung unter Verstoß gegen Artikel 9 der Richtlinie 83/189 erlassener technischer Vorschriften dazu führen kann, dass die Verwendung oder die Vermarktung eines nicht diesen Vorschriften entsprechenden Erzeugnisses beeinträchtigt wird.

(47) Dies trifft im Ausgangsverfahren zu, da die Anwendung der italienischen Rechtsvorschriften geeignet ist, die Vermarktung des von Unilever vertriebenen nativen Olivenöls extra durch diese Firma zu beeinträchtigen.

(48) Ferner ist daran zu erinnern, dass die Unanwendbarkeit als Rechtsfolge der Nichtbeachtung der Mitteilungspflicht im Urteil CIA Security International (Rs. C-194/94, Slg. 1996, I-2201, Anm. d. Verf.) auf Vorabentscheidungsfragen festgestellt worden ist, die in einem Rechtsstreit zwischen konkurrierenden Unternehmen vorgelegt worden waren, der auf nationalen Bestimmungen über das Verbot unlauterer Wettbewerbspraktiken beruhte.

(49) Somit ergibt sich aus der Rechtsprechung des Gerichtshofes, dass die Unanwendbarkeit einer technischen Vorschrift, die nicht gemäß Artikel 8 der Richtlinie 83/189 übermittelt wurde, aus den in den Randnummern 40 bis 43 des vorliegenden Urteils genannten Gründen in einem Rechtsstreit zwischen Einzelnen geltend gemacht werden kann. Das Gleiche gilt für die Nichteinhaltung der in Artikel 9 dieser Richtlinie niedergelegten Verpflichtungen, und es besteht insoweit kein Anlass, Rechtsstreitigkeiten zwischen Einzelnen auf dem Gebiet des unlauteren Wettbewerbs, wie es in der Rechtssache CIA Security International der Fall war, anders zu behandeln als Rechtsstreitigkeiten, in denen sich, wie im Ausgangsverfahren, Einzelne wegen vertraglicher Rechte und Pflichten gegenüberstehen.

(50) Zwar kann, wie die italienische und die dänische Regierung ausgeführt haben, eine Richtlinie nicht selbst Verpflichtungen Einzelner begründen und daher nicht als solche ihnen gegenüber herangezogen werden (vgl Urteil vom 14. Juli 1994 in der Rechtssache C-91/92, Faccini Dori, Slg. 1994, I-3325, Randnr. 20); diese Rechtsprechung gilt jedoch nicht für den Fall, dass die Nichtbeachtung der Artikel 8 oder 9 der Richtlinie 83/189, die einen wesentlichen Verfahrensfehler darstellt, die Unanwendbarkeit der unter Verstoß gegen einen dieser Artikel erlassenen technischen Vorschrift nach sich zieht.

(51) In einem solchen Fall legt die Richtlinie 83/189 – anders als bei der Nichtumsetzung von Richtlinien, um die es in der von den beiden Regierungen zitierten Rechtsprechung ging – keineswegs den materiellen Inhalt der Rechtsnorm fest, auf deren Grundlage das nationale Gericht den bei ihm anhängigen Rechtsstreit zu entscheiden hat. Sie begründet weder Rechte noch Pflichten für Einzelne.

(52) Auf Grund all dieser Erwägungen ist auf die Frage zu antworten, dass das nationale Gericht in einem Zivilrechtsstreit zwischen Einzelnen über vertragliche Rechte und Pflichten die Anwendung einer nationalen technischen Vorschrift ablehnen muss, die während einer Aussetzungsfrist nach Artikel 9 der Richtlinie 83/189 erlassen worden ist."

352c Nationale Rechtsvorschriften die Richtlinien ordnungsgemäß umsetzen, verlieren den Zusammenhang mit der Richtlinie nicht. Vielmehr besteht für Behörden und Gerichte die Pflicht zur **richtlinienkonformen Interpretation**. Sie müssen danach das nationale Recht im Lichte des Wortlauts und des Zwecks der Richtlinie auslegen. Der EuGH leitet diese Pflicht aus Art. 249 Abs. 3 iVm Art. 10 EGV ab. Wenn daher das Umsetzungsgesetz mehrere Auslegungen zulässt, so ist diejenige zu wählen, die richtlinienkonform ist und sind diejenigen zu verwerfen, die gegen die Richtlinie verstoßen würden.

Richtlinienkonforme Interpretation ist aber strikt von der subjektiven oder objektiven unmittelbaren Wirkung zu trennen. Sie kommt immer zur Anwendung, auch dann, wenn keine unmittelbare Wirkung vorliegt. Dies gilt insbesondere für Richtlinien mit horizontaler Wirkung. Ihnen spricht der EuGH zwar für den Fall der Nichtumsetzung oder der falschen Umsetzung jede unmittelbare Wirkung ab, eine – verpflichtende – richtlinienkonforme Auslegung kann jedoch dazu führen, dass dennoch Wirkungen zwischen Einzelnen, ja sogar Belastungen für den Einzelnen, aus der Richtlinie entstehen. Dies ist aber nicht als widersprüchlich zu sehen. Denn die Rechtsgrundlage in solchen Situationen ist nicht die Richtlinie, sondern das nationale Recht, das auch ohne Richtlinie so ausgelegt werden könnte.

Beispiel: Die spanische Firma Marleasing klagte vor einem Zivilgericht auf Nichtigerklärung des Gesellschaftsvertrags der Firma La Comercial Internacional. Sie machte geltend, La Comercial Internacional sei ausschließlich zu dem Zweck gegründet worden, das Kapital ihres Hauptgesellschafters dem Zugriff der Gläubiger, unter ihnen Marleasing, zu entziehen. Die Nichtigkeit ergebe sich aus den Artikeln 1261 und 1275 des spanischen Zivilgesetzbuches. Danach sind Verträge ohne rechtlichen Grund oder mit unerlaubtem Grund unwirksam. La Comercial Internacional berief sich demgegenüber auf Art. 11 der Richtlinie 68/151 vom 9. März 1968 zur Koordinierung der Schutzbestimmungen für Gesellschafter und Dritte. Dort werden in Art. 11 abschließend alle Nichtigkeitsfälle für Gesellschaftsverträge aufgezählt. Der von Marleasing geltend gemachte Nichtigkeitsgrund gehöre nicht dazu. Spanien hatte die Richtlinie nicht umgesetzt.

Das mit dem Fall befasste spanische Gericht rief den EuGH gemäß Art. 177 (jetzt Art. 234) EGV an und fragte, ob die Richtlinie 68/151 unmittelbar anwendbar sei, so dass eine Aktiengesellschaft nicht aus anderen als den in der Richtlinie angegebenen Gründen für nichtig erklärt werden könne. Der EuGH führte dazu ua folgendes aus (Rs. C-106/89, Marleasing/La Comercial Internacional de Alimentación, Slg. 1990, S. I-4135 ff):

„(6) Zu der Frage, ob sich ein einzelner gegenüber einem nationalen Gesetz auf die Richtlinie berufen kann, ist auf die ständige Rechtsprechung des Gerichtshofes zu verweisen, wonach eine Richtlinie nicht selbst Verpflichtungen für einen einzelnen begründen und eine Richtlinienbestimmung daher als solche nicht gegenüber einem einzelnen in Anspruch genommen werden kann (Urteil vom 26. Februar 1986 in der Rechtssache 152/84, Marshall, Slg. 1986, 723).

(7) Aus den Akten ergibt sich jedoch, daß das vorlegende Gericht im wesentlichen wissen möchte, ob ein nationales Gericht, bei dem ein Rechtsstreit auf einem Gebiet anhängig ist, das in den Anwendungsbereich der Richtlinie 68/151 fällt, sein nationales Recht unter Berücksichtigung des Wortlauts und des Zwecks dieser Richtlinie auslegen muß, um zu verhindern, daß eine Aktiengesellschaft aus anderen als den in Artikel 11 der Richtlinie aufgezählten Gründen für nichtig erklärt wird.

(8) Wie der Gerichtshof in seinem Urteil vom 10. April 1984 in der Rechtssache 14/83 (Von Colson und Kamann, Slg. 1984, 1891, Randnr. 26) entschieden hat, obliegen die sich aus einer Richtlinie ergebende Verpflichtung der Mitgliedstaaten, das in dieser Richtlinie vorgesehene Ziel zu erreichen, sowie die Pflicht der Mitgliedstaaten gemäß Artikel 5 EWG-Vertrag, alle zur Erfüllung dieser Verpflichtung geeigneten Maßnahmen allgemeiner oder besonderer Art zu treffen, allen Trägern öffentlicher Gewalt in den Mitgliedstaaten, und zwar im Rahmen ihrer Zuständigkeiten auch den Gerichten. Daraus folgt, daß ein nationales Gericht, soweit es bei der Anwendung des nationales Rechts – gleich, ob es sich um vor oder nach der

Richtlinie erlassene Vorschriften handelt – dieses Recht auszulegen hat, seine Auslegung soweit wie möglich am Wortlaut und Zweck der Richtlinie ausrichten muß, um das mit der Richtlinie verfolgte Ziel zu erreichen und auf diese Weise Artikel 189 Absatz 3 EWG-Vertrag nachzukommen.

(9) Das Erfordernis einer Auslegung des nationalen Rechts, die im Einklang mit Artikel 11 der Richtlinie 68/151 steht, verbietet es somit, die nationalen Rechtsvorschriften über Aktiengesellschaften dergestalt auszulegen, daß die Nichtigkeit einer Aktiengesellschaft nicht aus anderen als den in der Richtlinie angegebenen Gründen für nichtig erklärt werden könne."

c) Entscheidungen

353 Die Entscheidungen gemäß Art. 249 Abs. 4 EGV sind in allen ihren Teilen für diejenigen verbindlich, die sie bezeichnen. Sie richten sich also an Einzelne und haben **umittelbare Geltung**. Dies können Mitgliedstaaten oder natürliche und juristische Personen sein. Man spricht wegen dieser individuellen Geltung von „individuellen Entscheidungen". In vielen Fällen regelt eine Entscheidung einen konkreten Einzelfall. Man spricht daher auch von „Einzelfallentscheidung".

353a Die **Gesamtverbindlichkeit** der Entscheidung (= „in allen ihren Teilen … verbindlich") dient der Abgrenzung von den Richtlinien, die nur hinsichtlich ihres Ziel verbindlich sind (s. Rn 344 f).

354 Die Entscheidung ist, wenn sie sich an einen Einzelnen richtet, einem **Verwaltungsakt** vergleichbar. Allerdings gibt es auch Entscheidungen, die sich an eine Mehrzahl von natürlichen und juristischen Personen wenden. In diesen Fällen muss der Adressatenkreis allerdings individualisierbar, also feststehend und nicht mehr erweiterbar sein. Das Kriterium der Individualisierbarkeit dient auch der Abgrenzung von den Verordnungen. Ist nämlich der Personenkreis nicht individualisierbar, so liegt keine Entscheidung sondern eine Verordnung vor. Daher könnte das erlassende Organ wegen des Prinzips der begrenzten Ermächtigung (s. Rn 335 ff) uU seine Kompetenz überschritten haben.

355 Wie bei den Richtlinien erhebt sich bei den Entscheidungen uU die Frage nach einer **unmittelbaren Wirkung**. Dabei handelt es sich um das Problem, ob Entscheidungen, die sich an einen oder mehrere Mitgliedstaaten richten, in diesen unmittelbar für die Individuen wirken. Man ist sich soweit darüber einig, dass eine derartige unmittelbare Wirkung dann nicht anzunehmen ist, wenn die Entscheidungen Verpflichtungen für den Einzelnen enthalten. Deren Geltung für den Einzelnen tritt erst ein, wenn die Staaten diese Entscheidungen (meist in gesetzlicher Form) umgesetzt haben. Hingegen wird eine unmittelbare Wirkung je nach dem Einzelfall vertreten für die Fälle, in denen individuelle Entscheidungen Verpflichtungen eines oder aller Mitgliedstaaten begründen, die wiederum Rechte für deren Bürger bewirken.

Beispiel: Der EuGH hatte eine derartige unmittelbare Wirkung bejaht, ohne dass es in den konkreten Fällen darauf angekommen wäre (Rs. 9/70, Grad/Finanzamt Traunstein, Slg. 1970, S. 825 ff und Rs. C-156/91, Hansa Fleisch Mundt/Landrat des Kreises Schleswig-Flensburg, Slg. 1992, S. I-5567 ff). In der Rs. Grad/Finanzamt Traunstein ging es um die Frage, ob sich ein Einzelner auf eine an die Mitgliedstaaten gerichtete Entscheidung berufen könne, die ihnen die Erhebung bestimmter Steuern untersagte (zum Sachverhalt s. Rn 319). Der EuGH führte dazu grundsätzlich aus:

„(5) … Mit der den Entscheidungen durch Artikel 189 zuerkannten verbindlichen Wirkung wäre es unvereinbar, grundsätzlich auszuschließen, daß betroffene Personen sich auf die durch die Entscheidung auferlegte Verpflichtung berufen können. Insbesondere in den Fällen, in denen etwa die Gemeinschaftsbehörden einen Mitgliedstaat oder alle Mitgliedstaaten durch Entscheidung zu einem bestimmten Verhalten verpflichtet, würde die nützliche Wirkung („effet utile") einer solchen Maßnahme abgeschwächt, wenn die Angehörigen dieses Staates sich vor Gericht hierauf nicht berufen und die staatlichen Gerichte sie nicht als Bestandteil des Gemeinschaftsrechts berücksichtigen könnten …

(6) Artikel 177, wonach die staatlichen Gerichte befugt sind, den Gerichtshof mit der Gültigkeit und Auslegung aller Handlungen der Organe ohne Unterschied zu befassen, setzt im übrigen voraus, daß die einzelnen sich vor diesen Gerichten auf die genannten Handlungen berufen können. Es ist daher in jedem einzelnen Fall zu prüfen, ob die Bestimmung, um die es geht, nach Rechtsnatur, Systematik und Wortlaut geeignet ist, unmittelbare Wirkungen in den Rechtsbeziehungen zwischen dem Adressaten der Handlung und Dritten zu begründen."

d) Empfehlungen und Stellungnahmen

Empfehlungen und Stellungnahmen gemäß Art. 249 Abs. 5 EGV sind **nicht verbindlich**. Dennoch können sie sowohl rechtliche als auch politische Wirkungen haben. So ist die Abgabe einer dieser Rechtshandlungen in manchen Fällen Prozessvoraussetzung (zB Art. 226, Art. 227 Abs. 3 und 4 EGV) oder Voraussetzung für Organhandeln (zB Art. 134 Abs. 1 EGV). Darüberhinaus entfalten Empfehlungen und Stellungnahmen auch ohne rechtliche Verbindlichkeit kraft der dahinterstehenden Autorität der Gemeinschaften gewisse psychologische und politische Wirkungen (vgl *Ipsen*, Gemeinschaftsrecht, S. 461). Und schließlich hat der EuGH entschieden, dass die Gerichte der Mitgliedstaaten, Empfehlungen unter gewissen Umständen in ihrer Rechtsprechung zu berücksichtigen hätten. **355a**

Beispiel: Der italienische Staatsbürger Grimaldi war bis zu seinem Ruhestand 1980 in Belgien als Arbeitnehmer tätig. Als die öffentliche „Kasse für Berufskrankheiten" seinem Antrag auf Anerkennung einer Berufskrankheit nicht stattgab, erhob er Klage beim zuständigen Arbeitsgericht. Er begehrte die Anerkennung seiner durch ein Gutachten bestätigten Krankheit als Berufskrankheit, da diese einem speziellen Krankheitsbild gleichzustellen sei, das in der „Europäischen Liste der Berufskrankheiten" umschrieben werde. Diese Liste war einer Empfehlung der Kommission aus dem Jahre 1962 als Anlage beigefügt. In dieser Empfehlung schlug die Kommission den Mitgliedstaaten die Übernahme der in der Liste aufgeführten Krankheiten in das nationale Recht vor. Außerdem war für den Fall noch eine zweite Empfehlung der Kommission von Belang.

Das Arbeitsgericht rief den EuGH gemäß Art. 177 (jetzt Art. 234) EGV an und fragte ua, ob derartige Empfehlungen in einem Mitgliedstaat unmittelbare Wirkung erlangen können. Der EuGH führte dazu aus (Rs. C-322/88, Grimaldi/Fonds des maladys professionnelles, Slg. 1989, S. 4407 ff):

„(13) Dazu ist zu bemerken, daß Empfehlungen, die gemäß Artikel 189 Absatz 5 EWG-Vertrag nicht verbindlich sind, im allgemeinen dann von den Organen der Gemeinschaft ausgesprochen werden, wenn diese nach dem EWG-Vertrag nicht ermächtigt sind, rechtsverbindliche Maßnahmen zu erlassen, oder wenn nach ihrer Ansicht kein Anlaß zu einer zwingenderen Regelung besteht …

(16) Unter diesen Umständen kann kein Zweifel daran bestehen, daß die fraglichen Maßnahmen echte Empfehlungen sind, dh Handlungen, die auch gegenüber ihren Adressaten keine bindende Wirkung entfalten sollen. Sie können folglich für die einzelnen keine vor den innerstaatlichen Gerichten durchsetzbaren Rechte begründen …

(18) Um jedoch die Frage des vorlegenden Gerichts vollständig zu beantworten, ist darauf hinzuweisen, daß die fraglichen Maßnahmen nicht als rechtlich völlig wirkungslos angesehen werden können. Die innerstaatlichen Gerichte sind nämlich verpflichtet, bei der Entscheidung der bei ihnen anhängigen Rechtsstreitigkeiten die Empfehlungen zu berücksichtigen, insbesondere dann, wenn diese Aufschluss über die Auslegung zu ihrer Durchführung erlassener innerstaatlicher Rechsvorschriften geben oder wenn sie verbindliche gemeinschaftliche Vorschriften ergänzen sollen."

e) Ungekennzeichnete Rechtsakte

356   Als ungekennzeichnete Rechtsakte bezeichnet man diejenigen, für die im primären Gemeinschaftsrecht nicht eine der genannten Formen des sekundären Gemeinschaftsrechts vorgeschrieben ist, sondern vielmehr von Regelungen, Maßnahmen, Vorkehrungen etc die Rede ist (zB Art. 12 Abs. 2, Art. 26, Art. 95 Abs. 1 Satz 2 EGV etc).

357   Nicht ganz klar ist bei den ungekennzeichneten Rechtsakten, ob sie einer der in den Katalogen genannten Arten zuzurechnen sind oder ob es sich um **eigenständige Formen des sekundären Gemeinschaftsrechts** handelt bzw ob die Gemeinschaftsorgane in den Fällen, in denen das primäre Gemeinschaftsrecht ungekennzeichnete Rechtsakte vorsieht, eine der in den Katalogen genannten Arten des sekundären Gemeinschaftsrechts verwenden dürfen oder ihnen dies wegen des Prinzips der begrenzten Ermächtigung (s. Rn 335 ff) verwehrt ist. Rechtspolitisch gesehen ist jeweils der ersten Alternative der Vorzug zu geben. Dies hängt damit zusammen, dass der Individualrechtsschutz im Gemeinschaftsrecht in Art. 230 Abs. 4 EGV Klagen nur gegen Verordnungen und Entscheidungen vorsieht. Würde man ungekennzeichnete Rechtsakte als eigenständige Art des sekundären Gemeinschaftsrechts einstufen, entfiele daher gegen sie jeder Individualrechtsschutz. Daher sollten Bestimmungen des primären Gemeinschaftsrechts, die solche ungekennzeichneten Rechtsakte vorsehen bzw ungekennzeichnete Rechtsakte selbst immer dahingehend interpretiert werden, welcher Art des sekundären Gemeinschaftsrechts sie zuzuordnen sind. Dies ist allerdings dort nicht notwendig, wo keine Rechte des Einzelnen berührt sind (zB Beschluss des Rates über die Ersetzung der Finanzbeiträge der Mitgliedstaaten durch eigene Mittel der Gemeinschaften vom 21. April 1970 [ABl. 1970, Nr L 94, S. 19 ff], gestützt auf Art. 201 Abs. 3 EWGV [jetzt Art. 269 Abs. 2 EGV]). Das Argument der Sicherung des Individualrechtsschutzes kommt dann nicht zum Tragen.

358   Diese rechtspolitische Forderung ist durchaus systemgerecht. Denn der EuGH hat zu der Frage der Bezeichnung der Rechtsakte allgemein die ständige Rechtsprechung entwickelt, wonach die rechtliche Qualifizierung eines Rechtsaktes nicht von der Bezeichnung, sondern vom Inhalt abhänge (zB verb. Rs. 22 und 23/60, Elz/ Hohe Behörde, Slg. 1961, S. 389 ff, 408). Allerdings dürfe aus einer falschen Bezeichnung für den Betroffenen ohne dessen Eigenverschulden keine Beschränkung der Rechtsmittel resultieren (zB verb. Rs. 53 und 54/63, Lemmerz/Hohe Behörde, Slg. 1963, S. 517 ff, 537 f). In der Rechtsprechung des EuGH gibt es zudem die Tendenz, alle verbindlichen Organbeschlüsse als anfechtbar einzustufen (verb. Rs. 789 und 790/79, Calpak, Slg. 1980, S. 1949 ff, 1961; Rs. 294/83, Les Verts/Europäisches Parlament, Slg. 1986, S. 1339 ff, 1364 ff). Damit würde sich das Rechtsschutzproblem erledigen.

In der **Praxis** wird auch sehr oft so verfahren. Sieht das primäre Gemeinschaftsrecht **359** ungekennzeichnete Rechtsakte vor, so ergehen sie meist in Form einer der in den Katalogen genannten Rechtsakte. In einigen Fällen ergehen sie aber auch als Beschlüsse, Entschließungen, Schlussfolgerungen etc.

Beispiel: Art. 28 EWGV bestimmte in seiner ursprünglichen Fassung:
„Über alle autonomen Änderungen oder Aussetzungen der Sätze des Gemeinsamen Zolltarifs entscheidet der Rat einstimmig. Nach Ablauf der Übergangzeit kann der Rat für einen Zeitabschnitt von höchstens sechs Monaten mit qualifizierter Mehrheit auf Vorschlag der Kommission über Änderungen oder Aussetzungen entscheiden, die 20 v.H. jedes Zollsatzes nicht überschreiten dürfen. Sie können unter denselben Bedingungen nur um nochmals sechs Monate verlängert werden.“
Gestützt auf Art. 28 EWGV wurde der Gemeinsame Zolltarif der EWG durch die Verordnung Nr 950/68 vom 28. Juni 1968 erlassen (später aufgehoben).

Heute lautet Art. 26 EGV:
„Der Rat legt die Sätze des Gemeinsamen Zolltarifs mit qualifizierter Mehrheit auf Vorschlag der Kommission fest.“ Es ist davon auszugehen, dass der Rat auch in Zukunft bei der Wahrnehmung dieser Kompetenz auf Verordnungen zurückgreifen wird.

4. Zuständige Organe

Zuständig zum Erlass von sekundärem Gemeinschaftsrecht sind der Rat und das **360** Europäische Parlament gemeinsam, der Rat allein oder die Kommission. In einigen Fällen sind auch das Europäische Parlament, der Wirtschafts- und Sozialausschuss oder der Ausschuss der Regionen beratend beteiligt.

a) Rat

Der Rat setzt sich gemäß Art. 203 Abs. 1 EGV zusammen aus je einem **Vertreter** **361** **jedes Mitgliedstaates** auf Ministerebene, der befugt ist, für die Regierung des Mitgliedstaates verbindlich zu handeln. Die Mitglieder des Rates können nach Art. 206 EGV ihr Stimmrecht auf ein anderes Mitglied übertragen. Mit der vorgesehenen Zusammensetzung ist zweierlei ausgesagt: Zum einem muss der Vertreter Ministerrang haben und zum anderen können auch – von der Zentralregierung bevollmächtigte – Regionalminister, insbesondere Länderminister in Bundesstaaten, in den Rat entsendet werden. Zudem bleibt es den Regierungen überlassen, welche Mitglieder sie entsenden. Es gibt in der Praxis keine ständigen „Ratsminister“ oder „Europaminister“. Vielmehr tagt der Rat in wechselnder Zusammensetzung, die sich je nach den zu behandelnden Angelegenheiten richtet. Man spricht daher je nach Zusammensetzung vom „Außenministerrat" (auch „Allgemeiner Rat" genannt), „Agrarministerrat", „Verkehrsministerrat" etc.

Der Rat hat sich – entgegen dem Wortlaut des primären Gemeinschaftsrechts – den Namen **Rat der Europäischen Union** gegeben (ABl. 1993, Nr L 281, S. 18).

362   Eine Besonderheit stellt der **Europäische Rat** dar. Er setzt sich zusammen aus den Staats- oder Regierungschefs der Mitgliedstaaten sowie dem Präsidenten der Kommission. Sie werden von den Ministern für auswärtige Angelegenheiten und einem Mitglied der Kommission unterstützt (Art. 4 Abs. 2 EUV). Der Europäische Rat tritt mindestens zweimal jährlich zusammen. Er ist kein Organ der EG, sondern vielmehr das einzige gemeinsame Organ der EU.

363   Aufgabe dieses Gremiums ist es, der EU in ihrer Gesamtheit die erforderlichen Impulse für ihre Entwicklung zu geben und dafür die allgemeinen politischen Zielvorstellungen festzulegen (Art. 4 Abs. 1 EUV). Daraus ergibt sich, dass der Europäische Rat nicht an der Rechtsetzung im Rahmen der Europäischen Gemeinschaften beteiligt ist. Seine wichtigste Aufgabe besteht vielmehr in der Bestimmung der großen Linien der Unionspolitik auf höchster Ebene. Natürlich kann der normale Rat der Europäischen Union auch in der Zusammensetzung der Staats- und Regierungschefs tagen und ist dann in der Lage, sekundäres Gemeinschaftsrecht zu erlassen. In der Praxis kommt dies aber nur in ganz seltenen, im EGV vorgesehenen Fällen vor (zB Art. 122 Abs. 2 EGV).

364   Der Rat fasst seine Beschlüsse gemäß Art. 205 EGV mit Einstimmigkeit, qualifizierter Mehrheit oder Mehrstimmigkeit.

– **Einstimmigkeit** ist immer dann erforderlich, wenn das primäre Gemeinschaftsrecht dies für den Einzelfall vorschreibt. Grundsätzlich bedeutet Einstimmigkeit, dass alle Mitglieder des Rates, die je eine Stimme haben, zustimmen müssen. Allerdings sieht Art. 205 Abs. 3 EGV vor, dass Stimmenthaltungen von anwesenden oder vertretenen Mitgliedern dem Zustandekommen von Beschlüssen nicht entgegenstehen. Ist ein Mitglied nicht anwesend und auch nicht durch ein anderes vertreten, so kann ein solcher Beschluss jedoch nicht zustandekommen (Politik des leeren Stuhls).

364a   – **Qualifizierte Mehrheit** ist ebenfalls immer dann erforderlich, wenn das primäre Gemeinschaftsrecht dies für den Einzelfall vorschreibt. Die qualifizierte Mehrheit ist gekoppelt mit einer Stimmenwägung gemäß Art. 205 Abs. 2 EGV. Unter Anwendung dieser Stimmenwägung kommt ein Beschluss in aller Regel (Ausnahme zB Art. 122 Abs. 5 EGV) mit 62 von 87 Stimmen zu Stande, wenn er vertragsgemäß auf Vorschlag der Kommission zu fassen ist, oder mit 62 von 87 Stimmen, welche die Stimmen von mindestens 10 Mitgliedstaaten umfassen, in allen anderen Fällen. Dies entspricht einer qualifizierten Mehrheit von über 2/3 und unter 3/4 (= 71,26%). Nach dem Beitritt neuer Mitgliedstaaten wird sich ab 1. November 2004 die Stimmenwägung ändern. Die qualifizierte Mehrheit wird 232 von insgesamt 321 Stimmen betragen (= 72,27%). Bei Beschlüssen auf Vorschlag der

Kommission müssen zudem die Mehrheit, in den anderen Fällen mindestens 2/3 der Mitglieder zustimmen. Außerdem kommt ein weiteres Gewichtungskriterium hinzu. Danach kann jedes Ratsmitglied bei einer Abstimmung mit qualifizierter Mehrheit eine Überprüfung dahingehend beantragen, ob zudem 62% der Gesamtbevölkerung der Mitgliedstaaten umfasst werden. Ist dies nicht der Fall, kommt der Beschluss nicht zustande (Art. 205 idF des Art. 12 der Akte über den Beitritt … und die Anpassung der die Europäische Union begründenden Verträge = Beitrittsakte, ABl. 2003, Nr L 236, S. 33 ff).

– **Einfache Mehrheit** ist in Art. 205 Abs. 1 EGV als Regelfall vorgesehen und kommt immer dann zur Anwendung, wenn das primäre Gemeinschaftsrecht nichts über die Beschlussmehrheit aussagt. Es handelt sich dabei um eine absolute Mehrheit, dh um die Mehrheit der Mitglieder. **364b**

In den Fällen, in denen der Rat mit einfacher oder qualifizierter Mehrheit abstimmen kann, sind Beschlüsse gegen den Willen einzelner Mitglieder möglich. In Verbindung mit der unmittelbaren Geltung von Verordnungen sieht man darin ein wesentliches Element der **Supranationalität** der Europäischen Gemeinschaften (s. Rn 691). **365**

Diese Konstruktion der Supranationalität entspricht allerdings nicht immer der Praxis. Dies hat seinen Grund in der sog. **Luxemburger Vereinbarung** (Luxemburger Kompromiss) vom 29. Januar 1966. Dort heißt es bezüglich der Mehrheitserfordernisse (Bulletin der EWG 1966, Nr 3, S. 8 f): **366**

„I. Stehen bei Beschlüssen, die mit Mehrheit auf Vorschlag der Kommission gefasst werden können, sehr wichtige Interessen eines oder mehrerer Partner auf dem Spiel, so werden sich die Mitglieder des Rats innerhalb eines angemessenen Zeitraumes bemühen, zu Lösungen zu gelangen, die von allen Mitgliedern des Rats unter Wahrung ihrer gegenseitigen Interessen und der Interessen der Gemeinschaft gemäß Art. 2 des Vertrags angenommen werden können.

II. Hinsichtlich des vorstehenden Absatzes ist die französische Delegation der Auffassung, dass bei sehr wichtigen Interessen die Erörterung fortgesetzt werden muß, bis ein einstimmiges Einvernehmen erzielt worden ist."

Das Ergebnis der Luxemburger Vereinbarung ist, dass Mehrheitsbeschlüsse in den Fällen, in denen sich Mitgliedstaaten auf wichtige Interessen berufen, nur mehr dann gefasst werden, wenn alle Mitglieder damit einverstanden sind.

Zwar ist die **Rechtsnatur** der Luxemburger Vereinbarung äußerst **umstritten** (vgl *Streinz,* Die Luxemburger Vereinbarung, München 1984), in der Praxis ist sie aber noch existent. Der Rat hat dies auch bestätigt, indem er auf eine Anfrage eines Parlamentsabgeordneten über den Status des Luxemburger Kompromisses nach der Ratifizierung des Vertrages von Nizza geantwortet hat (ABl. 2001, Nr C 365 E, S. 48): „Der sogenannte Kompromiß von Luxemburg … wird auch nach Inkrafttreten des Vertrags von Nizza seinen derzeitigen Status behalten." **367**

Unabhängig vom Streit um die Rechtsnatur der Luxemburger Vereinbarung ist es den Mitgliedstaaten jedenfalls nicht verboten, im Rat danach zu handeln.

368 Es kam seit 1966 nur ein einziges Mal zu einer Mehrheitsabstimmung gegen den ausdrücklichen Willen eines Mitgliedstaates, der sich auf „sehr wichtige Interessen" berief. Aber auch dieser Präzedenzfall hat gezeigt, dass an der Praxis der Einstimmigkeit weiterhin grundsätzlich festgehalten wird (vgl *Schweitzer*, in: *Grabitz/Hilf*, Art. 205, Rn 16). Die wachsende Anzahl von Mehrheitsbeschlüssen ist auf die Bereitschaft der Mitgliedstaaten zurückzuführen, sich auch in wichtigen Fragen überstimmen zu lassen und sich nicht auf die Luxemburger Vereinbarung zu berufen.

369 Der Rat ist – gemeinsam mit dem Europäischen Parlament oder allein – nach dem EGV und dem EAGV das **Hauptrechtsetzungsorgan** für sekundäres Gemeinschaftsrecht. In aller Regel erlässt er die Verordnungen, Richtlinien, Entscheidungen und sonstige (ungekennzeichnete) Rechtsakte.

369a Eine Besonderheit stellt das Gremium „**Die im Rat vereinigten Vertreter der Regierungen der Mitgliedstaaten**" dar. Die Vertreter der Mitgliedstaaten auf Ministerebene bilden nämlich nicht nur den Rat, sondern, wenn sie nicht als solcher tagen, auch eine Regierungskonferenz. Diese tritt in Funktion, wenn das primäre Gemeinschaftsrecht dies vorsieht (zB Ernennung der Mitglieder der Kommission gemäß Art. 214 Abs. 2 Unterabs. 3 Satz 2 EGV) oder wenn mangels einer Kompetenz der EG integrationsrelevante Beschlüsse gefasst werden sollen. Solche Beschlüsse werden „uneigentliche Ratsbeschlüsse" genannt, ihre Rechtsnatur ist umstritten. Überwiegend werden sie aber auf der völkerrechtlichen Vertragsebene angesiedelt, sodass auf sie – völkerrechtlich und verfassungsrechtlich gesehen – die entsprechenden Bestimmungen über völkerrechtliche Verträge zur Anwendung kommen. Sie stellen jedenfalls kein sekundäres Gemeinschaftsrecht dar (EuGH, verb. Rs. C-181/ 91 und C-248/91, Parlament/Rat und Kommission, Slg. 1993, S. I-3685 ff, Rn 9 ff).

b) Kommission

370 Die Kommission setzt sich gemäß Art. 213 Abs. 1 Unterabs. 1 EGV aus 20 Mitgliedern zusammen. Sie nennt sich – entgegen dem Wortlaut des primären Gemeinschaftsrechts – **Europäische Kommission**. Sie hat aber gleichzeitig beschlossen, bei juristischen und formellen Texten weiterhin die korrekte Bezeichnung **Kommission der Europäischen Gemeinschaften** zu verwenden (EuZW 1994, S. 34). Die Kommissionsmitglieder werden gemäß Art. 214 Abs. 2 Unterabs. 3 Satz 2 EGV nach Zustimmung des Europäischen Parlaments vom Rat mit qualifizierter Mehrheit ernannt. Das Verfahren der Bestellung (sog. „Investiturverfahren") ist in Art. 214 Abs. 2 EGV näher geregelt.

Die Kommissionsmitglieder müssen volle Gewähr für ihre Unabhängigkeit bieten und Staatsangehörige eines Mitgliedstaates sein, wobei für jeden Mitgliedstaat mindestens ein, höchstens aber zwei Staatsangehörige vorgesehen sind (Art. 213 Abs. 1 EGV). Ihre Amtszeit beträgt 5 Jahre, wobei Wiederernennung möglich ist (Art. 214 Abs. 1 Unterabs. 1 EGV). Gemäß dem Protokoll über die Erweiterung der Europäischen Union (s. Rn 322) gehören der Kommission ab 2005 jeweils ein Staatsangehöriger jedes Mitgliedstaats an. Wenn die Zahl der Mitgliedstaaten 27 beträgt, wird die Kommission verkleinert und für die Besetzung ein Rotationsverfahren zwischen den Mitgliedstaaten eingeführt.

Im Gegensatz zu den Mitgliedern des Rates handelt es sich bei den Kommissionsmitgliedern nicht um Staats- oder Regierungsvertreter. Sie sind vielmehr mit **voller Unabhängigkeit** ausgestattet. Sie dürfen gemäß Art. 213 Abs. 2 Unterabs. 2 EGV Anweisungen von einer Regierung oder einer anderen Stelle weder anfordern noch entgegennehmen, und die Mitgliedstaaten sind verpflichtet, jede Beeinflussung zu unterlassen. **371**

Die Kommission fasst ihre Beschlüsse gemäß Art. 219 Abs. 1 EGV immer mit **absoluter Mehrheit**, dh mit der Mehrheit ihrer Mitglieder. Qualifizierte Mehrheit oder Einstimmigkeit ist nicht vorgesehen. **372**

Da die Kommission aus unabhängigen, weisungsfreien Mitgliedern besteht und immer mehrstimmig abstimmt, sind Beschlüsse gegen den Willen einzelner oder sogar aller Mitgliedstaaten möglich. Auch darin wird ein wesentliches Element der **Supranationalität** der Europäischen Gemeinschaften gesehen (s. Rn 691). **373**

Nach dem EGV besitzt die Kommission nur sehr wenige Kompetenzen zum Erlass von sekundärem Gemeinschaftsrecht. Dass in der Praxis dennoch die meisten Rechtsakte von der Kommission erlassen werden, hängt damit zusammen, dass sie dazu sehr oft vom Rat im Rahmen einer Delegation gemäß Art. 211 Spiegelstrich 4 EGV ermächtigt wird. Gemäß Art. 202 Spiegelstrich 3 Satz 1 EGV ist der Rat zu einer solchen Delegation im Rahmen der EG sogar verpflichtet (Prinzip der **Regeldelegation**). Dabei handelt es sich aber immer nur um Durchführungsvorschriften; die inhaltliche Gestaltung ist dabei vom Rat in der Delegationsvorschrift vorgegeben. Inhaltlich entspricht die Regeldelegation einer Verordnungsermächtigung nach Art. 80 Abs. 1 GG. **374**

Hingegen besitzt die Kommission beim Erlass von sekundärem Gemeinschaftsrecht ein sog. **Initiativmonopol**. Das bedeutet, dass der Rat zumeist erst auf Kommissionsvorschlag hin beschließen kann. Macht die Kommission keine Vorschläge, stockt die Entwicklung des sekundären Gemeinschaftsrechts. **375**

c) Europäisches Parlament

Das Europäische Parlament setzt sich gemäß Art. 190 Abs. 2 Unterabs. 1 EGV bis zur Europawahl 2004 aus 626 direkt gewählten Vertretern der Völker der Mitgliedstaaten zusammen, wobei den Mitgliedstaaten entsprechend ihrer Größe unterschiedlich viele Sitze zustehen. Gemäß Art. 189 Abs. 2 EGV darf die Gesamtzahl der Abgeordneten (auch nach der Erweiterung um neue Mitgliedstaaten) 732 nicht überschreiten. Für die Wahlperiode 2004-2009 wird die Anzahl der Sitze eben 732 betragen (Art. 190 Abs. 2 Unterabs. 1 EGV idF der Beitrittsakte, s. Rn 364a). **376**

Das Europäische Parlament wird in der Regel beim Erlass von sekundärem Gemeinschaftsrecht beteiligt. Ursprünglich war diese Beteiligung auf eine **Anhörung** be- **376a** schränkt, an deren Ergebnis weder Kommission noch Rat gebunden waren (so heute noch zB in Art. 93, Art. 94 oder Art. 308 EGV). In den wenigen Fällen, in denen nicht einmal eine Anhörung vorgeschrieben ist (zB Art. 26 EGV), kommt es in der Praxis dennoch dazu.

377 Durch die Einheitliche Europäische Akte und den Vertrag von Maastricht wurde für einen Teil der Rechtsakte ein neuartiges **Verfahren der Zusammenarbeit** einge-führt, das in Art. 252 EGV detailliert geregelt ist. Das Parlament wird hier in zwei Phasen der Rechtsetzung beteiligt und kann durch seine Ablehnung oder uU durch Änderungsvorschläge bewirken, dass der Rat einstimmig beschließen muss, wenn er seine Vorstellungen durchsetzen will, und zwar auch dort, wo nach dem Vertrag sonst qualifizierte Mehrheit ausreichen würde. Auch hier kann das Parlament aber seinen Willen letztlich nicht gegen den des Rates durchsetzen. Dieses Verfahren kommt nur mehr ganz selten zur Anwendung (zB Art. 106 Abs. 2 EGV).

378 Der Vertrag von Maastricht führte ein weiteres Verfahren ein (Art. 251 EGV), in dem ein Vermittlungsausschuss mitwirkt (**Mitentscheidungsverfahren**). Die Mit-wirkungsbefugnisse des Parlaments werden dabei insoweit verstärkt, als es letztlich das Zustandekommen von Rechtsakten gänzlich verhindern kann. Dieses Verfahren stellt seit dem Vertrag von Amsterdam den Regelfall der Parlamentsbeteiligung dar (s. zu den verschiedenen Verfahrensarten die Graphiken bei *Schweitzer/Hummer*, Europarecht, Rn 385 ff und Nachtrag, S. 13).

379 In einigen Fällen wird zudem – ohne ein besonderes Verfahren vorzusehen – die zwingende **Zustimmung** des Parlaments vorgeschrieben (zB Art. 214 Abs. 2 EGV, Art. 300 Abs. 3 Unterabs. 2 EGV, Art. 49 Abs. 1 EUV).

d) Wirtschafts- und Sozialausschuss

380 Der Wirtschafts- und Sozialausschuss der EG (222 Mitglieder gemäß Art. 258 Abs. 2 EGV; nach der Erweiterung um neue Mitgliedstaaten 2004: 317 Mitglieder, Art. 258 Abs. 2 EGV idF der Beitrittsakte, s. Rn 364a) wird beim Erlass von Rechtsakten angehört, soweit dies in den Verträgen vorgesehen ist (zB Art. 262 Abs. 1 Satz 1 EGV). Die Stellungnahmen des Ausschusses sind nicht verbindlich. Der Ausschuss kann auch fakultativ angehört werden, wenn seine Anhörung nicht zwingend vorgeschrieben ist. Dies ist in der Praxis in aller Regel der Fall. In Art. 262 Abs. 1 Satz 3 EGV ist zudem vorgesehen, dass der Wirtschafts- und Sozi-alausschuss das Recht hat, von sich aus Stellungnahmen abzugeben.

e) Ausschuss der Regionen

381 Durch den Vertrag von Maastricht wurde ein Ausschuss der Regionen eingesetzt, in dem Vertreter der regionalen und kommunalen Gebietskörperschaften sitzen (Art. 263 Abs. 1 EGV). Er setzt sich aus 222 Mitgliedern zusammen (Art. 263 Abs. 3 EGV; nach der Erweiterung um neue Mitgliedstaaten 2004: 317 Mitglieder, Art. 263 Abs. 3 EGV idF der Beitrittsakte, s. Rn 364a). Der Ausschuss wird beim

Erlass von Rechtsakten angehört, wenn der EGV dies ausdrücklich vorsieht oder wenn Rat oder Kommission dies für zweckmäßig erachten. Seine Stellungnahmen sind nicht verbindlich. Gemäß Art. 265 Abs. 3 Satz 2 EGV kann der Ausschuss auch von sich aus Stellungnahmen abgeben, wenn nach seiner Auffassung spezifische regionale Interessen berührt sind.

5. Regelung im GG und in den Länderverfassungen

GG und Länderverfassungen enthalten keine ausdrücklichen Regelungen über das sekundäre Gemeinschaftsrecht. **382**

Allerdings kamen ursprünglich die Art. 24 Abs. 1 GG und Art. 59 Abs. 2 GG zur Anwendung. Mit dem auf Grund dieser Bestimmungen erfolgten Beitritt der Bundesrepublik wurden auch die Bestimmungen des primären Gemeinschaftsrechts über die verschiedenen Arten des sekundären Gemeinschaftsrechts, über ihre Verbindlichkeit und eventuelle unmittelbare Wirkung sowie über das Verfahren zu ihrem Erlass akzeptiert.

Eine Besonderheit ergibt sich in zweierlei Hinsicht. Zum einen erlässt der Rat in **383** vielen Fällen sekundäres Gemeinschaftsrecht, das unmittelbar in der Bundesrepublik gilt (insbesondere Verordnungen; s. Rn 342 ff) oder unmittelbare Wirkung hat (teilweise Richtlinien; s. Rn 348 ff). Im Rat ist die Bundesregierung in der Regel durch ein Regierungsmitglied vertreten (s. Rn 361). Auf Grund der Übertragung von Hoheitsrechten auf die Gemeinschaften und damit auf den rechtsetzenden Rat wirkt die **Bundesregierung** bei dieser Rechtsetzung mit. Zwar ist dieser Übergang legislativer (Teil)befugnisse von den gesetzgebenden Körperschaften auf die Bundesregierung vom Vertragsgesetz zu den Gemeinschaftsverträgen gedeckt, dennoch hat man aber versucht, die Situation zumindest verfahrensrechtlich teilweise zu entschärfen. Dazu bestimmt Art. 2 des Vertragsgesetzes zum EWGV und EAGV (BGBl. 1957 II, S. 753 f):

„Die Bundesregierung hat Bundestag und Bundesrat über die Entwicklungen im Rat der Europäischen Wirtschaftsgemeinschaft und im Rat der Europäischen Atomgemeinschaft laufend zu unterrichten. Soweit durch den Beschluß eines Rats innerdeutsche Gesetze erforderlich werden oder in der Bundesrepublik Deutschland unmittelbar geltendes Recht geschaffen wird, soll die Unterrichtung vor der Beschlußfassung des Rats erfolgen."

Damit wird erreicht, dass Bundestag und Bundesrat dazu Stellung nehmen können, ohne dass sie damit aber auf die Beschlussfassung im Rat Einfluss bekommen (sog. **Zuleitungsverfahren**). Dieses Verfahren ist jedoch mit dem neuen Art. 23 GG bedeutungslos geworden.

Die zweite Besonderheit bezieht sich auf die Frage der Mitwirkung der **Bundeslän-** **384** **der** bei der Entstehung von sekundärem Gemeinschaftsrecht. Dies ist um so wichtiger, weil nach allgemein anerkannter Meinung früher über Art. 24 Abs. 1 GG, heute über Art. 23 Abs. 1 Satz 2 GG auch Hoheitsrechte der Länder auf die Europäischen Gemeinschaften übertragen werden dürfen (s. Rn 54 und 60) und auch übertragen worden sind. Die Länder sind in etlichen Fällen (insbesondere bei Richtlinien) zum

Erlass der notwendigen Umsetzungsgesetze zuständig. Zudem muss ein Großteil des sekundären Gemeinschaftsrechts von den Ländern vollzogen werden. Demgegenüber sehen die Gemeinschaftsverträge – sieht man von dem eher einflussarmen Ausschuß der Regionen (s. Rn 381) ab – keinerlei institutionelle Einwirkungsmöglichkeiten der Länder auf die Organe der Gemeinschaften vor. Die Möglichkeit der Entsendung eines Landesministers in den Rat (s. Rn 261 und 392) ändert daran nichts.

385 Nach mehreren Zwischenlösungen führte diese Situation schließlich zur Einrichtung des **Bundesratsverfahrens** durch Art. 23 GG, wobei Abs. 2 das allgemeine Mitwirkungsrecht regelt, während die Absätze 4 und 5 die speziellen Fragen der Beteiligung des Bundesrates an der Willensbildung des Bundes behandeln.

Gemäß Art. 23 Abs. 2 Satz 1 GG wird zunächst ein **allgemeines Mitwirkungsrecht** der Länder über den Bundesrat bei **allen Angelegenheiten** der Europäischen Union eingeführt. Ergänzt wird diese Bestimmung durch Art. 50 GG. In Art. 23 Abs. 2 Satz 2 GG wird darüber hinaus die Bundesregierung verpflichtet, den Bundesrat in diesen Fällen umfassend und zum frühestmöglichen Zeitpunkt zu unterrichten. Die näheren Einzelheiten des Bundesratsverfahrens werden in Art. 23 Abs. 4 und 5 GG geregelt und sind zudem in dem „Gesetz über die Zusammenarbeit von Bund und Ländern in Angelegenheiten der Europäischen Union" vom 12. März 1993 (Ausführungsgesetz Bundesrat; Sartorius II, Nr 97) konkretisiert worden. Dieses Gesetz wurde schließlich noch durch eine „Bund-Ländervereinbarung über die Zusammenarbeit in Angelegenheiten der Europäischen Union" vom 29. Oktober 1993 (BAnz Nr 226 vom 2. Dezember 1993, S. 10425 ff) ergänzt.

386 Aus Art. 23 Abs. 4 GG ergibt sich der Umfang der Beteiligung des Bundesrates bei der Willensbildung des Bundes, während in Art. 23 Abs. 5 GG eine abgestufte Mitwirkung eingeführt wurde.

Die in Art. 23 Abs. 4 GG geregelte **Beteiligung** des Bundesrates ist zwingend; dies ergibt sich aus dem Wortlaut (= „ist zu beteiligen"). Die Beteiligung bezieht sich auf die Fälle, in denen der Bundesrat an einer entsprechenden innerstaatlichen Maßnahme mitzuwirken hätte oder in denen die Länder innerstaatlich zuständig wären. Aus diesen beiden Konstellationen wird deutlich, dass wegen der Verweisung auf die Mitwirkung des Bundesrates an einer entsprechenden innerstaatlichen Maßnahme dieser fast immer zu beteiligen ist. Ausgenommen sind eigentlich nur die Fälle, in denen es um unverbindliche Rechtsakte geht. Denn beim Erlass von sekundärem Gemeinschaftsrecht wäre eine entsprechende innerstaatliche Maßnahme fast immer ein Gesetz.

§ 4 Abs. 1 des Ausführungsgesetzes Bundesrat konkretisiert Art. 23 Abs. 4 GG dahingehend, dass bei Vorliegen der Voraussetzungen des Art. 23 Abs. 4 GG die Bundesregierung vom Bundesrat benannte Vertreter der Länder an den Beratungen zur Festlegung der Verhandlungsposition zu beteiligen habe.

387 Art. 23 Abs. 5 GG regelt die **abgestufte Mitwirkung** und konkretisiert damit die in Art. 23 Abs. 4 GG festgelegte Beteiligung des Bundesrates.

(1) Gemäß Art. 23 Abs. 5 Satz 1 Alternative 1 GG hat die Bundesregierung, wenn es sich um Fälle der ausschließlichen Zuständigkeit des Bundes handelt, in denen Interessen der Länder berührt sind, die Stellungnahme des Bundesrates **zu berücksichtigen**. Gemäß Art. 23 Abs. 5 Satz 1 Alternative 2 GG ist dies ebenso der Fall, wenn der Bund im Übrigen das Recht zur Gesetzgebung hat. Dies ist dann anzunehmen, wenn der Bund im Bereich der konkurrierenden und der Rahmengesetzgebung eine Kompetenz tatsächlich wahrgenommen hat oder unter den Voraussetzungen des Art. 72 Abs. 2 GG wahrnehmen könnte (Ansicht des Bundesrates). Nach anderer Meinung kommt es nur darauf an, ob es sich der Sache nach um einen Fall der konkurrierenden oder Rahmengesetzgebung des Bundes handelt (Ansicht der Bundesregierung).

Liegt eine der beiden Alternativen vor, so hat die Bundesregierung die Stellungnahme des Bundesrates zu berücksichtigen. Darunter versteht man, dass die Bundesregierung die Argumente des Bundesrates zur Kenntnis nehmen, in ihre Entscheidung einbeziehen und sich mit ihnen auseinandersetzen muss (vgl BT-Drucks. 12/ 3896, B I 2 e). Man spricht von einer Befassungs-, Begründungs- und Sorgfaltspflicht.

(2) Gemäß Art. 23 Abs. 5 Satz 2 GG hat die Bundesregierung in den Fällen, in denen im Schwerpunkt Gesetzgebungsbefugnisse der Länder, die Einrichtung ihrer Behörden oder ihre Verwaltungsverfahren betroffen sind, die Auffassung des Bundesrates **maßgeblich zu berücksichtigen**. Maßgebliche Berücksichtigung bedeutet dabei, dass das Letztentscheidungsrecht beim Bundesrat liegt. Dieses Letztentscheidungsrecht ist in der Literatur allerdings nicht unumstritten (vgl dazu *Streinz*, in: *Sachs*, Art. 23, Rn 108 ff). **388**

Diese maßgebliche Berücksichtigung erfährt allerdings gemäß Art. 23 Abs. 5 Satz 2 und 3 GG einige **Einschränkungen**. **389**

– Zum ersten gilt sie nur, wenn die Länder im jeweiligen Schwerpunkt betroffen sind. Dies bedeutet, dass wesentliche Teile der Vorlage, insbesondere die ins Gewicht fallenden Teile, Länderrechte betreffen müssen. Auch hier vertritt die Bundesregierung einen anderen Standpunkt; sie stellt nämlich darauf ab, ob bei einer Gesamtschau diese Materien im Mittelpunkt stehen oder ganz überwiegend den Regelungsgegenstand bilden (BR-Drucks. 501/92, 20).

– Die zweite Einschränkung ist durch das Wort „insoweit" in Art. 23 Abs. 5 Satz 2 GG bedingt. Dadurch wird verdeutlicht, dass die maßgebliche Berücksichtigung nur für die Teile der Vorlage gilt, die den Voraussetzungen des Art. 23 Abs. 5 Satz 2 GG entsprechen. Bei allen anderen Teilen steht das Letztentscheidungsrecht der Bundesregierung zu. Das bedeutet, dass der Bundesrat nur in den Schwerpunktbereichen einer Vorlage das Letztentscheidungsrecht hat.

– Eine dritte Einschränkung ergibt sich daraus, dass gemäß Art. 23 Abs. 5 Satz 2 Halbsatz 2 GG in den Fällen des Letztentscheidungsrechts des Bundesrates die gesamtstaatliche Verantwortung des Bundes zu wahren ist. Gemäß § 5 Abs. 2 Satz 2 des Ausführungsgesetzes Bundesrat schließt dies außen-, verteidigungs- und integrationspolitische Fragen ein. Dies bedeutet allerdings nicht, dass die Bundesregierung ermächtigt wäre, von einer Stellungnahme des Bundesrates abzuweichen. Vielmehr werden in § 5 Abs. 2 Sätze 3 bis 5 des Ausführungsgesetzes Bundesrat die Möglichkeiten dargestellt, wie zu verfahren ist, wenn die Ansichten über die gesamtstaatliche Verantwortung sich widersprechen. Dabei ist vorgesehen, dass sich letztlich der Bundesrat insofern durchsetzen kann, als er seinen Standpunkt mit einer Zweidrittelmehrheit erneut beschließt.

– Eine letzte Einschränkung ist schließlich in Art. 23 Abs. 5 Satz 3 GG enthalten. Sie gilt für den Sonderfall, dass ein Vorhaben zu Ausgabenerhöhungen oder Einnahmeminderungen für den Bund führt. In diesem Fall ist die Zustimmung der Bundesregierung erforderlich. Dies bedeutet ein Vetorecht der Bundesregierung. Das hat zur Folge, dass der Bundesrat erneut einen Beschluss fassen müsste.

390 Der Bundesrat hat zur Durchführung dieses Verfahrens eine **Europakammer** eingerichtet, deren Beschlüsse als Beschlüsse des Bundesrates gelten (Art. 52 Abs. 3a GG, § 45b GO Bundesrat). Durch diese Kammer soll das Bundesratsverfahren dann flexibel und schnell durchgeführt werden, wenn es sich um eilbedürftige oder vertrauliche Vorlagen handelt (vgl § 45d GO Bundesrat). Wenn auch der Europakammer in der Praxis keine allzu große Bedeutung zukommt, wie die sehr geringe Anzahl ihrer Sitzungen zeigt, stellt sie dennoch ein funktionierendes Sicherungsinstrument im Hinblick auf die Mitwirkungsrechte der Länder dar (vgl dazu *Fischer/ Koggel*, Die Europakammer des Bundesrates, in: DVBl. 2000, S. 1742 ff).

391 Art. 23 Abs. 2 Satz 1 GG legt aber auch ein **Bundestagsverfahren** fest. Auch der Bundestag ist gemäß Art. 23 Abs. 2 Satz 2 GG von der Bundesregierung umfassend und zum frühest möglichen Zeitpunkt zu unterrichten. Nähere Einzelheiten dieses Bundestagsverfahrens wurden im „Gesetz über die Zusammenarbeit von Bundesregierung und Deutschem Bundestag in Angelegenheiten der Europäischen Union" vom 12. März 1993 (Ausführungsgesetz Bundestag; Sartorius II, Nr 96) festgelegt.

391a Gemäß Art. 23 Abs. 3 Satz 1 GG gibt die Bundesregierung dem Bundestag Gelegenheit zur **Stellungnahme** vor ihrer Mitwirkung an Rechtsetzungsakten der Europäischen Union. Gemäß § 5 des Ausführungsgesetzes Bundestag muss dabei die Frist so bemessen sein, dass der Bundestag ausreichend Gelegenheit hat, sich mit der Vorlage zu befassen. Nach § 2 des Ausführungsgesetzes Bundestag bestellt der Bundestag einen Ausschuss für Angelegenheiten der Europäischen Union und kann ihn ermächtigen, für ihn Stellungnahmen abzugeben.

Gemäß Art. 23 Abs. 3 Satz 2 GG hat die Bundesregierung die Stellungnahme des Bundestages bei den Verhandlungen **zu berücksichtigen**. Das bedeutet aber nicht mehr als eine Befassungs-, Begründungs- und Sorgfaltspflicht. Eine rechtliche Bindung der Bundesregierung tritt nicht ein. Daran kann auch die weitergehende Formulierung des § 5 Satz 3 des Ausführungsgesetzes Bundestag (= „legt die Stellungnahme ihren Verhandlungen zu Grunde") nichts ändern (s. *Streinz*, in: *Sachs*, Art. 23 Rn 101).

392 Neben dem Bundesratsverfahren enthält Art. 23 Abs. 6 GG auch noch eine weitere Vorschrift, die der Wahrung der Länderinteressen dient. In dieser Bestimmung ist vorgesehen, dass ein **Vertreter der Länder**, der vom Bundesrat zu bestimmen ist, die Rechte der Bundesrepublik Deutschland als Mitgliedstaat der Europäischen Union wahrnehmen soll, wenn im Schwerpunkt ausschließliche Länderkompetenzen betroffen sind. Die Wahrnehmung dieser Rechte erfolgt allerdings unter Beteiligung und in Abstimmung mit der Bundesregierung; außerdem ist dabei die gesamtstaatliche Verantwortung des Bundes zu wahren.

Ein weiteres Recht der Länder enthält § 8 des Ausführungsgesetzes Bundesrat. Darin wird festgelegt – was einige Zeit umstritten war (s. Rn 739 f) –, dass die Länder **Länderbüros** bei der EU einrichten können. **393**

In § 7 Abs. 1 desselben Gesetzes ist schließlich noch vorgesehen, dass die Bundesregierung auf Verlangen des Bundesrates **Klage beim Europäischen Gerichtshof** erhebt, soweit die Länder durch ein Handeln oder Unterlassen von Organen der Union in Bereichen ihrer Gesetzgebungsbefugnisse betroffen sind und der Bund kein Recht zur Gesetzgebung hat. Dabei ist allerdings die gesamtstaatliche Verantwortung des Bundes, einschließlich außen-, verteidigungs- und integrationspolitisch zu bewertender Fragen, zu wahren. Diese Vorschrift berührt aber nicht ein möglicherweise bestehendes eigenes Klagerecht der Länder beim Europäischen Gerichtshof. **394**

Im Bereich der **Länder** finden sich in der Mehrzahl der Verfassungen ausdrückliche Regelungen über Informationspflichten der Regierungen gegenüber den Parlamenten in Bezug auf die EG bzw die EU. Im Einzelnen handelt es sich um folgende Verfassungsbestimmungen: Berlin – Art. 50 Abs. 1 Satz 2 und Abs. 2, Brandenburg – Art. 94 Satz 2, Bremen – Art. 79 Satz 2, Hamburg – Art. 31 Abs. 1 Nr 5, Mecklenburg-Vorpommern – Art. 39 Abs. 1 Satz 2, Niedersachsen – Art. 25 Abs. 1 Satz 2, Rheinland-Pfalz – Art. 74a Satz 2 und Art. 89 Abs. 1 Nr 7, Saarland – Art. 60 Abs. 2 Satz 2, Art. 64 und Art. 76a Abs. 1 und Abs. 2, Sachsen-Anhalt – Art. 62 Abs. 1 Satz 2, Schleswig-Holstein – Art. 22 Abs. 1 Satz 2, Thüringen – Art. 67 Abs. 4. **395**

Lösung Fall 11 (Rn 319): **396**

1. Voraussetzung einer erfolgreichen Klage ist – unabhängig davon, welches Gericht angerufen wird –, dass B durch den Bescheid in einem ihm zustehenden Recht verletzt ist. Da sowohl die E 1965 als auch die RL 1967 ausdrücklich nur an die Mitgliedstaaten adressiert sind, erscheint es fraglich, ob diese Vorschriften des sekundären Gemeinschaftsrechts überhaupt Rechte des B begründen können.

2. Dagegen spricht insbesondere der Wortlaut des Art. 249 EGV, wonach eine Richtlinie für jeden Mitgliedstaat, an den sie gerichtet wird, und eine Entscheidung für diejenigen, die sie bezeichnet, verbindlich sind. Unmittelbare Geltung wie einem nationalen Gesetz kommt dagegen gemäß Art. 249 Abs. 2 EGV nur Verordnungen zu, deren sich die EG bei der Umsatzsteuerharmonisierung aber nicht bedient hat.

3. Andererseits würden Richtlinien der EG rein faktisch eines Gutteils ihrer verbindlichen Wirkung beraubt, könnten sich betroffene Bürger nicht – zB in einer gerichtlichen Auseinandersetzung – auf die durch die Richtlinie für die Mitgliedstaaten begründete Verpflichtung berufen. Zudem enthält die RL 1967 ein ausdrückliches Verbot von Steuern, die statt der Umsatzsteuer erhoben werden, insbesondere von spezifischen auf die Güterbeförderung im Straßenverkehr erhobenen Steuern. Die Richtlinie legt also (obwohl nur an die Mitgliedstaaten adressiert und deshalb an sich noch durch innerstaatliche Maßnahmen ausführungsbedürftig) in diesem Punkt den genauen Umfang der die Mitgliedstaaten treffenden Verpflichtungen selbst fest. Die mit der RL 1967 statuierte Verpflichtung ist deshalb durchaus dazu geeignet, unmittelbare Rechtspositionen für

Einzelpersonen zu begründen, die gegebenenfalls auch vor einem Gericht geltend gemacht werden können. Die RL 1967 erfüllt daher zwei von drei Voraussetzungen für eine unmittelbareWirkung (s. Rn 348): sie ist unmittelbar anwendbar und gibt dem Einzelnen Rechte gegenüber dem Staat.

4. Allerdings gilt das durch die Richtlinie festgelegte Verbot von spezifischen, auf die Güterbeförderung bezogenen Steuern, die statt der Umsatzsteuer bzw der neu einzuführenden Umsatzsteuer in Form der Mehrwertsteuer erhoben werden, erst nach Ablauf der für die Einführung der Mehrwertsteuer vorgesehenen Frist. Dies war ab dem 1. Januar 1970 der Fall. Zwar hat die Bundesrepublik ihre Harmonisierungspflicht schon 1968 erfüllt. Das bedeutet aber nicht, dass man schon deswegen für die Klage des B davon auszugehen hat, dass ihr damit auch die Erhebung des „Leberpfennigs" verboten war. Dieser durfte vielmehr bis 31. Dezember 1969 weiterhin erhoben werden. Die RL 1967 konnte vor Ablauf der Frist nicht unmittelbar wirken. Dies ergibt sich schon allein aus der Überlegung, dass damit ein gemeinschaftsfreundlich handelnder Staat, der seinen Verpflichtungen schon frühzeitig und nicht erst mit Ablauf der dafür gesetzten Frist nachkommt, für dieses Verhalten „bestraft" würde, indem er eine den anderen Mitgliedstaaten weiterhin erlaubte Steuer nicht mehr erheben dürfte. Im Übrigen ist von der hL und der Rechtsprechung des EuGH anerkannt, dass eine unmittelbare Wirkung einer Richtlinie oder einer Entscheidung grundsätzlich erst nach Fristablauf eintreten kann. Erst dann stellt sich ja heraus, ob ein Mitgliedstaat die ihm auferlegte Pflicht nicht erfüllt hat. Und gerade letzteres ist die Begründung für die in Art. 249 EGV nicht vorgesehene unmittelbare Wirkung dieser Rechtshandlungen.

Etwas anderes würde nur gelten, wenn mit dem Gesetz von 1969 über die Besteuerung des Straßengüterverkehrs das Ziel der RL 1967 ernstlich in Frage gestellt worden wäre (präventive Sperrwirkung; s. Rn 346a). Dies kann vorliegend aber nicht angenommen werden.

Ergebnis: Das bedeutet, dass der angegriffene Steuerbescheid noch nicht mit der E 1965 und der RL 1967 kollidieren konnte und daher B nicht mit Aussicht auf Erfolg mit der Begründung des Verstoßes gegen diese EG-Vorschriften gegen den Steuerbescheid gerichtlich vorgehen konnte (vgl Rs. 9/70, Grad/Finanzamt Traunstein, Slg. 1970, S. 825 ff).

Literatur: S. nach Rn 96; *Bleckmann*, Europarecht, S. 69-120; *Fuchs*, Art. 23 GG in der Bewährung, in. DÖV 2001, S. 233 ff; *Hahn/Oberrath*, Die Rechtsakte der EG – eine Grundlegung, in: BayVBl. 1998, S. 353 ff und 388 ff; *Hausmeyer*, Die Mitwirkung des Deutschen Bundestages an der europäischen Rechtsetzung, Berlin 2001; *Heimlich*, Die Ländermitwirkung bei EG-Entscheidungen, in: BayVBl. 2000, S. 231 ff; *Hilf/Stein/Schweitzer/Schindler*, Europäische Union: Gefahr oder Chance für den Föderalismus in Deutschland, Österreich und der Schweiz?, in: VVDStRL 53 (1994), Berlin 1994, S. 7-104; *Müller-Terpitz,* Die Beteiligung des Bundesrates am Willensbildungsprozeß der Europäischen Union, Stuttgart 1999; *Oppermann*, S. 106-161, 195-222; *Scholz*, Europäische Union und deutscher Bundesstaat, in: NVwZ 1993, S. 817 ff; *Schroeder*, in: Streinz, EUV/EGV, Art. 249; *Schweitzer/ Hummer*, Rn 143-254, 291-313, 335-390; *Schneider*, Die innerstaatliche Willensbildung der Bundesrepublik Deutschland für ihre Mitwirkung an Entscheidungen der Europäischen Union, in: europa blätter 1998, S. 201 ff; *Streinz*, Rn 243-326, 375-419; *ders.*, in: Sachs, Art. 23, Rn 90 ff; *Wilhelm*, Europa im Grundgesetz: der neue Artikel 23, in: BayVBl. 1992, S. 705 ff.

III. Ungeschriebenes Gemeinschaftsrecht

1. Begriff

Als ungeschriebenes Gemeinschaftsrecht bezeichnet man diejenigen Normen, die **397** dem **primären Gemeinschaftsrecht** zuzuordnen, dort aber nicht in vertraglicher Form niedergelegt sind. Ungeschriebenes Gemeinschaftsrecht in Form von sekundärem Recht gibt es nicht.

2. Arten

a) Allgemeine Rechtsgrundsätze

Als allgemeine Rechtsgrundsätze bezeichnet man die der Rechtsordnung der Ge- **398** meinschaften selbst inhärenten sowie die den Rechtsordnungen der Mitgliedstaaten gemeinsamen Rechtsgrundsätze. Die **erste Gruppe** ist unmittelbar aus dem bestehenden primären Gemeinschaftsrecht ableitbar. Als Beispiel kann das Prinzip der begrenzten Ermächtigung (s. Rn 335 f) angeführt werden.

Die **zweite Gruppe** ist nicht direkt aus dem primären Gemeinschaftsrecht abzulei- **399** ten. Zwar verweist Art. 288 Abs. 2 EGV ausdrücklich auf die „allgemeinen Rechtsgrundsätze, die den Rechtsordnungen der Mitgliedstaaten gemeinsam sind", dieser Artikel gilt aber nur für das Amtshaftungsrecht der Gemeinschaft. Dennoch hat der EuGH die allgemeinen Rechtsgrundsätze – über die Fälle der Amtshaftung hinausgehend – zur Lückenschließung im Gemeinschaftsrecht herangezogen. Über die Methode der Ermittlung der allgemeinen Rechtsgrundsätze, die nicht verwechselt werden dürfen mit den allgemeinen Rechtsgrundsätzen des Völkerrechts (s. Rn 258 f), lässt sich weder auf Grund der Rechtsprechung des EuGH eine klare Aussage machen, noch herrscht darüber in der Lehre eine einheitliche Meinung. Sicher ist, dass sie im Ansatz durch Rechtsvergleichung gewonnen werden, und dass dabei nicht die Methode des kleinsten gemeinsamen Nenners gilt. Man neigt vielmehr zu einer kritisch-wertenden Rechtsvergleichung, die zu denjenigen Lösungen tendiert, zu denen die verglichenen Rechtsordnungen sich tendenziell orientieren und die gleichzeitig den Zielsetzungen der Gemeinschaften am nächsten kommen. Dabei wird es nicht unbedingt als erforderlich erachtet, dass die so entwickelten Rechtsgrundsätze in ihrer konkreten Ausformulierung durch den EuGH immer in allen verglichenen Rechtsordnungen gleichzeitig vorkommen.

Ein Hauptanwendungsbereich für die allgemeinen Rechtsgrundsätze ist das **allge-** **400** **meine Verwaltungsrecht** bei der Vollziehung des Gemeinschaftsrechts durch die Organe und Einrichtungen der Gemeinschaften. Für diese Fragen sind im primären und sekundären Gemeinschaftsrecht nur sehr wenige Regelungen vorgesehen. Der EuGH hat diese Lücken durch die Anwendung der allgemeinen Rechtsgrundsätze geschlossen. Die wichtigsten so entwickelten, auf dem Rechtsstaatprinzip basierenden Grundsätze sind dabei:

Verhältnismäßigkeitsprinzip (jetzt als Bestandteil des geschriebenen primären Gemeinschaftsrechts in Art. 5 Abs. 3 EGV verankert), Vertrauensschutz, Gesetzmäßigkeit der Verwaltung, Schutz wohlerworbener Rechte, Rechtssicherheit, Schutz des guten Glaubens, rechtliches Gehör, Gleichbehandlung, Untersuchungsgrundsatz, Recht auf Akteneinsicht, Vertraulichkeit der Rechtsberatung, Widerruf und Rücknahme von Verwaltungsakten etc (s. *Schweitzer/Hummer*, Europarecht, Rn 15 f, 791 f).

Neben diesen, den nationalen Verwaltungsverfahrensrechten bekannten Grundsätzen greift der EuGH teilweise auf äußerst unbestimmte Prinzipien zurück, wie zB „zuteilende Gerechtigkeit", „gute Verwaltungsführung" oder „ordnungsgemäße Verwaltung" (s. *Schweitzer/Hummer*, Europarecht, Rn 791).

Beispiel: In Beantwortung der Frage, ob es mit dem Gemeinschaftsrecht vereinbar sei, wenn das nationale Recht eines Mitgliedstaates die Rückforderung von zu Unrecht gewährten EG-Beihilfen aus Gründen des Vertrauensschutzes und der Rechtssicherheit ausschließe, führte der EuGH ua aus (verb. Rs. 205 bis 215/82, Deutsche Milchkontor ua/Bundesrepublik Deutschland, Slg. 1983, S. 2633 ff):

„(30) Dazu ist zunächst zu bemerken, daß die Grundsätze des Vertrauensschutzes und der Rechtssicherheit Bestandteil der Rechtsordnung der Gemeinschaft sind. Daher kann es nicht als dieser Rechtsordnung widersprechend angesehen werden, wenn nationales Recht in einem Bereich wie dem der Rückforderung von zu Unrecht gezahlten Gemeinschaftsbeihilfen berechtigtes Vertrauen und Rechtssicherheit schützt. Eine Untersuchung der nationalen Regelungen der Mitgliedstaaten über die Rücknahme von Verwaltungsakten und die Rückforderung von zu Unrecht gewährten öffentlichen Geldleistungen zeigt im übrigen, daß das Bestreben, in der einen oder anderen Form ein Gleichgewicht zwischen dem Grundsatz der Rechtmäßigkeit der Verwaltung einerseits sowie dem Grundsatz der Rechtssicherheit und des Vertrauensschutzes andererseits herzustellen, den Rechtsordnungen der Mitgliedstaaten gemeinsam ist."

401 Das zweite Hauptanwendungsgebiet für die allgemeinen Rechtsgrundsätze sind die **Grundrechte**. Auch hier war das primäre Gemeinschaftsrecht äußerst lückenhaft. Es gab lediglich einige als Grundfreiheiten bezeichnete Rechte des Einzelnen, wie zB das Diskriminierungsverbot des Art. 12 EGV oder die Freizügigkeitsrechte der Art. 39 ff, Art. 43 ff und Art. 49 ff EGV. Die eigentlichen Grundrechte hat der EuGH unter Anwendung der allgemeinen Rechtsgrundsätze entwickelt. Dabei hat die Rechtsprechung folgende Phasen durchlaufen:

– Urteil vom 12. November 1969: „Bei dieser Auslegung enthält die streitige Vorschrift nichts, was die in den allgemeinen Grundsätzen der Gemeinschaftsrechtsordnung, deren Wahrung der Gerichtshof zu sichern hat, enthaltenen Grundrechte der Person in Frage stellen könnte." (Rs. 29/69, Stauder/Stadt Ulm, Slg. 1969, S. 419 ff, 425).

– Urteil vom 17. Dezember 1970: „... die Beachtung der Grundrechte gehört zu den allgemeinen Rechtsgrundsätzen, deren Wahrung der Gerichtshof zu sichern hat. Die Gewährleistung dieser Rechte muß zwar von den gemeinsamen Verfassungsüberlieferungen der Mitgliedstaaten getragen sein, sie muß sich aber auch in die Struktur und die Ziele der Gemeinschaft einfügen." (Rs. 11/70, Internationale Handelsgesellschaft/ Einfuhr- und Vorratsstelle für Getreide und Futtermittel, Slg. 1970, S. 1125 ff, Rn 4).

– Urteil vom 14. Mai 1974: „Der Gerichtshof hat bereits entschieden, daß die Grundrechte zu den allgemeinen Rechtsgrundsätzen gehören, die er zu wahren hat, und daß er bei der Gewährleistung dieser Rechte von den gemeinsamen Verfassungsüberlieferungen der Mitgliedstaaten auszugehen hat. Hiernach kann er keine Maßnahmen als Rechtens anerkennen, die unvereinbar sind mit den von den Verfassungen dieser Staaten anerkannten und geschützten Grundrechten. Auch die internationalen Verträge über den Schutz der Menschenrechte, an deren Abschluß die Mitgliedstaaten beteiligt waren oder denen sie beigetreten sind, können Hinweise geben, die im Rahmen des Gemeinschaftsrechts zu berücksichtigen sind … Die so garantierten Rechte sind aber weit davon entfernt, uneingeschränkten Vorrang zu genießen; sie müssen im Hinblick auf die soziale Funktion der geschützten Rechtsgüter und Tätigkeiten gesehen werden. Aus diesem Grunde werden Rechte dieser Art in der Regel nur unter dem Vorbehalt von Einschränkungen geschützt, die im öffentlichen Interesse liegen. In der Gemeinschaftsrechtsordnung erscheint es weiterhin auch berechtigt, für diese Rechte bestimmte Begrenzungen vorzubehalten, die durch die dem allgemeinen Wohl dienenden Ziele der Gemeinschaft gerechtfertigt sind, solange die Rechte nicht in ihrem Wesen angetastet werden." (Rs. 4/73, Nold/Kommission, Slg. 1974, S. 491 ff, Rn 13 f).

– Urteil vom 28. Oktober 1975: „Insgesamt stellen sich die Beschränkungen der ausländerpolizeilichen Befugnisse der Mitgliedstaaten als eine besondere Ausprägung eines allgemeineren Grundsatzes dar, der in den Artikeln 8, 9, 10 und 11 der am 4. November 1950 in Rom unterzeichneten und von allen Mitgliedstaaten ratifizierten Konvention zum Schutze der Menschenrechte und Grundfreiheiten und in Artikel 2 des am 16. September 1963 in Straßburg unterzeichneten Protokolls Nr 4 zu dieser Konvention verankert ist …" (Rs. 36/75, Rutili/Minister des Innern, Slg. 1975, S. 1219 ff, Rn 32).

– Urteil vom 13. Dezember 1979: „Auch wenn der Gemeinschaft nicht grundsätzlich die Möglichkeit abgesprochen werden kann, die Ausübung des Eigentumsrechts im Rahmen einer gemeinsamen Marktorganisation und aus strukturpolitischen Gründen zu beschränken, so ist doch noch zu prüfen, ob die in der umstrittenen Regelung enthaltenen Einschränkungen tatsächlich dem allgemeinen Wohl dienenden Zielen der Gemeinschaft entsprechen und ob sie nicht einen im Hinblick auf den verfolgten Zweck unverhältnismäßigen, nicht tragbaren Eingriff in die Vorrechte des Eigentümers darstellen, der das Eigentumsrecht in seinem Wesensgehalt antastet." (Rs. 44/79, Hauer/Land Rheinland-Pfalz, Slg. 1979, S. 3727 ff, Rn 23).

Insgesamt gesehen ergibt dies folgende **Grundrechtskonzeption**, die in diesen **402** Grundzügen allgemein anerkannt wird:

(1) Es gelten Grundrechte, die den Verfassungen der Mitgliedstaaten gemeinsam sind.

(2) Es gelten Grundrechte – oder zumindest können sie zu berücksichtigende Hinweise geben –, die in von allen Mitgliedstaaten abgeschlossenen Verträgen festgelegt sind.

(3) Es gelten Grundrechtsschranken, die im gemeinschaftlichen Allgemeinwohl zu suchen sind.

(4) Es gelten das Verhältnismäßigkeitsprinzip und die Wesensgehaltsgarantie als Schranken-Schranken bei der Beschränkung der Grundrechte.

Auf dieser allgemeinen Grundrechtskonzeption basierend hat der EuGH bislang **403** folgende **Einzelgrundrechte** festgestellt:

Beachtung der Menschenwürde, Unversehrtheit der Person, Gleichheitssatz, Verbot der Geschlechterdiskriminierung, Eigentumsschutz, Berufsfreiheit, freier Zugang zur Beschäftigung, Achtung der Privatsphäre, Achtung des Familienlebens, Schutz des Arztgeheimnisses, Unverletzlichkeit der Wohnung, Meinungsfreiheit, Religionsfreiheit, Vereinigungsfreiheit, Anspruch auf effektiven gerichtlichen Rechtsschutz, Recht auf Verteidigung, Anspruch auf faires Verfahren, Aussageverweigerungsrecht bei Gefahr der Selbstbezichtigung, Verbot der Rückwirkung von Strafvorschriften.

404 Durch die Verträge von Maastricht und Amsterdam wurde die Beachtung der Grundrechte auch im geschriebenen Recht verankert. Während Art. 6 Abs. 1 EUV die Achtung der Menschenrechte und Grundfreiheiten als Grundsatz der Europäischen Union deklariert, gibt Art. 6 Abs. 2 EUV die vom EuGH entwickelte Rechtsprechung zum Geltungsgrund der Grundrechte wieder, indem er bestimmt:

„Die Union achtet die Grundrechte, wie sie in der am 4. November 1950 in Rom unterzeichneten Europäischen Konvention zum Schutze der Menschenrechte und Grundfreiheiten gewährleistet sind und wie sie sich aus den gemeinsamen Verfassungsüberlieferungen der Mitgliedstaaten als allgemeine Grundsätze des Gemeinschaftsrechts ergeben."

404a Am 7. Dezember 2000 proklamierten das Europäische Parlament, der Rat und die Kommission die **Charta der Grundrechte der Europaischen Union** (Sartorius II, Nr 146). In ihr sind die bürgerlichen, politischen, wirtschaftlichen und sozialen Rechte, wie sie bereits auf Grund des EGV oder der Rechtsprechung des EuGH bestehen, in sieben Kapiteln zusammengefasst (Würde des Menschen, Freiheiten, Gleichheiten, Solidarität, Bürgerrechte, Justitielle Rechte, Allgemeine Bestimmungen). Als bloße Proklamation ist die Charta rechtlich nicht verbindlich. Es handelt sich vielmehr um Selbstbindungen durch einseitige Willenserklärungen der drei Organe. Allerdings soll die Charta – in geringfügig veränderter Form – als Teil II in den Vertrag über eine Verfassung für Europa aufgenommen und damit verbindlich werden.

b) Gewohnheitsrecht

405 Zum ungeschriebenen Gemeinschaftsrecht ist auch das Gewohnheitsrecht zu zählen. Über die Existenz eines Gemeinschaftsgewohnheitsrechts besteht in der Lehre kein Zweifel, aber ebenso wenig gibt es eine gesicherte Theorie. Angeführt wird, dass keine Rechtsordnung ohne Gewohnheitsrecht auskäme, dass das Europäische Gemeinschaftsrecht nur einen Unterfall des Völkerrechts darstelle und deshalb dieselben Rechtsquellen wie dieses beinhalten müsse, und dass das Gewohnheitsrecht im Europäischen Gemeinschaftsrecht notwendig sei, weil die allgemeinen Rechtsgrundsätze der Rechtsstaatlichkeit dies forderten. Der EuGH hat bisher nur andeutungsweise Gewohnheitsrecht beachtet. Jedenfalls wird man davon ausgehen müssen, dass – mangels einer eigenständigen gemeinschaftlichen Gewohnheitsrechtstheorie – die Grundsätze des Völkerrechts über die Entstehung von Gewohnheitsrecht entsprechend heranzuziehen sind (s. Rn 243 ff). Man wird daher zumindest das Vorliegen einer **Übung** und einer **Rechtsüberzeugung** fordern müssen.

Beispiel: Ein allgemein anerkanntes Beispiel gibt es nicht. Meist wird die Praxis angeführt, im Rat auch Staatssekretäre als stimmberechtigte Vertreter ihres Staates zu akzeptieren, selbst wenn sie – wie in der Bundesrepublik – nicht Regierungsmitglieder sind. Dies stand in klarem Widerspruch zum Wortlaut des Art. 2 Abs. 1 des Fusionsvertrages vom 8. April

1965, wonach im Rat je ein Mitglied der Regierungen der Mitgliedstaaten sitzt. Dieses Beispiel hat sich aber mit der Neuregelung des Art. 203 Abs. 1 EGV (s. Rn 361) und der Aufhebung des Fusionsvertrages durch den Vertrag von Nizza erledigt.

3. Regelung im GG und in den Länderverfassungen

Da die **allgemeinen Rechtsgrundsätze** – wie man sie auch immer definiert (s. Rn 398 f) – dem primären Gemeinschaftsrecht zuzuordnen sind, kommen auf sie die diesbezüglichen Regelungen des GG und der Länderverfassungen zur Anwendung. Dabei ist allerdings zu berücksichtigen, dass sie in ihrer Existenz und in ihrem Umfang durch die Rechtsprechung des EuGH festgestellt werden, sodass die Bestimmungen des GG und der Länderverfassungen insofern keinen Anwendungsbereich haben. Von Bedeutung sind sie hingegen im Bereich des Grundrechtsschutzes, da sie dabei in engem Zusammenhang mit der Rechtsprechung des BVerfG zur Vorrangfrage zu sehen sind (s. Rn 70 ff). **406**

Beim **Gewohnheitsrecht** ergeben sich kaum Verbindungen zum GG, da das Gewohnheitsrecht – abgesehen von den Unklarheiten über seine Konzeption – nur innergemeinschaftliche Wirkung hat. Sollten sich dennoch Berührungspunkte ergeben, müssen bis zur Entwicklung einer eigenständigen gemeinschaftlichen Gewohnheitsrechtstheorie Regelungen des GG und der Länderverfassungen über das Völkergewohnheitsrecht entsprechend angewandt werden (s. Rn 254 ff). **407**

Literatur: *Alber/Widmaier*, Die EU-Charta der Grundrechte und ihre Auswirkungen auf die Rechtsprechung, in: EuGRZ 2000, S. 497 ff; *Bleckmann*, Zur Funktion des Gewohnheitsrechts im Europäischen Gemeinschaftsrecht, in: EuR 1981, S. 101 ff; *ders.*, Europarecht, S. 209-231; *Lecheler*, Der Europäische Gerichtshof und die allgemeinen Rechtsgrundsätze, Berlin 1971; *Meessen*, Zur Theorie der allgemeinen Rechtsgrundsätze des internationalen Rechts: Der Nachweis allgemeiner Rechtsgrundsätze des Europäischen Gemeinschaftsrechts, in: JIR 1974, S. 283 ff; *Oppermann*, S. 184-191; *Nicolaysen*, S. 116-146; *Schweitzer/Hummer*, Europarecht, Rn 15-17, 786-811; *Streinz*, Rn 354-374.

IV. Begleitendes Gemeinschaftsrecht

1. Begriff

Unter begleitendem Gemeinschaftsrecht versteht man alle Normen, die – ohne selbst Gemeinschaftsrecht zu sein – in **völkerrechtlichen Verträgen** enthalten sind und der Förderung der Ziele der Gemeinschaften dienen. Solche Verträge sind zB in Art. 293 EGV vorgesehen. Sie können aber auch unabhängig davon abgeschlossen werden. **408**

Beispiele:

– Übereinkommen über die Beseitigung der Doppelbesteuerung im Falle von Gewinnberichtigungen zwischen verbundenen Unternehmen vom 23. Juni 1990 – gestützt auf Art. 293 EGV (ABl. 1990, Nr L 250, S. 10 ff; geändert durch ABl. 1999, Nr C 2002, S. 1 ff).

– Übereinkommen über das europäische Patent für den Gemeinsamen Markt vom 15. Dezember 1975 – nicht auf Art. 293 EGV gestützt (BGBl. 1979 II, S. 834 ff)

409   In Art. 34 Abs. 2 Unterabs. 1 Buchstabe d EUV ist vorgesehen, dass der Rat in den Materien der justitiellen und polizeilichen Zusammenarbeit in Strafsachen Übereinkommen ausarbeiten und den Mitgliedstaaten zur Annahme empfehlen kann. Solche Abkommen haben die Wirkung von begleitendem Gemeinschaftsrecht; da sie aber in der Dritten Säule der Europäischen Union angesiedelt sind, kann man von **begleitendem Unionsrecht** sprechen.

Beispiel: Übereinkommen auf Grund von Artikel 31 des Vertrags über die Europäische Union über die Errichtung eines Europäischen Polizeiamts (Europol-Übereinkommen) vom 26. Juli 1995 (Sartorius II, Nr 300).

2. Regelung im GG und in den Länderverfassungen

410   Da es sich beim begleitenden Gemeinschaftsrecht um völkerrechtliches Vertragsrecht handelt, kommen die diesbezüglichen Regelungen des GG und der Länderverfassungen zur Anwendung. Allerdings werden – was den möglichen Inhalt anbelangt – Verträge der Länder kaum vorkommen.

Literatur: *Schwartz,* Übereinkommen zwischen den EG-Staaten: Völkerrecht oder Gemeinschaftsrecht, in: *Kroneck* (Hrsg.), Im Dienste Deutschlands und des Rechts, Festschrift für *G. Grewe,* Baden-Baden 1981, S. 551 ff; *Wuermeling,* Kooperatives Gemeinschaftsrecht – Die Rechtsakte der Gesamtheit der EG-Mitgliedstaaten, insbesondere die Gemeinschaftskonventionen nach Art. 220 EWGV, Kehl ua 1988.

V. Völkerrechtliche Verträge

411   Zu den Quellen des Europarechts im engeren Sinn zählen auch die von der EU abgeschlossenen völkerrechtlichen Verträge. Da die EU nach der hL keine völkerrechtsfähige internationale Organisation ist (s. Rn 19 und 693), über keine Vertragsschließungskompetenzen im Bereich der Zweiten und Dritten Säule verfügt, sind nur die innerhalb der Ersten Säule der EU von den Europäischen Gemeinschaften abgeschlossenen völkerrechtlichen Verträge von Bedeutung. Daran ändert sich auch durch die Artikel 24 und 38 EUV nichts. Dort ist zwar vorgesehen, dass der Rat im Bereich der Zweiten und Dritten Säule völkerrechtliche Verträge mit Staaten oder internationalen Organisationen abschließen kann, dadurch wird die EU aber nicht Vertragspartner. Der Rat handelt vielmehr *für* die Mitgliedstaaten. Dies ergibt sich aus der dem Vertrag von Amsterdam angefügten „Erklärungen zu den Artikeln J.14 und K.10 des Vertrags über die Europäische Union", wonach dies „keine Übertragung von Zuständigkeiten von den Mitgliedstaaten auf die Europäische Union" bedeutet. Für die Bundesrepublik Deutschland handelt es sich daher um normale völkerrechtliche Verträge.

Allerdings hat die EU in jüngster Zeit einige völkerrechtliche Verträge im eigenen Namen abgeschlossen, so zB das Abkommen zwischen der EU und der Nordatlantikvertrags-Organisation über den Geheimschutz vom 24. Februar 2003 (ABl. 200, Nr L 80, S. 35 ff), oder zwei Abkommen zwischen der EU und den USA über Auslieferung und Rechtshilfe in Strafsachen, die 2003 unterzeichnet wurden (ABl. 2003, Nr L 181, S. 25 ff). Dadurch kann aber keineswegs die Völkerrechtssubjektivität der EU begründet werden; die Titel der Abkommen sind also irreführend.

1. Zuständigkeit der Europäischen Gemeinschaften

Die Gründungsverträge der Europäischen Gemeinschaften sehen in mehreren Fäl- **412** len Kompetenzen zum Abschluss völkerrechtlicher Verträge vor (zB Art. 133, Art. 310 EGV). Jedoch besitzt die EG nicht nur dort Kompetenzen zum Vertragsschluss, wo ihr solche durch den EGV ausdrücklich zugewiesen werden. Nach der Rechtsprechung des EuGH kann sie auch in Bereichen nach außen tätig werden, die sie auf Grund der Vorschriften des EGV innergemeinschaftlich durch Erlass von Sekundärrecht regeln darf. Diesen **Parallelismus zwischen Innen- und Außenkompetenz** stützt der EuGH auf die „implied powers"-Lehre (s. Rn 336a). Bestimmungen des EGV, die eine interne Befugnis der EG begründen, schaffen demnach zugleich „implizit" ihre Kompetenz zum Abschluss völkerrechtlicher Verträge im Ausmaß dieser Befugnis. Dahinter steht die Überlegung, dass dies insbesondere dann notwendig ist, wenn eine der Innenkompetenz entsprechende Außenkompetenz zur Erreichung eines Gemeinschaftsziels notwendig ist, das sich durch den Erlass von sekundärem Gemeinschaftsrecht sonst nicht erreichen lässt, und dass aus Praktikabilitätsgründen die inner- und außergemeinschaftlichen Aspekte einer der EG zugewiesenen Materie nicht voneinander getrennt werden können (EuGH, Rs. 22/70, AETR, Slg. 1971, S. 263 ff; Gutachten 1/76, Stillegungsfonds, Slg. 1977, S. 741 ff; Gutachten 1/94, WTO, Slg. 1994, S. I-5267 ff, Rn 72 ff).

2. Rang und Rechtswirkungen

Die völkerrechtlichen Verträge der Europäischen Gemeinschaften lassen sich nicht **413** ohne weiteres den übrigen Rechtsquellen zuordnen. Einerseits werden sie von den Organen abgeschlossen (zum Verfahren s. Art. 300 EGV), beruhen daher auf Organhandeln und scheinen daher sekundäres Gemeinschaftsrecht zu sein. Andererseits sind die Verträge gemäß Art. 300 Abs. 7 EGV für die Gemeinschaft und die Mitgliedstaaten verbindlich. Da sie von den Gemeinschaftsorganen beim Erlass von sekundären Gemeinschaftsrecht zu beachten sind, stehen die Abkommen folglich im **Rang zwischen primärem und sekundärem Gemeinschaftsrecht**.

Dass die Gemeinschaft an die von ihr geschlossenen Verträge gebunden ist, folgt **414** bereits aus dem völkerrechtlichen Grundsatz „pacta sunt servanda". Die in Art. 300 Abs. 7 EGV darüberhinaus statuierte Bindung der Gemeinschaft und der Mitgliedstaaten an die Gemeinschaftsabkommen ist demzufolge gemeinschaftsrechtlicher Natur. Der EuGH schließt aus dieser Vorschrift, dass die Gemeinschaftsabkommen einen „integrierenden Bestandteil der Gemeinschaftsrechtsordnung" bilden (EuGH, Rs. 181/73 Haegemann/Belgien, Slg. 1974, S. 449 ff, Rn 2/6). Das hat zur Folge, dass sie wie Primär- und Sekundärrecht in den Mitgliedstaaten **unmittelbar gelten** und wegen ihres **Vorrangs** kollidierendes innerstaatliches Recht verdrängen

(s. Rn 324 und 326). Sofern ein Gemeinschaftsabkommen unmittelbar anwendbar („self-executing", s. Rn 325) ist, können sich auch Einzelne vor innerstaatlichen Gerichten auf seine Bestimmungen berufen (EuGH, Rs. 87/75, Bresciani/Italienische Finanzverwaltung, Slg. 1976, S. 129 ff, Rn 16 ff). Besonders umstritten ist dies etwa beim WTO-Recht, dem der EuGH unmittelbare Anwendbarkeit abspricht (Rs. C-149/96, Portugal/Rat, Slg. 1999, S. I-8395 ff).

3. Gemischte Abkommen

415   In der Praxis kommt es vor, dass ein völkerrechtlicher Vertrag Bereiche betrifft, die nur teilweise in die Kompetenz der Gemeinschaften fallen. Für die übrigen Teile liegt die Kompetenz bei den Mitgliedstaaten.

Beispiele:
– Beitritt der EG zur Welthandelsorganisation (WTO-Vertrag vom 12. April 1994, Sartorius II, Nr 500; s. EuGH, Gutachten 1/94, WTO, Slg. 1994, S. I-5267 ff).
– Beitritt zum Seerechtsübereinkommen der Vereinten Nationen vom 10. Dezember 1982 (Sartorius II, Nr 350).

416   Um Auseinandersetzungen über die Vertragsabschlusskompetenz zu vermeiden, werden in solchen Fällen die Verträge von der **Gemeinschaften und** den **Mitgliedstaaten** abgeschlossen (gemischte Abkommen). Damit wird der Teil des Vertrages, der von der Kompetenz der Gemeinschaften gedeckt ist, zum „integrierenden Bestandteil der Gemeinschaftsrechtsordnung" (s. Rn 414) und ist in Bezug auf seinen Rang und seine Rechtswirkungen wie dargestellt zu behandeln. Der Rest des Vertrages ist nach den verfassungsrechtlichen Bestimmungen der Mitgliedstaaten über den Abschluss völkerrechtlicher Verträge zu behandeln.

4. Regelung im GG und in den Länderverfassungen

417   GG und Länderverfassungen enthalten in Bezug auf völkerrechtliche Verträge der Europäischen Gemeinschaften keine ausdrücklichen Regelungen. Soweit es sich um reine **Gemeinschaftsabkommen** handelt, gelten die Ausführungen zum Sekundärrecht (s. Rn 382 f) entsprechend. Zwar stehen diese im Rang über dem Sekundärrecht. Da jedoch gemäß Art. 300 Abs. 2 EGV der Rat über den Abschluss eines Gemeinschaftsabkommens beschließt, ist der Vertragsschluss einem gemeinschaftlichen Rechtssetzungsverfahren vergleichbar, sodass insbesondere die geschilderte Beteiligung der deutschen Gesetzgebungsorgane gemäß Art. 23 GG zur Anwendung kommt (s. Rn 383 ff). **Gemischte Abkommen** beurteilen sich hinsichtlich ihres gemeinschaftsrechtlichen Bestandteils folglich nach Art. 23 GG. Für den Teil des Abkommens, der auf der Kompetenz der Mitgliedstaaten beruht, bildet Art. 59 Abs. 2 GG die Rechtsgrundlage (s. Rn 162 ff und 189 ff; aA *Frenz*, in: DVBl. 1999, S. 945 ff, der allein auf Art. 23 GG abstellt). Dementsprechend kommt dann auch in diesem Bereich das Lindauer Abkommen (s. Rn 128) zur Anwendung. Um Meinungsverschiedenheiten darüber zwischen Bund und Ländern zu beheben, wurde daher schon ein „Lindau II"-Abkommen vorgeschlagen (*Clostermeyer/Lehr*, in: DÖV 1998, S. 148 ff; s. auch das dort als Anhang abgedruckte Protokoll über die diesbezüglichen Verhandlungen zwischen Bund und Ländern).

Soweit es sich um **Verträge im Bereich der Zweiten und Dritten Säule** der EU **417a** handelt, muss Art. 59 Abs. 2 GG zur Anwendung kommen, da es sich immer nur um Abkommen der Mitgliedstaaten handelt (s. Rn 411).

Literatur: *Clostermeyer/Lehr*, Ländermitwirkung bei völkervertraglichem Handeln auf EU-Ebene, in: DÖV 1998, S. 148 ff; *Dörr*, Die Entwicklung der ungeschriebenen Außenkompetenzen der EG, in: EuZW 1996, S. 39 ff; *Frenz*, Die Verdrängung des Lindauer Abkommens durch Art. 23 GG, in: DVBl. 1999, S. 945 ff; *Geiger*, Vertragsschlusskompetenz der Europäischen Gemeinschaften und auswärtige Gewalt der Mitgliedstaaten, in: JZ 1995, S. 973 ff; *Schweitzer/Hummer*, Europarecht, Rn 650-689; *Stein*, Der Gemischte Vertrag im Recht der Außenbeziehungen der Europäischen Wirtschaftsgemeinschaft, Berlin 1986; *Streinz*, Rn 593-616; *Wünschmann*, Geltung und gerichtliche Geltendmachung völkerrechtlicher Verträge im Europäischen Gemeinschaftsrecht, Berlin 2003.

§ 4 Der innerstaatliche Vollzug von Völkerrecht und Europarecht

A. Der innerstaatliche Vollzug des Völkerrechts

Das Völkerrecht regelt die Rechtsbeziehungen der Völkerrechtssubjekte unterein- **418** ander. Die sich daraus ergebenden Rechte, insbesondere aber die Verpflichtungen, hat jedes Völkerrechtssubjekt selbst zu vollziehen. Speziell in Bezug auf die Staaten bedeutet das, dass der Vollzug des Völkerrechts **dem innerstaatlichen Recht überlassen** wird. Es steht ihnen frei, wie sie sicherstellen, dass das Völkerrecht im innerstaatlichen Bereich befolgt wird. Lediglich das Ziel ist vorgegeben: Sie müssen erreichen, dass die innerstaatlichen Organe, insbesondere Verwaltungsbehörden und Gerichte, das Völkerrecht beachten. Dazu müssen sie in irgendeiner Form das Völkerrecht innerstaatlich für anwendbar erklären.

Besonders deutlich stellt sich dies dar, wenn man von einem **Dualismus** im Verhältnis Völkerrecht und nationales Recht ausgeht (s. Rn 31 ff). Denn wenn man auf eine grundsätzliche Trennung dieser beiden Rechtsordnungen abstellt, so ist das Völkerrecht im innerstaatlichen Bereich so lange nicht anwendbar, als der Staat dies nicht irgendwie anordnet. Aber auch der **Monismus** kommt nicht ohne eine solche Anordnung aus. Denn selbst wenn man Völkerrecht und nationales Recht als Einheit sieht (s. Rn 26 ff), wird durch das Völkerrecht zunächst nur der Staat verpflichtet, und es ist damit nichts darüber ausgesagt, welche Organe das Völkerrecht zu vollziehen haben. Dazu bedarf es eben einer innerstaatlichen Anordnung.

Um das Völkerrecht innerstaatlich zu vollziehen, ist es also notwendig, dieses in- **419** nerstaatlich für anwendbar zu erklären. Dazu gibt es verschiedene **juristische Techniken**, die in aller Regel in den Verfassungen festgelegt sind. Dabei ist in der Staatenpraxis festzustellen, dass teilweise in ein- und derselben Verfassung für Vertrags- und Gewohnheitsrecht unterschiedliche Techniken vorgesehen sind.

I. Adoptionstheorie

420 Nach der Adoptionstheorie wird die Anwendung des Völkerrechts im innerstaatlichen Recht dergestalt bewirkt, dass das Völkerrecht in das innerstaatliche Recht einverleibt wird. Das **Völkerrecht** wird durch innerstaatliches Recht im Einzelfall oder pauschal in den innerstaatlichen Rechtsbereich **eingelassen**. Dadurch wird es allerdings nicht in innerstaatliches Recht umgewandelt, sondern bleibt, ohne seinen Charakter zu wechseln, Völkerrecht. Die Adoptionstheorie hat ihren Ursprung in der von Blackstone 1769 geprägten und von der englischen Gerichtspraxis übernommenen Formel: „International law is part of the law of the land." Sie wird in der Regel mit dem Monismus gekoppelt. Denn wenn man vom Dualismus ausgeht und Völkerrecht und nationales Recht grundsätzlich als zwei verschiedene Rechtsordnungen betrachtet, die unterschiedlich entstehen, sich an unterschiedliche Rechtssubjekte wenden und unterschiedliche Materien regeln, so lässt sich kaum erklären, wie das Völkerrecht als *solches* im innerstaatlichen Bereich Anwendung finden kann.

421 Die **Folge** der Adoptionstheorie ist, dass durch die „Adoption" dem Völkerrecht der Weg in die innerstaatliche Rechtsordnung frei gemacht wird. Es gilt als Völkerrecht innerstaatlich. Die Verwaltungsbehörden und die Gerichte haben es unmittelbar anzuwenden. Weil es aber seinen Charakter als Völkerrecht nicht verloren hat, richten sich In-Kraft-Treten, Wirksamkeit, Interpretation, Beendigung usw nach Völkerrecht. Wird dabei zB ein Vertrag aus irgendeinem Grund beendigt (s. Rn 229 ff), so wirkt dies nicht nur völkerrechtlich, sondern auch unmittelbar innerstaatlich. Dadurch unterscheidet sich die Adoptions- wesentlich von der Transformationstheorie (s. Rn 424 ff).

422 Über den **Rang**, den das dergestalt für anwendbar erklärte Völkerrecht in der innerstaatlichen Normenhierarchie einnimmt, sagt die Adoptionstheorie für sich gesehen nichts aus. Eine Aussage über den Rang kann daher nur gemacht werden, wenn die Adoptionsnorm oder eine andere Verfassungsbestimmung darüber Aufschluss gibt.

Beispiele:

– Art. VI Abs. 2 der Verfassung der Vereinigten Staaten von Amerika vom 17. September 1787 bestimmt:
„This Constitution, and the laws of the United States which shall be made in pursuance thereof; and all the treaties made, or which shall be made, under the authority of the United States, shall be the supreme law of the land; and the judges in every State shall be bound thereby, anything in the Constitution or laws of any State to the contrary notwithstanding."
Diese Bestimmung kann als Beleg für die Adoptionstheorie angeführt werden und als Bestimmung, die den Rang des adoptierten Vertragsvölkerrechts festlegt.

– In den Niederlanden wird überwiegend die Adoptionstheorie vertreten, ohne dass die Verfassung dazu Stellung nimmt. Hingegen findet sich eine Bestimmung über den Rang von adoptiertem Völkervertragsrecht in Art. 94:
„Innerhalb des Königreichs geltende gesetzliche Vorschriften werden nicht angewandt, wenn die Anwendung mit allgemeinverbindlichen Bestimmungen von Verträgen und Beschlüssen völkerrechtlicher Organisationen nicht vereinbar ist."

II. Vollzugslehre

Nach der Vollzugslehre wird die Anwendung des Völkerrechts im innerstaatlichen **423** Recht dergestalt bewirkt, dass durch einen innerstaatlichen Vollzugsbefehl der **Vollzug** des Völkerrechts im innerstaatlichen Bereich **freigegeben** wird. Auch nach dieser Lehre ändert das Völkerrecht seinen Charakter nicht, der Vollzugsbefehl wandelt es nicht in innerstaatliches Recht um. Dies hat – wie nach der Adoptionstheorie – zur Folge, dass sich In-Kraft-Treten, Wirksamkeit, Interpretation, Beendigung usw nach Völkerrecht richten und dass keine Aussage über den Rang gemacht wird. Auch die Vollzugslehre wird meist nur im Rahmen eines Monismus vertreten und nähert sich insgesamt so sehr der Adoptionstheorie an, dass man von lediglich verschiedenen Bezeichnungen für ein und dieselbe Theorie gesprochen hat.

III. Transformationstheorie

Nach der Transformationstheorie wird die Anwendung des Völkerrechts im inner- **424** staatlichen Recht dergestalt bewirkt, dass das **Völkerrecht** in innerstaatliches Recht **umgewandelt** wird. Als Transformator wird bei völkerrechtlichen Verträgen meist das Zustimmungsgesetz zum Vertragsabschluss (= Vertragsgesetz) durch das Parlament angesehen. Es wird gleich lautendes innerstaatliches Recht gesetzt. Damit ist die Materie völkerrechtlich und innerstaatlich in gleich lautender Weise geregelt, aber Geltungsgrund und Geltungsbereich sind jeweils verschieden.

Dies hat zur **Folge**, dass sich In-Kraft-Treten, Wirksamkeit, Interpretation, Beendi- **425** gung usw einerseits nach Völkerrecht, andererseits nach innerstaatlichem Recht richten. Wird daher zB ein Vertrag aus irgendeinem Grund beendigt, so wirkt dies nur völkerrechtlich, nicht aber innerstaatlich. Das gleich lautende innerstaatliche Recht gilt weiter, bis es aufgehoben wird. Das ist der wesentliche Unterschied der Transformationstheorie zur Adoptionstheorie und zur Vollzugslehre.

Beispiele:

– Ein österreichisches Amtsgericht hatte 1939 das Reichsgericht mit einer Vormundschafts-sache befasst. Dieses hatte dabei zu entscheiden, ob das Vormundschaftsabkommen zwischen dem Deutschen Reich und der Republik Österreich vom 5. Februar 1927 (RGBl. 1927 II, S. 510 ff) trotz des 1938 erfolgten Anschlusses Österreichs an das Deutsche Reich zur Anwendung komme. Das Reichsgericht führte dazu aus (RGZ 160, S. 372 f, 373):
„Die zwischen dem Deutschen Reich und der Republik oder dem Bundesstaat Österreich geschlossenen Abkommen sind zwar mit dem Ende der Staatspersönlichkeit Österreichs als zwischenstaatliche Verträge erloschen. Soweit durch sie aber eine Erleichterung des Rechts-verkehrs herbeigeführt werden sollte, müssen ihre Bestimmungen weiter angewendet werden. Denn mit der Schaffung Großdeutschlands können die Rechtsbeziehungen zwischen Österreich und dem Altreich nur vertieft und erweitert, nicht aber erschwert worden sein. Darum müssen auch die Bestimmungen des Vormundschaftsabkommen für den Rechtsverkehr maßgebend bleiben …" Es mag dahingestellt bleiben, ob die Argumentation des Reichsge-richts von der Transformationstheorie geprägt ist (so *Bleckmann*, GG und Völkerrecht, S. 289). Jedenfalls verdeutlicht dieses Beispiel die Konsequenz der innerstaatlichen Weiter-geltung von transformiertem Völkerrecht.

Die Frage der heutigen Anwendbarkeit des Abkommens wurde außer Streit gestellt durch die Bekanntmachung vom 21. Oktober 1959 über die Wiederanwendung des deutsch-österreichischen Vormundschaftsabkommens (BGBl. 1959 II, S. 1250):

„Zwischen der Regierung der Bundesrepublik Deutschland und der Bundesregierung der Republik Österreich ist durch Notenwechsel Einverständnis darüber festgestellt worden, daß das in Wien am 5. Februar 1927 unterzeichnete Vormundschaftsabkommen zwischen dem Deutschen Reich und der Republik Österreich (Reichsgesetzbl. 1927 II, S. 510)

im Verhältnis zwischen der Bundesrepublik Deutschland und der Republik Österreich

mit Wirkung vom 1. Oktober 1959

wieder angewendet wird ……

Bonn, den 21. Oktober 1959.

Der Bundesminister des Auswärtigen“

– Art. 2 Abs. 1 Satz 2 des (Zustimmungs-)Gesetzes betreffend das Abkommen vom 28. Juli 1951 über die Rechtsstellung der Flüchtlinge vom 1. September 1953 (BGBl. 1953 II, S. 559) bestimmte: „Die Bestimmungen des Abkommens erhalten … einen Monat nach Verkündung dieses Gesetzes für die Bundesrepublik Gesetzeskraft.“ Dies war am 24. Dezember 1953 der Fall. Das Abkommen selbst ist hingegen erst am 22. April 1954 völkerrechtlich für die Bundesrepublik in Kraft getreten.

426 Da nach der Transformationstheorie Völkerrecht in innerstaatliches Recht umgewandelt wird, obliegt es auch dem innerstaatlichen Recht, den **Rang** des transformierten Rechts in der innerstaatlichen Normenhierarchie zu bestimmen. Da aber jede Transformationsnorm dem transformierten Recht höchstens den Rang einräumen kann, den sie selbst besitzt, richtet sich der Rang des transformierten Rechts nach der Regelung in der Transformationsnorm oder – wenn eine solche Regelung fehlt – nach deren Rang.

Beispiel: Art. 55 der französischen Verfassung vom 28. September 1958 bestimmt:

„Die ordnungsgemäß ratifizierten oder genehmigten Verträge oder Abkommen erlangen mit ihrer Veröffentlichung höhere Rechtskraft als die Gesetze, vorausgesetzt, daß die Abkommen oder Verträge von den Vertragspartnern angewandt werden.“

427 Insgesamt gesehen ergibt sich aus der strikten Trennung von Völkerrecht und nationalem Recht, dass die Transformationstheorie mit dem Dualismus gekoppelt ist. Zwar verbietet der Monismus keineswegs eine Umwandlung von Völkerrecht in innerstaatliches Recht, aber sie ist nicht notwendig und kann auch nicht die unmittelbare Wirkung des Völkerrechts im innerstaatlichen Recht mit den dargestellten Konsequenzen bewirken. Dies kann nach monistischer Sicht nur eine Adoption oder ein Vollzugsbefehl.

428 In vielen Fällen wird es allerdings kaum möglich sein, aus dem bloßen Wortlaut der Verfassungsbestimmungen einzelner Staaten eine eindeutige Festlegung auf eine der genannten Theorien abzuleiten. Vielmehr sind diese Bestimmungen meist so abgefasst, dass jede Theorie sie für sich beanspruchen kann. Dies erklärt auch, warum in der Literatur kaum Einigkeit darüber besteht, welche Beispiele für welche Theorien heranzuziehen sind. Letztlich lässt sich die Geltung einer bestimmten Theorie für eine bestimmte Verfassung nur aus der dort hL und Rechtsprechung ableiten.

Als eine – jedoch auch nicht unumstrittene – Ausnahme davon kann Art. 29 Abs. 6 der irischen Verfassung vom 1. Juli 1937 angeführt werden, der bestimmt:

„Kein internationales Abkommen wird Bestandteil der innerstaatlichen Rechtsordnung, es sei denn, dies werde vom Oireachtas (= das Nationale Parlament, Anm. d. Verf.) bestimmt."

Im Rahmen der Transformationstheorie unterscheidet man zwischen **genereller** und **spezieller** Transformation. **429**

1. Generelle Transformation

Unter genereller Transformation versteht man die generelle, globale oder en-bloc-Umwandlung von völkerrechtlichen Normen in innerstaatliches Recht. Man spricht auch von antizipierter Umwandlung, da die generelle Transformation des öfteren nicht nur gegenwärtiges, sondern auch alles künftige Völkerrecht in innerstaatliches Recht umwandelt. **430**

Beispiel: Art. 9 der österreichischen Verfassung in der Fassung von 1929 bestimmt:

„Die allgemein anerkannten Regeln des Völkerrechts gelten als Bestandteil des Bundesrechts."

2. Spezielle Transformation

Unter spezieller Transformation versteht man die Umwandlung einer bestimmten gegenwärtigen völkerrechtlichen Norm in innerstaatliches Recht. Dies geschieht vornehmlich durch Zustimmungsgesetze zu völkerrechtlichen Verträgen (= Vertragsgesetze). Die spezielle Transformation kann aber auch durch andere innerstaatliche Rechtsvorschriften bewirkt werden. **431**

Beispiel: § 18 Satz 1 des Gerichtsverfassungsgesetzes enthält eine – neben dem Vertragsgesetz zusätzliche – spezielle Transformation des Wiener Übereinkommens über diplomatische Beziehungen: „Die Mitglieder der im Geltungsbereich dieses Gesetzes errichteten diplomatischen Missionen, ihre Familienmitglieder und ihre privaten Hausangestellten sind nach Maßgabe des Wiener Übereinkommens über diplomatische Beziehungen vom 18. April 1961 (Bundesgesetzbl. 1964 II, S. 957 ff) von der deutschen Gerichtsbarkeit befreit."

Wenn § 18 Satz 2 dies unter dem Vorbehalt der Gegenseitigkeit auch auf die Diplomaten von Staaten ausdehnt, die nicht Vertragspartei des Wiener Übereinkommens über diplomatische Beziehungen sind, so stellt dies keine Transformation des Übereinkommens mehr dar. Denn dann bestehen zwischen diesen Staaten und der Bundesrepublik keine diesbezüglichen vertraglichen Beziehungen, und daher kann auch nichts transformiert werden.

IV. Gemäßigte Transformationstheorie

Die Transformationstheorie hat insbesondere mit dem **Problem** zu kämpfen, dass durch die scharfe Trennung zwischen Völkerrecht und transformiertem Recht der Zusammenhang zwischen Völkerrecht und innerstaatlichem Recht aufgelöst wird (strenge Transformationstheorie). Dies entspricht zwar einem konsequenten Dualismus, ist aber realitätsfremd. **432**

433 Man hat daher auf verschiedenartige Weise versucht, dieses Problem zu lösen. Zunächst ist man punktuell vorgegangen und hat Einzelfragen behandelt. So ist zB hinsichtlich der Diskrepanz zwischen innerstaatlichem und völkerrechtlichem **Inkrafttreten** eines Vertrags (s. Rn 425, 2. Beispiel) die These aufgestellt worden, dass die Vertragsbestimmungen über das In-Kraft-Treten ebenfalls transformiert würden und dass sich daher auch das innerstaatliche In-Kraft-Treten danach richten würde. Teilweise hat man auch die Transformationsfunktion des Zustimmungsgesetzes von dem völkerrechtlichen In-Kraft-Treten des Vertrages abhängig gemacht.

Schließlich versucht man das Problem dadurch zu lösen, dass man bei einem frühzeitigen In-Kraft-Treten des Vertragsgesetzes nur die Zustimmung zum Vertragsabschluss durch den Bundespräsidenten als in Kraft befindlich betrachtet, nicht hingegen die Transformation.

Beispiel: Das OVG Münster hat in seinem Urteil vom 19. September 1961 hinsichtlich des innerstaatlichen In-Kraft-Tretens des Versailler Friedensvertrages vom 28. Juni 1919, der völkerrechtlich am 10. Januar 1920 in Kraft getreten ist, wohingegen das Zustimmungsgesetz der Deutschen Nationalversammlung (RGBl. 1919, S. 687) schon am 13. August 1919 in Kraft getreten ist, ausgeführt (OVGE 17, S. 67 ff, 69 f):

„Durch dieses Zustimmungsgesetz wurde vielmehr nur innerstaatlich die Regierung ermächtigt, den völkerrechtlichen Vertrag abzuschließen. Damit wird den Bestimmungen dieses Vertrages für den Fall seines vertragsmäßigen völkerrechtlichen Inkrafttretens innerstaatliche Gesetzeskraft verliehen, so lange und so weit der Vertrag den vertragschließenden Staat völkerrechtlich bindet, mithin aber nicht über die Vertragsbestimmungen hinaus.“

434 Ebenso wird hinsichtlich der **Beendigung** völkerrechtlicher Verträge argumentiert. Auch hier interpretiert man das Vertragsgesetz und die Transformationsfunktion dahingehend, dass sie sich nur auf den in Geltung befindlichen Vertrag beziehen. *Bleckmann* spricht in diesem Zusammenhang von aufschiebenden und auflösenden Bedingungen (*Bleckmann*, GG und Völkerrecht, S. 286, 289).

435 In Vermeidung dieser Schwierigkeiten der Transformationstheorie geht die **gemäßigte Transformationstheorie** davon aus, dass zwar grundsätzlich der Vollzug des Völkerrechts im innerstaatlichen Recht durch Transformation, dh durch Umwandlung des Völkerrechts in innerstaatliches Recht vorgenommen, dass aber die Verbindung des transformierten Rechts zum Völkerrecht nicht unterbrochen wird. Der ursprüngliche Systemzusammenhang zwischen dem Völkerrecht und dem transformierten Recht bleibt erhalten. Hingegen bewirkt die Transformation eine Änderung des Adressatenkreises. Während das Völkerrecht nur den Staat verpflichtet, gibt das transformierte Recht dem Rechtsunterworfenen Rechte, auf die er sich vor Behörden und Gerichten berufen kann. Die Theorie basiert auf dem gemäßigten Dualismus (s. Rn 33 ff) und kann die oben geschilderten Probleme ohne weiteres lösen. Denn indem die Verknüpfung zwischen Völkerrecht und transformiertem Recht bestehen bleibt, richten sich In-Kraft-Treten, Wirksamkeit, Interpretation, Beendigung usw weiterhin nach dem Völkerrecht.

V. Vollzugsfähiges und nicht-vollzugsfähiges Völkerrecht

Unabhängig davon, welche Theorie zum innerstaatlichen Vollzug des Völkerrechts **436** man vertritt, stellt sich gleichermaßen das Problem, ob das in Frage stehende Völkerrecht überhaupt vollzugsfähig ist oder nicht. Man spricht diesbezüglich bei der Transformationstheorie von transformablem und nicht-transformablem Völkerrecht.

Im Prinzip ist dabei anerkannt, dass **nicht jede Norm des Völkerrechts** die Staaten **437** dazu verpflichtet, sie innerstaatlich zu vollziehen, indem ihr innerstaatliche Rechtswirkung verliehen wird. Denn etliche völkerrechtliche Normen sind so gestaltet, dass sie sich nur an den Staat als Ganzes wenden. Sie sind dann einem innerstaatlichen Vollzug gar nicht zugänglich.

Beispiel: Artikel 1 des Vertrags über gute Nachbarschaft, Partnerschaft und Zusammenarbeit zwischen der Bundesrepublik Deutschland und der ehemaligen UdSSR vom 9. November 1990 (Sartorius II, Nr 661, mit Hinweis auf die Fortgeltung für die Nachfolgestaaten der Sowjetunion) bestimmt:
„Die Bundesrepublik Deutschland und die Union der Sozialistischen Sowjetrepubliken lassen sich bei der Gestaltung ihrer Beziehungen von folgenden Grundsätzen leiten:
Sie achten gegenseitig ihre souveräne Gleichheit und ihre territoriale Integrität und politische Unabhängigkeit.
Sie stellen den Menschen mit seiner Würde und mit seinen Rechten, die Sorge für das Überleben der Menschheit und die Erhaltung der natürlichen Umwelt in den Mittelpunkt ihrer Politik.
Sie bekräftigen das Recht aller Völker und Staaten, ihr Schicksal frei und ohne äußere Einmischung zu bestimmen und ihre politische, wirtschaftliche, soziale und kulturelle Entwicklung nach eigenen Wünschen zu gestalten.
Sie bekennen sich zu dem Grundsatz, daß jeder Krieg, ob nuklear oder konventionell, zuverlässig verhindert und der Frieden erhalten und gestaltet werden muß.
Sie gewährleisten den Vorrang der allgemeinen Regeln des Völkerrechts in der Innen- und internationalen Politik und bekräftigen ihre Entschlossenheit, ihre vertraglichen Verpflichtungen gewissenhaft zu erfüllen.
Sie bekennen sich dazu, das schöpferische Potenzial des Menschen und der modernen Gesellschaft für die Sicherung des Friedens und für die Mehrung des Wohlstands aller Völker zu nutzen."
Diese Vorschrift richtet sich erkenntlich an die Staaten als Vertragspartner und betrifft nicht die Rechtsstellung des Einzelnen. Eines innerstaatlichen Vollzugs bedarf es daher nicht.

Damit eine völkerrechtliche Norm, die sich nicht nur an den Staat als Ganzes richtet, sondern auch den Einzelnen betreffen soll, einem innerstaatlichen Vollzug zugänglich ist, muss sie vollzugsfähig oder transformabel ausgestaltet sein, dh sie muss so ausgestaltet sein, dass sie mit der Transformation die innerstaatlichen Rechtswirkungen, die sie hervorrufen soll, auch tatsächlich hervorrufen kann. Sie muss also nach Wortlaut, Zweck und Inhalt dementsprechend aufgebaut sein, sodass sie Staatsorgane und Rechtsunterworfene ohne weiteres bindet bzw berechtigt, ohne dass zu ihrer Durchführung noch innerstaatliche Rechtsnormen notwendig sind. Erfüllt eine völkerrechtliche Norm diese Voraussetzung, so bezeichnet man sie als **self-executing**. Nur self-executing-Normen sind vollzugsfähig bzw transformabel.

Beispiel: Art. 5 Abs. 2 der Konvention zum Schutze der Menschenrechte und Grundfreiheiten vom 4. November 1950 (Sartorius II, Nr 130) bestimmt:

„Jeder festgenommenen Person muß unverzüglich in einer ihr verständlichen Sprache mitgeteilt werden, welches die Gründe für ihre Festnahme sind, und welche Beschuldigungen gegen sie erhoben werden."

Diese Norm ist self-executing.

439 Erfüllt eine völkerrechtliche Norm diese Voraussetzungen nicht, bezeichnet man sie als **non-self-executing**. Non-self-executing-Normen sind nicht vollzugsfähig bzw nicht transformabel. Sie bedürfen besonderer staatlicher Durchführungsvorschriften, in der Regel eines Gesetzes. Die Norm gilt dann zwar für den Staat, ist aber innerstaatlich nicht anwendbar.

Beispiel: Art. 2 der Europäischen Sozialcharta vom 18. Oktober 1961 (Sartorius II, Nr 115) bestimmt:

„Um die wirksame Ausübung des Rechtes auf gerechte Arbeitsbedingungen zu gewährleisten, verpflichten sich die Vertragsparteien,

1. für eine angemessene tägliche und wöchentliche Arbeitszeit zu sorgen und die Arbeitswoche fortschreitend zu verkürzen, soweit die Produktivitätssteigerung und andere mitwirkende Faktoren dies gestatten;

2. bezahlte öffentliche Feiertage vorzusehen;

3. die Gewährleistung eines bezahlten Jahresurlaubs von mindestens zwei Wochen sicherzustellen;

4. für die Gewährleistung zusätzlicher bezahlter Urlaubstage oder einer verkürzten Arbeitszeit für Arbeitnehmer zu sorgen, die mit bestimmten gefährlichen oder gesundheitsschädlichen Arbeiten beschäftigt sind;

5. eine wöchentliche Ruhezeit sicherzustellen, die, soweit möglich, mit dem Tag zusammenfällt, der in dem betreffenden Land oder Bezirk durch Herkommen oder Brauch als Ruhetag anerkannt ist."

Diese Norm ist non-self-executing.

439a Allerdings unterscheidet ein Teil der Lehre in diesem Zusammenhang zwischen **Geltung** und **Anwendbarkeit** einer völkerrechtlichen Norm. Danach wird jede völkerrechtliche Norm zunächst transformiert bzw vollzogen, mit der Folge, dass sie innerstaatlich gilt. Erst dann wird entschieden, ob sie als self-executing-Norm anwendbar ist oder nicht (*Verdross/Simma*, Universelles Völkerrecht, S. 552). Eine self-executing-Norm gilt dann innerstaatlich und ist auch anwendbar; eine non-self-executing-Norm gilt dann zwar innerstaatlich, ist aber nicht anwendbar.

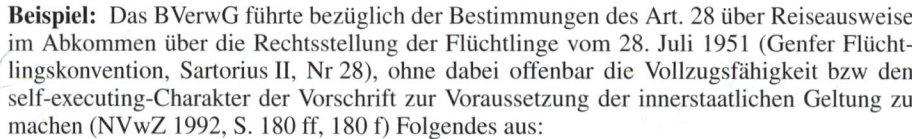

Beispiel: Das BVerwG führte bezüglich der Bestimmungen des Art. 28 über Reiseausweise im Abkommen über die Rechtsstellung der Flüchtlinge vom 28. Juli 1951 (Genfer Flüchtlingskonvention, Sartorius II, Nr 28), ohne dabei offenbar die Vollzugsfähigkeit bzw den self-executing-Charakter der Vorschrift zur Voraussetzung der innerstaatlichen Geltung zu machen (NVwZ 1992, S. 180 ff, 180 f) Folgendes aus:

„1. Der Kl. kann sich für den von ihm geltend gemachten Anspruch unmittelbar auf Bestimmungen der Genfer Konvention berufen, der die Bundesrepublik Deutschland nach Art. 59 II 1 GG durch Bundesgesetz zugestimmt hat.

a) Nach der Rechtsprechung des Senats (vgl BVerwGE 87, 11 (13 f) …) führt die Transformation eines völkerrechtlichen Vertrages durch ein Zustimmungsgesetz zur unmittelbaren Anwendbarkeit einer Vertragsnorm, wenn sie nach Wortlaut, Zweck und Inhalt geeignet und hinreichend bestimmt ist, wie eine innerstaatliche Vorschrift rechtliche Wirkung zu entfalten, dafür also keiner weiteren normativen Ausfüllung bedarf. Diese Voraussetzungen liegen bei den Vorschriften der Genfer Konvention einschließlich der Bestimmungen über den Reiseausweis vor …".

Im Hinblick auf die Rechtsstellung des Einzelnen führen beide Meinungen zum selben Ergebnis: Der Einzelne wird durch self-executing-Normen berechtigt oder verpflichtet, durch non-self-executing-Normen hingegen nicht. **439b**

Das BVerfG hat dazu ausgeführt, ohne dass eine Festlegung auf eine der beiden Meinungen erkenntlich ist (BVerfGE 29, S. 348 ff, 360):

„Nur solche völkerrechtliche Vertragsbestimmungen können durch das Zustimmungsgesetz in innerstaatlich anwendbares Recht umgesetzt werden, die alle Eigenschaften besitzen, welche ein Gesetz nach innerstaatlichem Recht haben muß, um berechtigen oder verpflichten zu können; die Vertragsbestimmung muß nach Wortlaut, Zweck und Inhalt wie eine innerstaatliche Gesetzesvorschrift rechtliche Wirkung auszulösen geeignet sein. Nur unter diesen Voraussetzungen entstehen für den Staatsbürger verbindliche Rechtsnormen."

Es ist daher in jedem einzelnen Fall zu untersuchen, ob die in Frage stehende völkerrechtliche Norm überhaupt einer Transformation zugänglich ist, ob sie also self-executing oder non-self-executing ist. Es handelt sich um eine Interpretationsfrage, die im Zweifelsfall die innerstaatlichen Gerichte zu lösen haben. Dabei sind – in Zusammenfassung des bisher ausgeführten – folgende Kriterien zu prüfen (vgl *Ipsen*, Völkerrecht, 3. Aufl., München 1990, S. 1090 f): **440**

(1) Bedarf die Norm noch eines innerstaatlichen Vollzugsaktes?

(2) Ist die Norm klar und ausreichend bestimmt?

(3) Berechtigt oder verpflichtet die Norm nach Wortlaut, Zweck und Inhalt den Einzelnen?

Beispiel: In seinem Beschluss vom 20. Oktober 1977 prüfte das BVerfG ua die self-executing-Qualität des Art. 6 Abs. 1 des Auslieferungsvertrages zwischen Deutschland und Griechenland vom 27. Februar/12. März 1907 (RGBl. 1907, S. 545 ff – heute nicht mehr in Kraft), der folgenden Wortlaut hatte:

„Die Auslieferung soll nicht bewilligt werden, wenn die strafbare Handlung, wegen der sie beantragt wird, von dem ersuchten Teile als ein politisches Vergehen oder als eine mit einem solchen Vergehen im Zusammenhange stehende Handlung angesehen wird, oder wenn die beanspruchte Person beweist, daß der Auslieferungsantrag in Wirklichkeit zu dem Zwecke gestellt worden ist, um sie wegen einer strafbaren Handlung dieser Art zu verfolgen."

Das BVerfG kam dabei zu folgendem Ergebnis (BVerfGE 46, S. 214 ff, 220 f):

„Nach der ständigen Rechtsprechung des Reichsgerichts, der sich der Bundesgerichtshof angeschlossen hat, begründet ein Auslieferungsvertrag Rechte und Pflichten regelmäßig nur für die Vertragsstaaten; der Ausgelieferte selbst kann aus einem solchen Vertrag lediglich dann Rechte herleiten, wenn dies im Vertrag vereinbart ist (RGSt 70, 286 [287], mwN; BGHSt 18, 218 [220]). Nach diesen Grundsätzen, die ersichtlich keinen verfassungsrechtlichen Bedenken begegnen, stünde dem Beschwerdeführer der von ihm beanspruchte Rechtsschutz allenfalls dann zu, wenn ihm der Auslieferungsvertrag zwischen Deutschland und

Griechenland eine die Anwendung des Art. 19 Abs. 4 GG rechtfertigende Rechtsposition eingeräumt hätte. Das ist indessen nicht der Fall. Der Beschwerdeführer beruft sich insoweit zu Unrecht auf Art. 6 Abs. 1 des Vertrages …

Entgegen der Auffassung des Beschwerdeführers dient diese Vertragsbestimmung nicht dem Schutz desjenigen, über dessen Auslieferung zu entscheiden ist; aus ihr erwachsen vielmehr – ebenso wie im Regelfall aus dem sonstigen Inhalt von Auslieferungsverträgen – entsprechend der internationalen Praxis nur den beteiligten Staaten Rechte und Pflichten."

440a Da sowohl nach der Adoptionstheorie bzw der Vollzugslehre als auch nach der gemäßigten Transformationstheorie die Verknüpfung zum Völkerrecht bestehen bleibt (s. Rn 421, 423 und 435), kann dies gerade bei der Frage nach der **Berechtigung des Einzelnen** zu anderen Ergebnissen führen, als nach innerstaatlichem Recht. Wenn etwa nach der Lehre vom subjektiven öffentlichen Recht (Schutznormtheorie) in der Bundesrepublik eine Vorschrift nur dann Schutznormcharakter hat, wenn die Verwaltung zu einem bestimmten Verhalten verpflichtet wird und – zumindest auch – der Schutz der Interessen des Einzelnen gewollt ist, kann dies nach Völkerrecht anders interpretiert werden. Danach genügt es, dass eine Vorschrift zwar staatengerichtet ist, aber eine individuelle Ausrichtung zulässt. Dies wäre nach der strengen Transformationstheorie nicht möglich (s. Rn 432).

Beispiele: – Art. 27 Abs. 1 Satz 1 des Wiener Übereinkommens über diplomatische Beziehungen vom 18. April 1961 (Sartorius II, Nr 325) bestimmt:

„Der Empfangsstaat gestattet und schützt den freien Verkehr der Mission für alle amtlichen Zwecke."

Da nach Art. 3 Abs. 1 Buchstabe b des Übereinkommens der Schutz der Interessen der Staatsangehörigen innerhalb der völkerrechtlich zulässigen Grenzen zu den Aufgaben der Mission gehört, kann – völkerrechtlich interpretiert – daraus ein Recht dieser Personen auf Zutritt zu ihrer Botschaft abgeleitet werden. Nach der Schutznormtheorie ist dies nicht unbedingt der Fall.

– Hingegen bestimmt Art. 36 Abs. 1 Buchstabe a Satz 2 des Wiener Übereinkommens über konsularische Beziehungen vom 24. April 1963 (Sartorius II, Nr 326):

„Um die Wahrnehmung konsularischer Aufgaben in Bezug auf Angehörige des Entsendestaates zu erleichtern, gilt folgendes:

a) … Angehörigen des Entsendestaates steht es … frei, mit den Konsularbeamten ihres Staates zu verkehren und sie aufzusuchen;"

Daraus kann sowohl völkerrechtlich interpretiert als auch nach der Schutznormtheorie ein Zutrittsrecht zu den konsularischen Räumlichkeiten abgeleitet werden.

440b Aus all dem folgt aber, dass die Frage, ob eine völkerrechtliche Norm self-executing ist oder nicht, auf Grund einer völkerrechtlichen Interpretation festzustellen ist.

VI. Völkerrechtskonforme Auslegung des nationalen Rechts

440c Unabhängig von der Wirkung von **nicht-vollzugsfähigem bzw non-self-executing Völkerrecht** im nationalen Recht stellt sich aber die Frage, ob die innerstaatlichen Behörden und Gerichte nationales Recht völkerrechtskonform auslegen müssen. Denn der Staat, dh die Hoheitsgewalt in allen ihren Erscheinungsformen, ist ja auch an nicht-vollzugs-fähiges Völkerrecht gebunden. Daher ist insbesondere bei der Konkretisierung von Generalklauseln und im Falle von Ermessensentscheidungen bei mehreren Auslegungsmöglichkeiten des nationalen Rechts diejenige Auslegung zu wählen, die völkerrechtskonform ist.

Etwas differenzierter ist dies bei **vollzugsfähigem bzw self-executing Völkerrecht** **440d** zu sehen. Dieses ist innerstaatlich unmittelbar anwendbar. Handelt es sich um späteres Völkerrecht, geht es dem früheren nationalen Recht vor. Handelt es sich aber um späteres nationales Recht, so ist dieses völkerrechtskonform auszulegen. Falls dies – methodisch gesehen – möglich ist, kann damit ein eventueller Verstoß gegen Völkerrecht vermieden werden. Dies alles gilt allerdings vorbehaltlich spezieller Rang- oder Kollisionsregeln der nationalen Rechtsordnung.

Beispiel: Das BVerfG entschied bezüglich der Auslegung der StPO im Hinblick auf die Europäische Menschenrechtskonvention, die in der Bundesrepublik einfachen Gesetzesrang hat (s. Rn 709 f; BVerfGE 74, S. 358 ff, 370):
„Auch Gesetze – hier die Strafprozeßordnung – sind im Einklang mit den völkerrechtlichen Verpflichtungen der Bundesrepublik Deutschland auszulegen und anzuwenden, selbst wenn sie zeitlich später erlassen worden sind als ein geltender völkerrechtlicher Vertrag; denn es ist nicht anzunehmen, daß der Gesetzgeber, sofern er dies nicht klar bekundet hat, von völkerrechtlichen Verpflichtungen der Bundesrepublik Deutschland abweichen oder die Verletzung solcher Verpflichtungen ermöglichen will.“

Literatur: *Buchs*, Die unmittelbare Anwendung völkerrechtlicher Vertragsbestimmungen, Baden-Baden 1993; *Bungert*, Einwirkungen von Völkerrecht im innerstaatlichen Rechtsraum, in: DÖV 1994, S. 797 ff; *Geiger*, S. 157-161, 189-191; *Ipsen*, Völkerrecht, 3. Aufl., München 1990, S. 1077-1082; *Kunig*, in: *Vitzthum*, S. 118-125; *Partsch*, Die Anwendung des Völkerrechts im innerstaatlichen Recht. Überprüfung der Transformationslehre, Karlsruhe 1964, S. 13-48; *Ress/Schreuer*, Wechselwirkungen zwischen Völkerrecht und Verfassung bei der Auslegung völkerrechtlicher Verträge, Berichte der Deutschen Gesellschaft für Völkerrecht 23, Heidelberg 1982; *Rudolf*, S. 150-176.

VII. Regelung im GG

Das GG legt sich auf keine der dargestellten Theorien zum innerstaatlichen Vollzug **441** des Völkerrechts fest. Die **Lehre** neigt teilweise der Transformationstheorie zu, insbesondere in Form der gemäßigten Transformationstheorie, wie sie von *Rudolf* entwickelt wurde (*Rudolf*, S. 164 ff). Allerdings wird seit der Arbeit von *Partsch* (Die Anwendung des Völkerrechts im innerstaatlichen Recht. Überprüfung der Transformationslehre, Karlsruhe 1964) von einem gewichtigen Teil der Lehre auch die Vollzugslehre vertreten.

Aus der **Staatspraxis** lässt sich ebenfalls keine eindeutige Festlegung auf eine der **442** Theorien ableiten. Immerhin lässt sich feststellen, dass bis 1955 die Zustimmungsgesetze zu völkerrechtlichen Verträgen einen auf die Transformationstheorie hinweisenden Zusatz hatten.

Beispiel: Gesetz über die Konvention zum Schutze der Menschenrechte und Grundfreiheiten vom 7. August 1952 (BGBl. 1952 II, S. 685):

„Der Bundestag hat das folgende Gesetz beschlossen:

Artikel I

Der in Rom am 4. November 1950 von den Regierungen der Mitgliedstaaten des Europarates unterzeichneten Konvention zum Schutze der Menschenrechte und Grundfreiheiten wird zugestimmt.

Artikel II

(1) Die Konvention wird nachstehend mit *Gesetzeskraft* (Hervorhebung d. Verf.) veröffentlicht …"

Ab Frühjahr 1955 wurde dieser Zusatz weggelassen. Ob darin allerdings eine Abkehr von der Transformationstheorie und eine Hinwendung zur Vollzugslehre durch den Gesetzgeber liegt, lässt sich nicht nachweisen.

443   Auch die **Rechtsprechung** des BVerfG lässt sich – von einigen Urteilen der allerersten Zeit abgesehen – nicht eindeutig einer bestimmten Theorie zuordnen. Dies wird insbesondere dadurch erschwert, dass viele Aussagen sowohl auf die gemäßigte Transformationstheorie als auch auf die Vollzugslehre zu passen scheinen.

Anfangs hat das BVerfG ausdrücklich den Begriff der Transformation verwendet (BVerfGE 1, S. 396 ff, 411; 6, S. 309 ff, 363). Diese Terminologie hat das Gericht in späteren Aussagen, die auf die Transformationstheorie hinweisen, aufgegeben (BVerfGE 29, S. 348 ff, 360). In einigen Urteilen kann man uU eine Verwendung der Vollzugslehre sehen (BVerfGE 18, S. 441 ff, 448; 27, S. 253 ff, 274; 46, S. 342 ff, 363; 73, S. 339 ff, 367, 375; 75, S. 223 ff, 244). Insbesondere die Rechtsprechung über die Auslegung völkerrechtlicher Verträge zeigt aber, dass die Ausführungen des BVerfG oft beiden genannten Theorien zugeordnet werden können. Das Gericht geht dabei in ständiger Rechtsprechung davon aus, dass bei der Auslegung völkerrechtlicher Verträge völkerrechtliche Auslegungsregeln anzuwenden seien. Da aber sowohl die gemäßigte Transformationstheorie als auch die Vollzugslehre die Verbindung von Völkerrecht und innerstaatlich anwendbarem Recht nicht abreißen lassen (s. Rn 432 ff und 421), können sich hier beide Theorien auf das BVerfG berufen (zB BVerfGE 46, S. 342 ff, 361).

Dies ist auch prompt dort geschehen, wo andere Höchstgerichte zu den Theorien Stellung nahmen. So hat das BVerwG in seinem Urteil vom 12. Juni 1970 hinsichtlich des Londoner Schuldenabkommens vom 27. Februar 1953 – der Transformationstheorie folgend – ausgeführt (BVerwGE 35, S. 262 ff, 265):

„Für die Frage, ob dieser Anspruch dem Art. 5 Abs. 2 LSchA unterfällt oder nicht, kann deshalb diese Vorschrift nicht in ihrer Eigenschaft als völkerrechtliche Vertragsbestimmung, sondern nur kraft ihrer daneben bestehenden *Geltung als transformiertes innerdeutsches Recht* (Hervorhebung d. Verf.) maßgebend sein. Als innerstaatliches Gesetz besitzt Art. 5 Abs. 2 LSchA jedoch keinen Vertragscharakter mehr. Er hat diesen durch den Transformationsvorgang (Art. 59 Abs. 2 GG; vgl auch BVerfGE 1, 396 [410, 411] verloren."

Demgegenüber führte der BGH in seinem Urteil vom 25. Juni 1969 bezüglich des deutschfranzösischen Abkommens über den Schutz von Herkunftsangaben, Ursprungsbezeichnungen und anderen geographischen Bezeichnungen vom 8. März 1960 – trotz anderer Wortwahl wohl der Vollzugslehre folgend – aus (BGHZ 52, S. 216 ff, 219):

„Der vorliegende Staatsvertrag ist durch das Gesetz vom 21. Januar 1961 innerstaatliches Recht geworden (Art. 59 Abs. 2 GG). Staatsverträge verlieren durch ihre Transformierung in das innerstaatliche Recht nicht ihre Eigenschaft als Vertrag zwischen Staaten. Der doppelte Charakter des Zustimmungsgesetzes nach Art. 59 Abs. 2 GG, nämlich als Ermächtigung zum endgültigen Abschluß des Staatsvertrages und als *Einverleibung seiner Regelung in das innerstaatliche Recht* (Hervorhebung d. Verf.) (BVerfGE 1, 410), bedingt vielmehr in Bezug auf den Staatsvertrag die Anwendung besonderer Auslegungsgrundsätze, die sich nicht völlig mit den bei der Auslegung innerstaatlicher Gesetze zu beachtenden Grundsätzen decken."

1. Völkerrechtliche Verträge

Fall 12: Um mit seinem neuen Rennrad den Rausch der Geschwindigkeit voll auskosten zu können, benutzt A die Autobahn bei Weil am Rhein. Nach einiger Zeit wird er von zwei Polizeibediensteten des Kantons Basel-Stadt, die in einem schweizerischen Dienstwagen die Autobahn befahren, zum Anhalten gezwungen. Sie weisen A darauf hin, dass er durch das Befahren der Autobahn den Verkehr erheblich gefährde, rufen über Funk die baden-württembergische Polizei und halten A, als dieser weiterfahren will, bis zu deren Eintreffen vorläufig fest. A macht geltend, dass die Baseler Polizei kein Recht habe, ihm auf deutschem Hoheitsgebiet Weisungen zu erteilen und ihn schon gar nicht festhalten dürfe. Die Baseler Polizeibediensteten, die für solche Fälle gerüstet sind, weisen darauf den Text des von Bundestag und Bundesrat gebilligten Vertrags zwischen der Bundesrepublik Deutschland und der Schweizerischen Eidgenossenschaft über den Autobahnzusammenschluß im Raum Basel und Weil am Rhein vom 9. Juni 1978 (BGBl. 1979 II, S. 822 ff) vor. Dort heißt es in Art. 13:

„Grenzübertritt zum Wenden

(1) Zoll- und Polizeibedienstete und Bedienstete der Straßenverwaltung der Vertragsstaaten sowie Hilfspersonen sind befugt, in Ausübung ihres Dienstes auf der Autobahn mit ihren Dienstfahrzeugen einschließlich Dienstausrüstung die Grenze zu überschreiten, um auf der Gegenfahrbahn in den Ausgangsstaat zurückzukehren …

(2) Nehmen die Polizeibediensteten während der Fahrt im Hoheitsgebiet des anderen Vertragsstaates einen Unfall oder einen den Verkehr gefährdenden Zustand wahr, so sind sie zur Feststellung des Sachverhalts und zur Vornahme unaufschiebbarer sonstiger Maßnahmen an Ort und Stelle befugt. Die Polizei des Gebietsstaats ist unverzüglich zu benachrichtigen. Bis zu deren Eintreffen können Personen vorläufig festgehalten werden."

A wendet ein, dass dieser Vertrag nicht ausreiche. Dazu müsse neben dem Vertrag noch ein Gesetz des Landes Baden-Württemberg existieren. Ein solches aber fehle.

Waren die Baseler Polizeibediensteten zu ihrem Vorgehen berechtigt? **Lösung: Rn 469**

444

a) Verträge gemäß Art. 59 Abs. 2 Satz 1 GG

Der Vollzug völkerrechtlicher Verträge richtet sich nach Art. 59 Abs. 2 GG. Das Zustimmungsgesetz gemäß Art. 59 Abs. 2 Satz 1 GG zu einem völkerrechtlichen Vertrag (Vertragsgesetz) hat nicht nur die Funktion, den Bundespräsidenten zum Abschluss eines dort genannten Vertrages zu ermächtigen, sondern dient nach allgemeiner Meinung auch dem innerstaatlichen Vollzug. Insofern wird in dem Zustimmungsgesetz – je nach vertretener Theorie – ein Transformationsakt (s. Rn 424) oder ein Vollzugsbefehl (s. Rn 423) gesehen.

445

Geht man von der **Transformationstheorie** aus, so wird durch das Vertragsgesetz der völkerrechtliche Vertrag in dem Umfang, in dem er transformabel ist, in inner-

446

staatliches Recht umgewandelt. Es handelt sich dabei um eine **spezielle Transformation** (s. Rn 431). Je nachdem, ob man eine strenge oder eine gemäßigte Transformationstheorie vertritt, geht damit der Zusammenhang zwischen Völkerrecht und innerstaatlichem Recht zu Grunde bzw bleibt der ursprüngliche Systemzusammenhang erhalten.

447 Der **Rang** des transformierten Rechts richtet sich – da der Art. 59 Abs. 2 Satz 1 GG keine Aussage darüber macht – nach dem Transformator. Da dieser ein Bundesgesetz ist, hat das transformierte Recht den Rang eines einfachen Bundesgesetzes. Es geht damit untergesetzlichem Recht vor und bricht gemäß Art. 31 GG Landesrecht. Im Verhältnis zu anderen Bundesgesetzen gilt aber der lex-posterior-Satz mit der Folge, dass spätere Bundesgesetze vorgehen.

Eine wenig geglückte Sonderregelung enthält diesbezüglich § 2 der AO:

„§ 2 Vorrang völkerrechtlicher Vereinbarungen

Verträge mit anderen Staaten im Sinne des Artikels 59 Abs. 2 Satz 1 des Grundgesetzes über die Besteuerung gehen, soweit sie unmittelbar anwendbares innerstaatliches Recht geworden sind, den Steuergesetzen vor.“

Sofern diese Vorschrift als „Klarstellung" verstanden wird (BT-Drucks. 7/4292, S. 15) so gibt sie nur insoweit einen Sinn, als damit ausgedrückt wird, dass solche Verträge (= Doppelbesteuerungsabkommen), die in aller Regel leges speciales zu den Steuergesetzen sind, deshalb vorgehen. In keinem Fall kann durch § 2 aber ein Vorrang vor späteren, noch spezielleren Steuergesetzen konstruiert werden. Dies könnte nur das GG bestimmen, nicht aber ein einfaches Gesetz wie die AO. In der Praxis geht man daher auch so vor, dass man versucht, mögliche Kollisionen vorab mit den Vertragspartnern auf dem Verhandlungswege und über eine Änderung der Doppelbesteuerungsabkommen zu vermeiden.

Gegenüber dem **GG** hat das transformierte Recht einen **niedrigeren Rang**. Der Rang richtet sich also ausschließlich nach dem Transformator und nicht nach dem Inhalt des Vertrages.

Teilweise wurde im Hinblick auf die Konvention zum Schutz der Menschenrechte und Grundfreiheiten vom 4. November 1950 (Sartorius II, Nr 130) ein Verfassungsrang vertreten (vgl *Menzel*, in: DÖV 1970, S. 509 ff, 513 f). Auch der BGH hat die Frage eines eventuellen Verfassungsrangs der Konvention zunächst offen gelassen, indem er in seinem Urteil vom 10. Januar 1966 ausführte (BGHZ 45, S. 46 ff, 49):

„Zutreffend ist der Ausgangspunkt der Klage und des Berufungsurteils, daß Art. 5 Abs. 5 der Menschenrechtskonvention die Grundlage eines klagbaren Schadensersatzanspruches bilden kann, also dem Betroffenen unmittelbare Ansprüche gewährt.
Die Europäische Menschenrechtskonvention ist ein völkerrechtlicher Vertrag. Die Bundesrepublik Deutschland hat an der Ausarbeitung des Vertragswerks teilgenommen und hat der Konvention mit der üblichen Formulierung zugestimmt, daß der Vertrag „mit Gesetzeskraft veröffentlicht wird" (BGBl 1952 II 685). Dieses Zustimmungsgesetz der Bundesrepublik bewirkte, daß damit die Konvention nach Maßgabe ihres Inhalts die Kraft eines Bundesgesetzes erlangte (BVerfGE 1, 396/410; 6, 290/294; 6, 389/440), wobei hier unentschieden bleiben kann, ob es etwa gar die Kraft einer Verfassungsnorm besitzt.“

Heute gehen Rechtsprechung und Lehre davon aus, dass die Europäische Menschenrechtskonvention den Rang eines einfachen Bundesgesetzes hat (s. aber Rn 709 f).

Geht man von der **Vollzugslehre** aus, so wird durch das Vertragsgesetz gemäß   **448**
Art. 59 Abs. 2 Satz 1 GG der **Anwendungsbefehl** für den innerstaatlichen Vollzug
des Vertrages, dh der Vollzugsbefehl gegeben. Damit ändert das Völkerrecht seinen
Charakter nicht, wird aber innerstaatlich anwendbar.

Über den **Rang** des dergestalt zum Vollzug freigegebenen Völkerrechts kann im   **449**
Rahmen der Vollzugslehre eigentlich nichts ausgesagt werden. Denn wenn das Völkerrecht nicht in innerstaatliches Recht umgewandelt wird, kann es auch keinen
Rang bekommen (aA etwa *Boehmer*, Der völkerrechtliche Vertrag im deutschen
Recht, 1965, S. 66, der für einen Gesetzesrang eintritt). Teilweise wird allerdings
vertreten, dass der innerstaatliche Rang sich nach Völkerrecht richte (vgl dazu
Partsch, S. 74 ff). Dies führt aber kaum zu praktikablen Ergebnissen. Denn eine solche völkerrechtliche Rangregel (zB wird angeführt der Grundsatz „pacta sunt servanda") kann nur zu dem Ergebnis führen, dass dem Völkerrecht im innerstaatlichen Recht der höchste Rang zukommt. Denn die Einhaltung des Völkerrechts ist
nur dann gewährleistet, wenn es kein derogierendes nationales Recht geben kann.

In diesem Zusammenhang kann der Ständige Internationale Gerichtshof zitiert werden, der
im Gutachten über die griechisch-bulgarischen „Gemeinschaften" vom 31. Juli 1930 ausgeführt hat (PCIJ, Series B, Nr 17, S. 32): „… it is a generally accepted principle of international law that in the relations between Powers who are contracting Parties to a treaty, the
provisions of municipal law cannot prevail over those of the treaty."

In der Praxis hat sich diese Ansicht aber nicht durchgesetzt. Die Bestimmung des
innerstaatlichen Ranges von zu vollziehendem Völkerrecht ist nach allgemeiner
Ansicht Sache jedes einzelnen Staates. Daher hat das BVerfG entschieden, dass das
GG „in seiner Völkerrechtsfreundlichkeit nicht soweit gehe, die Einhaltung bestehender völkerrechtlicher Verträge durch eine Bindung des Gesetzgebers an das ihnen entsprechende Recht zu sichern" (BVerfGE 6, S. 309 ff, 362 f).

Auch bei der Frage des innerstaatlichen Vollzugs von völkerrechtlichen Verträgen   **450**
ergibt sich das Problem der sog. **Parallelverträge** (s. Rn 173 f). Die hL geht davon
aus, dass eine Transformation bzw ein Vollzugsbefehl dann nicht mehr notwendig
ist, wenn auf Grund gleich lautenden innerstaatlichen Rechts der innerstaatliche
Vollzug ohnehin schon gesichert ist. Dem wird entgegengehalten, dass nur eine
Transformation bzw ein Vollzugsbefehl bewirken, dass der Gesetzgeber Bindungen
unterliegt. In der Praxis ergeben sich keine Probleme, da ja die hL davon ausgeht,
dass wegen der Zustimmungsfunktion des Vertragsgesetzes ein solches auch bei Parallelverträgen notwendig ist. Die Transformation bzw der Vollzugsbefehl laufen
dann gewissermaßen mit und der Streit erübrigt sich.

Die schwierigste Frage – sowohl nach der Transformationstheorie als auch nach der   **451**
Vollzugslehre – stellt sich im Zusammenhang mit dem innerstaatlichen Vollzug von
Verträgen über Gegenstände der Landesgesetzgebung, die der Bund abgeschlossen hat. Wenn man dem Bund ein solches Vertragsabschlussrecht zuspricht (s.
Rn 127), und sei es nur nach der pragmatischen Lösung des Lindauer Abkommens
(s. Rn 128), so ist damit noch nicht geklärt, wer diese Verträge transformiert bzw
wer den Vollzugsbefehl gibt.

452 Nach der streng **zentralistischen Ansicht**, die von einem Teil der Lehre sowie vom Bund vertreten wird, besitzt der Bund gemäß Art. 32 Abs. 1 GG nicht nur ein umfassendes Vertragsabschlussrecht, sondern auch die dazugehörige Transformationskompetenz. Begründet wird dies damit, dass das GG keinesfalls ein Auseinanderfallen der völkerrechtlichen Bindung und der innerstaatlichen Transformation gewollt habe. Es wird auch von Transformationskompetenz „kraft Sachzusammenhangs" gesprochen. Da der Bund für die Erfüllung des Vertrages völkerrechtlich verantwortlich sei, könne er nicht den innerstaatlichen Vollzug den Ländern überlassen. Wer völkerrechtliche Bindungen eingehe, müsse auch zu ihrer Erfüllung in der Lage sein. Teilweise wird auch zur Begründung vorgebracht, dass alles, was in einem völkerrechtlichen Vertrag geregelt ist, eine „auswärtige Angelegenheit" iSd Art. 73 Nr 1 GG sei. Daher sei auch die Transformation eine „auswärtige Angelegenheit" und stünde damit in der ausschließlichen Gesetzgebungszuständigkeit des Bundes.

453 Die **Problematik** einer derartigen streng zentralistischen Ansicht liegt auf der Hand. Der Bund bekäme damit die Möglichkeit, über den Abschluss und die Transformation völkerrechtlicher Verträge das Kompetenzaufteilungsgefüge des GG im Bereich der Gesetzgebung zu sprengen. Daher verbietet sich in diesem Fall die Annahme einer Transformationskompetenz „kraft Sachzusammenhangs". Der weiten Auslegung des Art. 73 Nr 1 GG kann ebenfalls nicht zugestimmt werden. Art. 73 Nr 1 GG wird zwar vom BVerfG und von der hL weit, aber mit ganz anderem Inhalt ausgelegt (s. Rn 741).

454 Man wird daher mit einem Großteil der Lehre die Ansicht vertreten müssen, dass in solchen Fällen **nur die Länder** zur Transformation bzw zum Vollzugsbefehl zuständig sind. Dies führt – sofern man dem Bund nicht überhaupt ein Vertragsabschlussrecht über Gegenstände der Landesgesetzgebung abspricht (s. Rn 127) – zur Trennung von Vertragsabschluss und Transformation. Im Rahmen des Art. 59 Abs. 2 Satz 1 GG bedeutet dies, dass in den dort vorgesehenen Fällen zwar ein Vertragsgesetz notwendig ist, dieses aber lediglich die Ermächtigung des Bundespräsidenten zum Vertragsabschluss und keine Transformation enthält. Letzteres muss durch Landesgesetze erfolgen. Die Frage, ob es sich dabei um eine Transformation oder einen Vollzugsbefehl handelt, ist – ebenso wie die Bestimmung des Ranges – Sache der Länderverfassungen.

455 Diese Ansicht verhindert eine mögliche Aushöhlung der Gesetzgebungszuständigkeiten der Länder. Sie hat allerdings den Nachteil, dass der Bund die Länder nur schwer zur Transformation zwingen kann, wenn diese sich weigern (s. Rn 460).

In der Praxis versucht man, derartige Probleme durch eine Bundesstaatsklausel im Vertrag zu entschärfen. So heißt es zB in Art. 41 des Abkommens über die Rechtsstellung der Flüchtlinge vom 28. Juli 1951 (Sartorius II, Nr 28):

„Im Falle eines Bundes- oder Nichteinheitsstaates werden nachstehende Bestimmungen Anwendung finden:

a) Soweit es sich um die Artikel des Abkommens handelt, für die der Bund die Gesetzgebung hat, werden die Verpflichtungen der Bundesregierung dieselben sein wie diejenigen der Unterzeichnerstaaten, die keine Bundesstaaten sind.

b) Soweit es sich um die Artikel dieses Abkommens handelt, für die die einzelnen Länder, Provinzen oder Kantone, die auf Grund der Bundesverfassung zur Ergreifung gesetzgeberischer Maßnahmen nicht verpflichtet sind, die Gesetzgebung haben, wird die Bundesregierung sobald wie möglich diese Artikel den zuständigen Stellen der Länder, Provinzen oder Kantone befürwortend zur Kenntnis bringen.

c) Ein Bundesstaat als Unterzeichner dieses Abkommens wird auf das ihm durch den Generalsekretär der Vereinten Nationen übermittelte Ersuchen eines anderen vertragschließenden Staates hinsichtlich einzelner Bestimmungen des Abkommens eine Darstellung der geltenden Gesetzgebung und ihrer Anwendung innerhalb des Bundes und seiner Glieder übermitteln, aus der hervorgeht, inwieweit diese Bestimmungen durch Gesetzgebung oder sonstige Maßnahmen wirksam geworden sind."

Allerdings kann eine solche Bundesstaatsklausel das Problem nicht grundsätzlich lösen.

Nach der gegenwärtigen Praxis werden die Fragen des Vertragsabschlussrechts des **456** Bundes in Angelegenheiten der Ländergesetzgebung nach dem Lindauer Abkommen (s. Rn 128) gelöst. Dieses enthält in Punkt 3 eine Verfahrensvorschrift für die Transformationsproblematik, die es dem Bund ermöglichen soll, sich vor Vertragsabschluss über die spätere Transformation durch die Länder zu versichern:

„3. Beim Abschluß von Staatsverträgen, die nach Auffassung der Länder deren ausschließliche Kompetenzen berühren und nicht nach Ziff. 2 durch die Bundeskompetenz gedeckt sind, insbesondere also bei Kulturabkommen, wird wie folgt verfahren:

Soweit völkerrechtliche Verträge auf Gebieten der ausschließlichen Zuständigkeit der Länder eine Verpflichtung des Bundes oder der Länder begründen sollen, soll das Einverständnis der Länder herbeigeführt werden. Dieses Einverständnis soll vorliegen, bevor die Verpflichtung völkerrechtlich verbindlich wird. Falls die Bundesregierung einen solchen Vertrag dem Bundesrat gemäß Art. 59 Abs. 2 GG zuleitet, wird sie die Länder spätestens zum gleichen Zeitpunkt um die Erteilung des Einverständnisses bitten.

Bei den in Abs. 1 Satz 1 genannten Verträgen sollen die Länder an den Vorbereitungen für den Abschluss möglichst frühzeitig, in jedem Fall rechtzeitig vor der endgültigen Festlegung des Vertragstextes beteiligt werden."

Das Gremium, in dem dieses Verfahren abläuft, ist die **Ständige Vertragskommis-** **457** **sion der Länder**. In ihr sind die Länder durch ihre Bevollmächtigten beim Bund oder bevollmächtigte Beamte ihrer Berliner Vertretungen sowie der Bund durch das Auswärtige Amt vertreten. Bei Kulturabkommen wird auch die **Ständige Konferenz der Kultusminister** gutachtlich miteinbezogen. Die Einverständniserklärungen werden durch die nach den Länderverfassungen zuständigen Organe abgegeben. Das sind in Bremen, Hamburg und Nordrhein-Westfalen der Senat bzw die Landesregierung, in den übrigen Ländern der Ministerpräsident bzw der Regierende Bürgermeister in Berlin.

Durch die bloße Einverständniserklärung liegt noch keine Transformation bzw kein **457a** Vollzugsbefehl vor. Dazu bedarf es nach allgemeiner Überzeugung der Zustimmung der Landesparlamente (s. Rn 491 ff). Würde diese **Zustimmung durch Gesetz** erfolgen, wie dies ausdrücklich nur die Verfassungen von Mecklenburg-Vorpommern, von Rheinland-Pfalz und des Saarlandes vorsehen, könnte darin ohne weiteres die Transformation bzw der Vollzugsbefehl gesehen werden. In der Praxis ist dies zudem auch in den meisten Ländern der Fall, wo die **Zustimmung durch Beschluss** erteilt wird. In einem solchen Beschluss kann ebenfalls eine Transformation bzw ein Vollzugsbefehl gesehen werden, zumal dann, wenn der Vertragstext kundgemacht wird. So wird zB in Bayern der Beschluss des Landtages schon vor der endgültigen Festlegung des Vertragstextes eingeholt und der Beschluss des Landtages, die Einverständniserklärung des Freistaates Bayern sowie der Vertrag selbst im Gesetz- und Verordnungsblatt bekanntgemacht.

Beispiel: BayGVBl. 1979, S. 154:

„Bekanntmachung
des Europäischen Übereinkommens über die Zustellung von Schriftstücken
in Verwaltungssachen im Ausland
und
des Europäischen Übereinkommens über die Erlangung von Auskünften und
Beweisen in Verwaltungssachen im Ausland
vom 20. April 1979

Der Landtag des Freistaates Bayern hat mit Beschluß vom 4. April 1979 dem Europäischen Übereinkommen über die Zustellung von Schriftstücken in Verwaltungssachen im Ausland und dem Europäischen Übereinkommen über die Erlangung von Auskünften und Beweisen in Verwaltungssachen im Ausland zugestimmt. Auf Grund dieses Beschlusses habe ich gegenüber der Regierung der Bundesrepublik Deutschland das Einverständnis des Freistaates Bayern mit dem Abschluß dieser Übereinkommen erklärt. Die Übereinkommen werden nachstehend bekannt gemacht.

München, den 20. April 1979   Der Bayerische Ministerpräsident
                                                                    Franz-Josef Strauß"

Die Bundesrepublik hat die beiden Übereinkommen am 6. November 1979 unterzeichnet. Der Bundestag hat mit Zustimmung des Bundesrates durch Gesetz vom 20. Juli 1981 (BGBl. 1981 II, S. 533 f) dem Übereinkommen zugestimmt. Sie sind nach Ratifikation durch den Bundespräsidenten am 1. Januar 1983 für die Bundesrepublik in Kraft getreten.

458 In Bremen wird die Einverständniserklärung des Senats ohne Einschaltung des Landesparlaments abgegeben (vgl *Regehr,* Die völkerrechtliche Vertragspraxis der Bundesrepublik Deutschland, München 1974, S. 202 ff). Deshalb muss man davon ausgehen, dass in Bremen keine Transformation der vom Bund abgeschlossenen Verträge stattgefunden hat bzw dass kein Vollzugsbefehl erteilt wurde und dass deshalb diese Verträge nicht anwendbar sind. Dieses völkerrechtlich wie verfassungsrechtlich gesehen höchst bedenkliche Ergebnis zeigt aber, dass die Rechtslage nach wie vor – trotz des Lindauer Abkommens – ungeklärt ist.

459 Zur Lösung der Probleme hatte die Enquete-Kommission Verfassungsreform folgende Neufassung des Art. 32 GG vorgeschlagen (Zur Sache 3/1976, S. 251; Änderungen kursiv gedruckt):

„(1) Die Pflege *der auswärtigen Beziehungen* ist Sache des Bundes.

(2) Vor dem Abschlusse eines Vertrages, der die besonderen Verhältnisse eines Landes berührt, ist das Land rechtzeitig zu hören.

(3) Soweit die Länder für die Gesetzgebung zuständig sind, können *auch* sie mit Zustimmung der Bundesregierung *völkerrechtliche Verträge* abschließen. *Schließt der Bund solche Verträge ab, so hat er vor dem Abschluß die Zustimmung der Länder einzuholen; dies gilt*

nicht, wenn nur ein für den Vertragszweck unwesentlicher Teil des Vertrages in die Zuständigkeit der Länder fällt. Die Länder treffen die zur Durchführung dieser Verträge erforderlichen Maßnahmen."

Jedenfalls geht die hL – unabhängig von der Frage, inwieweit durch die Mitwirkung **460** der Parlamente der Länder eine Transformation stattfindet – davon aus, dass die Länder, haben sie einem Vertragsabschluss durch den Bund in Angelegenheiten der Ländergesetzgebungszuständigkeiten einmal zugestimmt, die Pflicht zur Erfüllung solcher Verträge haben. Dh, dass sie insbesondere die notwendigen Ausführungsgesetze erlassen müssen. Begründet wird dies mit dem Grundsatz der **Bundestreue**. Für den Fall der Weigerung wird die Anwendung des Bundeszwangs gemäß Art. 37 GG bejaht (vgl dazu *Rojahn,* in: *v. Münch,* Art. 32 Rn 55). Die Ultima Ratio wäre dabei die legislative Ersatzvornahme.

b) Verwaltungsabkommen

Da Verwaltungsabkommen diejenigen Verträge sind, die nicht unter Art. 59 Abs. 2 **461** Satz 1 GG fallen (s. Rn 189 ff), bedürfen sie auch keiner Vertragsgesetze. Ihre Transformation bzw ihr Vollzugsbefehl erfolgt daher auch nicht durch Gesetz, sondern durch Rechtsverordnung, Verwaltungsverordnung, uU durch innerdienstliche Weisungen etc. Dabei kommt es auf den jeweiligen Inhalt des Verwaltungsabkommens an und darauf, wie dieser Inhalt innerstaatlich ausgeführt werden muss.

Ist für die innerstaatliche Ausführung eine **Rechtsverordnung** notwendig, wird **462** durch diese das Verwaltungsabkommen transformiert bzw der Vollzugsbefehl erteilt. Damit bekommt – zumindest nach der Transformationstheorie – das Verwaltungsabkommen innerstaatlich einen Verordnungsrang.

Beispiel: BGBl. 1962 II, S. 113:

„Verordnung
über die Gewährung von Vorrechten und Befreiungen
an internationale Bedienstete der Nordatlantikvertrags-Organisation
Vom 29. März 1962

......

§ 1

(1) Für die Gewährung von Vorrechten und Befreiungen an Bedienstete der Nordatlantikvertrags-Organisation ist die ...... am 30. November 1961 zwischen der Bundesregierung und der Nordatlantikvertrags-Organisation abgeschlossene Vereinbarung maßgebend ...

(2) Die Vereinbarung vom 30. November 1961 wird nachstehend veröffentlicht."

Zur Klarstellung der Fragen des In- und Außerkrafttretens, die nach Transformationstheorie und Vollzugslehre unterschiedlich beurteilt werden können, bietet der § 2 der Verordnung eine pragmatische Lösung:

„(1) Diese Verordnung tritt an dem Tage in Kraft, an dem die Vereinbarung vom 30. November 1961 in Kraft tritt.

(2) Diese Verordnung tritt an dem Tage außer Kraft, an dem die Vereinbarung vom 30. November 1961 außer Kraft tritt."

463 Wenn ein Verwaltungsabkommen nicht durch Rechtsverordnung zu vollziehen ist, sondern eine bloße **Verwaltungsanordnung** genügt, so liegt darin die Transformation oder der Vollzugsbefehl. Dementsprechend hat das transformierte Recht auch den Rang einer Verwaltungsanordnung.

Beispiel: GMBl. 1966, S. 339:

„Abkommen
zwischen der Regierung der Bundesrepublik Deutschland
und den Regierungen des Königreichs Belgien,
des Großherzogtums Luxemburg und des
Königreichs der Niederlande
über die Übernahme von Personen an der Grenze
– RdSchr. d. BMI v. 4.7.1966 – I B 2 – 125 610 – B 3 – / 1 –

Zwischen der Bundesrepublik Deutschland und den Beneluxstaaten ist am 17. Mai 1966 das in Abdruck beigefügte Abkommen über die Übernahme von Personen an der Grenze geschlossen worden. Das Abkommen ist gemäß Artikel 18 am 1. Juli 1966 in Kraft getreten.

…

Artikel 12 des Abkommens ist dahingehend zu verstehen, dass Übernahme- und Durchbeförderungsersuchen vom Bundesministerium des Innern an die Justizministerien der Beneluxstaaten und umgekehrt von diesen an das Bundesministerium des Innern gerichtet werden. Ich bitte daher, mir solche Ersuchen von Ausländerbehörden zuzuleiten …

Das Abkommen entspricht im übrigen weitgehend den bisherigen, nunmehr gemäß Artikel 16 des Abkommens außer Kraft getretenen Übernahmeabkommen mit den Beneluxstaaten. Es enthält jedoch zusätzliche Regelungen über die Übernahme ausländischer Flüchtlinge (Art. 4 Abs. 3 und Art. 8 Abs. 3). Außerdem sind die Fristen für die Beantragung der Übernahme von Drittausländern (Art. 4 Abs. 2 und Art. 8 Abs. 2) und die formlose Überstellung (Art. 5 Abs. 1 und Art. 9 Abs. 1) verlängert worden.

Die nach Art. 13 des Abkommens zu vereinbarenden Grenzübergangsstellen für die Übernahme werde ich in Kürze bekannt geben.

Ich bitte, die Ausländerbehörden zu unterrichten.

An die
Herren Innenminister (-senatoren)
der Länder"

464 Schließlich kann ein Verwaltungsabkommen auch durch **innerdienstliche Anweisungen** allgemeiner Natur oder im Einzelfall (ein Beispiel für diesen mehr theoretischen Fall gibt *Rudolf*, S. 225 Fn 169) transformiert werden bzw kann auf diese Art der Vollzugsbefehl erteilt werden. Wiederum richtet sich der Rang des transformierten Rechts nach dem Transformator.

465 Wer im einzelnen zur Transformation bzw zur Erteilung des Vollzugsbefehls **zuständig** ist, bestimmt sich gemäß Art. 59 Abs. 2 Satz 2 GG nach den Vorschriften über die Bundesverwaltung. Damit wird nach hL auf die Vorschriften der Art. 83 ff GG verwiesen. Handelt es sich also um Verwaltungsabkommen im Bereich der **bundeseigenen Verwaltung**, so richtet sich die Zuständigkeit zur Transformation gemäß Art. 86 GG nach der internen Aufgabenverteilung der Bundesregierung oder nach einer bestehenden Verordnungsermächtigung gemäß Art. 80 Abs. 1 GG.

Schwieriger ist es in den Bereichen der **Bundesgesetze ausführenden Länderver-** **466**
waltung. Macht dabei die Bundesregierung Gebrauch von ihrer Kompetenz gemäß
Art. 84 Abs. 2 GG oder Art. 85 Abs. 2 Satz 1 GG, so ist darin eine Transformation
bzw ein Vollzugsbefehl zu sehen. Dabei bedarf es allerdings der Zustimmung des
Bundesrates. Ein Großteil der Lehre fordert für diese Fälle daher eine Zustimmung
des Bundesrates bereits beim Abschluss des Verwaltungsabkommens. In der Praxis
wurde eine solche auch des öfteren eingeholt.

Beispiel: Abkommen zwischen der Regierung der Bundesrepublik Deutschland und der
französischen Regierung über den kleinen Grenzverkehr vom 16. Dezember 1954 (BAnz
1955, Nr 41, S. 1 ff).
Hinsichtlich der Zustimmung des Bundesrates hieß es in der Begründung der Vorlage im
Bundesrat (BR-Drucks. Nr 502/53c, Begründung, S. 1):
„Das am 22. 1. 1953 paraphierte deutsch-französische Abkommen über den kleinen Grenzverkehr ist ein Verwaltungsabkommen. Es bedarf, da es materielle Verwaltungsvorschriften
im Sinne des Art. 84 Abs. 2 GG enthält, der Zustimmung des Bundesrates."

Heute wird in der Bekanntmachung eines derartigen Verwaltungsabkommens auf
die Zustimmung des Bundesrates ausdrücklich hingewiesen. Die Formel lautet dabei:
„Der Bundesrat hat dem Abkommen ... nach Art. 59 Abs. 2 Satz 2 in Verbindung mit Art. 84
Abs. 2 (oder Art. 85 Abs. 2) GG zugestimmt."

Sind allerdings für die Durchführung eines Verwaltungsabkommens keine allge- **467**
meinen Verwaltungsvorschriften gemäß Art. 84 Abs. 2 GG oder Art. 85 Abs. 2
Satz 1 GG notwendig, so vollziehen die Länder im Falle des Art. 84 GG dieses Abkommen als eigene Angelegenheit, und daher muss ihnen auch die Transformationskompetenz zustehen. Im Falle des Art. 85 GG gilt dasselbe, solange keine Weisungen gemäß Art. 85 Abs. 3 GG vorliegen. Denn diese Weisungen können, sofern
sie nicht nur Einzelheiten betreffen, auch als Transformator angesehen werden.

Auch bei den Verwaltungsabkommen stellt sich das Problem des Vollzugs von Ver- **468**
waltungsabkommen über Gegenstände der Landesgesetzgebung, die der Bund abgeschlossen hat. Im theoretischen Bereich ist die Lösung nicht anders als bei Verträgen gemäß Art. 59 Abs. 2 Satz 1 GG (s. Rn 445 ff). In der Praxis kommt in diesen
Fällen ebenfalls das **Lindauer Abkommen** zur Anwendung. Dies gilt insbesondere
für Abkommen gemäß Ziffer 3 des Lindauer Abkommens (Rn 128).

Beispiel: BayGVBl. 1972, S. 421:

„Bekanntmachung
des Abkommens zwischen der Regierung der Bundesrepublik Deutschland und der Regierung der Französischen Republik über die Errichtung deutsch-französischer Gymnasien und
die Schaffung des deutsch-französischen Abiturs sowie die Bedingungen für die Zuerkennung des Abiturzeugnisses

Vom 22. September 1972
Der Landtag des Freistaates Bayern hat mit Beschluß vom 12. Juli 1972 dem Abkommen
zwischen der Regierung der Bundesrepublik Deutschland und der Regierung der Französischen Republik über die Errichtung deutsch-französischer Gymnasien und die Schaffung des
deutsch-französischen Abiturs sowie die Bedingungen für die Zuerkennung des Abiturzeug-

nisses zugestimmt. Auf Grund dieses Beschlusses habe ich gegenüber der Regierung der Bundesrepublik Deutschland das Einverständnis des Freistaates Bayern mit dem Abschluß des Abkommens erklärt. Das Abkommen wird nachstehend bekannt gemacht.

München, den 22. September 1972   Der Bayerische Ministerpräsident

In Vertretung

Dr. Held

Stellvertreter des Ministerpräsidenten

und Staatsminister der Justiz"

469   **Lösung Fall 12** (Rn 444): Die Baseler Polizeibediensteten waren dann zu ihrem Vorgehen berechtigt, wenn der Vertrag vom 9. Juni 1978 für sie eine ausreichende Rechtsgrundlage darstellte und ein Fall des Art. 13 Abs. 2 des Vertrages vorlag.

1. Der Bund müsste die Kompetenz zum Abschluss des Vertrages haben. Die steht ihm gemäß Art. 32 Abs. 1 GG jedenfalls dann zu, wenn er für die betroffene Materie die Gesetzgebungszuständigkeit besitzt.

In Frage käme eine Kompetenz nach Art. 74 Abs. 1 Nr 22 GG. Danach steht dem Bund die konkurrierende Gesetzgebung über den Straßenverkehr zu. Damit ist das Straßenverkehrsrecht gemeint, das ua die polizeilichen Anforderungen regelt, die an den Verkehr und an die Verkehrsteilnehmer gestellt werden, um Gefahren abzuwenden. Das Straßenverkehrsrecht ist – so gesehen – sachlich begrenztes Ordnungsrecht, für das der Bund – abweichend vom sonstigen Ordnungsrecht – die Gesetzgebungszuständigkeit besitzt. Daher lassen sich die Eingriffsbefugnisse des Art. 13 Abs. 2 des Vertrages unter den Begriff des Straßenverkehrsrechts fassen. Der Bund hatte demnach gemäß Art. 32 Abs. 1 GG die Vertragsabschlusskompetenz.

2. Der Vertrag müsste aber auch in innerstaatliches Recht transformiert worden sein bzw es müsste ein innerstaatlicher Vollzugsbefehl für den Vertrag vorliegen.

a) Dafür müsste der Vertrag zunächst vollzugsfähig sein. Er müsste so ausgestaltet sein, dass mit Transformation oder Vollzugsbefehl die innerstaatlichen Rechtswirkungen, die hervorgerufen werden sollen, auch tatsächlich hervorgerufen werden können. Dazu müsste Art. 13 Abs. 2 nach Inhalt und Zweck derart aufgebaut sein, dass er Staatsorgane und Rechtsunterworfene ohne weiteres bindet oder berechtigt. Dies ist hier der Fall. Die jeweiligen Polizeibediensteten der Vertragsparteien können aus Art. 13 Abs. 2 des Vertrages ohne weiteres ihre Zuständigkeiten in fremden Hoheitsgebieten ableiten, und die Rechtsunterworfenen können daraus eine Befolgungspflicht ersehen.

b) Aus dem Sachverhalt ergibt sich, dass der Vertrag von Bundestag und Bundesrat gebilligt und im BGBl. veröffentlicht worden ist. Daraus kann auf ein Gesetz gemäß Art. 59 Abs. 2 Satz 1 GG geschlossen werden. Dieses Gesetz bewirkt dann aber auch – neben der Zustimmung zum Vertragsschluss – die Transformation bzw den Vollzugsbefehl.

3. Da der Bund die Gesetzgebungs- und damit die Vertragsabschlusskompetenz besitzt, besitzt er auch die Transformations- bzw Vollzugskompetenz. Ein dementsprechendes Gesetz hat er erlassen. Daher ist ein Landesgesetz weder notwendig noch erlaubt. Die Argumentation des A ist insofern nicht zutreffend. Die Baseler Polizeibediensteten waren auch ohne ein Gesetz des Landes Baden-Württemberg grundsätzlich zur Ausübung von Hoheitsgewalt berechtigt.

4. Im konkreten Fall müssten schließlich noch die Voraussetzungen des Art. 13 Abs. 2 des Vertrages vorliegen. Dies ist zu bejahen. Die Baseler Polizeibediensteten nahmen

auf ihrer im Rahmen des Art. 13 Abs. 1 stattfindenden (unterstellt) Fahrt auf der deutschen Autobahn einen den Verkehr gefährdenden Zustand wahr. Sie ergriffen mit dem Anhalten des A unaufschiebbare Maßnahmen, informierten unverzüglich die baden-württembergische Polizei und hielten A bis zu deren Eintreffen vorläufig fest, um ihm am weiteren Befahren der Autobahn zu hindern.

Ergebnis: Die Baseler Polizeibediensteten waren zu ihrem Vorgehen berechtigt.

Literatur: S. nach Rn 199 und nach Rn 440; *Böhmer,* Der völkerrechtliche Vertrag im deutschen Recht, Köln 1965; *Bungert,* Einwirkung und Rang von Völkerrecht im innerstaatlichen Rechtsraum, DÖV 1994, S. 797 ff; *Kunig,* in: *Vitzthum,* S. 131-153; *Randelzhofer,* Innerstaatlich erforderliche Verfahren für das Wirksamwerden der von der Exekutive abgeschlossenen völkerrechtlichen Vereinbarungen, in: AöR 99 (1974), Beiheft 1, S. 18 ff; *Rudolf,* S. 205-226; *ders.,* Mitwirkung der Landtage bei völkerrechtlichen Verträgen und bei der EG-Rechtsetzung, in: Einigkeit und Recht und Freiheit, Festschrift für *K. Carstens,* Bd. 2, Köln 1984, S. 757 ff; *ders.,* Völkerrechtliche Verträge über Gegenstände der Landesgesetzgebung, in: Rechtsfragen im Spektrum des Öffentlichen, Festschrift für *H. Armbruster,* Berlin 1976, S. 59 ff; *Schweitzer/Weber,* Handbuch, Rn 110-121; *Treviranus,* Inkraftsetzen völkerrechtlicher Vereinbarungen durch Rechtsverordnungen, NJW 1983, S. 1984 ff.

2. Völkergewohnheitsrecht

Fall 13: Der in der Bundesrepublik lebende ausländische Staatsbürger A wurde 1956 für seinen im Inland gelegenen Grundbesitz gemäß § 17 des Lastenausgleichsgesetzes zur Vermögensabgabe veranlagt. Alle seine Rechtsmittel dagegen waren erfolglos. A erhob frist- und formgerecht Verfassungsbeschwerde mit der Begründung, die Auferlegung der Vermögensabgabe sei deshalb ungerechtigt, weil eine allgemeine Regel des Völkerrechts es verbiete, die Folgekosten eines völkerrechtswidrigen Angriffskrieges auf Ausländer abzuwälzen. Ist die Verfassungsbeschwerde zulässig? **Lösung: Rn 485**   470

Der Vollzug des Völkergewohnheitsrechts richtet sich nach Art. 25 GG. Dabei ist umstritten, ob sich Art. 25 GG nur auf Völkergewohnheitsrecht oder auch auf andere „Regeln des Völkerrechts" bezieht. Jedenfalls besteht Einigkeit darüber, dass sich Art. 25 GG *auch* auf Völkergewohnheitsrecht bezieht.   471

So geht das BVerfG – unterstützt von einem Teil der Lehre – davon aus, dass Art. 25 GG auch die **allgemeinen Rechtsgrundsätze** umfasse: „Die allgemeinen Regeln des Völkerrechts sind vorwiegend universell geltendes Völkergewohnheitsrecht, ergänzt durch anerkannte allgemeine Rechtsgrundsätze" (zB BVerfGE 23, S. 288 ff, 317; 31, S. 145 ff, 177). Diese Auslegung ist problematisch. Versteht man unter den allgemeinen Rechtsgrundsätzen nämlich die Grundsätze, die aus der Struktur der Völkerrechtsordnung oder der Völkergemeinschaft abgeleitet werden, so sind sie entweder nicht-vollzugsfähig und fallen daher nicht in den Anwendungsbereich des Art. 25 GG (zB der Gleichheitssatz der Völkerrechtssubjekte) oder unterliegen als Bestandteil des Völkergewohnheitsrechts (s. Rn 264) ohnehin schon dem Art. 25 GG. Versteht man darunter aber die den nationalen Rechtsordnungen gemeinsamen   472

Rechtsgrundsätze (zB das Verbot des Rechtsmissbrauchs), so müssen sie in der Rechtsordnung der Bundesrepublik schon vorhanden sein, und eine Transformation über Art. 25 GG wäre überflüssig, da der innerstaatliche Vollzug des Völkerrechts auch so möglich ist. Dazu kommt, dass sie in aller Regel die Beziehungen der Völkerrechtssubjekte untereinander regeln und daher ohnehin nicht-vollzugsfähig sind.

472a Auch das Argument, dass Art. 25 GG insofern Sinn gebe, als er den allgemeinen Rechtsgrundsätzen erst den Vorrang vor den Gesetzen verleihe (s. Rn 479 f), vermag nicht zu überzeugen (vgl *Streinz*, in: *Sachs*, Art. 25, Rn 35 mwN). Denn entweder haben die Rechtsgrundsätze der deutschen Rechtsordnung Verfassungsrang (zB einige Grundsätze des gerichtlichen Verfahrens), dann gibt die Rangregel des Art. 25 GG keinen Sinn. Oder sie haben einfachen Gesetzesrang, dann dürften sie aber nicht mehr durch spätere einfache Gesetze geändert werden (zB Vorschriften über die Verjährung). Das gibt ebenfalls keinen Sinn.

473 Völkerrechtliche **Verträge**, selbst wenn sie Völkergewohnheitsrecht kodifizieren, zählen nicht zu den allgemeinen Regeln des Völkerrechts iSd Art. 25 GG. Sie unterfallen immer nur Art. 59 GG oder den Bestimmungen der Länderverfassungen über völkerrechtliche Verträge. Falls die Kodifikation rein deklaratorisch ist, so unterfällt die entsprechende Regel als Gewohnheitsrecht Art. 25 GG und als Vertragsrecht Art. 59 GG. Der Unterschied besteht lediglich darin, dass die Regel über Art. 25 GG einen höheren Rang bekommt (s. Rn 479) als über Art. 59 GG.

474 Umstritten ist auch die Auslegung des Begriffs „**allgemein**". Die hL geht davon aus, dass dieser Begriff auf die Allgemeinheit der Völkerrechtssubjekte hinweist (und nicht auf den allgemeinen, im Gegensatz zum speziellen Inhalt einer konkreten Norm des Völkergewohnheitsrechts). Daher definiert man eine „allgemeine Regel des Völkerrechts" als eine Norm des Völkergewohnheitsrechts, die von der überwiegenden Mehrheit der Staaten als verbindlich anerkannt wird. Dabei wird meist die Meinung vertreten, dass es nicht darauf ankomme, ob die Bundesrepublik die betreffende Norm ausdrücklich als bestehend anerkannt habe (vgl BVerfGE 15, S. 25 ff, 34; 16, S. 27 ff, 33; abschwächend E 66, S. 39 ff, 64 f). Dies wird ganz bewusst im Gegensatz zu Art. 4 WRV herausgestellt, der folgenden Wortlaut hatte: „Die allgemein anerkannten Regeln des Völkerrechts gelten als bindende Bestandteile des deutschen Reichsrechts." Diese Bestimmung wurde fast einhellig dahingehend ausgelegt, daß eine besondere Anerkennung durch das Deutsche Reich erforderlich sei. In dem geänderten Wortlaut und der anderen Interpretation des Art. 25 GG sieht man heute einen Hinweis auf die Völkerrechtsfreundlichkeit des GG.

475 Dennoch gilt es zu differenzieren. Sicherlich kann keine allgemeine Regel des Völkerrechts iSd Art. 25 GG entstehen, wenn die Bundesrepublik als „persistent objector" auftritt (s. Rn 248; BVerfGE 46, S. 342 ff, 389). Hingegen wird man die kommentarlose Haltung der Bundesrepublik zu einer Norm des Völkergewohnheitsrechts nicht als Verhinderung der Entstehung einer allgemeinen Regel des Völkerrechts iSd Art. 25 GG ansehen, wenn diese ansonsten überwiegend anerkannt wird.

Gemäß Art. 25 Satz 1 GG sind die allgemeinen Regeln des Völkerrechts Bestandteil **476** des Bundesrechts. Diese Bestimmung wird sowohl von den Anhängern der Transformationstheorie als auch der Vollzugslehre als Beweis ihrer Ansicht reklamiert. In der Tat kann man in dieser Bestimmung sowohl eine generelle Transformation als auch einen Vollzugsbefehl sehen. Dabei werden natürlich nur die **vollzugsfähigen (self-executing) Normen** des Völkergewohnheitsrechts umfasst (s. Rn 436 ff). Das sind jene Normen, die unmittelbar Rechte und Pflichten des Einzelnen begründen. Es können aber auch die sein, die zwar staatsgerichtet sind, dennoch aber in ihrer Anwendung indirekt Auswirkungen auf die Rechtsstellung des Einzelnen haben können.

Beispiele:

– Vollzugsfähig sind zB die allgemeinen Regeln des Völkerrechts über die Staatenimmunität. Dazu hat das BVerfG ausgeführt (BVerfGE 46, S. 342 ff, 362 f):
„Aus Ziel und Zweck der Art. 25, 100 Abs. 2 GG ergibt sich indes, daß … für ein Vorlageverfahren auch jene allgemeinen Regeln des Völkerrechts in Betracht kommen, die nach ihrem Regelungsgehalt und Adressatenkreis subjektive Rechte oder Pflichten des privaten einzelnen auf der Ebene des Völkerrechts nicht begründen oder verändern, sondern sich dort ausschließlich an Staaten oder sonstige Völkerrechtssubjekte richten. Kraft des generellen Rechtsanwendungsbefehls, den Art. 25 Satz 1 GG erteilt hat, sind auch diese Art allgemeiner Regeln des Völkerrechts in ihrer jeweiligen Tragweite als Bestandteil des Bundesrechts mit Vorrang vor den Gesetzen von allen rechtsetzenden und rechtsanwendenden Organen der Bundesrepublik Deutschland als Normen objektiven Rechts zu beachten und je nach Maßgabe ihres Tatbestands und Regelungsgehalts anzuwenden. Der private einzelne – wie der fremde Staat – kann sich im Hoheitsbereich der Bundesrepublik Deutschland im Rahmen des jeweiligen Verfahrensrechts auch auf diese allgemeinen Regeln des Völkerrechts ebenso „berufen" wie auf sonstiges objektives Recht, wiewohl sie in diesem Rahmen auch ohne solche Berufung von Amts wegen zu beachten sind. Sie können sich – je nach ihrem Inhalt und in der Regel als Vorfrage – auf das rechtliche Begehren des einzelnen als objektives Recht auswirken und damit entscheidungserheblich sein. In diesem Sinne können auch sie Rechtswirkungen für und gegen den einzelnen erzeugen."

– Nicht-vollzugsfähig ist zB der völkergewohnheitsrechtliche Satz „pacta sunt servanda".

Wenn man mit einem Teil der Lehre zwischen innerstaatlicher Geltung und An- **477** wendbarkeit unterscheidet (s. Rn 439a), so gelten zunächst alle allgemeinen Regeln des Völkerrechts gemäß Art. 25 Satz 1 GG im innerstaatlichen Bereich, wobei dann aber nur einige auch anwendbar – da self-executing – sind.

Jedenfalls können nur vollzugsfähige Normen des Völkergewohnheitsrechts der **478** Bestimmung des Art. 25 Satz 2 GG unterliegen. Soweit dieser Artikel bestimmt, dass die transformierten allgemeinen Regeln des Völkerrechts Rechte und Pflichten unmittelbar für die Bewohner (= nicht nur Bürger) des Bundesgebietes erzeugen, wird ihm – vor allem auch vom BVerfG – rein **deklaratorischer** Charakter zugesprochen. Denn, so wird ausgeführt, mit der Transformation bzw dem Vollzugsbefehl des Art. 25 Satz 1 GG sei dieser Effekt ohnehin schon bewirkt worden (BVerfGE 15, S. 25 ff, 33 f). Demgegenüber vertritt ein Teil der Lehre die Meinung, dass die allgemeinen Regeln des Völkerrechts nach Art. 25 Satz 1 GG zunächst zum Bestandteil der objektiven Rechtsordnung der Bundesrepublik und erst danach

– konstitutiv – gemäß Art. 25 Satz 2 GG für den einzelnen zugänglich gemacht würden. Im Ergebnis unterscheiden sich die beiden Ansichten kaum. Dies zeigt deutlich die Rechtsprechung des BVerfG (BVerfGE 46, S. 342 ff, 362 f; s. Rn 476).

479 **Konstitutiv** ist aber die **Rangregelung** in Art. 25 Satz 2 GG, zumal sie eine der deutschen Rechtsordnung ansonsten unbekannte Rangstufe einführt. Die Auslegung dieser Bestimmung ist insofern nicht umstritten, als dem transformierten Völkergewohnheitsrecht damit ein Rang über dem einfachen Gesetzesrecht eingeräumt wird. Darüber hinaus besteht aber Uneinigkeit darüber, ob dieser Rang unter dem Verfassungsrecht steht, auf der Verfassungsebene oder darüber, somit also auch dem GG vorgeht. Die hL geht von einem **Zwischenrang** über den Gesetzen, aber unter dem GG aus (vgl BVerfGE 6, S. 309 ff, 363; 37, S. 271 ff, 279). Das bewirkt, dass einfache Gesetze dem transformierten Völkergewohnheitsrecht nicht derogieren können. Sie sind vielmehr rechtswidrig (BVerfGE 23, S. 288 ff, 300). Ob dies Nichtigkeit oder nur Unanwendbarkeit bedeutet, ist umstritten (s. *Streinz*, in: *Sachs*, Art. 25 Rn 93), hat aber für die Rechtsstellung des Einzelnen keine Auswirkungen. Ein angefochtener nationaler Rechtsakt ist auf jeden Fall aufzuheben (BVerfG, ibidem, S. 316).

479a Vereinzelt wird von einem **Verfassungsrang** oder sogar einem **Überverfassungsrang** des transformierten Völkergewohnheitsrechts ausgegangen. Als Begründung wird etwa angeführt, der Rang des transformierten Rechts richte sich nach dem Transformator (daher Verfassungsrang wie Art. 25 GG), oder „Gesetze" iSd Art. 25 Satz 2 GG seien alle Gesetze, daher auch das GG (daher Überverfassungsrang). In der Praxis haben sich diesbezüglich noch keinerlei klärungsbedürftige Fälle ergeben.

480 Sehr kontrovers wird die Frage diskutiert, ob Art. 25 GG auch **partikuläres** und **bilaterales Völkergewohnheitsrecht** (s. Rn 242) umfasst. Von der hL wird dies verneint (vgl BVerfGE 96, S. 68 ff, 86). Als Hauptargument dient dabei der Wortlaut des Art. 25 Satz 1 GG (= „allgemeine" Regeln des Völkerrechts). Eine teilweise vorgeschlagene analoge Anwendung des Art. 25 GG auf partikuläres Gewohnheitsrecht wird abgelehnt, da die Rangregelung dies verbiete. Ein solcher der deutschen Rechtsordnung ansonsten unbekannter Zwischenrang zwischen Gesetzen und GG könne nur durch eine ausdrückliche Verfassungsbestimmung und nicht durch eine Analogie eingeführt werden.

481 Die Schwierigkeit der hL besteht allerdings darin, zu erklären, wie denn dann partikuläres Völkergewohnheitsrecht transformiert werde. Denn die Erklärungen dafür, warum der Verfassungsgeber diese Fragen nicht geregelt habe, sind allesamt nicht überzeugend. So ist es kaum anzunehmen, dass das Problem schlicht übersehen wurde, zumal der Art. 67 der hessischen Verfassung bei der Abfassung des GG bereits existierte und natürlich mit in die Überlegungen einbezogen wurde. Wenn dort bestimmt wird, dass die Regeln des Völkerrechts bindende Bestandteile des Landesrechts sind, so bezieht sich dies vom Wortlaut her auf alle Erscheinungsformen des Gewohnheitsrechts, also auch auf partikuläres und bilaterales (s. Rn 511). Ebenfalls abzulehnen ist die Erklärung, dass der Verfassungsgeber die Transformation von partikulärem und bilateralem Gewohnheitsrecht nicht gewollt habe. Dies würde der allgemein in Art. 25 GG hineininterpretierten Völkerrechtsfreundlichkeit (s. Rn 474) gründlich widersprechen. Als letzte Erklärung wird schließlich angeboten, dass der Verfassungsgeber davon ausgegangen sei, dass es transformables partikuläres Völkergewohnheitsrecht gar nicht gebe. Möglicherweise war man im Parlamentarischen Rat dieser Meinung, jedenfalls befand man sich dabei aber im Irrtum. Mögen auch die Fälle äußerst selten sein, die grundsätzliche Möglichkeit transformablen partikulären Gewohnheitsrechts ist sicherlich gegeben. In der Literatur wird zur Lösung des Problems auf eine **verfassungsgewohnheitsrechtliche Transformationsnorm** abgestellt (s. *Rudolf*, S. 277 ff, unter Berufung auf RGSt 23, S. 267 und RGZ 62, S. 165 ff). Ob sich dies auch auf bilaterales Gewohnheitsrecht bezieht, ist noch nicht beantwortet (*Rudolf*, S. 270, verneint dies mit dem Hinweis, dass in diesem Fall immer auch innerstaatliches Gewohnheitrecht desselben Inhalts existieren müsse und es daher einer Transformation nicht mehr bedürfe) und auch der Rang des derart transformierten Gewohnheitsrechts ist unklar. Es bietet sich daher doch die Lösung an, auch partikuläres und bilaterales Völkergewohnheitsrecht unter Art. 25 GG zu subsumieren. Als Ansatzpunkt kann dabei der Begriff „allgemein" dienen, der auch bei der Entstehung von Völkergewohnheitsrecht eine Rolle spielt und dort so interpretiert werden kann, dass er auf die jeweils von einer konkreten Gewohnheitsrechtsnorm gebundenen Völkerrechtssubjekte hinweist (s. Rn 247).

482 Das transformierte Recht gilt als **Bundesrecht**, wobei es sich durchaus auch auf Materien der ausschließlichen Landesgesetzgebung beziehen kann. In diesem Fall kann es zur Anwendung des Art. 31 GG kommen.

483 Ein **Hauptanwendungsbereich** des Art. 25 GG ist das völkerrechtliche **Fremdenrecht**. Die Grundregel des Fremdenrechts lautet, dass jeder Staat Fremde in seinem Gebiet so behandeln muss, dass der völkerrechtliche „Mindeststandard" nicht unterschritten wird. Der genaue Inhalt dieses Mindeststandards ist nur sehr schwer zu beschreiben. Man zählt dazu ua das Recht auf Leben, Freiheit, Sicherheit und Eigentum; den Schutzanspruch gegen Angriffe auf diese Rechtsgüter; den Anspruch auf Rechtsschutz und ein faires Verfahren etc.

Diese und andere Inhalte des Mindeststandards wurden über Art. 25 GG transformiert. Sie gelten daher als Bundesrecht (s. Rn 482) und gehen den Gesetzen vor (s. Rn 479). Kein innerstaatliches Gesetz darf gegen diesen Mindeststandard verstoßen. Es wäre rechtswidrig. Hingegen dürfen die innerstaatlichen Gesetze in Übereinstimmung mit dem Mindeststandard oder sogar über ihn hinausgehend (dh günstiger) die Rechtsstellung der Fremden regeln.

484 Das Fremdenrecht der Bundesrepublik ist zum Teil schon im Grundgesetz selbst enthalten.

So stehen zB alle Grundrechte, die man als Menschenrechte oder Jedermannsrechte bezeichnet, auch den Fremden zu (vgl dazu *Pieroth/Schlink*, Rn 107 ff). Ein reines Fremdengrundrecht ist das Asylrecht des Art. 16 a GG (vgl ibidem, Rn 971 ff).

Der größte Teil des Fremdenrechts findet sich in einfachen Gesetzen. Dabei handelt es sich um solche, die nicht zwischen Inländern und Fremden differenzieren (Inländergleichbehandlung), solche, die einzelne spezielle Bestimmungen für Fremde enthalten oder solche, die überhaupt nur für Fremde gelten.

Dazu zählen insbesondere das Gesetz über die Einreise und den Aufenthalt von Ausländern im Bundesgebiet (Ausländergesetz) vom 9. Juli 1990 (Sartorius I, Nr 565), das Gesetz über Einreise und Aufenthalt von Staatsangehörigen der Mitgliedstaaten der Europäischen Wirtschaftsgemeinschaft (Aufenthaltsgesetz/EWG) in der Fassung vom 31. Januar 1980 (Sartorius I, Nr 560), das Gesetz über die Rechtsstellung heimatloser Ausländer im Bundesgebiet vom 25. April 1951 (Sartorius I, Nr 563), das Asylverfahrensgesetz in der Fassung vom 27. Juli 1993 (Sartorius I, Nr 567) etc.

484a Schließlich ist ein Teil des Fremdenrechts niedergelegt in völkerrechtlichen Verträgen, die die Bundesrepublik abgeschlossen und transformiert hat.

Dazu zählen insbesondere das Abkommen über die Rechtsstellung der Flüchtlinge (Genfer Flüchtlingskonvention) vom 28. Juli 1951 (Sartorius II, Nr 28) das Übereinkommen über die Rechtsstellung der Staatenlosen vom 28. September 1954 (BGBl. 1976 II, S. 474 ff), das Europäische Niederlassungsabkommen vom 13. Dezember 1955 (Sartorius II, Nr 117) etc. Dazu kommen eine Reihe von bilateralen Niederlassungsabkommen.

485 **Lösung Fall 13** (Rn 470): Die Zulässigkeit der Verfassungsbeschwerde richtet sich nach Art. 93 Abs. 1 Nr 4a GG iVm § 13 Nr 8a und §§ 90 ff BVerfGG (Aufbauschema mit zT abweichender Terminologie bei *Pieroth/Schlink*, Rn 1121 ff):

1. Beschwerdebefugnis

A müsste beschwerdebefugt sein. Beschwerdebefugnis besitzt gemäß Art. 93 Abs. 1 Nr 4a GG, § 90 Abs. 1 BVerfGG jedermann, der Träger der dort genannten Rechte sein kann. Dies kann bei A sowohl allgemein angenommen werden, da er als natürliche, voll geschäftsfähige (unterstellt) Person – trotz der Tatsache, dass er Ausländer ist – Träger von dort genannten Rechten sein kann. Dies kann aber bei A auch speziell angenommen werden, wenn man darauf abstellt, ob er Träger des geltend gemachten Grundrechts sein kann. Mangels besonderer Hinweise im Sachverhalt kann davon ausgegangen werden, dass A sich auf Art. 2 Abs. 1 GG beruft. Das dort geregelte Grundrecht ist ein Menschenrecht, das In- und Ausländern gleichermaßen zusteht. Daher ist A als natürliche, voll geschäftsfähige (unterstellt) Person und Ausländer beschwerdebefugt.

2. Beschwerdegegenstand

Die Verfassungsbeschwerde müsste sich gegen eine Maßnahme der öffentlichen Gewalt richten. Darunter versteht man einen hoheitlichen Eingriff durch deutsche Gesetzgebung, Rechtsprechung oder Verwaltung. Die Verfassungsbeschwerde des A richtet sich sowohl gegen den Verwaltungsakt, der ihn zur Vermögensabgabe heranzieht, als auch gegen das letztinstanzliche, diesen Verwaltungsakt bestätigende Urteil. In beiden Fällen handelt es sich um eine Maßnahme der öffentlichen Gewalt. Ein Beschwerdegegenstand liegt also vor.

3. Beschwerdegrund

Der Beschwerdeführer müsste die Verletzung eines der in Art. 93 Abs. 1 Nr 4a GG, § 90 Abs. 1 BVerfGG genannten Rechte geltend machen. Die Verletzung müsste zumindest möglich erscheinen.

a) A beruft sich auf Art. 25 GG. Dieser Artikel enthält aber kein in Art. 93 Abs. 1 Nr 4a GG, § 90 Abs. 1 BVerfGG genanntes Recht. Er ist eine Vorschrift der objektiven Rechts- und Verfassungsordnung und enthält keine subjektiven Rechte. In Bezug auf Art. 25 GG liegt also kein Beschwerdegrund vor.

b) Aus dem Vorbringen des A kann aber geschlossen werden, dass er sich auf Art. 2 Abs. 1 GG beruft. Die dort geregelte allgemeine Handlungsfreiheit ist in Art. 93 Abs. 1 Nr 4a GG, § 90 Abs. 1 BVerfGG genannt. Sie gewährleistet ua die Freiheit vor bestehenden staatlichen Eingriffen, die nicht der verfassungsmäßigen Ordnung entsprechen.

Der verfassungsmäßigen Ordnung entsprechen staatliche Eingriffe dann, wenn sie als Grundlage ein verfassungsmäßiges Gesetz haben, dh wenn die Rechtsgrundlage des Eingriffs formell und materiell dem GG entspricht. Dies kann mangels näherer Hinweise im Sachverhalt beim Lastenausgleichsgesetz unterstellt werden.

Hingegen begründet A seine Verfassungsbeschwerde mit einer allgemeinen Regel des Völkerrechts. Geht man davon aus, dass eine solche existieren könnte, dann würde sie gemäß Art. 25 Satz 1 GG zum Bestandteil des Bundesrechts, soweit sie self-executing ist. Letzteres kann man bejahen, da die geltend gemachte Norm für den Einzelnen das unmittelbare Recht der Freiheit vor derartigen staatlichen Maßnahmen begründet. Die Folge davon wäre, dass diese allgemeine Regel des Völkerrechts den Gesetzen vorginge. Die ihr widersprechenden Gesetze wären daher rechtswidrig. Insofern kann dann ein solches Gesetz nicht zur verfassungsmäßigen Ordnung gehören. Ein darauf gestützter belastender staatlicher Eingriff entspricht nicht der verfassungsmäßigen Ordnung, die allgemeine Handlungsfreiheit des Art. 2 Abs. 1 GG wird dadurch verletzt.

So gesehen wäre bei einer Existenz der behaupteten allgemeinen Regel des Völkerrechts das Lastenausgleichsgesetz rechtswidrig und die Heranziehung zu einer Abgabe eine Verletzung des Art. 2 Abs. 1 GG. Ob die behauptete allgemeine Regel des Völkerrechts tatsächlich existiert, ist eine Frage der Begründetheit. Ein Beschwerdegrund liegt also vor.

c) Die geltend gemachte Grundrechtsverletzung erscheint möglich. Jedenfalls kann eine Grundrechtsverletzung nicht von vornherein ausgeschlossen werden. Das aber genügt für die Zulässigkeit der Verfassungsbeschwerde.

4. Rechtsschutzbedürfnis

A müsste ein subjektives und objektives Rechtsschutzbedürfnis haben.

a) *subjektiv:* A müsste durch den Verwaltungsakt oder das letztinstanzliche Urteil selbst, gegenwärtig und unmittelbar betroffen sein. Dies ist zu bejahen. Der rechtskräftig gewordene Verwaltungsakt und das letztinstanzliche Urteil belasten ihn in dieser Weise. Ein subjektives Rechtsschutzbedürfnis liegt also vor.

b) *objektiv:* Gemäß § 90 Abs. 2 Satz 1 BVerfGG müsste vor Erhebung der Verfassungsbeschwerde der Rechtsweg erschöpft sein. Dies ist laut Sachverhalt gegeben. Die mögliche Grundrechtsverletzung kann auch nicht auf andere Weise beseitigt werden (Subsidiarität). Ein objektives Rechtsschutzbedürfnis liegt also vor.

5. Frist und Form

Die Verfassungsbeschwerde müsste frist- (§ 93 BVerfGG) und formgerecht (§§ 23, 92 BVerfGG) eingereicht worden sein. Dies ist laut Sachverhalt geschehen.

Ergebnis: Die Verfassungsbeschwerde ist zulässig (vgl BVerfGE 23, S. 288 ff).

Literatur: *Bungert*, Einwirkung und Rang von Völkerrecht im innerstaatlichen Rechtsraum, in: DÖV 1994, S. 797 ff; *Geck*, Das Bundesverfassungsgericht und die allgemeinen Regeln des Völkerrechts, in: *Starck* (Hrsg.), Bundesverfassungsgericht und Grundgesetz, Bd. II, Tübingen 1976, S. 125 ff; *Geiger*, S. 161-170; *Hofmann*, Zur Bedeutung von Art. 25 GG für die Praxis deutscher Behörden und Gerichte, in: Festschrift für *W. Zeidler*, Berlin-New York 1987, Bd. 2, S. 1885 ff; *Rudolf*, S. 239-281; *ders.*, Die innerstaatliche Anwendung partikulären Völkergewohnheitsrechts, in: Internationale Festschrift für *A. Verdross*, München 1971, S. 435 ff; *Schweitzer/Weber*, Handbuch, Rn 260-270; *Silagi*, Die allgemeinen Regeln des Völkerrechts als Bezugsgegenstand in Art. 25 GG und Art. 26 EMRK, in: EuGRZ 1980, S. 632 ff; *Steinberger*, Allgemeine Regeln des Völkerrechts, in: *Isensee/Kirchhof*, Bd. VII, S. 525 ff.

3. Allgemeine Rechtsgrundsätze

486 Geht man mit der hier vertretenen Auffassung davon aus, dass Art. 25 GG sich nicht auf die allgemeinen Rechtsgrundsätze bezieht (s. Rn 472), so enthält das **GG keine Regelung** über den Vollzug der allgemeinen Rechtsgrundsätze. Dies ist auch nicht notwendig, da die Rechtsgrundsätze ja schon in der deutschen Rechtsordnung existent sind, der Vollzug also gewährleistet ist.

487 Folgt man der nicht näher begründeten Auffassung des BVerfG, dass die allgemeinen Rechtsgrundsätze auch unter Art. 25 GG fallen (BVerfGE 15, S. 25 ff, 33 ff; 16, S. 27 ff, 33; 23, S. 288 ff, 317; 31, 145 ff, 177 f), so gelten die Ausführungen zum Völkergewohnheitsrecht entsprechend.

Literatur: *Geck*, Das Bundesverfassungsgericht und die allgemeinen Regeln des Völkerrechts, in: *Starck* (Hrsg.), Bundesverfassungsgericht und Grundgesetz, Bd. II, Tübingen 1976, S. 176 ff; *Heinz*, Zur Bedeutung und Auslegung von Art. 25 des Grundgesetzes für die Bundesrepublik Deutschland, in: Recht und Staat, Festschrift für *G. Küchenhoff*, 2. Halbband, Berlin 1972, S. 805 ff; *Papadimitriu*, Die Stellung der allgemeinen Regeln des Völkerrechts im innerstaatlichen Recht, Berlin 1972, S. 75-79; *Schweitzer/Weber*, Handbuch, Rn 281-291; *Steinberger*, Allgemeine Regeln des Völkerrechts, in: *Isensee/Kirchhof*, Bd. VII, S. 525 ff.

4. Beschlüsse internationaler Organisationen

488 Das GG enthält keine ausdrücklichen Bestimmungen über den innerstaatlichen Vollzug von Beschlüssen internationaler Organisationen. Dabei ist davon auszugehen, dass die Beschlüsse internationaler Organisationen in aller Regel ohnehin nicht vollzugsfähig sind. Sie richten sich vornehmlich an Staaten und haben üblicherweise nur empfehlenden Charakter. Daraus können für den Einzelnen nur selten Rechte und Pflichten entstehen. Dies gilt aber dann nicht, wenn es sich um die Europäische Union, insbesondere die Erste Säule iSv Art. 23 Abs. 1 GG oder um internationale Organisationen iSv Art. 24 Abs. 1 GG handelt, auf die der Bund Hoheitsrechte übertragen hat (s. Rn 515 ff).

489 Wenn man das Recht der EU einmal beiseite lässt und auch von der weitgehend mangelnden Praxisrelevanz der Frage absieht, so kann man davon ausgehen, dass

sich der Vollzug von Beschlüssen internationaler Organisationen – ihre Vollzugsfähigkeit vorausgesetzt – nach den Vertragsgesetzen zu den Beitrittsverträgen bzw nach den Gesetzen gemäß Art. 24 Abs. 1 GG richtet. Denn darin ist die **antizipierte generelle Transformation** bzw der antizipierte Vollzugsbefehl für die künftigen in den Organisationsstatuten vorgesehenen Beschlüsse dieser Organisation zu sehen. Dem steht nicht entgegen, dass es im Einzelfall zu einer speziellen Transformation bzw zu einem Vollzugsbefehl in Form von Gesetzen oder Rechtsverordnungen kommt. Voraussetzung für eine solche spezielle Transformation bzw einen solchen Vollzugsbefehl ist lediglich, dass die Organisationsstatuten nicht ohnehin schon die unmittelbare Geltung der Beschlüsse vorsehen.

Handelt es sich um eine generelle Transformation, dann kommt den transformierten **490** Beschlüssen **Gesetzesrang** zu, sofern die Vertragsgesetze zu den Gründungsverträgen bzw die Gesetze gemäß Art. 24 Abs. 1 GG nicht einen niedrigeren Rang bestimmen. Bei einer speziellen Transformation richtet sich der Rang der transformierten Beschlüsse nach den Transformatoren selbst oder nach deren diesbezüglichen Bestimmungen bezüglich eines niedrigeren Ranges.

VIII. Regelung in den Länderverfassungen

1. Völkerrechtliche Verträge

Die Länderverfassungen enthalten in der Regel ausdrückliche Bestimmungen über **491** den Abschluss von völkerrechtlichen Verträgen und die Transformation bzw den Vollzugsbefehl. Daraus lässt sich aber ebenso wenig wie aus dem GG die Festlegung auf eine der beiden Theorien ableiten. Übereinstimmend sehen die Länderverfassungen vor, dass beim Abschluss von Verträgen über die Gegenstände der Landesgesetzgebung die Parlamente zustimmen müssen. Allerdings ist als Form der Zustimmung nicht immer ein Gesetz vorgeschrieben, in der Praxis wird allerdings grundsätzlich darauf zurückgegriffen. In dieser Zustimmung wird allgemein die Transformation bzw der Vollzugsbefehl gesehen. Im Einzelnen sehen die Länderverfassungen Folgendes vor:

(1) Baden-Württemberg

Art. 50 Satz 2: Der Abschluß von Staatsverträgen bedarf der Zustimmung der Regierung und **492** des Landtags.

Die Zustimmung wird in Form eines Gesetzes erteilt. Die Lehre geht davon aus, dass Verwaltungsabkommen nicht unter Art. 50 Satz 2 fallen. Daher vollzieht sich ihre Transformation mit der innerstaatlichen Durchführung durch Rechtsverordnung, Verwaltungsverordnung etc.

(2) Bayern

Art. 72 Abs. 2: Staatsverträge werden vom Ministerpräsidenten nach vorheriger Zustim- **493** mung des Landtags abgeschlossen.

Die Zustimmung wird in der Regel in Form eines Beschlusses erteilt. Verwaltungs-abkommen unterliegen nach der Lehre nicht Art. 72 Abs. 2. Für sie wird – nicht un-bestritten (s. Rn 195 f) – § 1 Abs. 2 Satz 2 der Geschäftsordnung der Bayerischen Staatsregierung (ibidem) herangezogen, der bestimmt:

„(Der Ministerpräsident) schließt ... namens der Bayerischen Staatsregierung die von ihr ge-billigten Verwaltungsabkommen ab ...“

In der Billigung durch die Staatsregierung, die durch Beschluss erfolgt, wird die Transformation bzw der Vollzugsbefehl gesehen.

(3) Berlin

494   In der Verfassung von Berlin finden sich keine direkten Bestimmungen über den Abschluss von völkerrechtlichen Verträgen. Lediglich Art. 58 Abs. 1 Satz 1 betraut den Regierenden Bürgermeister mit der Vertretung Berlins nach außen. Aus der Vorschrift des Art. 59 Abs. 1, wonach die für alle verbindlichen Gebote und Verbote auf Gesetz beruhen müssen, leitet man aber bei Verträgen, die solche Gebote und Verbote enthalten, die Notwendigkeit eines Gesetzes für die Transformation bzw den Vollzugsbefehl ab. Verwaltungsabkommen werden durch Rechtsverordnung, Verwaltungsverordnung etc transformiert bzw vollzogen.

(4) Brandenburg

495   Art. 91 Abs. 2: Staatsverträge, insbesondere Verträge, die sich auf Gegenstände der Gesetz-gebung beziehen oder Aufwendungen erfordern, für die Haushaltsmittel nicht vorgesehen sind, bedürfen der Zustimmung des Landtages.

Die Zustimmung erfolgt in Form eines Gesetzes. Verwaltungsabkommen werden durch Rechtsverordnung, Verwaltungsverordnung etc. transformiert bzw vollzogen.

(5) Bremen

496   In der Verfassung von Bremen fehlen direkte Bestimmungen über den Abschluss von völkerrechtlichen Verträgen. Lediglich Art. 118 Abs. 1 Satz 2 bestimmt, dass der Senat das Land nach außen vertritt. Die Transformation bzw der Vollzugsbefehl bei Verträgen über Gegenstände der Landesgesetzgebung wird in Form eines Geset-zes der Bürgerschaft bewirkt, ohne dass die Verfassung dies vorschreibt. Begründet wird dies mit ungeschriebenem Verfassungsrecht und dem Gesetzesvorbehalt. Ver-waltungsabkommen werden durch Rechtsverordnungen, Verwaltungsverordnungen etc transformiert bzw vollzogen.

(6) Hamburg

497   Art. 43 Satz 3: (Die Ratifikation der Staatsverträge) bedarf der Zustimmung der Bürger-schaft, sofern die Verträge Gegenstände der Gesetzgebung betreffen oder Aufwendungen er-fordern, für die Haushaltsmittel nicht vorgesehen sind.

Die Zustimmung erfolgt in Form eines Gesetzes. Verwaltungsabkommen können wegen der Haushaltsmittel-Klausel unter Art. 43 Satz 3 fallen. Ist dies nicht der Fall, werden sie durch Rechtsverordnung, Verwaltungsverordnung etc transformiert bzw vollzogen.

(7) Hessen

Art. 103 Abs. 2: Staatsverträge bedürfen der Zustimmung des Landtags. **498**

Die Zustimmung erfolgt in Form eines Gesetzes. Verwaltungsabkommen fallen nach der Lehre nicht unter Art. 103 Abs. 2. Sie werden durch Rechtsverordnung, Verwaltungsverordnung etc transformiert bzw vollzogen.

Darüber hinaus enthält die hessische Verfassung als einzige Länderverfassung eine ausdrückliche Regel über den Rang des Vertragsrechts im innerstaatlichen Bereich.

Art. 67 Satz 2: Kein Gesetz ist gültig, das … mit einem Staatsvertrag im Widerspruch steht.

Damit ist ein Übergesetzesrang festgelegt. Nach den übrigen Verfassungen kann man höchstens von einem Gesetzesrang ausgehen, den man aus dem in Form eines Gesetzes ergangenen Transformator bzw dem Vollzugsbefehl ableiten kann.

(8) Mecklenburg-Vorpommern

Art. 47 Abs. 2: Staatsverträge, die Gegenstände der Gesetzgebung betreffen, bedürfen der Zustimmung des Landtages in Form eines Gesetzes. **499**

Die Verfassung von Mecklenburg-Vorpommern ist damit neben der von Rheinland-Pfalz und der des Saarlandes die einzige, die ausdrücklich die Form eines Gesetzes für die Zustimmung vorschreibt. Verwaltungsabkommen werden durch Rechtsverordnungen, Verwaltungsverordnungen etc transformiert bzw vollzogen.

(9) Niedersachsen

Art. 35 Abs. 2: Verträge des Landes, die sich auf Gegenstände der Gesetzgebung beziehen, bedürfen der Zustimmung des Landtages. **500**

Die Zustimmung erfolgt in Form eines Gesetzes. Verwaltungsabkommen werden durch Rechtsverordnungen, Verwaltungsverordnungen etc transformiert bzw vollzogen.

(10) Nordrhein-Westfalen

Art. 66 Satz 2: Staatsverträge bedürfen der Zustimmung des Landtags. **501**

Als Verträge im Sinne des Art. 66 Satz 2 werden solche angesehen, deren Inhalt nur durch Gesetz erlassen werden dürfte. Die Zustimmung erfolgt trotzdem nur durch Beschluss. Verwaltungsabkommen sind solche, deren Inhalt auch ohne Gesetz von der Exekutive geregelt werden könnte. Sie unterfallen daher nicht Art. 66 Satz 2 und werden durch Rechtsverordnungen, Verwaltungsverordnungen etc transformiert bzw vollzogen.

(11) Rheinland-Pfalz

Art. 101 Satz 2: Staatsverträge bedürfen der Zustimmung des Landtags durch Gesetz. **502**

Die Verfassung von Rheinland-Pfalz ist damit neben der von Mecklenburg-Vorpommern und der des Saarlands die einzige, die ausdrücklich die Form eines Gesetzes für die Zustimmung vorsieht. Verwaltungsabkommen werden auch ohne Zustimmung des Landtags abgeschlossen. Sie werden durch Rechtsverordnungen, Verwaltungsverordnungen etc transformiert bzw vollzogen.

(12) Saarland

503   Art. 95 Abs. 2: Der Abschluß von Staatsverträgen bedarf der Zustimmung des Landtages durch Gesetz. ...

Die Verfassung des Saarlandes ist damit neben der von Mecklenburg-Vorpommern und der von Rheinland-Pfalz die einzige, die ausdrücklich eine Zustimmung durch Gesetz vorschreibt. Als Staatsvertrag iSd Art. 95 Abs. 2 werden solche angesehen, die innerstaatlich durch Gesetz vollzogen werden müssen. Verwaltungsabkommen werden durch Rechtsverordnungen, Verwaltungsverordnungen etc transformiert bzw vollzogen

(13) Sachsen

504   Art. 65 Abs. 2: Der Abschluß von Staatsverträgen bedarf der Zustimmung der Staatsregierung und des Landtages.

Die Zustimmung erfolgt in Form eines Gesetzes. Verwaltungsabkommen werden durch Rechtsverordnungen, Verwaltungsverordnungen etc transformiert bzw vollzogen.

(14) Sachsen-Anhalt

505   Art. 69 Abs. 2: Der Abschluß von Staatsverträgen bedarf der Zustimmung des Landtages.

Die Zustimmung erfolgt in Form eines Gesetzes. Verwaltungsabkommen werden durch Rechtsverordnungen, Verwaltungsverordnunge etc transformiert bzw vollzogen.

(15) Schleswig-Holstein

506   Art. 30 Abs. 2: Verträge mit der Bundesrepublik oder mit anderen Ländern bedürfen der Zustimmung der Landesregierung. Soweit sie Gegenstände der Gesetzgebung betreffen oder zu ihrer Durchführung eines Gesetzes bedürfen, muß auch der Landtag zustimmen.

Die Zustimmung erfolgt in Form eines Gesetzes. Verwaltungsabkommen werden durch Rechtsverordnungen, Verwaltungsverordnungen etc transformiert bzw. vollzogen.

(16) Thüringen

507   Art. 77 Abs. 2: Staatsverträge bedürfen der Zustimmung des Landtags.

Die Zustimmung erfolgt in Form eines Gesetzes. Verwaltungsabkommen werden durch Rechtsverordnungen, Verwaltungsverordnungen etc transformiert bzw vollzogen.

2. Völkergewohnheitsrecht und allgemeine Rechtsgrundsätze

Nur **drei Länderverfassungen** enthalten überhaupt Bestimmungen über das Völ- **508**
kergewohnheitsrecht bzw die allgemeinen Rechtsgrundsätze. Dabei lässt sich – genauso wie bei Art. 25 GG – keine Festlegung auf entweder die Transformationstheorie oder die Vollzugslehre konstatieren. Da es nach der hier vertretenen Auffassung
keiner Vollziehung der allgemeinen Rechtsgrundsätze im innerstaatlichen Bereich
bedarf, weil sie ohnehin schon dessen Bestandteil sind (s. Rn 486), beziehen sich
auch die Länderverfassungen jeweils nicht auf diese Rechtsquelle des Völkerrechts.
Insgesamt erhebt sich bei diesen Bestimmungen die Frage, inwieweit sie überhaupt
neben Art. 25 GG noch eine eigenständige rechtliche Bedeutung haben. Ein Teil der
Lehre geht davon aus, dass sie zumindest gegenstandslos geworden sind. Dabei ist
aber festzustellen, dass keine der drei Bestimmungen mit Art. 25 GG gleich lautend
ist, sondern dass sie weiter (Hessen) oder weniger weit (Bayern, Bremen) gehen.
Für den Fall, dass sie weiter gehen, haben sie natürlich einen eigenständigen Regelungsgehalt und sind keineswegs gegenstandslos. Sind sie weniger weitgehend,
dann sind sie – jedenfalls für die Dauer der Geltung des Art. 25 GG – gegenstandslos geworden. In keinem Fall aber sind sie wegen Art. 31 GG außer Kraft getreten
(vgl dazu BVerfGE 36, S. 342 ff; BayVerfGH 12, S. 131 ff, 137).

Im Einzelnen bestimmen die Länderverfassungen Folgendes:

(1) Bayern

Art. 84: Die allgemein anerkannten Grundsätze des Völkerrechts gelten als Bestandteil des **509**
einheimischen Rechts.

Die Bestimmung ist enger als Art. 25 GG, da sie auf die „allgemein anerkannten"
Grundsätze abstellt. Diese Formulierung entspricht Art. 4 WRV und stellt darauf ab,
dass die Grundsätze auch von dem betreffenden Staat selbst (= Bayern) anerkannt
sein müssen. Eine Aussage über den Rang der Grundsätze im innerstaatlichen Recht
ist in Art. 84 nicht enthalten.

(2) Bremen

Art. 122: Die allgemein anerkannten Regeln des Völkerrechts sind Bestandteile des Landes- **510**
rechts. Sie sind für den Staat und für den einzelnen Staatsbürger verbindlich.

Hier gilt das bei Bayern Ausgeführte. Vom Wortlaut her gesehen könnte man davon
ausgehen, dass Art. 122 dadurch, dass er die Regeln als für den Staat verbindlich erklärt, sie mit Verfassungsrang oder sogar Überverfassungsrang ausstattet.

(3) Hessen

Art. 67: Die Regeln des Völkerrechts sind bindende Bestandteile des Landesrechts, ohne daß **511**
es ihrer ausdrücklichen Umformung in Landesrecht bedarf. Kein Gesetz ist gültig, das mit
solchen Regeln … in Widerspruch steht.

Die Bestimmung ist weitergehend als Art. 25 GG, da alle Regeln des Völkerrechts
umfasst werden. Zwar reduziert sich der Begriffsinhalt dieser Regeln auch auf das
Völkergewohnheitsrecht, er umfasst aber auch partikuläres und bilaterales Völker-

gewohnheitsrecht. Wenn man also mit einem Teil der Lehre davon ausgeht, dass Art. 25 GG dieses nicht betreffe (s. Rn 480 f), ist Art. 67 weitergehend. Art. 67 Satz 2 gibt den Regeln des Völkerrechts einen Übergesetzesrang.

3. Beschlüsse internationaler Organisationen

512 Die Länderverfassungen enthalten keine Bestimmungen über die Beschlüsse internationaler Organisationen. Da die Länder keine Hoheitsrechte auf internationale Organisationen übertragen können (s. Rn 285), sind keine vollzugsfähigen Beschlüsse zu erwarten. Von der rein theoretischen Problemstellung her gesehen, müssten die Fragen der Vollziehung solcher Beschlüsse über das Vertragsrecht gelöst werden (s. Rn 489 für den Bund).

512a Die grenznachbarschaftlichen Einrichtungen iSv Art. 24 Abs. 1a GG sind keine internationalen Organisationen (s. Rn 67 und 285). Sie fallen damit nicht unter die hier behandelte Fragestellung. Andererseits wird wohl in aller Regel die Übertragung von Hoheitsrechten iSv Art. 24 Abs. 1a GG durch völkerrechtlichen Vertrag geschehen. Dann kämen aber bei den Fragen der Vollziehung von Beschlüssen solcher grenznachbarschaftlicher Einrichtungen doch wieder die Bestimmungen der Länderverfassungen über das Vertragsrecht zur Anwendung. Zur Zeit fehlen diesbezüglich noch jegliche Erfahrungen, da es noch keine Anwendungsfälle des Art. 24 Abs. 1a GG gibt.

Literatur: *Jellinek*, Kritische Betrachtungen zur Völkerrechtsklausel in den deutschen Verfassungsurkunden, in: Um Recht und Gerechtigkeit, Festgabe für *E. Kaufmann*, Stuttgart 1950, S. 181 ff; *Randelzhofer*, Innerstaatlich erforderliche Verfahren für das Wirksamwerden der von der Exekutive abgeschlossenen völkerrechtlichen Vereinbarungen, in: AöR 99 (1974), Beiheft 1, S. 18 ff; *Rudolf*, S. 231-238; *ders.*, Mitwirkung der Landtage bei völkerrechtlichen Verträgen und bei der EG-Rechtsetzung, in: Einigkeit und Recht und Freiheit, Festschrift für *K. Carstens*, Bd. 2, Köln 1984, S. 757 ff.

B. Der innerstaatliche Vollzug des Europarechts

513 **Fall 14:** Art. 10 der Richtlinie 69/335 betreffend die indirekten Steuern auf die Ansammlung von Kapital bestimmt:

„Abgesehen von der Gesellschaftssteuer erheben die Mitgliedstaaten von Gesellschaften, Personenvereinigungen oder juristischen Personen mit Erwerbszweck keinerlei andere Steuern oder Abgaben auf:

a) …

b) …

c) die der Ausübung einer Tätigkeit vorangehende Eintragung oder sonstige Formalität, der eine Gesellschaft, Personenvereinigung oder juristische Person mit Erwerbszweck auf Grund ihrer Rechtsform unterworfen werden kann."

Ein EG-Mitgliedstaat hatte diese Richtlinie zwar frist- aber nicht ordnungsgemäß umgesetzt und in der Folge Eintragungsgebühren verlangt, die mit Art. 10 der Richtlinie nicht vereinbar sind. Mehrere Gesellschaften beantragten daraufhin die Erstattung dieser Beiträge für den Zeitraum von 10 Jahren. Nachdem die Anträge abgelehnt worden waren, erhoben die Gesellschaften Klage vor dem zuständigen nationalen Gericht. Dieses rief gemäß Art. 234 EGV den EuGH an und stellte folgende Fragen:

1) Kann sich der Einzelne vor den nationalen Gerichten unmittelbar auf Art. 10 der Richtlinie berufen?

2) Kann eine nationale Verjährungsfrist (ihre grundsätzliche Zulässigkeit unterstellt) ab dem Tag des Ablaufs der Umsetzungsfrist oder erst ab dem Tag der ordnungsgemäßen Umsetzung zu laufen beginnen?

Wie sind die Fragen zu beantworten? **Lösung: Rn 531**

I. Europarecht im weiteren Sinn

Bei der Frage der innerstaatlichen Vollziehung des Europarechts muss zunächst differenziert werden. Handelt es sich um Europarecht im weiteren Sinn = Recht der europäischen internationalen Organisationen (s. Rn 15), so kommen die Bestimmungen des GG über völkerrechtliche Verträge (s. Rn 445 ff) und über Beschlüsse internationaler Organisationen (s. Rn 488 ff) zur Anwendung. **514**

II. Europarecht im engeren Sinn (Recht der Europäischen Union)

1. Allgemein

Handelt es sich aber um das Europarecht im engeren Sinn (Recht der Europäischen Union, s. Rn 16 ff), so ist diese generelle Verweisung wie beim Europarecht im weiteren Sinn nach hL und Rechtsprechung nicht möglich. Dies hat seinen Grund zunächst in der Tatsache, dass der Beitritt der Bundesrepublik zu den Europäischen Gemeinschaften und später zur EU nicht nur eines Vertragsgesetzes gemäß Art. 59 Abs. 2 Satz 1 GG, sondern auch eines Gesetzes gemäß Art. 24 Abs. 1 GG bzw gemäß Art. 23 Abs. 1 Satz 2 GG bedurfte. Damit wurden auf die Europäischen Gemeinschaften bzw auf die EU Hoheitsrechte übertragen, ein Vorgang, den die hL so auslegt, dass die Bundesrepublik damit die Ausübung der Hoheitsgewalt durch diese Einrichtungen duldet (s. Rn 55). Der innerstaatliche Vollzug des Rechts der EU, der so gesehen nur das Recht der Ersten Säule = **Gemeinschaftsrecht** betrifft, da nur dieses Durchgriffscharakter besitzt, ist nicht etwa nach den allgemeinen Kriterien der Transformationslehre oder der Vollzugstheorie zu beurteilen. Vielmehr sind entsprechende Probleme durch Rückgriff auf das gemäß Art. 23 Abs. 1 GG bzw gemäß Art. 24 Abs. 1 GG in die deutsche Rechtsordnung hineinreichende Gemeinschaftsrecht zu lösen. Aus diesem Grund hat die hL die Versuche abgelehnt, die Transformation des bzw den Vollzugsbefehl für das primäre(n) Gemeinschaftsrecht(s) in den Vertragsgesetzen gemäß Art. 59 Abs. 2 Satz 1 GG zu sehen. Dasselbe gilt für die Ansicht, durch diese Vertragsgesetze sei das sekundäre Gemeinschaftsrecht antizipierend transformiert worden (s. *Rupp*, in: NJW 1974, S. 2153 ff, 2155), was auf eine generelle Transformation hinausläuft (s. Rn 430). **515**

516 Der Vollzug des Rechts der Zweiten und Dritten Säule sowie des Dachs und des Sockels (s. Rn 16 ff) = **Unionsrecht** richtet sich demgegenüber nach den Grundsätzen des Vollzugs von völkerrechtlichem Vertragsrecht (s. Rn 445 ff), da sowohl das primäre (s. Rn 320) als auch das sekundäre Unionsrecht (s. Rn 320a) dem völkerrechtlichen Vertragsrecht zuzuordnen ist.

517 Die hL kann sich bei ihrer Argumentation bezüglich des Vollzugs von Gemeinschaftsrecht auf die **Rechtsprechung** sowohl des BVerfG als auch des EuGH berufen. Dies gilt beispielsweise für folgende Ausführungen des BVerfG, in denen sich auch die einschlägige Rechtsprechung des EuGH widerspiegelt (BVerfGE 31, S. 145 ff, 173 f):

„Denn durch die Ratifizierung des EWG-Vertrages … ist in Übereinstimmung mit Art. 24 Abs. 1 GG eine eigenständige Rechtsordnung der Europäischen Wirtschaftsgemeinschaft entstanden, die in die innerstaatliche Rechtsordnung hineinwirkt und von den deutschen Gerichten anzuwenden ist … Art. 24 Abs. 1 GG besagt bei sachgerechter Auslegung nicht nur, daß die Übertragung von Hoheitsrechten auf zwischenstaatliche Einrichtungen überhaupt zulässig ist, sondern auch, daß die Hoheitsakte ihrer Organe … vom ursprünglich ausschließlichen Hoheitsträger anzuerkennen sind. Von dieser Rechtslage ausgehend, müssen seit dem Inkrafttreten des Gemeinsamen Markts die deutschen Gerichte auch solche Rechtsvorschriften anwenden, die zwar einer eigenständigen außerstaatlichen Hoheitsgewalt zuzurechnen sind, aber dennoch … im innerstaatlichen Raum unmittelbare Wirkung entfalten und entgegenstehendes nationales Recht überlagern und verdrängen …"

Später hat das BVerfG dies noch konziser ausgedrückt (BVerfGE 58, S. 1 ff, 28):

„Diese Verfassungsbestimmung (= Art. 24 Abs. 1 GG, Anm. d. Verf.) öffnet die deutsche Rechtsordnung derart, daß der ausschließliche Herrschaftsanspruch der Bundesrepublik Deutschland im Geltungsbereich des Grundgesetzes zurückgenommen und der unmittelbaren Geltung und Anwendbarkeit eines Rechts aus anderer Quelle innerhalb des staatlichen Herrschaftsbereichs Raum gelassen wird (BVerfGE 37, 271 [280])"; (ebenso BVerfGE 59, S. 63 ff, 90; 73, S. 339 ff, 374).

518 Der Meinung, dass das sekundäre Gemeinschaftsrecht generell transformiert wurde, hat das BVerfG nicht ausdrücklich widersprochen. Indem es aber ursprünglich Verfassungsbeschwerden gegen sekundäres Gemeinschaftsrecht für unzulässig erklärt hat (s. Rn 70), hat es sich – indirekt – gegen die Transformationsthese gewandt. Denn eine Verfassungsbeschwerde gegen transformiertes sekundäres Gemeinschaftsrecht könnte nicht unzulässig sein. Außerdem ergibt sich aus der Rechtsprechung des BVerfG (BVerfGE 58, S. 1 ff, 28), dass es von „der unmittelbaren Geltung und Anwendbarkeit eines Rechts aus anderer Quelle innerhalb des staatlichen Herrschaftsbereichs", also nicht innerhalb des *staatlichen Rechts* ausgeht. Dies ist offenkundig mit der Transformationstheorie unvereinbar.

519 Daher kann man die Meinung vertreten, dass dieses aus anderer Quelle stammende Recht dann auch die Fragen der innerstaatlichen Vollziehung selbst lösen müsse.

2. Primäres Gemeinschaftsrecht

Voraussetzung der innerstaatlichen Vollziehung des primären Gemeinschaftsrechts **520** ist, dass es überhaupt **vollzugsfähig** ist. Dies trifft anerkanntermaßen nur für die Normen des primären Gemeinschaftsrechts zu, die unmittelbar anwendbar sind. Im Prinzip richtet sich die Feststellung, welche Normen unmittelbar anwendbar und damit vollzugsfähig sind, nach denselben Kriterien wie beim Völkerrecht (s. Rn 436 ff). Rechtsprechung und Lehre gehen von einer Vollzugsfähigkeit primären Gemeinschaftsrechts aus, wenn die Normen so formuliert sind, dass sie:

(1) rechtlich vollkommen sind, dh ohne jede weitere Konkretisierung anwendbar sind;
(2) unbedingt sind;
(3) in einer Verpflichtung für die Mitgliedstaaten bestehen, die keine weiteren Vollzugsmaßnahmen erfordert;
(4) den Mitgliedstaaten keinen Ermessensspielraum lassen.

Konkret ist dies dann der Fall, wenn dem Einzelnen ausdrücklich ein subjektives **520a** Recht gegeben wird (zB Art. 39 Abs. 2 und Abs. 3 EGV), wenn der Einzelne ausdrücklich verpflichtet wird (zB Art. 81 Abs. 1 EGV) oder wenn den Mitgliedstaaten eindeutige Verpflichtungen zu Gunsten des Einzelnen auferlegt werden (zB Art. 90 Abs. 1 und 2 EGV). Der EuGH hat dazu ausgeführt (Rs. 26/62, van Gend & Loos, Slg. 1963, S. 1 ff, 25):

„Das von der Gesetzgebung der Mitgliedstaaten unabhängige Gemeinschaftsrecht soll daher den einzelnen, ebenso wie es ihnen Pflichten auferlegt, auch Rechte verleihen. Solche Rechte entstehen nicht nur, wenn der Vertrag dies ausdrücklich bestimmt, sondern auch auf Grund von eindeutigen Verpflichtungen, die der Vertrag den einzelnen wie auch den Mitgliedstaaten … auferlegt."

Wenn die Normen des primären Gemeinschaftsrechts vollzugsfähig sind, dann wird **521** ihre innerstaatliche Vollziehung nach der hL nicht mehr durch Vorschriften des GG, sondern des Gemeinschaftsrechts selbst gewährleistet. Zur Begründung wird auf die Rechtsprechung des EuGH verwiesen, der dazu ausgeführt hat (Rs. 6/64, Costa/ ENEL, Slg. 1964, S. 1251 ff, 1269):

„Zum Unterschied von gewöhnlichen internationalen Verträgen hat der EWG-Vertrag eine eigene Rechtsordnung geschaffen, die bei seinem Inkrafttreten in die Rechtsordnung der Mitgliedstaaten aufgenommen worden und von ihren Gerichten anzuwenden ist. Denn durch die Gründung einer Gemeinschaft für unbegrenzte Zeit, die mit eigenen Organen, mit der Rechts- und Geschäftsfähigkeit, mit internationaler Handlungsfähigkeit und insbesondere mit echten, aus der Beschränkung der Zuständigkeit der Mitgliedstaaten oder der Übertragung von Hoheitsrechten der Mitgliedstaaten auf die Gemeinschaft herrührenden Hoheitsrechten ausgestattet ist, haben die Mitgliedstaaten, wenn auch auf einem begrenzten Gebiet, ihre Souveränitätsrechte beschränkt und so einen Rechtskörper geschaffen, der für ihre Angehörigen und sie selbst verbindlich ist".

Außerdem wird auch das BVerfG angeführt, das diese Sicht im Wesentlichen bestätigt hat (s. Rn 71).

Wenn aber die innerstaatliche Geltung des vollzugsfähigen primären Gemein- **522** schaftsrechts aus der Tatsache der Gründung der Gemeinschaften hergeleitet wird, so ist dies – das hat das BVerfG auch ausgeführt – eben zumindest auf Art. 24 Abs. 1 GG (und später auf Art. 23 Abs. 1 GG) und darüber hinaus wohl auch auf Art. 59 Abs. 2 Satz 1 GG zurückzuführen. Daraus und aus den mit Doppelfunktion ausgestatteten Gesetzen (s. Rn 276) zu den Gemeinschaftsverträgen ergibt sich die Gründung und Souveränitätsübertragung. Daher muss auch die innerstaatliche Geltung des vollzugsfähigen primären Gemeinschaftsrechts auf diesen Grundlagen basieren. Ob man dann den Geltungsgrund nur im Gesetz auf Grund von Art. 24 Abs. 1 GG (und später auf Grund von Art. 23 Abs. 1 GG) allein sieht oder auch die Doppelfunktion des Gesetzes und damit Art. 59 Abs. 2 Satz 1 GG mit heranzieht, ändert am Ergebnis wohl nichts mehr. So gesehen ist die hL nicht unbedingt überzeugend.

522a Sind Normen des primären Gemeinschaftsrechts nicht vollzugsfähig, dh nicht unmittelbar anwendbar, dann bedürfen sie entweder Durchführungsvorschriften der Organe der EG (zB Art. 33 Abs. 1, Art. 42 EGV), staatlicher Durchführungsvorschriften (zB Art. 98 Satz 1, Art. 126 Abs. 1 EGV) oder völkerrechtlicher Durchführungsvorschriften (zB Art. 20 EGV).

3. Sekundäres Gemeinschaftsrecht

523 Auch beim sekundären Gemeinschaftsrecht ist Voraussetzung der innerstaatlichen Vollziehung seine **Vollzugsfähigkeit**.

- Bei Verordnungen (s. Rn 339 ff) ist dies in aller Regel anzunehmen.
- Bei Richtlinien (s. Rn 344 ff) ist das Gegenteil der Fall, da sie sich von ihrer Konstruktion her gesehen zunächst nicht zur Vollzugsfähigkeit eignen. Allerdings sind Ausnahmen denkbar. Der EuGH bejaht die Vollzugsfähigkeit einer den Einzelnen Rechte verleihenden bzw nicht verpflichtenden Richtlinie, wenn diese „inhaltlich als unbedingt und hinreichend genau" erscheint und von einem Mitgliedstaat nicht fristgerecht umgesetzt wurde (s. Rn 348 ff).
- Auch die Entscheidungen (s. Rn 353 ff), die den Einzelnen Rechte verleihen bzw nicht verpflichten, aber an die Mitgliedstaaten gerichtet sind, sind von ihrer Konstruktion und Funktion her gesehen nicht vollzugsfähig. Dennoch sind auch bei ihnen Ausnahmen denkbar (s. Rn 355).

524 Auch beim vollzugsfähigen sekundären Gemeinschaftsrecht vertritt die hL die Meinung, dass ihre innerstaatliche Vollziehung nicht auf Vorschriften des GG, sondern auf dem Gemeinschaftsrecht selbst beruht. Dies sei eben Ausfluss der vertraglich verfassten Hoheitsgewalt, die supranational sei. Zur Begründung wird auf Art. 249 Abs. 2 EGV verwiesen, der für die Verordnungen ausdrücklich eine unmittelbare Geltung in den Mitgliedstaaten vorschreibt. Dieses Argument lässt sich zwar auf Richtlinien und Entscheidungen nicht übertragen, aber im Rahmen dieser Begründung kann man natürlich auf die von der hL und vom BVerfG (BVerfGE 75, S. 223 ff, 240 ff) akzeptierte Rechtsprechung des EuGH zur unmittelbaren Wirkung dieser Rechtsakte hinweisen (s. Rn 348 ff und 355).

Das BVerfG hat diese Ansicht so formuliert (BVerfGE 22, S. 293 ff, 295 f): **525**

„Die Verordnungen des Rates und der Kommission sind Akte einer besonderen, durch den Vertrag geschaffenen, von der Staatsgewalt der Mitgliedstaaten deutlich geschiedenen „supranationalen" öffentlichen Gewalt. Die Organe der EWG üben Hoheitsrechte aus, deren sich die Mitgliedstaaten zugunsten der von ihnen gegründeten Gemeinschaft entäußert haben. Die Gemeinschaft ist selbst kein Staat, auch kein Bundesstaat. Sie ist eine im Prozeß fortschreitender Integration stehende Gemeinschaft eigener Art, eine „zwischenstaatliche Einrichtung" im Sinne des Art. 24 Abs. 1 GG, auf die die Bundesrepublik Deutschland – wie die übrigen Mitgliedstaaten – bestimmte Hoheitsrechte „übertragen" hat. Damit ist eine neue öffentliche Gewalt entstanden, die gegenüber der Staatsgewalt der einzelnen Mitgliedstaaten selbständig und unabhängig ist; ihre Akte brauchen daher von den Mitgliedstaaten weder bestätigt („ratifiziert") zu werden noch können sie von ihnen aufgehoben werden. Der EWG-Vertrag stellt gewissermaßen die Verfassung dieser Gemeinschaft dar. Die von den Gemeinschaftsorganen im Rahmen ihrer vertragsgemäßen Kompetenzen erlassenen Rechtsvorschriften, das „sekundäre Gemeinschaftsrecht", bilden eine eigene Rechtsordnung, deren Normen weder Völkerrecht noch nationales Recht der Mitgliedstaaten sind. Das Gemeinschaftsrecht und das innerstaatliche Recht der Mitgliedstaaten sind „zwei selbständige, voneinander verschiedene Rechtsordnungen"; das vom EWG-Vertrag geschaffene Recht fließt aus einer „autonomen Rechtsquelle …"

Im Rahmen dieser Argumentation wird die Meinung von der antizipierten generellen Transformation von sekundärem Gemeinschaftsrecht (s. Rn 515) konsequenterweise abgelehnt. Aber auch hier gilt der Einwand, dass die Funktion der Gesetze zu den Gemeinschaftsverträgen gemäß Art. 24 Abs. 1 GG und Art. 23 Abs. 1 GG bzw Art. 59 Abs. 2 Satz 1 GG zu wenig berücksichtigt wird (s. Rn 522). **526**

4. Völkerrechtliche Verträge

Handelt es sich bei einem völkerrechtlichen Vertrag der Europäischen Gemeinschaft um ein **reines Gemeinschaftsabkommen** (s. Rn 412), so gilt für dessen Vollzug das zum sekundären Gemeinschaftsrecht Gesagte (s. Rn 523 ff). Voraussetzung ist auch hier die Vollzugsfähigkeit. Dass ein völkerrechtlicher Vertrag self-executing sein kann, hat der EuGH ausdrücklich festgestellt (Rs. 104/81, Kupferberg, Slg. 1982, S. 3641 ff, 3665). Die vom EuGH außerdem festgestellte unmittelbare Geltung der völkerrechtlichen Verträge als „integrierender Bestandteil der Gemeinschaftsrechtsordnung" (s. Rn 414) besagt im Übrigen, dass sich die Grundlage für ihren innerstaatlichen Vollzug aus dem Gemeinschaftsrecht selbst und nicht aus dem nationalen Recht ergibt. **527**

Handelt es sich bei einem völkerrechtlichen Vertrag der Europäischen Gemeinschaften um ein **gemischtes Abkommen** (s. Rn 415 f), so ist der Vollzug unterschiedlich zu beurteilen. Für den Teil des Vertrages, der von der Kompetenz der Gemeinschaften gedeckt ist, gilt das zum Vollzug von Gemeinschaftsabkommen Gesagte (s. Rn 527). Der andere Teil des Vertrages wird wie jeder völkerrechtliche Vertrag vollzogen (s. Rn 445 ff). **528**

Einen Sonderfall bilden das GATT- und das WTO-Recht (s. dazu *Schroeder/Selmayr*, in: JZ 1998, S. 344 ff). **528a**

5. Die Rolle des Gerichtshofs der Europäischen Gemeinschaften

529 Hat ein Gericht eines Mitgliedstaates in einem vor ihm anhängigen Rechtsstreit Zweifel über die Auslegung von Gemeinschaftsrecht oder über die Gültigkeit von sekundärem Gemeinschaftsrecht, so kann es das Verfahren aussetzen und die Frage dem EuGH nach Art. 234 EGV zur Vorabentscheidung vorlegen (**Vorabentscheidungsverfahren**). Gibt es gegen die Entscheidung des mitgliedstaatlichen Gerichts kein Rechtsmittel mehr, so *muss* es solche Fragen dem EuGH vorlegen. Auf diese Weise lassen sich auch Fragen der soeben beschriebenen Vollzugsfähigkeit von gemeinschaftsrechtlichen Normen klären.

529a Das BVerfG hat festgestellt, dass in diesem Zusammenhang auch der EuGH „gesetzlicher Richter" iSv Art. 101 Abs. 1 Satz 2 GG ist (BVerfGE 73, S. 339 ff, 366 f; 75, S. 223 ff, 233 ff; 82, S. 159 ff, 192 ff; NJW 2001, S. 1267 ff). Ein deutsches Gericht, das willkürlich von einer Vorlage absieht, obwohl sich eine gemeinschaftsrechtliche Frage der genannten Art stellt, und obwohl es gegen die Entscheidung dieses Gerichtes kein Rechtsmittel mehr gibt, verletzt also Art. 101 GG. Das kann mit der Verfassungsbeschwerde – die selbst kein ordentliches Rechtsmittel ist – gerügt werden.

Beispiel: S. Rn 349

6. Vollzugsprobleme

530 **Fall 15:** Der niederländische Staatsangehörige N wurde 1990 zum ordentlichen Universitätsprofessor an einer deutschen Universität ernannt. Im Jahre 2000 beantragte er die Zuerkennung der besonderen Dienstalterszulage für Universitätsprofessoren. Voraussetzung dafür ist nach einschlägigem Landesrecht eine 20-jährige, zur Gänze an deutschen Universitäten erworbene Berufserfahrung. Dies konnte N nicht nachweisen, da er vor seiner Berufung nach Deutschland zwar bereits seit 1980 als Universitätsprofessor tätig war, dies aber an niederländischen Universitäten.

Nachdem sein Antrag abgelehnt worden war, erhob N fristgerecht Klage beim zuständigen Verwaltungsgericht und machte geltend, dass die deutsche Regelung eine mittelbare Diskriminierung darstelle und gegen das Gemeinschaftsrecht verstoße. Das BVerwG rief als letztinstanzlich entscheidendes Gericht zunächst den EuGH gemäß Art. 234 EGV an, zog dann aber sein Vorabentscheidungsersuchen wieder zurück, nachdem es vom EuGH auf einem Präzedenzfall in dessen Rechtsprechung hingewiesen worden war. Schließlich wies das BVerwG die Klage mit Urteil vom Dezember 2001 mit der Begründung ab, die besondere Dienstalterszulage stelle eine Treueprämie dar, die eine Abweichung von den Bestimmungen über die Freizügigkeit der Arbeitnehmer rechtfertige.

N erhob daraufhin Schadenersatzklage gegen die Bundesrepublik Deutschland mit der Begründung, das Urteil des BVerwG verstoße gegen Gemeinschaftsrecht. Das zuständige Zivilgericht rief nun seinerseits den EuGH gemäß Art. 234 EGV an und fragte, ob das Urteil des BVerwG gegen Art. 39 EGV verstoße, und ob der EuGH beurteilen könne, ob die Voraussetzungen einer Staatshaftung vorlägen.

Der EuGH entschied daraufhin im Dezember 2003, dass die Nichtzuerkennung der besonderen Dienstalterszulage gegen Art. 39 EGV verstoße, dass aber die Voraussetzungen einer Staatshaftung nicht vorlägen, da es sich nicht um einen qualifizierten Verstoß gegen Gemeinschaftsrecht handele (vgl Rn 327). Das deutsche Zivilgericht wies daraufhin die Schadenersatzklage des N rechtskräftig ab.

Frage: Welche rechtlichen Möglichkeiten bleiben N, um doch noch die besondere Dienstalterszulage zu erhalten, die ihm laut EuGH zu Unrecht verweigert wurde?

Lösung: Rn 531a

Da nach der hL die innerstaatliche Vollziehung nicht mehr durch das nationale sondern durch das Gemeinschaftsrecht selbst gewährleistet wird, ergeben sich spezifische Vollzugsprobleme. **530a**

a) Gemeinschaftsrechtliche Begrifflichkeit

Wenn nationale Behörden Gemeinschaftsrecht vollziehen, ist darauf zu achten, dass Begriffe des primären und sekundären Gemeinschaftsrechts **gemeinschaftsrechtlich zu verstehen sind.** Dies gilt nur dann nicht, wenn das Gemeinschaftsrecht direkt oder indirekt auf das nationale Recht verweist. Das ist zB der Fall, wenn das EG-Recht auf „Staatsbürger der Mitgliedstaaten" Bezug nimmt (EuGH, Rs. C-192/99, Kaur, Slg. 2001, S. I-1237 ff, Rn 19; vgl auch die Erklärung Nr 2 zum EGV „zur Staatsangehörigkeit eines Mitgliedstaats" Sartorius II, Nr 148, S. 4). **530b**

Beispiel: Zu den Begriffen „Arbeitnehmer" und „Tätigkeit im Lohn- und Gehaltsverhältnis" in Art. 39 Abs. 2/48 Abs. 2 aF EGV hat der EuGH ausgeführt (Rs. 53/81, Levin/Staatssecretaris van Justitie, Slg. 1982, S. 1035 ff):

„(11) Dieser Argumentation kann indessen nicht gefolgt werden. Wie der Gerichtshof bereits … entschieden hat, dürfen die Begriffe „Arbeitnehmer" und „Tätigkeit im Lohn- und Gehaltsvrhältnis" nicht durch Verweisung auf die Rechtsvorschriften der Mitgliedstaten definiert werden; sie haben vielmehr eine gemeinschaftsrechtliche Bedeutung. Andernfalls würde die Einhaltung der gemeinschaftsrechtlichen Vorschriften über die Freizügigkeit der Arbeitnehmer vereitelt, denn der Inhalt dieser Begriffe könnte ohne Kontrolle durch die Gemeinschaftsorgane einseitig durch nationale Rechtsvorschriften festgelegt und verändert werden: jeder Staat wäre somit in der Lage, bestimmten Personengruppen nach Belieben den Schutz des Vertrages zu entziehen."

„Arbeitnehmer" definierte der EuGH folgendermaßen (Rs. 66/85, Lawrie-Blum/Land Baden-Württemberg, Slg. 1986, S. 2121 ff):

„(17) Dieser Begriff ist anhand objektiver Kriterien zu definieren, die das Arbeitsverhältnis im Hinblick auf die Rechte und Pflichten der betroffenen Personen kennzeichnen. Das wesentliche Merkmal des Arbeitsverhältnisses besteht aber darin, daß jemand während einer bestimmten Zeit für einen anderen nach dessen Weisung Leistungen erbringt, für die er als Gegenleistung eine Vergütung erhält."

Für die Bundesrepublik bedeutet diese Rechtsprechung zB, dass auch Beamte – unabhängig von ihrer Stellung nach Beamtenrecht – als Arbeitnehmer iSd Gemeinschaftsrechts anzusehen sind.

b) Gemeinschaftsrechtskonforme Auslegung

Dort wo nationale Behörden **umgesetztes Gemeinschaftsrecht** vollziehen, insbesondere bei der Umsetzung von Richtlinien durch nationales Recht, muss dieses ge- **530c** meinschaftsrechtskonform ausgelegt werden. Wenn daher die staatliche Umsetzungsvorschrift mehrere Auslegungen zulässt, so ist diejenige zu wählen, die gemeinschaftsrechtskonform ist und diejenige zu verwerfen, die gegen Gemeinschaftsrecht verstoßen würde.

Beispiel: S. Rn 352c

c) Verfahrensrechtliche Vorgaben des Gemeinschaftsrechts

530d Die größten Vollzugsprobleme ergeben sich im verfahrensrechtlichen Bereich. Denn bei der Vollziehung von Gemeinschaftsrecht durch nationale Behörden richten sich Verwaltungshandeln und Verwaltungsverfahren grundsätzlich nach nationalem Recht. Trotzdem bleiben die Behörden an verfahrensrechtliche Vorgaben des Gemeinschaftsrechts gebunden, um so eine einheitliche und effektive Anwendung des Gemeinschaftsrechts zu Gewähr leisten. Diese Vorgaben können sich zum einen aus sekundärem Gemeinschaftsrecht, was selten der Fall ist, und zum anderen aus den **allgemeinen Rechtsgundsätzen** (s. Rn 258 ff) einschließlich der Grundrechte des EG-Rechts (s. Rn 401 ff) ergeben.

Beispiel: Die italienische Firma Oleificio Borelli beantragte bei der Kommission einen Zuschuss des Europäischen Ausrichtungs- und Garantiefonds für die Landwirtschaft zum Bau einer Ölfabrik. Gemäß der Verordnung Nr 355/77 über eine gemeinsame Maßnahme zur Verbesserung der Verarbeitungs- und Vermarktungsbedingungen für landwirtschaftliche Erzeugnisse vom 15. Februar 1977 musste für die Gewährung eines Zuschusses in einem derartigen Fall der Mitgliedstaat, in dem das Vorhaben durchgeführt werden soll, dieses befürworten.

Italien informierte die Kommission, dass die zuständige nationale Behörde den Antrag abgelehnt habe. Die Kommission teilte daraufhin der Firma mit, dass ihr Vorhaben nicht zum Verfahren zur Gewährung von Zuschüssen habe zugelassen werden können. Daraufhin erhob die Firma Nichtigkeitsklage gemäß Art 173 (jetzt Art 230) EGV. Sie machte geltend, die Entscheidung der Kommission sei rechtswidrig, da die ablehnende Stellungnahme der nationalen Behörde rechtswidrig sei. Sie verstoße gegen die Verordnung Nr 355/77 und stelle außerdem einen Ermessensmissbrauch dar. Wenn die Rechtswidrigkeit der nationalen Stellungnahme nicht die Ungültigkeit der Entscheidung der Kommission zur Folge habe, werde der Firma der gerichtliche Rechtsschutz versagt, da die Stellungnahme als vorbereitende Handlung nach italienischem Recht nicht anfechtbar sei. Der EuGH führte dazu aus (Rs. C-97/91, Oleificio Borelli/Kommission, Slg. 1992, S. I-6313 ff):

„(9) Im Rahmen einer gemäß Artikel 173 EWG-Vertrag erhobenen Klage ist der Gerichtshof nicht für die Entscheidung über die Rechtmäßigkeit einer von einer nationalen Behörde vorgenommenen Handlung zuständig.

(10) Das gilt auch dann, wenn diese Handlung Teil eines gemeinschaftlichen Entscheidungsprozesses in dem Sinne ist, daß sich aus der in diesem Bereich geltenden Zuständigkeitsverteilung zwischen den nationalen Behörden und den Gemeinschaftsorganen eindeutig ergibt, daß die Handlung der nationalen Behörde die gemeinschaftliche Beschlußinstanz bindet und demzufolge den Inhalt der zu treffenden Gemeinschaftsentscheidung bestimmt.

(11) Ein solcher Fall ist gegeben, wenn die zuständige nationale Behörde zu einem Antrag auf Gewährung eines Zuschusses des EAGFL ablehnend Stellung nimmt. Aus Artikel 13 Absatz 3 der Verordnung Nr 355/77 folgt nämlich, daß ein Vorhaben nur dann für einen Zuschuß aus dem EAGFL in Betracht kommt, wenn es von dem Mitgliedstaat befürwortet wird,

in dessen Hoheitsgebiet es durchgeführt werden soll; demzufolge kann die Kommission im Falle einer ablehnenden Stellungnahme das Verfahren der Prüfung des Vorhabens nach den Vorschriften dieser Verordnung nicht fortsetzen und erst recht nicht die Rechtmäßigkeit der Stellungnahme überprüfen.

(12) Somit können etwaige Fehler dieser Stellungnahme sich unter keinen Umständen auf die Gültigkeit der Entscheidung auswirken, mit der die Kommission den beantragten Zuschuß abgelehnt hat.

(13) Es ist also Sache der nationalen Gerichte, gegebenenfalls im Anschluß an eine Vorlage an den Gerichtshof über die Rechtmäßigkeit der in Frage stehenden nationalen Handlung zu entscheiden, wobei sie dieselben Prüfungsmaßstäbe wie bei anderen endgültigen Entscheidungen anzuwenden haben, die von der betreffenden nationalen Behörde erlassen werden und Rechte Dritter verletzen können; eine entsprechende Klage ist somit zulässig, selbst wenn die innerstaatlichen Verfahrensvorschriften dies in einem solchen Fall nicht vorsehen.

(14) Wie der Gerichtshof nämlich insbesondere in den Urteilen vom 15. Mai 1986 in der Rechtssache 222/84 (Johnston, Slg. 1986, 1651, Randnr. 18) und vom 15. Oktober 1987 in der Rechtssache 222/86 (Heylens, Slg. 1987, 4097, Randnr. 14) ausgeführt hat, stellt die Möglichkeit der gerichtlichen Kontrolle aller Entscheidungen einer nationalen Behörde einen allgemeinen Grundsatz des Gemeinschaftsrechts dar, der sich aus den gemeinsamen Verfassungstraditionen der Mitgliedstaaten ergibt und in den Artikeln 6 und 13 der Europäischen Menschenrechtskonvention verankert ist.

Da die Stellungnahme des Mitgliedstaats, in dessen Hoheitsgebiet das Vorhaben durchgeführt werden soll, Teil eines Verfahrens ist, das zum Erlaß einer Gemeinschaftsentscheidung führt, hat dieser Mitgliedstaat für die Möglichkeit der gerichtlichen Kontrolle Sorge zu tragen".

Der EuGH verlangt, gestützt auf Art. 10 EGV, außerdem, dass die Anwendung des nationalen Verfahrensrechts sowohl dem Äquivalenzgebot als auch dem Effizienzgebot entsprechen müsse. **530e**

Das **Äquivalenzgebot** (Diskriminierungsverbot) besagt, dass Verfahren, die Gemeinschaftsrecht betreffen, nicht ungünstiger gestaltet werden dürfen als entsprechende Verfahren, die nur innerstaatliches Recht betreffen (zB kürzere Fristen bei Verfahren, die Gemeinschaftsrecht betreffen; s. zB EuGH, Rs. C-231/96, Edilizia Industriale Siderurgica/Ministero delle Finanze, Slg. 1998, S. I-4951 ff, Rn 31 ff).

Das **Effizienzgebot** (Effektivitätsgebot) besagt, dass durch die Anwendung des mitgliedstaatlichen Verfahrensrechts „die Ausübung der durch die Gemeinschaftsrechtsordnung verliehenen Rechte … nicht praktisch unmöglich gemacht oder übermäßig erschwert" werden darf (EuGH, Rs. C-188/95, Fantask ua/Industriministeriet, Slg. 1997, S. I-6783 ff, Rn 47). Ist dies der Fall, so muss der Mitgliedstaat sein Verfahrensrecht unangewendet lassen oder sogar gegebenenfalls Verfahren anwenden, die in seiner Rechtsordnung verboten oder ihr gänzlich unbekannt sind.

Beispiele: – Großbritannien stand vor dem Problem, dass die ihm von der EG zugewiesenen Fischfangquoten von Fischerbooten ausgenutzt wurden, die zwar unter britischer Flagge fuhren, deren Eigentümer, Betreiber und Besatzungen jedoch aus Spanien kamen. Im Jahre 1988 änderte daher das britische Parlament den Merchant Shipping Act und die Merchant Shipping (Registration of Fishing Vessels) Regulations dahingehend, dass nur solche Fischereifahrzeuge im britischen Schiffsregister eingetragen werden könnten, die überwiegend im Eigentum britischer Staatsbürger mit Wohnsitz in Großbritannien stünden.

Betroffene Gesellschaften klagten daraufhin vor dem zuständigen britischen Gericht und machten geltend, das neue Gesetz sei nicht mit E(W)G-Recht vereinbar. Zugleich beantragten sie den Erlass einer einstweiligen Maßnahme zur Abwendung nicht wiedergutzumachenden Schadens. Das Gericht des Ausgangsverfahrens ersuchte den EuGH um Vorabentscheidung und setzte zugleich durch eine einstweilige Anordnung die Geltung des Gesetzes gegenüber den Klägerinnen aus. Der Secretary of State legte gegen diesen Beschluss Beschwerde zum Court of Appeal mit der Begründung ein, nach Common Law könnten gegen die Krone keine einstweiligen Anordnungen ergehen, dh die Gerichte seien nicht befugt, die Geltung von Parlamentsgesetzen einstweilen auszusetzen.

In letzter Instanz wurde das House of Lords mit dem Fall befasst. Dieses legte dem EuGH nach Art. 177 (jetzt Art. 234) E(W)GV die Frage vor, ob die britischen Gerichte befugt und/ oder verpflichtet sein können, Parlamentsgesetze einstweilen auszusetzen, um die Wirksamkeit von Gemeinschaftsrecht sicherzustellen. Der EuGH führte dazu aus (Rs. C-213/89, The Queen/Secretary of State for Transport, ex parte: Factortame u.a. Slg. 1990, S I-2433 ff):

„(18) Der Gerichtshof hat in seinem Urteil vom 9. März 1978 in der Rechtssache 106/77 (Simmenthal, Slg. 1978, 629) entschieden, daß die unmittelbar geltenden Bestimmungen des Gemeinschaftsrechts „ihre volle Wirkung einheitlich in sämtlichen Mitgliedstaaten vom Zeitpunkt ihres Inkrafttretens an und während der gesamten Dauer ihrer Gültigkeit entfalten müssen" (Randnrn. 14 bis 16) und daß „nach dem Grundsatz des Vorrangs des Gemeinschaftsrechts die Vertragsbestimmungen und die unmittelbar geltenden Rechtsakte der Gemeinschaftsorgane in ihrem Verhältnis zum internen Recht der Mitgliedstaaten ... zur Folge [haben], daß allein durch ihr Inkrafttreten jede entgegenstehende Bestimmung des geltenden staatlichen Rechts ohne weiteres unanwendbar wird" (Randnrn. 17 bis 18).

(19) Nach der Rechtsprechung des Gerichtshofes haben die innerstaatlichen Gerichte entsprechend dem in Artikel 5 EWG-Vertrag ausgesprochenen Grundsatz der Mitwirkungspflicht den Rechtsschutz zu gewährleisten, der sich für die einzelnen aus der unmittelbaren Wirkung des Gemeinschaftsrechts ergibt (so zuletzt die Urteile vom 10. Juli 1980 in der Rechtssache 811/79, Ariete, und in der Rechtssache 826/79, Mireco, Slg. 1980, 2545 bzw 2559).

(20) Der Gerichtshof hat weiter entschieden, daß jede Bestimmung einer nationalen Rechtsordnung oder jede Gesetzgebungs-, Verwaltungs- oder Gerichtspraxis mit den in der Natur des Gemeinschaftsrechts liegenden Erfordernissen unvereinbar wäre, die dadurch zu einer Abschwächung der Wirksamkeit des Gemeinschaftsrechts führen würde, daß dem für die Anwendung dieses Rechts zuständigen Gericht die Befugnis abgesprochen wird, bereits zum Zeitpunkt dieser Anwendung alles Erforderliche zu tun, um diejenigen innerstaatlichen Rechtsvorschriften auszuschalten, die unter Umständen ein wenn auch nur vorübergehendes Hindernis für die volle Wirksamkeit der Gemeinschaftsnormen bilden (Urteil vom 9. März 1978, Simmenthal, aaO, Randnrn. 21 bis 23).

(21) Die volle Wirksamkeit des Gemeinschaftsrechts würde auch dann abgeschwächt, wenn ein mit einem nach Gemeinschaftsrecht zu beurteilenden Rechtsstreit befaßtes Gericht durch eine Vorschrift des nationalen Rechts daran gehindert werden könnte, einstweilige Anordnungen zu erlassen, um die volle Wirksamkeit der späteren Gerichtsentscheidung über das Bestehen der aus dem Gemeinschaftsrecht hergeleiteten Rechte sicherzustellen. Ein Gericht, das unter diesen Umständen einstweilige Anordnungen erlassen würde, wenn dem nicht eine Vorschrift des nationalen Rechts entgegenstünde, darf diese Vorschrift somit nicht anwenden.

(22) Für diese Auslegung spricht auch das durch Artikel 177 EWG-Vertrag geschaffene System, dessen praktische Wirksamkeit beeinträchtigt würde, wenn ein nationales Gericht, das das Verfahren bis zur Beantwortung seiner Vorlagefrage durch den Gerichtshof aussetzt,

nicht so lange einstweiligen Rechtschutz gewähren könnte, bis es auf der Grundlage der Antwort des Gerichtshofes seine eigene Entscheidung erläßt.

(23) Auf die Vorlagefrage ist somit zu antworten, daß das Gemeinschaftsrecht dahin auszulegen ist, daß ein nationales Gericht, das in einem bei ihm anhängigen, das Gemeinschaftsrecht betreffenden Rechtsstreit zu der Auffassung gelangt, dem Erlaß einstweiliger Anordnungen stehe nur eine Vorschrift des nationalen Rechts entgegen, diese Vorschrift nicht anwenden darf."

– Nach Art. 41 Absatz 1 der Verordnung Nr 337/79 über die Gemeinsame Marktorganisation für Wein wird eine Destillation von Tafelwein vorgeschrieben, wenn aus der Vorbilanz für ein Weinwirtschaftsjahr hervorgeht, daß die zu Jahresbeginn vorhandene Menge den normalen Bedarf um einen bestimmten Wert übersteigt. Gestützt auf diese Verordnung ordnete die Kommission für das Wirtschaftsjahr 1984/85 eine solche Destillation an. Danach sollten in der Bundesrepublik 68 322 hl Tafelwein destilliert werden. Die deutschen Behörden erließen entsprechende Bescheide, in denen die deutschen Erzeuger zur Destillation bestimmter Tafelweinmengen herangezogen wurden.

Von den 614 betroffenen Erzeugern legten 506 gegen die Verwaltungsakte Widerspruch ein. Widerspruch entfaltet nach § 80 VwGO aufschiebende Wirkung, es sei denn, die Behörde ordnet im öffentlichen Interesse die sofortige Vollziehung an. Dies geschah nicht. Als Folge davon wurden in Deutschland nur 9140 hl Tafelwein destilliert. Die Kommission erhob daraufhin Klage nach Art. 169 (jetzt Art. 226) E(W)GV, da die Bundesrepublik durch die unterlassene Anordnung der sofortigen Vollziehung gegen ihre gemeinschaftsrechtlichen Verpflichtungen verstoßen habe. Der EuGH stellte dazu fest (Rs. C-217/88, Kommission/Deutschland, Slg. 1990, S. I-2879 ff):

„(24) Die Bundesrepublik Deutschland macht drittens geltend, es sei Sache der Mitgliedstaaten, zu bestimmen, welche Maßnahmen am besten geeignet seien, die Beachtung der Gemeinschaftsvorschriften zu gewährleisten; im vorliegenden Fall hätten nach deutschem Recht ernsthafte Bedenken gegen die Anordnung der sofortigen Vollziehung der Bescheide über die Heranziehung zur obligatorischen Destillation bestanden.

(25) Auch dieses Vorbringen ist zurückzuweisen. Das Ziel, das mit den Maßnahmen der obligatorischen Destillation verfolgt wird, kann nur erreicht werden, wenn diese Maßnahmen innerhalb einer bestimmten Frist durchgeführt werden … Nach Artikel 64 Absatz 1 haben folglich die Mitgliedstaaten dafür Sorge zu tragen, daß die betroffenen Erzeuger die Destillation innerhalb der vorgeschriebenen Frist vornehmen, und alle dazu notwendigen Maßnahmen zu ergreifen. Nachdem die in der Bundesrepublik Deutschland niedergelassenen Erzeuger durch Einlegung eines im deutschen Recht vorgesehenen Rechtsbehelfs die Aussetzung der Vollziehung der Bescheide über die Heranziehung zur obligatorischen Destillation erreicht hatten, oblag es den deutschen Behörden, diese aufschiebende Wirkung durch die Anordnung der sofortigen Vollziehung der Heranziehungsbescheide zu beseitigen.

(26) Dazu macht die Bundesrepublik Deutschland geltend, die nach deutschem Recht für den Erlaß einer solchen Anordnung bestehenden Voraussetzungen seien nicht erfüllt gewesen. Selbst wenn man annimmt, daß diese Auffassung zutrifft, so kann sie die Nichterfüllung einer gemeinschaftsrechtlichen Verpflichtung durch die Bundesrepublik Deutschland nicht rechtfertigen. Nach ständiger Rechtsprechung des Gerichtshofes kann ein Mitgliedstaat sich nämlich nicht auf Bestimmungen, Übungen oder Umstände seiner internen Rechtsordnung berufen, um die Nichtbeachtung von Verpflichtungen aus dem Gemeinschaftsrecht zu rechtfertigen …

(27) Die Bundesrepublik Deutschland macht viertens geltend, eine Anordnung der sofortigen Vollziehung der Heranziehungsbescheide sei im vorliegenden Fall kein geeignetes Mittel gewesen, weil diese Anordnung wahrscheinlich vor den deutschen Gerichten angefochten

und von diesen in Anbetracht des Bestehens ernstlicher Zweifel an der Gültigkeit der gemeinschaftsrechtlichen Vorschriften über die obligatorische Destillation wahrscheinlich aufgehoben worden wäre.

(28) Dieses Vorbringen ist nicht stichhaltig. Zum einen kann die Bundesrepublik Deutschland sich nämlich nicht auf eine mögliche oder wahrscheinliche Haltung der deutschen Gerichte berufen, um ihre eigene Untätigkeit zu rechtfertigen. Zum anderen hätte das Vorabentscheidungsverfahren des Artikels 177 EWG-Vertrag diesen Gerichten – gegebenenfalls auf Anregung der an den Rechtsstreitigkeiten beteiligten deutschen Verwaltungsbehörden – die Möglichkeit geboten, dem Gerichtshof die Frage der Gültigkeit der gemeinschaftsrechtlichen Vorschriften über die obligatorische Destillation vorzulegen.

(33) Außerdem hat ein Mitgliedstaat, wenn er bei der Durchführung einer Verordnung der Kommission auf unvorhersehbare Schwierigkeiten stößt, die die Erfüllung der Verpflichtungen aus dieser Verordnung absolut unmöglich machen, diese Probleme der Kommission zu unterbreiten und ihr dabei geeignete Lösungen vorzuschlagen. In einem solchen Fall müssen die Kommission und der Mitgliedstaat auf Grund der gegenseitigen Verpflichtung zu loyaler Zusammenarbeit, die sich für sie insbesondere aus Artikel 5 EWG-Vertrag ergibt, nach Treu und Glauben zusammenarbeiten, um diese Schwierigkeiten unter voller Beachtung der Bestimmungen des Vertrages zu überwinden. Im vorliegenden Fall hat die Bundesrepublik Deutschland aber – abgesehen davon, daß ihr die angeführten Schwierigkeiten die Erfüllung ihrer Verpflichtungen nicht absolut unmöglich machten – der Kommission keine geeignete Lösung für die aufgetretenen Schwierigkeiten vorgeschlagen, sondern hat einseitig beschlossen, auf die weitere Durchführung der Maßnahmen der obligatorischen Destillation zu verzichten. Ein derartiges Verhalten verstößt gegen die angesprochene Pflicht zur Zusammenarbeit."

d) Staatshaftung

530f Die Mitgliedstaaten haften dem Einzelnen gegenüber für Verstöße gegen das Gemeinschaftsrecht beim Vollzug im Rahmen der vom EuGH entwickelten Staatshaftungsrechtsprechung (s. Rn 327 und 351 f).

531 **Lösung Fall 14** (Rn 513):

1. Der Einzelne kann sich vor den nationalen Gerichten dann unmittelbar auf Art. 10 der Richtlinie berufen, wenn diese unmittelbare Wirkung hat. Dazu müssen folgende Voraussetzungen erfüllt sein (s. Rn 348):

a) Fristablauf: Laut Sachverhalt wurde die Richtlinie zwar fristgerecht aber nicht ordnungsgemäß umgesetzt. Entgegen Art. 10 wurden Eintragungsgebühren verlangt. Insoweit wurde die Richtlinie daher nicht fristgerecht umgesetzt.

b) Rechte des Einzelnen gegenüber dem Staat: Art. 10 der Richtlinie verbietet den Mitgliedstaaten die Erhebung bestimmter Steuern oder Abgaben. Sie werden also zu einem Unterlassen verpflichtet. Insoweit ist Art. 10 der Richtlinie geeignet, unmittelbare Rechtsbeziehungen zwischen den Mitgliedstaaten und dem Einzelnen zu erzeugen, die der Einzelne geltend machen kann.

c) Unmittelbare Anwendbarkeit: Art. 10 der Richtlinie müsste so hinreichend genau formuliert sein, dass der Einzelne daraus unmittelbar seine Rechte ableiten kann. Dies ist zu bejahen. Die Formulierung ist eindeutig, die Verpflichtung der Mitgliedstaaten ist genau umschrieben und es bleibt ihnen kein Ermessensspielraum, sodass das Recht der Steuer- und Abgabenfreiheit ohne weiteres abgeleitet werden kann (s. Rn 325 und 520).

Ergebnis: Der Einzelne kann sich vor den nationalen Gerichten unmittelbar auf Art. 10 der Richtlinie berufen.

2. Eine nationale Verjährungsfrist kann ab dem Tag zu laufen beginnen, ab dem der Einzelne sich unmittelbar auf Rechte aus der Richtlinie berufen kann. Dies ist nicht nur dann der Fall, wenn die Richtlinie ordnungsgemäß umgesetzt wurde, sondern auch dann, wenn die Richtlinie unmittelbare Wirkung hat. Auf den Tag der ordnungsgemäßen Umsetzung kommt es dann nicht mehr an.

Ergebnis: Eine nationale Verjährungsfrist kann ab dem Tag des Ablaufs der Umsetzungsfrist einer Richtlinie zu laufen beginnen, wenn diese unmittelbare Wirkung hat (vgl EuGH, Rs. C-188/95, Fantask ua/Industriministeriet, Slg. 1997, S. I-6783 ff).

Lösung Fall 15 (Rn 530): **531a**

1. N kann jedenfalls im Rahmen der einschlägigen deutschen Vorschriften für die Zeit nach der Entscheidung des BVerwG im Dezember 2001 bei der zuständigen Behörde einen Antrag auf Gewährung der besonderen Dienstalterszulage stellen, da es sich dabei um einen Antragsgegenstand handelt, der noch nicht Gegenstand einer behördlichen oder gerichtlichen Entscheidung war. Hierbei steht für die nationalen Behörden auf Grund der Entscheidung des EuGH bindend fest, dass bei der Berechnung der Berufsjahre ein Außer-Acht-Lassen der Dienstzeit an Universitäten in den Niederlanden gemeinschaftsrechtswidrig ist.

2. Fraglich ist allerdings, wie N hinsichtlich der besonderen Dienstalterszulage für den Zeitraum von Juni 2000 bis Dezember 2001 vorgehen kann.

a) Einem neuerlichen Antrag gleichen Inhalts wie derjenige aus dem Jahr 2000 steht entgegen, dass der ablehnende Verwaltungsakt formell und materiell bestandskräftig geworden ist, da keine ordentlichen Rechtsbehelfe mehr gegeben sind, also Unanfechtbarkeit eingetreten ist, und somit die Behörde und die Beteiligten (§ 13 VwVfG bzw die entsprechenden Landesvorschriften) an den Entscheidungssatz der getroffenen Regelung gebunden sind.

b) N könnte einen Anspruch auf Rücknahme des ablehnenden Verwaltungsaktes gemäß § 48 VwVfG haben. Ein solcher besteht nach allgemeinen Rechtsgrundsätzen bei einer Ermessensreduzierung auf Null, wenn die Aufrechterhaltung des Erstbescheids schlechthin unerträglich wäre, Umstände vorliegen, die ein Berufen auf den Erstbescheid als Verstoß gegen die guten Sitten oder Treu und Glauben erscheinen lassen, neuerliche Behördenentscheidungen vorliegen und nunmehr Art. 3 GG eine Gleichbehandlung gebietet oder wenn unter vergleichbaren Umständen eine Nichtigkeitsklage gemäß § 153 Abs. 1 VwGO iVm 579 ZPO gegeben ist. Vorliegend aber lässt weder die Fehlerhaftigkeit des Erstbescheides allein diesen als schlechthin untragbar erscheinen, noch kam dieser durch Täuschung oder Erschleichen zu Stande, noch erging in vergleichbarer Sachlage eine abweichende positive Entscheidung, noch liegt einer der Fälle des § 579 Abs. 1 ZPO vor, sodass ein Rücknahmeanspruch jedenfalls nicht besteht und es auf die Fragen der Bindung der Behörde an das rechtskräftige Urteil des BVerwG nicht ankommt.

c) N könnte einen Antrag auf Wiederaufgreifen des Verfahrens nach § 51 VwVfG stellen, der grundsätzlich auch anwendbar ist, wenn der in Frage stehende Verwaltungsakt durch ein rechtskräftiges Urteil bestätigt worden ist. Vorliegend ist kein Fall des § 51 Abs. 1 Nr 3 VwVfG iVm § 580 ZPO einschlägig, insbesondere handelt es sich auch bei der EuGH Entscheidung weder um ein Urteil iSd § 580 Nr 7a ZPO, noch um ein solches iSd § 580 Nr 6 ZPO. Sie wurde weder vor dem Urteil des BVerwG rechtskräftig, noch wurde dadurch ein Urteil aufgehoben, auf das sich das Urteil des BVerwG stützt. Neue Beweismittel iSd § 51 Abs. 1 Nr 2 VwVfG liegen nicht vor und auch die Sachlage iSd § 51 Abs. 1 Nr 1 VwVfG hat sich nicht geändert. Fraglich ist lediglich, ob sich durch die Entscheidung des EuGH die Rechtslage iSd § 51 Abs. 1 Nr 1 VwVfG nachträglich zu Gunsten von N geändert hat. Dies würde voraussetzen, dass sich das maßgebliche materielle Recht nach Erlass des Verwaltungsaktes geändert hat. Keine Änderung der Rechtslage stellt dabei grundsätzlich eine Rechtsprechungsänderung und ebenso wenig eine erstmalige Entscheidung eines Höchstgerichts dar, sofern sie nicht Ausdruck neuer allgemeiner Rechtsauffassungen ist. Die vorliegende Entscheidung des EuGH ist aber lediglich als richtig stellende Interpretation geltenden Rechts ohne eine derartige Komponente aufzufassen (anderes Ergebnis bei entsprechender gemeinschaftsrechtsfreundlicher Auslegung vertretbar).

d) Einer neuerlichen Klage vor dem zuständigen Verwaltungsgericht steht die Rechtskraft des Urteils des BVerwG entgegen, das mit ordentlichen Rechtsmitteln nicht mehr angegriffen werden kann und somit die Beteiligten bindet, soweit über den Streitgegenstand entschieden worden ist (§ 121 VwGO). Sie wäre ohne Sachprüfung als unzulässig abzuweisen.

Eine grundsätzlich denkbare ausnahmsweise Durchbrechung der materiellen Rechtskraft des Urteils nach allgemeinen Grundsätzen etwa entsprechend der Rechtsprechung der Zivilgerichte zu § 826 BGB bei mit unlauteren Mitteln erlangten Urteilen oder bei schlechthin unerträglichen Zuständen durch das vorangegangene Urteil kommt vorliegend auf Grund der Umstände des Falles nicht in Betracht (vgl insoweit oben bei § 48 VwVfG).

e) Ein Wiederaufnahmeverfahren als spezielle Form der Rechtskraftdurchbrechung gemäß § 153 Abs. 1 VwGO iVm 579 bzw § 580 ZPO kommt vorliegend ebenfalls nicht in Betracht, da keiner der dort genannten Fälle einschlägig ist (vgl oben bei § 51 und § 48 VwVfG).

3. Nach deutschem Recht ist also im vorliegenden Fall der Widerspruch zwischen der materiellen Rechtslage und dem bestandskräftigen und durch rechtskräftiges Urteil bestätigten Verwaltungsakt hinzunehmen. Fraglich ist, ob dies im Hinblick auf den Widerspruch zum supranationalen Gemeinschaftsrecht auf Grund des Anwendungsvorrangs des Gemeinschaftsrechts und des Effizienzgebots anders zu beurteilen ist.

Der Anwendungsvorrang bezieht sich nach der Rechtsprechung des EuGH auf die gesamte nationale Rechtsordnung einschließlich bestandskräftiger Verwaltungsakte (S. Rn 49 ff). Auch wenn der EuGH dies noch nicht entschieden hat, kann davon ausgegangen werden, dass der Anwendungsvorrang auch gegenüber rechtskräftigen Urteilen gilt (S. Rn 49c). Hinsichtlich nationaler Verfahrensvorschriften zieht der EuGH zudem auch das aus Art. 10 EGV abgeleitete Effizienzgebot heran. Danach darf nationales Verfahrensrecht die Ausübung gemeinschaftsrechtlicher Rechte des Einzelnen nicht praktisch unmöglich machen oder übermäßig erschweren (s. Rn 503 f).

Soweit es also darum geht, dem Einzelnen zur Durchsetzung seiner Rechte zu verhelfen, verwehren es der umfassende Anwendungsvorrang und das Effizienzgebot einem Mitgliedstaat, dem Einzelnen entgegen zu halten, dass seinem Antrag eine vorherige nach Abweisung der entsprechenden Klage durch rechtskräftiges Urteil bestandskräftig gewordene Entscheidung entgegensteht, wenn diese bestandskräftige Entscheidung auf einer Auslegung des Gemeinschaftsrechts beruht, die durch eine später verkündete Vorabentscheidung des EuGH verworfen worden ist (vgl EuGH, Rs. C-453/00, Kühne & Heitz NV/Productschap voor Pluimvee en Eieren, noch nicht amtlich veröffentlicht, Rn 27).

Im Ergebnis bedeutet dies für den vorliegenden Fall, dass N bei einem erneuten Antrag bei der zuständigen Behörde auf Gewährung der Dienstalterszulage für den Zeitraum zwischen Juni 2000 und Dezember 2001 von der zuständigen Behörde auf Grund des Anwendungsvorrangs des Gemeinschaftsrechts und des Effizienzgebots nicht entgegen gehalten werden darf, dass seinem Antrag die durch rechtskräftiges Urteil des BVerwG bestätigte bestandskräftige Ablehnung entgegensteht, da diese auf einer Auslegung des Gemeinschaftsrechts beruhte, die durch die EuGH-Entscheidung vom Dezember 2003 verworfen wurde.

Ergebnis: N kann einen erneuten Antrag auf Zuerkennung der besonderen Dienstalterszulage bei der zuständigen Behörde stellen. Diesem ist sowohl für den Zeitraum zwischen Juni 2000 und Dezember 2001 als auch für die Zeit danach stattzugeben.

Literatur: *v. Danwitz*, Verwaltungsrechtliches System und europäische Integration, Tübingen 1996; *Grabitz*, Die Rechtsetzungsbefugnis von Bund und Ländern bei der Durchführung von Gemeinschaftsrecht, in: AöR 1986, S. 1 ff; *Jarass*, Voraussetzungen der innerstaatlichen Wirkung des EG-Rechts, in: NJW 1990, S. 2420 ff; *Kadelbach*, Allgemeines Verwaltungsrecht unter europäischem Einfluß, Tübingen 1999; *Mayer*, Das Bundesverfassungsgericht und die Verpflichtung zur Vorlage an den Europäischen Gerichtshof, in: EuR 2002, S. 239 ff; *Pühs*, Der Vollzug von Gemeinschaftsrecht, Berlin 1997; *Schroeder/Selmayr*, Die EG, das GATT und die Vollzugslehre, in: JZ 1998, S. 344 ff; *Streinz,* Der Vollzug des Europäischen Gemeinschaftsrechts durch deutsche Staatsorgane, in: *Isensee/Kirchhof,* Bd. VII, S. 817 ff.

§ 5 Völkerrechtssubjekte

Als Völkerrechtssubjekte bezeichnet man die Handlungseinheiten, die die Fähigkeit   **532** besitzen, Träger von völkerrechtlichen Rechten und Pflichten zu sein. Diese Fähigkeit kam im klassischen Völkerrecht nur den **Staaten** zu. Im 20. Jahrhundert ist als neue Gruppe die der **internationalen Organisationen** hinzugekommen. Quantitativ gesehen ist diese neue Gruppe von Völkerrechtssubjekten mehr als zweimal so groß wie die der Staaten. Qualitativ gesehen spielen nach wie vor die Staaten die dominierende Rolle, da internationale Organisationen in aller Regel Instrumente der Staaten zur Erreichung bestimmter Ziele unter ihrer Kontrolle darstellen.

Daneben gibt es noch eine **dritte Gruppe** von Völkerrechtssubjekten, die entweder einen – zumindest historischen – Konnex zu den Staaten darstellen (zB Heiliger Stuhl, Malteser Ritterorden, Aufständische) oder nur historisch-politisch erklärbar sind (zB Internationales Komitee vom Roten Kreuz). Diese Gruppe wird im Folgenden nicht näher behandelt.

Umstritten ist die Rolle des Individuums im Komplex der Völkerrechtssubjektivität.   **533** Während die hL des Völkerrechts ihm noch keine eigenständige Völkerrechtssubjektivität zuspricht, lässt sich nicht bestreiten, dass der **Einzelmensch** immer öfter als Träger von völkerrechtlichen Rechten und Pflichten auftritt, zB im Bereich der Menschenrechte einerseits (zB Europäische Menschenrechtskonvention, s.

Rn 707 ff) und der Kriegsverbrechen andererseits (zB Jugoslawientribunal, Internationaler Strafgerichtshof).

Beispiel: Art. 1 des Römischen Statuts des Internationalen Strafgerichtshofs bestimmt (Sartorius II, Nr 35):

„**Der Gerichtshof**. Hiermit wird der Internationale Strafgerichtshof („Gerichtshof") errichtet. Der Gerichtshof ist eine ständige Einrichtung und ist befugt, seine Gerichtsbarkeit über Personen wegen der in diesem Statut genannten schwersten Verbrechen von internationalem Belang auszuüben …"

Die Entwicklung ist jedenfalls in Fluss geraten, die Position des Einzelmenschen ist nicht mehr nur die eines bloßen Objekts des Völkerrechts, aber auch noch nicht die eines vollberechtigten Subjekts des Völkerrechts. Allerdings bleibt der Einzelmensch in den meisten Bereichen weiterhin mediatisiert, dh seine Rechte können nur über seinen Heimatstaat geltend gemacht werden; eine Verletzung der Rechte eines Menschen aus einem Menschenrechtsvertrag stellt – völkerrechtlich gesehen – eine Verletzung des Rechts seines Heimatstaates auf Einhaltung dieses Vertrags dar, und es bleibt diesem überlassen, ob er sie geltend macht. Der Einzelne hat allenfalls auf Grund von innerstaatlichem Recht einen Anspruch auf Tätigwerden seines Heimatstaates.

Insbesondere lässt sich auch in der Entscheidung des IGH im Fall LaGrand (IGH LaGrand Case Germany v. United States of America, Judgment of 27 June 2001, abgedruckt in: EuGRZ 2001, S. 287 ff) erkennen, dass nach jetzigem Stand des Völkerrechts dessen individualrechtliche Ausrichtung immer mehr in den Vordergrund rückt (vgl dzu *Oellers-Frahm*, Die Entscheidung des IGH im Fall LaGrand – Eine Stärkung der internationalen Gerichtsbarkeit und der Rolle des Individuums im Völkerrecht, EuGRZ 2001, S. 265 ff).

534 Man kann die Völkerrechtssubjekte nach verschiedenen Kriterien unterscheiden. Aus dieser Unterscheidung können jeweils konkrete Rechtsfolgen abgeleitet werden:

535 (1) Das klassische Unterscheidungsmerkmal ist die Staatlichkeit. Danach gibt es **staatliche** und **nichtstaatliche** Völkerrechtssubjekte. Als konkrete Rechtsfolgen sind daraus zB Beteiligungsrechte an völkerrechtlichen Verträgen oder Institutionen abzuleiten.

Beispiele:
– Art. 34 Abs. 1 StIGH (Sartorius II, Nr 2):
„Nur Staaten sind berechtigt, als Parteien vor dem Gerichtshof aufzutreten."
– Art. 83 WVRK (Sartorius II, Nr 320):
„Die vorliegende Konvention steht jedem Staat zum Beitritt offen, der irgendeiner der in Art. 81 aufgeführten Kategorien (= „Wiener Formel", Anm. d. Verf.; s. Rn 294) angehört …"

536 (2) Nach dem Umfang der Völkerrechtssubjektivität unterscheidet man **generelle** und **partielle** Völkerrechtssubjekte. Dieser Umfang ergibt sich aus der Entstehung des Völkerrechtssubjekts. Während Staaten in aller Regel generelle Völkerrechtssubjekte sind, sind internationale Organisationen nur partielle. Der Umfang ihrer Rechtssubjektivität ergibt sich aus dem jeweiligen Gründungsvertrag. Auch Gliedstaaten eines Bundesstaates besitzen bisweilen partielle Völkerrechtssubjektivität, deren Umfang sich aus der Verfassung des Bundes ergibt (vgl Rn 112). Als konkrete Rechtsfolge ist daraus zB die Vertragsabschlussfähigkeit abzuleiten.

Beispiel: Die Länder der Bundesrepublik können weder Verträge abschließen in Angelegenheiten, für die der Bund die ausschließliche Gesetzgebungskompetenz besitzt (s. Rn 118), noch dürfen sie internationalen Organisationen beitreten, denen Hoheitsrechte übertragen werden (s. Rn 285). Nach Art. 24 Abs. 1a GG dürfen sie allerdings, soweit sie für die Ausübung der staatlichen Befugnisse und die Erfüllung der staatlichen Aufgaben zuständig sind, mit Zustimmung der Bundesregierung auf grenznachbarschaftliche Einrichtungen Hoheitsrechte übertragen (s. Rn 67).

(3) Des Weiteren unterscheidet man Völkerrechtssubjekte mit, ohne oder mit beschränkter **Handlungsfähigkeit.** Die völkerrechtliche Handlungsfähigkeit umfasst die Geschäftsfähigkeit, die Deliktsfähigkeit und die Prozessfähigkeit. Die Beschränkung der Handlungsfähigkeit ist nicht aus der Entstehung des Völkerrechtssubjekts, sondern aus späteren tatsächlichen oder rechtlichen Vorgängen abzuleiten, wie zB Verzicht durch Vertrag oder einseitiges Rechtsgeschäft, Besetzung etc. **537**

Beispiel: Das BVerfG hat hinsichtlich der vor der Wiedervereinigung zentralen Frage des Fortbestehens des Deutschen Reiches in diesem Zusammenhang ausgeführt (BVerfGE 36, S. 1 ff, 15 f):

„Das Grundgesetz … geht davon aus, daß das Deutsche Reich den Zusammenbruch 1945 überdauert hat und weder mit der Kapitulation noch durch Ausübung fremder Staatsgewalt in Deutschland durch die alliierten Okkupationsmächte noch später untergegangen ist; das ergibt sich aus der Präambel, aus Art. 16, Art. 23, Art. 116 und Art. 146 GG. Das entspricht auch der ständigen Rechtsprechung des Bundesverfassungsgerichts, an der der Senat festhält. Das Deutsche Reich existiert fort (BVerfGE 2, 266 [277]; 3, 288 [319 f]; 5, 85 [126]; 6, 309 [336, 363]), besitzt nach wie vor Rechtsfähigkeit, ist allerdings als Gesamtstaat mangels Organisation, insbesondere mangels institutionalisierter Organe selbst nicht handlungsfähig.“ (s. Rn 630).

(4) Schließlich unterscheidet man noch **allgemeine** und **partikuläre** Völkerrechtssubjekte, je nachdem, ob ein Völkerrechtssubjekt von allen oder nur von einigen anderen als solches anerkannt ist. Dort, wo diese Anerkennung konstitutive Wirkung hat (s. Rn 580), wie zB bei internationalen Organisationen, ergibt sich als konkrete Rechtsfolge, dass die Rechtssubjektivität der partikulären Völkerrechtssubjekte überhaupt nur gegenüber den Anerkennenden existiert. Dies ist eine Folge des Koordinationscharakters und der Relativität des Völkerrechts (s. Rn 9). **538**

A. Staaten

Fall 16: Dem deutschen Staatsangehörigen A, der in der Bundesrepublik weder seinen Wohnsitz noch seinen dauernden Aufenthalt hat, wurde auf seinen Antrag hin durch Urkunde die Staatsbürgerschaft des Fürstentums Sealand verliehen. Das Fürstentum Sealand ist eine frühere, inzwischen aufgegebene englische Flakstellung, die sich außerhalb der Hoheitsgewässer vor der Südküste Großbritanniens befindet. Die Flakstellung ist eine künstliche Insel, die durch starke Pfeiler mit dem Meeresgrund verbunden ist. Sie hat eine Größe von ca. 1300 m². Diese Insel wurde von einem britischen Major besetzt, **539**

der dort die „Principality of Sealand" ausrief. Er gab dem Fürstentum eine Verfassung und ernannte sich selbst zum Staatsoberhaupt. An über 100 Personen wurde die Staatsangehörigkeit von Sealand verliehen.

A stellte bei der zuständigen deutschen Behörde den Antrag auf Feststellung, dass er seine deutsche Staatsangehörigkeit durch die Verleihung der Staatsangehörigkeit von Sealand verloren habe. Die Behörde lehnte die Feststellung mit der Begründung ab, die Voraussetzungen des § 25 Abs. 1 des Reichs- und Staatsangehörigkeitsgesetzes (heute: Staatsangehörigkeitsgesetz, s. Rn 547) lägen zwar soweit vor, bei dem Fürstentum Sealand handle es sich aber um keinen Staat iSd Völkerrechts.

Im weiteren Verlauf erhob A Klage beim Verwaltungsgericht und brachte vor: Sealand sei ein eigenständiger Staat. Es erfülle alle Voraussetzungen eines Staates iSd Völkerrechts. Insbesondere würden ständig 30-40 Personen auf der Insel leben, denen die Verteidigung obliege. Die Anerkennung durch andere Staaten stehe unmittelbar bevor. Dies habe zur Folge, dass er durch die Verleihung der Staatsangehörigkeit von Sealand seine deutsche Staatsangehörigkeit gemäß § 25 Abs. 1 des Reichs- und Staatsangehörigkeitsgesetzes vom 22. Juli 1913 verloren habe.

Ist die Argumentation des A richtig? **Lösung: Rn 588**

I. Begriff

540   Ein **Staat iSd Völkerrechts** liegt dann vor, wenn eine menschliche Gemeinschaft (= Staatsvolk) volle Selbstregierung (= Staatsgewalt) über ein Gebiet (= Staatsgebiet) effektiv ausübt.

Beispiel: Ende September 1973 proklamierte die Befreiungsbewegung PAIGC die unabhängige Republik Guinea-Bissao, obwohl die Kämpfe zwischen der Kolonialmacht Portugal und der PAIGC noch nicht beendet waren. Während die UNO die Staatsgründung anerkannte, äußerten sich mehrere Staaten zurückhaltend, da sie Bedenken hinsichtlich der vollen und effektiven Selbstregierung hatten. Die Bundesregierung erklärte hierzu (ZaöRVR 1975, S. 777):

„Die Anerkennung eines neuen Staates setzt voraus, daß sich ein Staat gebildet hat mit einem Staatsvolk, einem Staatsgebiet und einer Staatsgewalt, die durch eine effektive handlungsfähige Regierung verkörpert wird, die ihre Hoheitsgewalt über den größten Teil des Territoriums und die Mehrzahl der Einwohner effektiv ausübt und die sich mit Aussicht auf Dauer behaupten kann. Die Bundesregierung würde eine Bitte um Anerkennung Guinea-Bissaos als unabhängiger Staat wie in allen bisherigen Fällen nach diesen genannten Kriterien beurteilen."

1. Staatsvolk

a) Völkerrechtliche Regelung

541   Unter Staatsvolk versteht man die Gesamtheit der physischen Staatsangehörigen. Ihre Staatsangehörigkeit ergibt sich aus der staatlichen Verleihung. Ihr Verhältnis zum Staat ist geprägt von der Personalhoheit des Staates und einem besonderen Treueverhältnis ihm gegenüber. Die Anknüpfungspunkte für die Verleihung der

Staatsangehörigkeit und die konkrete Rechtsstellung der Staatsangehörigen richtet sich nach innerstaatlichem Recht. Das Völkerrecht regelt diese Fragen im allgemeinen nicht. Dennoch können sie Gegenstand völkerrechtlicher Regelungen werden (zB Menschenrechtsverträge).

Hinsichtlich der **Verleihung der Staatsangehörigkeit** stellt das Völkerrecht lediglich die Grenzen für eine völkerrechtlich relevante Verleihung auf. Werden diese Grenzen überschritten, so muss kein Staat die Verleihung anerkennen. Davon unabhängig ist die Frage, ob und inwieweit eine solche Verleihung dann innerstaatlich verbindlich ist. **542**

Anknüpfungspunkte für die Verleihung der Staatsangehörigkeit sind in der Regel Geburt von Staatsangehörigen (sog. **ius sanguinis**), Geburt im Staatsgebiet (sog. **ius soli**), Eheschließung, Adoption, Legitimation, Annahme eines öffentlichen Amtes, Einbürgerung etc. Daneben ist jeder beliebige Anknüpfungspunkt denkbar, wie Grundbesitz, vorübergehende Beschäftigung, Sprache etc. **543**

Die Grenze, die das Völkerrecht für die Verleihung der Staatsangehörigkeit errichtet, ist das Prinzip der „**genuine connection**" oder des „**genuine link**". Danach muss zwischen dem Staat und der Person, der er die Staatsangehörigkeit verleiht, eine tatsächliche nähere Beziehung bestehen, die enger ist als die Beziehung zu anderen Staaten. Existiert sie nicht, ist die Verleihung für andere Staaten nicht rechtsverbindlich. Dieses Prinzip hat sich seit dem Urteil des IGH im Nottebohm-Fall durchgesetzt. **544**

Der deutsche Staatsangehörige Nottebohm hatte seit 1905 seinen ständigen Wohnsitz in Guatemala, wo er sich auch wirtschaftlich betätigte. Anlässlich eines Europaaufenthalts im Jahre 1939 besuchte er auch mehrmals seinen in Vaduz lebenden Bruder. Dort stellte er im Oktober 1939 einen Antrag auf Einbürgerung. Diesem wurde noch im selben Monat stattgegeben, nachdem Nottebohm von der sonst üblichen Voraussetzung eines dreijährigen ordentlichen Wohnsitzes in Liechtenstein befreit worden war. Mit einem liechtensteinischen Reisepaß kehrte er 1940 nach Guatemala zurück.

Im Jahre 1941 trat Guatemala in den Krieg gegen das Deutsche Reich ein. 1943 wurde Nottebohm verhaftet und in den Vereinigten Staaten interniert. Sein Vermögen wurde zunächst beschlagnahmt und 1949 als Feindvermögen konfisziert.

Liechtenstein erhob als Heimatstaat 1951 Klage beim IGH gegen Guatemala auf Rückerstattung und hilfsweise Schadenersatz. Durch Urteil vom 6. April 1955 (ICJ Reports 1955, S. 4 ff) wurde die Klage als unzulässig abgewiesen.

Zur Begründung berief sich der IGH auf die fehlende „genuine connection" zwischen Liechtenstein und Nottebohm bei der Verleihung der Staatsangehörigkeit. Dabei führte er unter anderem aus (aaO, S. 23):

„According to the practice of States, to arbitral and judicial decisions and to the opinions of writers, nationality is a legal bond having as its basis a social fact of attachment, a genuine connection of existence, interests and sentiments, together with the existence of reciprocal rights and duties. It may be said to constitute the juridical expression of the fact that the individual upon whom it is conferred, either directly by the law or as the result of an act of the authorities, is in fact more closely connected with the population of the State conferring nationality than with that of any other State. Conferred by a State, it only entitles that State to exercise protection vis-a-vis another State, if it constitutes a translation into juridical terms of the individual's connection with the State which has made him its national."

Diese genuine connection habe bei der Einbürgerung nicht bestanden, da kein Wohnsitz, kein dauernder Aufenthalt, keine Absicht auf Niederlassung oder wirtschaftliche Betätigung etc vorgelegen habe. Daher sei diese Verleihung der Staatsangehörigkeit völkerrechtlich nicht beachtlich und Guatemala müsse sie nicht anerkennen. Daher müsse es auch nicht die Ausübung des Schutzrechts durch Liechtenstein als Heimatstaat anerkennen. Folglich sei die Klage unzulässig (vgl dazu *v. Mangoldt*, in: Encyclopedia, Bd. III, S. 698 ff).

544a Wichtigste Frage einer völkerrechtlich verbindlichen Verleihung der Staatsangehörigkeit ist das Recht des Staates, seine Staatsangehörigen im Ausland zu schützen und zu vertreten (diplomatischer Schutz, **Schutzmacht**), ohne sich damit völkerrechtswidrig in die inneren Angelegenheiten eines fremden Staates einzumischen. Der Einzelne hat auf Grund des Völkerrechts allerdings keinen Anspruch auf diplomatischen Schutz gegenüber seinem Heimatstaat. Ein solcher kann sich allenfalls auf Grund des nationalen Rechts ergeben.

Beispiele: – Art. 112 Abs. 2 WRV bestimmte in diesem Zusammenhang: „Dem Ausland gegenüber haben alle Reichsangehörigen inner- und außerhalb des Reichsgebiets Anspruch auf den Schutz des Reichs."

– Das GG enthält keine entsprechende Bestimmung. Dennoch hat das BVerfG eine solche Schutzpflicht bejaht, zunächst nur als objektive Verfassungspflicht (zB BVerfGE 40, S. 141, 177 f), später auch als subjektives Recht des Einzelnen, das letztlich aus den Grundrechten abzuleiten ist (BVerfGE 55, S. 349 ff, 364 f).

545 Die Regelung des **Verlusts der Staatsangehörigkeit** ist nach Völkerrecht Sache jedes einzelnen Staates. Das Völkerrecht verbietet weder die Aberkennung noch die Ausbürgerung. Hingegen sind zunehmend Bestrebungen im Gange, dieses unbeschränkte Recht jedes Staates zu limitieren (zB durch die Konvention über die Verminderung der Staatenlosigkeit vom 30. August 1961, BGBl. 1977 II, S. 175 ff, die allerdings nur wenige Vertragspartner hat). Gründe für die Aberkennung der Staatsangehörigkeit sind in der Regel die freiwillige Annahme einer fremden Staatsangehörigkeit, andauernder Auslandsaufenthalt, ausländischer Wehrdienst, Strafe für politische Delikte etc.

546 Wegen der weitgehenden Freiheit der Staaten bei der Verleihung bzw der Aberkennung der Staatsangehörigkeit kann es zu **Doppelstaatsangehörigkeit** oder **Staatenlosigkeit** kommen.

b) Deutsche Staatsangehörigkeit

aa) Umfang

547 Erwerb und Verlust der deutschen Staatsangehörigkeit richten sich nach dem Reichs- und Staatsangehörigkeitsgesetz vom 22. Juli 1913 (Sartorius I, Nr 15), das trotz vieler Änderungen auch heute noch gilt, jetzt aber „Staatsangehörigkeitsgesetz" betitelt ist. Die Gesetzgebungskompetenz für diese Änderungen besitzt der Bund nach Art. 73 Nr 2 GG. Dabei fällt auf, dass – etwa im Gegensatz zu Art. 16 Abs. 1 GG und Art. 116 GG – hier von der „**Staatsangehörigkeit im Bunde**" die

Rede ist. Dies ist aber kein Widerspruch, sondern dient lediglich der Abgrenzung zur „Staatsangehörigkeit in den Ländern", die (nach Streichung des Art. 74 Abs. 1 Nr 8 GG) in die Zuständigkeit der Länder fällt.

Vor der Wiedervereinigung stellte sich die Frage, ob auch Bürger der DDR Deutsche iSd Art. 16 und 116 GG waren, was insbesondere von Bedeutung war in den Fällen, in denen die **DDR-Staatsbürgerschaft** verliehen oder aberkannt wurde. Für den Fall der Verleihung hatte das BVerfG diese Frage grundsätzlich bejaht („Teso-Beschluss", BVerfGE 77, S. 137 ff, 148 f). Sie wird auch noch in Zukunft von Bedeutung sein, wenn zu entscheiden ist, ob ein von der DDR Eingebürgerter nun die deutsche Staatsbürgerschaft besitzt oder besaß. In den Grenzen des ordre public wird dies nach der Entscheidung des BVerfG zu bejahen sein. **548**

Wer die deutsche Staatsangehörigkeit besitzt, ist damit gemäß Art. 116 Abs. 1 **Deutscher iSd GG**, was insbesondere im Bereich der Grundrechte eine Rolle spielt („Deutschengrundrechte", vgl dazu *Pieroth/Schlink*, Rn 107 ff). **548a**

Ob Art. 116 Abs. 1 GG darüberhinaus auch eine **völkerrechtlich relevante Aussage** über den Umfang der deutschen Staatsangehörigkeit enthält, ist umstritten. Zwar unterscheidet Art. 116 Abs. 1 GG vom Wortlaut her gesehen zwischen deutschen Staatsangehörigen und sog. Statusdeutschen (= wer als Flüchtling oder Vertriebener deutscher Volkszugehörigkeit oder als dessen Ehegatte oder Abkömmling in dem Gebiete des Deutschen Reiches nach dem Stande vom 31. Dezember 1937 Aufnahme gefunden hat), sodass man davon ausgehen muss, dass Statusdeutscher nur sein kann, wer nicht deutscher Staatsangehöriger ist. Man könnte aber in Art. 116 Abs. 1 GG auch eine völkerrechtlich relevante Aussage über den Gesamtumfang des Staatsvolkes sehen (so ist wohl auch BVerfGE 36, S. 1 ff, 30 zu verstehen), mit der Folge, dass die Bundesrepublik auch Statusdeutsche im Ausland als Heimatstaat schützen und vertreten darf (**Schutzmacht**). Die Bundesrepublik hat einerseits den Anspruch auf ihre Schutzmachtfunktion gegenüber Statusdeutschen mehrmals erhoben und begründet (vgl BT-Prot. Bd. 92, 10908 B), andererseits aber des öfteren beim Abschluss von völkerrechtlichen Verträgen darauf gedrungen, die Ausdehnung auf Statusdeutsche in den Vertrag aufzunehmen. Bei multilateralen Verträgen hat sie dies in Form von vorbehaltsähnlichen Erklärungen zu erreichen versucht. **549**

Beispiel: BGBl. 1977 II, S. 1217:

„Bekanntmachung
über das In-Kraft-Treten des Übereinkommens zur Verminderung der Staatenlosigkeit

......

Die Regierung der Bundesrepublik Deutschland hat bei Hinterlegung der Beitrittsurkunde erklärt, daß sie das Übereinkommen anwenden wird

a) zur Beseitigung von Staatenlosigkeit auf Personen, die staatenlos nach Artikel 1 Abs. 1 des Übereinkommens vom 28. September 1954 über die Rechtsstellung der Staatenlosen sind;

b) zur Verhinderung von Staatenlosigkeit oder Erhaltung der Staatsangehörigkeit auf Deutsche im Sinne des Grundgesetzes für die Bundesrepublik Deutschland."

550 In den **Ländern** enthält Art. 6 der bayerischen Verfassung nähere Bestimmungen über eine eigene Staatsangehörigkeit:

„(1) Die Staatsangehörigkeit wird erworben

1. durch Geburt;
2. durch Legitimation;
3. durch Eheschließung;
4. durch Einbürgerung.

(2) Die Staatsangehörigkeit kann nicht aberkannt werden.

(3) Das Nähere regelt ein Gesetz über die Staatsangehörigkeit."

Da das Gesetz gemäß Art. 6 Abs. 3 bislang noch nicht erlassen wurde, ist Art. 6 nach allgemeiner Meinung nicht vollziehbar (vgl BayVerfGH 24, S. 1 ff, 22).

551 Vollziehbar ist demgegenüber die Bestimmung des Art. 3 der Verfassung von Brandenburg, wonach Bürger im Sinne der Verfassung alle Deutschen iSd Art. 116 Abs. 1 GG mit ständigem Wohnsitz im Land Brandenburg sind.

bb) Erwerb

552 Das Staatsangehörigkeitsgesetz enthält folgende in § 3 aufgezählte **Erwerbsgründe:**

(1) Geburt, wenn *ein* Elternteil die deutsche Staatsangehörigkeit besitzt (§ 4 Abs. 1).

(2) Geburt in Deutschland, wenn die Eltern nicht die deutsche Staatsangehörigkeit besitzen. Voraussetzung dafür ist, dass ein Elternteil seit 8 Jahren rechtmäßig seinen gewöhnlichen Aufenthalt in Deutschland hat und eine Aufenthaltsberechtigung oder seit 3 Jahren eine unbefristete Aufenthaltserlaubnis besitzt (§ 4 Abs. 3). Die Staatsangehörigkeit kann allerdings unter den Voraussetzungen des § 29 Abs. 3 in Verlust geraten (s. Rn 557 Nr 6).

(3) Einbürgerung auf Antrag eines Ausländers, der am 1. Januar 2000 rechtmäßig seinen gewöhnlichen Aufenthalt in Deutschland und das 10. Lebensjahr noch nicht vollendet hat, wenn seit seiner Geburt die Voraussetzungen des § 4 Abs. 3 vorliegen. Ein solcher Antrag konnte allerdings nur bis zum 31. Dezember 2000 gestellt werden (§ 40b).

(4) Erklärung eines vor dem 1. Juli 1993 geborenen Kindes eines deutschen Vaters und einer ausländischen Mutter, deutscher Staatsangehöriger werden zu wollen, wenn eine nach den deutschen Gesetzen wirksame Anerkennung oder Feststellung der Vaterschaft erfolgt ist, das Kind seit 3 Jahren rechtmäßig seinen gewöhnlichen Aufenthalt in Deutschland hat und das 23. Lebensjahr noch nicht vollendet hat (§ 5).

(5) Adoption durch einen Deutschen, wenn das Kind im Zeitpunkt des Annahmeantrags das 18. Lebensjahr noch nicht vollendet hat. Der Erwerb der Staatsangehörigkeit erstreckt sich auf die Abkömmlinge des Kindes (§ 6).

(6) Eigenschaft als Deutscher iSd Art. 116 Abs. 1 GG, der nicht die deutsche Staatsangehörigkeit besitzt (Statusdeutscher), von Gesetzes wegen am 1. August

1999. Spätaussiedler und ihre nichtdeutschen Ehegatten und Abkömmlinge müssen zudem eine Spätaussiedlerbescheinigung gemäß § 15 Abs. 1 oder Abs. 2 des Bundesvertriebenengesetzes idF vom 2. Juni 1993 (BGBl. 1993 I, S. 829 ff, zuletzt geändert BGBl. 2002 I, S. 1946 ff) ausgestellt bekommen haben (§ 40a).

(7) Ausstellung einer Spätaussiedlerbescheinigung gemäß § 15 Abs. 1 oder Abs. 2 des Bundesvertriebenengesetzes für einen Deutschen iSd Art. 116 Abs. 1 GG, der nicht die deutsche Staatsangehörigkeit besitzt (Statusdeutscher). Der Erwerb der Staatsangehörigkeit erstreckt sich auf seine Kinder (§ 7).

(8) Einbürgerung eines Ausländers unter den Voraussetzungen des § 8 bzw § 14 und von Ehegatten Deutscher gemäß § 9. Ein Anspruch auf Einbürgerung ergibt sich aus § 8 bzw § 14 und § 9 jedoch nicht (Ermessenseinbürgerung). Ein solcher ist allerdings in den §§ 85 ff des Ausländergesetzes vom 9. Juli 1990 (Sartorius I, Nr 565) vorgesehen.

(9) Einbürgerung eines ehemaligen Deutschen ohne Niederlassung in Deutschland, dessen Kinder oder Adoptivkinder unter den Voraussetzungen des § 8 Abs. 1 Nr 1 und Nr 2 (§ 13).

(10) Auffinden eines Kindes in Deutschland (Findelkind). Das Findelkind gilt bis zum Beweis des Gegenteils als deutscher Staatsangehöriger (§ 4 Abs. 2).

Als weiterer Erwerbsgrund muss auf Grund der Rechtsprechung des BVerfG **553** (s. Rn 548) – in den Grenzen des ordre public der Bundesrepublik Deutschland – auch der Erwerb der **Staatsbürgerschaft** der ehemaligen **DDR** angesehen werden, selbst wenn dieser auf Grund von Tatbeständen erfolgte, die keine Entsprechung im Staatsangehörigkeitsgesetz finden.

Darüber hinaus haben nach § 8 Abs. 1 des Gesetzes zur Regelung von Fragen der **554** Staatsangehörigkeit vom 22. Februar 1955 (Sartorius I, Nr 22) auch **deutsche Volkszugehörige** (insbesondere Aussiedler), die nicht Statusdeutsche sind, aber in Deutschland ihren dauernden Aufenthalt haben, und denen die Rückkehr in ihre Heimat nicht zugemutet werden kann, einen Anspruch auf Einbürgerung. Werden sie eingebürgert, so haben auch ihre Ehegatten einen Einbürgerungsanspruch.

Ebenfalls einen Anspruch auf Einbürgerung hat gemäß Art. 2 des Gesetzes zur Ver- **555** minderung der Staatenlosigkeit vom 29. Juni 1977 (BGBl. 1977 I, S. 1101 ff) unter den dort genannten Voraussetzungen ein seit Geburt **Staatenloser**, wenn er im Bundesgebiet geboren ist und seit 5 Jahren einen dauernden Aufenthalt hat.

Schließlich enthält Art. 116 Abs. 2 Satz 1 GG einen Anspruch auf Einbürgerung für **556** **frühere deutsche Staatsangehörige** und deren Abkömmlinge, denen zwischen dem 30. Januar 1933 und dem 8. Mai 1945 die Staatsangehörigkeit aus politischen, rassischen oder religiösen Gründen entzogen worden ist (vgl die Aufzählung der einschlägigen NS-Vorschriften bei *Vedder*, in: *v. Münch*, Art. 116, Rn 73). Gemäß § 12 Abs. 1 des Gesetzes vom 22. Februar 1955 (Rn 554) gilt dies auch für Personen, die in dieser Zeit aus Verfolgungsgründen eine fremde Staatsangehörigkeit erworben haben, auch wenn sie ihren dauernden Aufenthalt im Ausland beibehalten.

Nach Art. 116 Abs. 2 Satz 2 GG gelten die nationalsozialistischen Ausbürgerungen als nicht geschehen, wenn die betroffenen Personen nach dem 8. Mai 1945 ihren Wohnsitz in Deutschland genommen und nicht einen entgegengesetzten Willen zum Ausdruck gebracht haben.

cc) Verlust

557 Gemäß Art. 16 Abs. 1 GG darf die deutsche Staatsangehörigkeit nicht entzogen werden. Der Verlust der Staatsangehörigkeit darf nur auf Grund eines Gesetzes und gegen den Willen des Betroffenen nur dann eintreten, wenn der Betroffene dadurch nicht staatenlos wird. Als **Verlustgründe** nennt das Staatsangehörigkeitsgesetz folgende:

(1) Entlassung auf Antrag unter den Voraussetzungen der §§ 18-24. Dies ist nur möglich, wenn der Antragsteller den Erwerb einer ausländischen Staatsangehörigkeit beantragt und ihm die zuständige Stelle die Verleihung zugesichert hat (§ 18). Sie gilt als nicht erfolgt, wenn der Entlassene die ihm zugesicherte ausländische Staatsangehörigkeit nicht innerhalb eines Jahres nach der Entlassung erworben hat (§ 24). Diese Bestimmungen sollen das Entstehen einer Staatenlosigkeit des Antragstellers verhindern.

(2) Erwerb einer ausländischen Staatsangehörigkeit auf Antrag durch einen deutschen Staatsangehörigen (§ 25). Das BVerfG hat in dieser Bestimmung keinen Verstoß gegen Art. 16 Abs. 1 GG gesehen, da es sich nicht um eine unzulässige *Entziehung* der Staatsangehörigkeit handle. Eine solche liege nur vor, wenn der Betroffene den Verlust der Staatsangehörigkeit nicht beeinflussen könne (NVwZ 2001, S. 1393 ff).

Dieser automatische Verlust tritt dann nicht ein, wenn zuvor die Beibehaltung der deutschen Staatsangehörigkeit genehmigt wurde. Erfolgt der Erwerb der ausländischen Staatsangehörigkeit nicht auf Antrag, sondern von Gesetzes wegen (zB wegen Geburt im Ausland, das nach dem Prinzip des ius soli die Staatsangehörigkeit verleiht; Eheschließung), tritt kein Verlust ein. Es entsteht dann eine Doppelstaatsangehörigkeit.

(3) Verzicht eines deutschen Staatsangehörigen, wenn er mehrere Staatsangehörigkeiten besitzt, unter den Voraussetzungen des § 26.

(4) Adoption durch einen Ausländer, wenn damit der Erwerb der ausländischen Staatsangehörigkeit verbunden ist (§ 27). Der Verlust erstreckt sich auch auf die minderjährigen Abkömmlinge des Adoptierten, für die ihm die alleinige Sorge zusteht. Er tritt jedoch nicht ein, wenn der Adoptierte mit einem deutschen Elternteil verwandt bleibt.

(5) Freiwilliger Eintritt eines deutschen Staatsangehörigen in die Streitkräfte oder einen vergleichbaren bewaffneten Verband eines ausländischen Staates, es sei denn, er ist auf Grund eines zwischenstaatlichen Vertrags dazu berechtigt (§ 28).

(6) Erklärung eines Deutschen, der die Staatsangehörigkeit gemäß § 4 Abs. 3 oder gemäß § 40b erworben hat und eine ausländische Staatsangehörigkeit besitzt, dass er die ausländische Staatsangehörigkeit behalten will. Der Verlust tritt ebenfalls ein,

wenn er bis zur Vollendung des 23. Lebensjahres nicht erklärt hat, dass er die deutsche Staatsangehörigkeit behalten will (§ 29 Abs. 1 und Abs. 2). Dasselbe gilt, wenn er zwar eine solche Erklärung abgegeben hat, aber bis zur Vollendung des 23. Lebensjahres nicht die Aufgabe oder den Verlust der ausländischen Staatsangehörigkeit nachweist, es sei denn, er bekommt von der zuständigen deutschen Behörde eine Beibehaltungsgenehmigung (§ 29 Abs. 3).

Literatur: *Grawert,* Staatsvolk und Staatszugehörigkeit, in: *Isensee/Kirchhof,* Bd. I, S. 663 ff; *Groot,* Staatsangehörigkeit im Wandel, Köln 1989; *Hailbronner,* Das neue deutsche Staatsangehörigkeitsrecht, in: NVwZ 2001, S. 1329 ff; *ders.,* Doppelte Staatsangehörigkeit, in: ZAR 1999, S. 51 ff; *Hailbronner/Renner,* Staatsangehörigkeitsrecht, Kommentar, 3. Aufl., München 2001; *Huber/Butzke,* Das neue Staatsangehörigkeitsrecht und sein verfassungsrechtliches Fundament, in: NJW 1999, S. 2769 ff; *Klein,* Diplomatischer Schutz und grundrechtliche Schutzpflicht, in: DÖV 1997, S. 704 ff; *Renner,* Mehrstaatigkeit in Europa, in: ZAR 1999, S. 49 ff; *ders.,* Was ist neu am neuen Staatsangehörigkeitsrecht?, in: ZAR 1999, S. 154 ff; *Weber,* Das neue Staatsangehörigkeitsrecht, in: DVBl. 2000, S. 369 ff.

2. Staatsgebiet

a) Völkerrechtliche Regelung

Unter Staatsgebiet versteht man den Raum, der unter der territorialen Souveränität **558** des Staates steht, dh der dem freien Verfügungsrecht des Staates unterliegt. Von der **territorialen Souveränität** zu unterscheiden ist die **Gebietshoheit**, dh die tatsächliche Ausübung der staatlichen Hoheitsgewalt in einem Gebiet. In der Regel fallen territoriale Souveränität und Gebietshoheit zusammen, in besonderen Fällen können sie aber durch verschiedene Staaten ausgeübt werden.

Beispiel: Durch Vertrag vom 16. und 23. Februar 1903 zwischen Kuba und den Vereinigten Staaten von Amerika wurde diesen das Recht der Errichtung eines Flottenstützpunktes in Guantánamo eingeräumt. Dazu bestimmt der Art. III (*Martens,* Nouveau recueil général de traités, 2ᵉ série, Bd. 34, Leipzig 1907, S. 338 f):

„While on the one hand the United States recognize the continuance of the ultimate sovereignty of the Republic of Cuba over the above described areas of land and water, on the other hand the Republic of Cuba consents that during the period of the occupation by the United States of said areas under the terms of this agreement the United States shall exercise complete jurisdiction and control over and within said areas …"

Das Völkerrecht enthält eine Reihe von Bestimmungen über die Abgrenzung des **559** Staatsgebiets. Es unterscheidet dabei zwischen verschiedenen Räumen.

(1) **Landgebiet:** Zum Landgebiet zählt man die Erdoberfläche (Festland und Inseln) **560** innerhalb der Staatsgrenzen einschließlich der Binnengewässer (zB Seen, Flüsse, Kanäle etc) und der maritimen Eigengewässer (zB Flussmündungen, Hafenanlagen, Buchten, Fjorde etc). Maritime Eigengewässer sind die an der Küste gelegenen Gewässer innerhalb der sog. Basislinie (s. Rn 561). Das Landgebiet setzt sich lotrecht unter der Erdoberfläche fort. Die Staatsgrenzen sind meist ein Produkt der historischen Entwicklung und wurden und werden in der Regel durch Grenzverträge festgelegt.

Falls vertraglich nichts festgelegt ist, verläuft die Staatsgrenze bei schiffbaren Flüssen entlang dem Talweg, dh den jeweils tiefsten Stellen des Flussbettes; bei nichtschiffbaren Flüssen verläuft sie der Mittellinie entlang. Bei Grenzseen gibt es keine einheitliche Regelung im Völkerrecht (s. Rn 568).

561 (2) **Küstenmeer:** Das Küstenmeer ist ein Meeresstreifen, der sich von der Küste ins Meer hinaus erstreckt. Es beginnt an der sog. Basislinie, die in der Regel dem Wasserstand bei Ebbe folgt (vgl dazu Art. 5 bis 7 des Seerechtsübereinkommens der Vereinten Nationen vom 10. Dezember 1982, Sartorius II, Nr 350). Zum Küstenmeer zählen außerdem der Meeresgrund und Meeresuntergrund. Die äußere Grenze des Küstenmeers wird vom Völkerrecht nicht abschließend geregelt, sondern lediglich die Maximalbreite von 12 sm festgelegt (vgl Art. 3 des Seerechtsübereinkommens der Vereinten Nationen, aaO). Innerhalb dieser Maximalbreite kann jeder Staat sein Küstenmeer beliebig ausdehnen. In der Regel beanspruchen die Staaten zwischen 3 und 12 sm. Allerdings gibt es auch einige Staaten, die eine größere Küstenmeerbreite bis hin zu 200 sm beanspruchen (vgl dazu die Tabelle bei *Ipsen*, Völkerrecht, S. 726). Die Bundesrepublik beansprucht in der Nordsee grundsätzlich 12 sm, in der Ostsee teilweise weniger, ohne damit den Rechtsanspruch auf 12 sm aufzugeben (s. BGBl. 1994 I, S. 3428 f).

Die im Küstenmeer existierende territoriale Souveränität und Gebietshoheit des Küstenstaates wird durch das Recht der friedlichen Durchfahrt für Schiffe aller Staaten beschränkt (vgl Art. 17 f des Seerechtsübereinkommens der Vereinten Nationen, aaO).

562 Nicht zum Küstenmeer und zum Staatsgebiet gehören die sog. **Anschlusszone** (vgl Art. 33 des Seerechtsübereinkommens der Vereinten Nationen, aaO) und der **Festlandsockel** (vgl Art. 76 des Seerechtsübereinkommens der Vereinten Nationen, aaO). Sie sind Gebiete der Hohen See, in denen dem Küstenstaat bestimmte exklusive Rechte zustehen.

563 (3) **Luftgebiet:** Zum Staatsgebiet zählt schließlich auch der Luftraum über dem Landgebiet und dem Küstenmeer. Der Luftraum reicht bis zum Beginn des Weltraums. Die genaue Höhe dieser Grenze ist allerdings umstritten. In der Praxis geht man meist von ca. 100 bis 110 km über der Erdoberfläche aus.

b) Deutsches Staatsgebiet

564 Das Grundgesetz enthält an verschiedenen Stellen Hinweise auf das Staatsgebiet, wobei unterschiedliche Begriffe verwendet werden:
– Deutschland (Art. 116 Abs. 2 Satz 2 GG), Reich (Art. 134, Art. 135a GG), Deutsches Reich (Art. 116 Abs. 1 GG).
– Bundesgebiet (Art. 11 Abs. 1, Art. 25 Satz 2, Art. 29 Abs. 1 Satz 1, Art. 115a GG).
– (Gebiete der) Länder (Präambel, Art. 144 GG).

565 Den Raum, in dem die **territoriale Souveränität** der Bundesrepublik ausgeübt wird, und damit das Staatsgebiet, umschreibt Satz 2 der Präambel des GG. Das GG verweist durch die Aufzählung der Länder auf die Staatsgebiete der Länder. Daher ist jedes Landesgebiet Teil des Bundesgebiets. Insofern gibt es keine bundesfreien und auch keine bundesunmittelbaren Gebiete. Deshalb ist auch das Küstenmeer jeweils Landesgebiet.

Die **Grenzen** des Bundesgebietes als Grenzen der Ländergebiete sind ein Produkt **566** der historischen Entwicklung. Sie beruhen zum größten Teil auf Verträgen, die vor der Gründung der Bundesrepublik vom Deutschen Reich oder den deutschen Territorialstaaten abgeschlossen wurden. Dazu kam Gebietserwerb durch diese Staaten auf Grund anderer Titel (Heirat, Erbschaft, dynastische Nachfolge etc). Schließlich gibt es eine Reihe von Verträgen, die die Bundesrepublik zum Zwecke der Grenzberichtigung abgeschlossen hat:

Verträge mit: Belgien vom 24. September 1956 (BGBl. 1958 II, S. 263 ff), Luxemburg vom 11. Juli 1959 (BGBl. 1960 II, S. 2079 ff), den Niederlanden vom 8. April 1960 und vom 30. Oktober 1980 (BGBl. 1963 II, S. 463 ff; BGBl. 1982 II, S. 735 ff), Österreich vom 29. Februar 1972 und vom 20. April 1977 (BGBl. 1975 II, S. 766 ff; BGBl. 1979 II, S. 379 ff), der Schweiz vom 23. November 1964 und vom 25. April 1977 (BGBl. 1967 II, S. 2041 ff; BGBl. 1978 II, S. 1202 ff).

Grenzverträge sind in der Bundesrepublik nach Art. 32 GG und Art. 59 Abs. 2 GG **567** zu beurteilen. In der Lehre ist dabei insbesondere umstritten, ob bei Grenzverträgen, die gleichzeitig Grenzberichtigungen enthalten, die davon betroffenen Länder nach Art. 32 Abs. 2 GG nur zu hören sind oder ob sie zustimmen müssen (so die hL). Ebenso umstritten ist, ob der Abschluss solcher Verträge einer Verfassungsänderung bedarf. Die Probleme sind dadurch entstanden, dass die im Herrenchiemseer Entwurf des GG vorgesehene Bestimmung, wonach dazu ein Bundesgesetz mit Zustimmung des betroffenen Landes und der betroffenen Bevölkerung notwendig sei, nicht ins GG übernommen wurde.

Eine insofern eindeutige Regelung enthält Art. 3 Abs. 2 des österreichischen Bundes-Verfassungsgesetzes:

„Eine Änderung des Bundesgebietes, die zugleich Änderung eines Landesgebietes ist, ebenso die Änderung einer Landesgrenze innerhalb des Bundesgebietes kann – abgesehen von Friedensverträgen – nur durch übereinstimmende Verfassungsgesetze des Bundes und jenes Landes erfolgen, dessen Gebiet eine Änderung erfährt.“

Unklar ist die Grenzziehung teilweise am **Bodensee**. Im Untersee und der Konstan- **568** zer Bucht ist die Grenze durch Verträge zwischen Baden und der Schweiz vom 20. und 31. Oktober 1854 (BS 11, S. 49 ff) sowie vom 28. April 1878 (BS 11, S. 52 ff) und durch Vertrag zwischen dem Deutschen Reich und der Schweiz vom 24. Juni 1878 (BS 11, S. 56 ff) einvernehmlich festgelegt. Der Überlinger See wird unbestritten dem deutschen Staatsgebiet zugerechnet. Im restlichen Teil des Obersees ist hingegen der Grenzverlauf zwischen Deutschland, Österreich und der Schweiz umstritten. Die Schweiz vertritt den Standpunkt einer Realteilung entlang der Mittellinie, Österreich ist der Meinung, der See bilde ein Kondominium, in dem die territoriale Souveränität allen drei Staaten zustehe (wobei ein Streifen von 25 m entlang dem Ufer zum Staatsgebiet zu rechnen sei), und die Bundesrepublik hat sich bislang noch nicht ausdrücklich auf eine der beiden Ansichten festgelegt.

Der BayVGH hat in seinem Urteil vom 20. Februar 1963 (VerwRspr 16, Nr 103) bei der Prüfung der Frage, ob der dem bayerischen Ufer vorgelagerte Teil des Bodensees zum Landkreis Lindau gehörendes ausmärkisches Gebiet sei (woraus eine Befugnis des Landkreises zur Erhebung von Vergnügungssteuern bei Vergnügungsfahrten auf dem Bodensee abzuleiten wäre) die Realteilungstheorie ausdrücklich abgelehnt. Hingegen lässt sich – entgegen der Ansicht der Literatur – aus dem Urteil nicht ableiten, der Gerichtshof habe sich für die Kondominiumstheorie entschieden. Das Bayerische Wassergesetz in der Fassung vom 19. Juli 1994 (*Ziegler/Tremel*, Verwaltungsgesetze des Freistaates Bayern, Loseblattsammlung, München, Nr 930) lässt die Frage ebenfalls offen. Zwar wird in dem als Anlage beigefügten Verzeichnis der Gewässer erster Ordnung der Bodensee angeführt, allerdings findet sich darin die Bemerkung „bayerischer Anteil", der nicht definiert wird.

569 Zum Staatsgebiet außerhalb der Grenzen zählt die in der Schweiz gelegene Exklave **Büsingen**, ein Dorf mit ca. 1000 Einwohnern und rund 8 km² Fläche, das zum Land Baden-Württemberg gehört.

570 Ein besonderes Problem bildete bis zur Wiedervereinigung die Grenze zu **Polen**. Diese wurde erstmals im Potsdamer Abkommen (Potsdamer Protokoll, s. Rn 615) geregelt. Dabei wurden die Gebiete östlich der sog. Oder-Neiße-Linie einerseits als „ehemalige deutsche Gebiete" bezeichnet, andererseits aber wurde die endgültige Festlegung der Westgrenze Polens einem Friedensvertrag vorbehalten.

571 Diese **Oder-Neiße-Linie** wurde im Folgenden in drei Verträgen behandelt. Im Grenzvertrag zwischen der Sowjetunion und Polen vom 16. August 1945 (UNTS 10, S. 198 ff) wurde die Regelung der Grenzfrage noch einem Friedensvertrag vorbehalten. Im Görlitzer Vertrag zwischen der DDR und Polen vom 6. Juli 1950 (DDR-GBl. 1950, S. 1205 ff) gingen die Vertragsparteien bereits von einer Souveränität Polens über die Gebiete östlich der Oder-Neiße-Linie aus.

In Art. I des Vertrages zwischen der Bundesrepublik Deutschland und der Volksrepublik Polen über die Grundlagen der Normalisierung ihrer gegenseitigen Beziehungen vom 7. Dezember 1970 (Warschauer Vertrag, BGBl. 1972 II, S. 362 ff) hieß es schließlich bezüglich der Oder-Neiße-Linie:

„(1) Die Bundesrepublik Deutschland und die Volksrepublik Polen stellen übereinstimmend fest, daß die bestehende Grenzlinie, deren Verlauf im Kapitel IX der Beschlüsse der Potsdamer Konferenz vom 2. August 1945 von der Ostsee unmittelbar westlich von Swinemünde und von dort die Oder entlang bis zur Einmündung der Lausitzer Neiße und die Lausitzer Neiße entlang bis zur Grenze mit der Tschechoslowakei festgelegt worden ist, die westliche Staatsgrenze der Volksrepublik Polen bildet.

(2) Sie bekräftigen die Unverletzlichkeit ihrer bestehenden Grenzen jetzt und in der Zukunft und verpflichten sich gegenseitig zur uneingeschränkten Achtung ihrer territorialen Integrität.

(3) Sie erklären, daß sie gegeneinander keinerlei Gebietsansprüche haben und solche auch in Zukunft nicht erheben werden."

572 In der Diskussion um die Wiedervereinigung wurde sehr bald auch die Frage der Oder-Neiße-Linie aufgeworfen. Insbesondere Polen forderte eine endgültige Regelung. Darauf fassten der Bundestag und die Volkskammer der DDR am 21. Juni

1990 gleich lautende Entschließungen. Die Entschließung des Bundestages (Bulletin 1990, Nr 79, S. 684) lautete ua wie folgt:

„Der Deutsche Bundestag

…

gibt seinem Willen Ausdruck, daß der Verlauf der Grenze zwischen dem vereinten Deutschland und der Republik Polen durch einen völkerrechtlichen Vertrag endgültig wie folgt bekräftigt wird:

Der Verlauf der Grenze zwischen dem vereinten Deutschland und der Republik Polen bestimmt sich nach dem „Abkommen zwischen der Deutschen Demokratischen Republik und der Republik Polen über die Markierung der festgelegten und bestehenden deutsch-polnischen Staatsgrenze" vom 6. Juli 1950 und den zu seiner Durchführung und Ergänzung geschlossenen Vereinbarungen (Vertrag zwischen der Deutschen Demokratischen Republik und der Volksrepublik Polen über die Abgrenzung der Seegebiete in der Oderbucht vom 22. Mai 1989; Akt über die Ausführung der Markierung der Staatsgrenze zwischen Deutschland und Polen vom 27. Januar 1951) sowie dem „Vertrag zwischen der Bundesrepublik Deutschland und der Volksrepublik Polen über die Grundlagen der Normalisierung ihrer gegenseitigen Beziehungen" vom 7. Dezember 1970.

Beide Seiten bekräftigen die Unverletzlichkeit der zwischen ihnen bestehenden Grenze jetzt und in der Zukunft und verpflichten sich gegenseitig zur uneingeschränkten Achtung ihrer Souveränität und territorialen Integrität.

Beide Seiten erklären, daß sie gegeneinander keinerlei Gebietsansprüche haben und solche auch in Zukunft nicht erheben werden.

Die Bundesregierung wird aufgefordert, diese Entschließung der Republik Polen förmlich als Ausdruck auch ihres Willens mitzuteilen."

Die geforderte völkerrechtliche Regelung ist kurz darauf vereinbart worden. Es handelt sich dabei um den Vertrag über die abschließende Regelung in Bezug auf Deutschland vom 12. September 1990 (s. Rn 663) sowie um den Vertrag zwischen der Bundesrepublik Deutschland und der Republik Polen über die Bestätigung der zwischen ihnen bestehenden Grenzen vom 14. November 1990 (s. Rn 668). **573**

Literatur: *Bethge,* Das Staatsgebiet des wiedervereinigten Deutschlands, in: *Isensee/Kirchhof,* Bd. VIII, S. 603 ff; *Frowein,* Die deutschen Grenzen in völkerrechtlicher Sicht, in: EA 1979, S. 591 ff; *Habscheid,* Staatsgebiet, in: Lexikon, S. 396 f; *Hailbronner,* in: *Vitzthum,* S. 221-225; *Randelzhofer,* Grenze, in: Lexikon, S. 152 f; *Verdross/Simma/Geiger,* Territoriale Souveränität und Gebietshoheit, in: ÖZöRVR 31 (1980), S. 223 ff; *Vitzthum,* Staatsgebiet, in: *Isensee/Kirchhof,* Bd. I, S. 709 ff.

3. Staatsgewalt

a) Völkerrechtliche Regelung

Unter **Staatsgewalt** iSd Völkerrechts versteht man das souveräne Recht zur Ausübung von Gewalt gegen Menschen und Sachen. Die Souveränität manifestiert sich nach außen in der Unabhängigkeit und nach innen in der Selbstregierung. Dies verwirklicht sich insbesondere in der Gebietshoheit gegenüber Menschen und Sachen im Staatsgebiet sowie in der Personalhoheit über die eigenen Staatsangehörigen. **574**

Der Staat ist dabei nur dem Völkerrecht und sonst keiner anderen, insbesondere staatlichen, Rechtsordnung unterworfen.

575 Die **Gestaltung** der Staatsgewalt ist vom Völkerrecht nicht geregelt; sie ist Sache jedes Staates. Das Völkerrecht ist in dieser Beziehung wertneutral. Es schreibt weder eine demokratische Verfassung vor noch verbietet es diktatorische Konstruktionen. Daher ist es auch unerheblich, wer Träger und wer Ausübender der Staatsgewalt ist. Für das Völkerrecht ist derjenige, der tatsächlich die Macht im Staat ausübt, daher vertretungsbefugt, ist „Regierung" des Staates. Es wird somit nur auf die Effektivität, nicht aber auf die Legitimität abgestellt.

576 Daraus wird teilweise die sog. „**act of state-doctrine**" abgeleitet; insbesondere amerikanische Gerichte haben dieser Lehre angehangen. Danach können Hoheitsakte eines fremden Staates, die dieser innerhalb seines Staatsgebietes setzt, von den Gerichten oder Verwaltungsbehörden anderer Staaten nicht auf ihre Rechtmäßigkeit hin überprüft werden. Diese ausländischen Hoheitsakte müssen anerkannt werden. Das Problem stellt sich des öfteren als Vorfrage in einem Prozess. Die „act of state-doctrine" ist in der Literatur heftig umstritten. Insbesondere wird vorgebracht, dass damit auch völkerrechtswidrige Hoheitsakte fremder Staaten den Urteilen zu Grunde zu legen seien. Nach Ansicht der deutschen Rechtsprechung (zB LG Hamburg, AWD 1973, S. 163 ff, 164) schreibt das Völkerrecht selbst aber weder die Anerkennung ausländischer völkerrechtswidriger Hoheitsakte vor, noch verbietet es sie.

Deutsche Gerichte lösen derartige Fälle nach zwei sukzessiv anzuwendenden Prinzipien. Zunächst werden ausländische Hoheitsakte grundsätzlich anerkannt, soweit der ausländische Staat sie auf seinem Territorium vornimmt, und zwar auch dann, wenn sie (möglicherweise) völkerrechtswidrig sind. Extraterritorialen Auswirkungen, insbesondere solchen auf deutschem Staatsgebiet, kann dagegen die Anerkennung versagt werden. Das beruht auf dem *Territorialitätsprinzip*, nach dem jeder Staat Hoheitsakte wirksam nur auf seinem eigenen Territorium setzen kann (siehe zB BGHZ 20, S. 4 ff, 10; 25, S. 134 ff, 140 f; 32, S. 256 ff, 259; 33, S. 195 ff, 197; 56, S. 66 ff, 69).

Ist nach dem soeben Gesagten ein ausländischer Hoheitsakt grundsätzlich anzuerkennen, so tun dies deutsche Gerichte in einem zweiten Schritt ausnahmsweise doch nicht, wenn der Hoheitsakt gegen den deutschen *ordre public* verstößt (Art. 6 EGBGB, früher: Art. 30 EGBGB aF). Im „Bremer Tabakstreit" betreffend die Nationalisierung niederländischer Tabakplantagen in Indonesien (ArchVR 9, 1961/62, S. 318 ff) und im „Chilenischen-Kupfer-Fall" (Rabels Zeitschrift 37, 1973, S. 578 ff) hatten das Hanseatische Oberlandesgericht Bremen und das Landgericht Hamburg darüber zu entscheiden, ob die ausländische entschädigungslose Enteignung einen derartigen Fall darstelle. Dabei ging es jeweils um die Sequestration von Waren, die aus entschädigungslos enteigneten Betrieben stammten und zum Verkauf in die Bundesrepublik verschifft wurden. Beide Gerichte gingen von der grundsätzlichen Geltung der „act of state-doctrine" aus. Das Bremer Gericht sah dann auf Grund der konkreten Umstände die indonesische Nationalisierung nicht als Verstoß gegen den deutschen ordre public an. Das Hamburger Gericht ging zwar von einer Verletzung des Völkerrechts aus, die auch mit dem deutschen ordre public nicht vereinbar sei, hielt diesen aber nicht für anwendbar, weil es an der Beziehung des Geschehens zu deutschen Interessen fehle. Eine solche Beziehung werde nicht schon dadurch hergestellt, dass entschädigungslos enteignete Sachen in die Bundesrepublik verbracht würden.

b) Deutsche Staatsgewalt

Vor der Wiedervereinigung war eines der zentralen Probleme in der Diskussion über **577** die Rechtslage Deutschlands (s. Rn 613 ff) die Frage nach der Unterscheidung zwischen der gesamtdeutschen Staatsgewalt als der Staatsgewalt des Deutschen Reiches und der der Bundesrepublik. Sofern man vom Weiterbestehen des Deutschen Reiches nach 1945 ausging, war unbestritten, dass dessen Staatsgewalt zumindest ruhte, da das Deutsche Reich handlungsunfähig war.

Diesbezüglich lautet der Kernsatz des Urteils des BVerfG vom 31. Juli 1973 zum Grundlagenvertrag (BVerfGE 36, S. 1 ff, 15 f):

„Das Grundgesetz … geht davon aus, dass das Deutsche Reich den Zusammenbruch 1945 überdauert hat und weder mit der Kapitulation noch durch Ausübung fremder Staatsgewalt in Deutschland durch die alliierten Okkupationsmächte noch später untergegangen ist … Das Deutsche Reich existiert fort …, besitzt nach wie vor Rechtsfähigkeit, ist allerdings als Gesamtstaat mangels Organisation, insbesondere mangels institutionalisierter Organe selbst nicht handlungsfähig."

Nach der Wiedervereinigung ist dieses Problem gegenstandslos geworden.

Was die Staatsgewalt der Bundesrepublik anbelangt, so ist sie im GG und in einfa- **578** chen Gesetzen organisatorisch geregelt und durch die Rechtsprechung des BVerfG ergänzend ausgestaltet worden. Insoweit kann auf den Band Staatsrecht I der Schwerpunkte-Reihe von *Degenhart* verwiesen werden.

4. Effektivität

Das bloße Vorliegen der drei Staatselemente ist aber für die Existenz eines Staates iSd **579** Völkerrechts solange nicht ausreichend, als diese Elemente, insbesondere die Staatsgewalt, nicht effektiv sind. Eine solche Effektivität setzt voraus, dass die Staatselemente tatsächlich vorhanden und auf Dauer angelegt sind; vor allem die Staatsgewalt muss durchsetzbar sein. Die Beurteilung des Vorliegens der Effektivität der Staatselemente ist vom Einzelfall abhängig. Sie wird insbesondere dort schwierig vorzunehmen sein, wo sich eine Staatsentstehung in Form eines Bürgerkrieges vollzieht.

Beispiele: – Die nigerianische Provinz Biafra wurde 1967 im Rahmen eines Bürgerkrieges als Staat ausgerufen und auch von einigen Staaten anerkannt. Die nigerianische Zentralregierung setzte den Kampf jedoch fort und nahm 1970 Biafra wieder ein.

– Südrhodesien wurde 1965 zum Staat ausgerufen, was aber weder vom Mutterland Großbritannien noch von den übrigen Staaten anerkannt wurde. Der Sicherheitsrat der Vereinten Nationen beschloss wirtschaftliche Sanktionsmaßnahmen gegen Südrhodesien. Wegen dieser Situation wurde trotz der ansonsten zweifelsohne vorliegenden Staatselemente die Effektivität verneint. 1979 wurde Südrhodesien als Zimbabwe von Großbritannien unabhängig. Da dies mit weltweiter Zustimmung geschah, war an der Effektivität ab diesem Zeitpunkt nicht mehr zu zweifeln.

Literatur: *Geiger*, S. 341-345; *Rotter*, Staat, in: Lexikon, S. 380 ff; *Seidl-Hohenveldern*, Souveränität, in: Lexikon, S. 377 ff; *Uibopuu*, Gedanken zu einem völkerrechtlichen Staatsbegriff, in: *Schreuer* (Hrsg.), Autorität und internationale Ordnung, Berlin 1979, S. 87 ff; *Verdross*, Die völkerrechtliche und politische Souveränität der Staaten, in: Um Recht und Freiheit, Festschrift für *F. v.d. Heydte*, Halbband 1, Berlin 1977, S. 703 ff.

II. Die Anerkennung neuer Staaten

1. Anerkennung und Völkerrechtssubjektivität

580 Die Anerkennung neuer Staaten war in ihrer Wirkung lange Zeit umstritten. Man unterschied dabei die konstitutive und die deklaratorische Anerkennungstheorie.

Nach der **konstitutiven Theorie** entsteht die Völkerrechtssubjektivität eines neuen Staates erst durch die Anerkennung durch die anderen Staaten. Die Anerkennung ist für die Völkerrechtssubjektivität konstitutiv. Danach gibt es auch im Bereich der Völkerrechtssubjektivität eine Relativität in Bezug auf anerkannte und nichtanerkannte Staaten.

Nach der **deklaratorischen Theorie** bestätigt die Anerkennung lediglich die bereits bestehende Völkerrechtssubjektivität. Sie stellt nur fest, dass die Elemente eines Staates iSd Völkerrechts vorliegen. Daraus leitet sich ohne weiteres die Völkerrechtssubjektivität ab. Daher bedarf es dafür beim Vorliegen der Staatselemente gar keiner Anerkennung. Die deklaratorische Theorie hat sich als hL durchgesetzt.

581 Daraus ergeben sich allerdings eine Reihe von Problemen. Zum einen wird in der Literatur nur sehr selten auf die Frage eingegangen, ob die Anerkennung der **Staatselemente**, aus der dann die Völkerrechtssubjektivität folgt, für sich gesehen konstitutiv oder deklaratorisch ist. Wird sie konstitutiv verstanden, dann ist zwischen den beiden Theorien nur wenig Unterschied. Wird sie deklaratorisch verstanden, bleibt offen, welche rechtliche Relevanz die Verweigerung der Anerkennung haben soll.

Beispiel: So beschloss die Generalversammlung der VN nach der Unabhängigkeit des südafrikanischen Homelands **Transkei** am 26. Oktober 1976 mit 134 zu 0 Stimmen bei einer Enthaltung folgende Resolution (VN 1976, S. 191):

„Die Generalversammlung,

– unter Hinweis auf ihre Entschließung 3411 D (XXX) vom 28. November 1975, in der die Schaffung von Bantustans durch das rassistische Regime von Südafrika verurteilt wurde,

– davon Kenntnis nehmend, daß das rassistische Regime von Südafrika am 26. Oktober 1976 die angebliche ‚Unabhängigkeit‘ der Transkei erklärte,

– nach Behandlung des Berichts des Sonderausschusses gegen Apartheid,

1. verurteilt streng die Schaffung von Bantustans als eine Maßnahme, bestimmt, die unmenschliche Apartheidpolitik zu verfestigen, die territoriale Unversehrtheit des Landes zu zerstören, die Herrschaft der weißen Minderheit zu verewigen und das afrikanische Volk von Südafrika seiner unveräußerlichen Rechte zu berauben;

2. weist die Erklärung der ‚Unabhängigkeit‘ der Transkei zurück und erklärt sie für ungültig;

3. fordert alle Regierungen auf, der sogenannten unabhängigen Transkei jede Form der Anerkennung zu verweigern und keinerlei Beziehungen zu der so genannten unabhängigen Transkei oder zu anderen Bantustans zu unterhalten;

4. ersucht alle Staaten um wirksame Maßnahmen zur Verhinderung irgendwelcher Beziehungen von unter ihre Zuständigkeit fallenden natürlichen und juristischen Personen oder anderen Institutionen mit der sogenannten unabhängigen Transkei oder mit anderen Bantustans.“

582 Zur Lösung dieses Problems bedient man sich meist der Konstruktion des **de facto-Regimes**, dem man die Völkerrechtssubjektivität nicht gänzlich abspricht, dem man aber andererseits nur einen Mindeststandard an völkerrechtlichen Rechten und Pflichten zubilligt (so zB Gebietshoheit, Gewaltverbot, Deliktsfähigkeit). Diese Betrachtungsweise läuft auf eine Art modifizierte deklaratorische Anerkennungstheorie hinaus.

2. Formen der Anerkennung

In der Praxis unterscheidet man zwischen de facto- und de iure-Anerkennung, zwischen Anerkennung von Staaten und von Regierungen sowie zwischen ausdrücklicher und stillschweigender Anerkennung. **583**

Unter **de facto**-Anerkennung versteht man eine vorläufige Anerkennung, die ausgesprochen wird, solange die Effektivität der Staatselemente noch in Frage steht. Eine solche de facto-Anerkennung kann daher zurückgenommen werden. Die **de iure**-Anerkennung ist endgültig, sie kann nicht mehr zurückgenommen werden. **584**

Von den Staaten des ehemaligen Ostblocks wurde des öfteren die Einrichtung von Handelsvertretungen oder die Aufnahme konsularischer Beziehungen als de facto-Anerkennung qualifiziert, solange keine diplomatischen Beziehungen bestanden. Insofern war es von Bedeutung, dass die DDR noch vor ihrer ausdrücklichen Anerkennung konsularische Beziehungen mit Ägypten und Indien unterhielt.

Die Anerkennung von **Regierungen** bewirkt bei einem neuen Staat zwar die gleichzeitige Anerkennung des **Staates**, bei schon bestehenden Staaten hat sie aber keine Auswirkungen auf die Völkerrechtssubjektivität des Staates. Diese wird weder durch einen Regierungswechsel noch durch einen Wechsel der Staats- oder der Gesellschaftsform berührt. Die Anerkennung von neuen Regierungen hat daher zunächst primär politische Bedeutung. Dennoch hat die Nichtanerkennung einer Regierung zur Folge, dass mit ihr oder – wenn es sich um eine effektiv herrschende Regierung handelt – mit deren Staat keine Beziehungen unterhalten werden, da die Regierung nicht als vertretungsbefugt erachtet wird. **585**

So beschloss die Schweiz nach dem Tod Hitlers, die Regierung Dönitz nicht anzuerkennen. Über die Folgen wurde im diesbezüglichen Bundesratsbeschluss ua ausgeführt (zitiert nach *Bindschedler*, in: SchwJIR 6, [1949], S. 37 ff, 59):

„Völkerrechtlich entsteht mit der Erklärung des Bundesrates, daß er keine offizielle Reichsregierung mehr anerkennt, für die schweizerischen Behörden die Situation, daß das Reich zwar als Staat nicht verschwunden ist, aber keine Regierung mehr hat und damit als Völkerrechtssubjekt nicht mehr handlungsfähig ist. Die gegenseitigen offiziellen Beziehungen fallen dahin. Dagegen bleiben die schweizerisch-deutschen Verträge rechtlich weiter bestehen …“

Die Anerkennung kann **ausdrücklich** oder **stillschweigend** (indirekt) durch konkludente Handlungen erfolgen. Wird sie ausdrücklich ausgesprochen, so handelt es sich um ein selbstständiges einseitiges Rechtsgeschäft (s. Rn 303 ff). Eine stillschweigende Anerkennung kann sich ergeben aus der Aufnahme diplomatischer Beziehungen oder dem Abschluss eines völkerrechtlichen Vertrages mit einem Staat. **586**

Hinsichtlich der Aufnahme diplomatischer Beziehungen ist dies als zwingend anerkannt. Umstritten ist es beim Abschluss multilateraler völkerrechtlicher Verträge. **587**

Dabei geht ein Teil der Lehre davon aus, dass weder der Beitritt zu einem multilateralen Vertrag noch zur UNO die stillschweigende Anerkennung der anderen Vertragsparteien bzw der Mitglieder der UNO bedeuten muss. Man räumt den Staaten insofern das Recht der gegenteiligen Willensäußerung mit der Folge der Nichtanerkennung ein.

Beispiel: Eine etwas ungewöhnliche Form dieser Willensäußerung der Nichtanerkennung hat die Volksrepublik China anlässlich ihres Beitritts zum Wiener Übereinkommen über diplomatische Beziehungen vom 18. April 1961 gewählt, als sie folgendes erklärte (BGBl. 1976 II, S. 460):

„Die ‚Unterzeichnung‘ und ‚Ratifikation‘ dieses Übereinkommens durch die Tschiangkai-schek-Clique, die den Namen China widerrechtlich führt, sind ungesetzlich und nichtig.“

588 **Lösung Fall 16** (Rn 539):

1. Voraussetzung für den Verlust der deutschen Staatsangehörigkeit ist gemäß § 25 Abs. 1 des Staatsangehörigkeitsgesetzes (bei Vorliegen der übrigen, nach Sachverhalt zu bejahenden Voraussetzungen), dass eine *ausländische* Staatsangehörigkeit erworben wurde. Die Argumentation des A ist daher nur richtig, wenn die „Principality of Sealand" als Staat iSd Völkerrechts anzusehen ist und damit die Fähigkeit besitzt, völkerrechtlich relevant eine Staatsangehörigkeit zu verleihen.

2. Die Staatsqualität des Fürstentums iSd Völkerrechts ist dann zu bejahen, wenn die Kriterien des völkerrechtlichen Staatsbegriffs erfüllt sind. Dieser stellt darauf ab, dass eine menschliche Gemeinschaft (= Staatsvolk) volle Selbstregierung (= Staatsgewalt) über ein Gebiet (= Staatsgebiet) effektiv ausübt.

a) Fraglich ist, ob im vorliegenden Fall ein Staatsvolk existiert.

Es ist anerkannt, dass die Größe kein ausschlaggebendes Kriterium für das Vorhandensein eines Staatsvolkes ist. Entscheidend ist vielmehr, dass sich eine wie auch immer zusammengesetzte menschliche Gemeinschaft dauerhaft einer gemeinsamen Ordnung unterwirft oder unterworfen wird. Welche Zwecke sie dabei verfolgt, wie intensiv das Gemeinschaftsleben ausgeprägt ist, ob sie sich aus dem Staatsgebiet wirtschaftlich selbst erhalten kann etc, spielt hierfür keine Rolle. Wenn sich die zu Staatsangehörigen des Fürstentums ernannten Personen einer gemeinsamen Verfassung unterordnen und sich ein Teil von ihnen ständig auf der Insel befindet, scheitert die Staatsqualität daher nicht daran, dass es an einem Staatsvolk fehlt.

b) Dass sich das Fürstentum selbst regiert und somit auf der Insel effektive Staatsgewalt ausübt, ist nach dem gegebenen Sachverhalt nicht zweifelhaft.

c) Fraglich ist allerdings, ob eine künstliche Insel überhaupt als Staatsgebiet im völkerrechtlichen Sinn angesehen werden kann.

Unter „Staatsgebiet" wird gemeinhin ein „Teil der Erdoberfläche" verstanden, der unter der territorialen Souveränität eines Staates steht. Dieser dem Bereich der Geographie entlehnte Begriff besagt – für sich betrachtet – noch nichts darüber, wie die betreffende Teilfläche beschaffen sein muss.

Bedenken könnten sich zunächst aus der kleinen Fläche des Staatsgebietes ergeben: Die derzeit kleinsten Staaten, der Staat der Vatikanstadt (0,44 km²) und Monaco (1,9 km²), sind immerhin wesentlich größer als die „Principality of Sealand". Andererseits lässt sich bisher völkergewohnheitsrechtlich keine in km² quantifizierbare Mindestgröße für Staatsgebiete nachweisen.

Problematisch ist das Merkmal „Staatsgebiet" aber auch aus einem anderen, allerdings mit der Größe indirekt ebenfalls zusammenhängenden Gesichtspunkt: bei einer künstlich geschaffenen Insel (wie im vorliegenden Fall) kann rein faktisch die Möglichkeit nicht ausgeschlossen werden, dass das gesamte „Staatsgebiet" durch das Versagen der technischen Konstruktion, zB bei einem starken Sturm, vernichtet wird. Ein in seiner Existenz durch solche äußeren Zufälligkeiten gefährdetes Völkerrechtssubjekt würde ein Unsicherheitsmoment in den internationalen Beziehungen darstellen.

Hinzu kommt ein zweites Bedenken. Qualifizierte man auch ausschließlich künstlich geschaffene Flächen als Staatsgebiete, so könnte die Zahl der derzeit bestehenden Staaten – unterstellt, die übrigen Kriterien (Volk, Gewalt) lägen vor – beliebig vermehrt werden, also auch zB dadurch, dass wirtschaftlich dazu fähige Staaten über die Errichtung einer größeren Anzahl derartiger künstlicher Inseln eine Vielzahl neuer („Satelliten"-) Staaten schaffen, um sich ihrer etwa als Stellvertreter für bestimmte Handlungen, an denen sie selbst formell unbeteiligt bleiben wollen, oder zur Umkehr von Mehrheitsverhältnissen in internationalen Organisationen zu bedienen.

Aus diesen Gründen akzeptiert die Völkerrechtspraxis als Staatsgebiet nur auf natürliche Weise entstandene Landflächen, die durch künstliche Maßnahmen (Aufschüttungen, Deichbau etc) allenfalls vergrößert werden können. Die weiteren Gebiete, die nach Völkerrecht zum Staatsgebiet gezählt werden (Küstenmeer, Luftraum) spielen im vorliegenden Fall keine Rolle und sind zudem nur im Zusammenhang mit dem Landgebiet relevant.

3. Fraglich ist, ob die von A angekündigten Anerkennungen des Fürstentums durch andere Staaten für die Lösung des Falles relevant sind. Dies ist zu verneinen. Selbst wenn man nicht der heute in Völkerrechtspraxis und -lehre überwiegend anerkannten deklaratorischen Theorie folgt, sondern mit der konstitutiven Theorie die Anerkennung als Voraussetzung für die Erlangung der Staatsqualität ansieht, bleibt die Anerkennung doch nur eine Voraussetzung, die neben den anderen drei Elementen vorliegen muss. Da es bereits an einem dieser Elemente fehlt, kann die „Principality of Sealand" auch durch die Anerkennungen anderer Staaten nicht Staatsqualität erlangen. Im Übrigen liegen noch gar keine Anerkennungen vor, sodass sich die Frage nach dem Einfluss derselben auf die Staatsqualität erübrigt.

4. Insgesamt folgt daraus, dass das Fürstentum Sealand kein Staat iSd Völkerrechts ist, da das Kriterium des Staatsgebietes nicht vorliegt. Daher hat es nicht die Fähigkeit, völkerrechtlich relevant eine Staatsangehörigkeit zu verleihen. Deshalb hat A nicht gemäß § 25 des Reichs- und Staatsangehörigkeitsgesetzes seine deutsche Staatsangehörigkeit verloren.

Ergebnis: Die Argumentation des A ist nicht richtig (vgl VG Köln, DVBl. 1978, S. 510 ff).

Literatur: *Bindschedler,* Die Anerkennung im Völkerrecht, ArchVR 9 (1961/62), S. 377 ff; *Frowein,* Die Entwicklung der Anerkennung von Staaten und Regierungen im Völkerrecht, in: Der Staat 11 (1972), S. 145 ff; *ders.,* Anerkennung, in: Lexikon, S. 10 ff; *Hillgruber,* Die Aufnahme neuer Staaten in die Völkerrechtsgemeinschaft, Frankfurt am Main ua 1998; *Ipsen,* Völkerrecht, S. 222-242; *Loudwin,* Die konkludente Anerkennung im Völkerrecht, Berlin 1983; *Meissner,* Formen stillschweigender Anerkennung im Völkerrecht, Köln 1966; *Zivier,* Die Nichtanerkennung im modernen Völkerrecht, 2. Aufl., Berlin 1969.

III. Staatennachfolge

1. Begriff und Rechtsquellen

589 Unter **Staatennachfolge** versteht man die rechtlichen Folgen einer **Staatensukzession**, dh eines vollständigen Übergangs der territorialen Souveränität und Gebietshoheit über ein Staatsgebiet von einem Staat auf einen anderen.

590 Die Fälle der Staatensukzession lassen sich unterscheiden nach dem Schicksal des **Vorgängerstaates**. Dieser bleibt in folgenden Fällen der Staatensukzession **bestehen**:

(1) Abtretung von Gebieten: zB die Abtretung des Dodekanes durch Italien an Griechenland durch Art. 14 des Friedensvertrages mit Italien vom 10. Februar 1947 (UNTS 49, S. 3 ff).

(2) Dekolonisation: zB die Mehrzahl der heute bestehenden Staaten, die nach 1945 gegründet wurden.

(3) Losreißung bzw Separation: zB Separation Bangla Deshs von Pakistan 1972, Sloweniens ua von Jugoslawien 1991.

591 Daneben gibt es einige Fälle der Staatensukzession mit **Untergang** des oder der **Vorgängerstaaten**:

(1) Zusammenschluss bestehender Staaten zu einem neuen: zB Gründung des Deutschen Reiches 1871.

(2) Dismembration, dh Untergang eines Staates und Aufteilung seines gesamten Gebietes auf Nachfolger: zB Dismembration Österreich-Ungarns 1918, der UdSSR 1991.

(3) Freiwilliger Anschluss an einen fremden Staat: zB Anschluss Texas' an die Vereinigten Staaten von Amerika durch den Eingliederungsvertrag zwischen Texas und den USA vom 12. April 1844 (*Martens*, Nouveau recueil général de traités, 1er série, Göttingen 1817-1842, Bd. 6, S. 378 ff) und durch die Joint Resolution of Congress vom 1. März 1845 (*Martens*, ibidem, Bd. 8, S. 117 ff).

(4) Annexion (Einverleibung): zB Annexion Österreichs durch das Deutsche Reich durch den Einmarsch am 13. März 1938, das österreichische Bundes-Verfassungsgesetz über die Wiedervereinigung Österreichs mit dem Deutschen Reich (ÖBGBl. 1938, Nr 75) und das deutsche Gesetz über die Wiedervereinigung Österreichs mit dem Deutschen Reich (RGBl. 1938 I, S. 237 f), beide vom selben Tag. Eine Annexion wird heute aber allgemein als völkerrechtswidrig erachtet, sodass sich daraus keine Fragen der Staatennachfolge ergeben.

592 Als **Rechtsgrundlage** für die Fragen der Staatennachfolge konnte lange Zeit nur **Völkergewohnheitsrecht** herangezogen werden. Irreführend ist insoweit Art. 123 Abs. 2 GG, der bei der Frage der Weitergeltung von vom Deutschen Reich abgeschlossenen Staatsverträgen auf „allgemeine Rechtsgrundsätze" verweist. Gemeint sind damit sämtliche völkerrechtliche Grundsätze für die Weitergeltung, also insbesondere das Völkergewohnheitsrecht. Dieses war allerdings in Geltung und Inhalt umstritten. Es standen sich nämlich in Lehre und Staatenpraxis die beiden Prinzipien des grundsätzlichen Übergangs aller Rechte und Pflichten auf den Nachfolger (**Universalsukzession**) sowie des grundsätzlichen Untergangs aller Rechte und Pflichten für den Nachfolger (**clean slate, Tabula rasa**) gegenüber. Ausgeschaltet wurden die Probleme dieser unsicheren Rechtslage nur dort, wo in Form von Übergangsverträgen oder -erklärungen des Nachfolgers die Nachfolgefrage im Sinne einer Universalsukzession geklärt wurde.

Zur Kodifikation der Staatennachfolge wurden in jüngster Zeit **zwei Verträge** abge- **593** schlossen, und zwar die Wiener Konvention über die Staatennachfolge in Verträge vom 23. August 1978 (*Schweitzer/Rudolf*, S. 606 ff) und die Wiener Konvention über die Staatennachfolge in Vermögen, Archive und Schulden von Staaten vom 8. April 1983 (ILM 22, 1983, S. 306 ff). Während der erste Vertrag bereits in Kraft getreten ist, allerdings nur wenige Vertragspartner hat, ist bei dem zweiten Vertrag fraglich, ob ihm ausreichend viele Staaten beitreten werden, sodass er in Kraft treten kann. Das hängt damit zusammen, dass er teilweise gänzlich neue, nicht das Völkergewohnheitsrecht kodifizierende Regelungen enthält, deren Ziel vor allem eine Begünstigung unabhängig gewordener ehemaliger Kolonien ist.

Die Staatennachfolge in Völkergewohnheitsrecht und insbesondere die in allge- **594** meine Rechtsgrundsätze hat in der Praxis keine Rolle gespielt und ist mehr eine theoretische Frage geblieben. Daher gibt es in diesem Bereich auch keine Kodifikation.

2. Staatennachfolge in völkerrechtliche Verträge

Die Wiener Konvention über die Staatennachfolge in Verträge (s. Rn 593) unter- **595** scheidet nicht nur zwischen Separation bzw Dismembration und Staatenzusammenschluss, sondern darüber hinaus auch noch zwischen **kolonialen** und **nichtkolonialen** Staatensukzessionen, je nachdem ob diese Altstaaten oder Neustaaten betreffen. Daran werden dann unterschiedliche Rechtsfolgen geknüpft. So werden die nichtkoloniale Separation bzw Dismembration und der nichtkoloniale Zusammenschluss vom Prinzip der Universalsukzession beherrscht (Art. 34 Abs. 1, Art. 31 Abs. 1), während für die Dekolonisation als koloniale Separation und den kolonialen Zusammenschluss als Zusammenschluss ehemaliger Kolonien das Prinzip des clean slate (Tabula rasa) gilt (Art. 16, Art. 30 Abs. 1). Allerdings ist in Art. 17 die Möglichkeit von Sukzessionserklärungen der Neustaaten in Bezug auf bestimmte Verträge vorgesehen (Prinzip des free choice).

Für die Abtretung von Gebieten bestimmt Art. 15 das Prinzip der **beweglichen Ver-** **596** **tragsgrenzen**, wonach der Geltungsbereich der vom Gebietsvorgänger abgeschlossenen Verträge eingeschränkt, der Geltungsbereich der vom Gebietsnachfolger abgeschlossenen Verträge hingegen auf das Gebiet ausgedehnt wird.

Sonderregelungen enthalten die Art. 11 und 12 für Verträge mit territorialem Bezug, **597** die man auch als **radizierte Verträge** bezeichnet. Dazu gehören insbesondere

Grenzverträge und Nutzungsverträge, zB für Flüsse oder Kanäle. Diese bleiben unberührt, wobei allerdings nach Art. 12 Abs. 3 Verpflichtungen aus militärischen Stützpunktverträgen ausdrücklich ausgenommen werden.

3. Staatennachfolge in Völkergewohnheitsrecht

598 Umstritten ist die Frage der Staatennachfolge in **Völkergewohnheitsrecht**. Während die hL mit unterschiedlichen Begründungen von einer Universalsukzession ausgeht, vertritt ein Teil der Lehre eine Lösung, die sich an der Staatennachfolge in Verträge orientiert. Teilweise wird in diesem Rahmen versucht, eine analoge Anwendung der vertraglichen Vorbehaltslehre einzuführen.

599 In der Praxis hat das Problem aber kaum eine Rolle gespielt. Viele Neustaaten sind zudem in Erklärungen gegenüber dem Generalsekretär der UNO, die sich auf die Staatennachfolge in Verträge bezogen, ohne weiteres von einer Staatennachfolge in Völkergewohnheitsrecht ausgegangen.

Beispiel: Die ehemalige britische Kolonie British Guiana gab als neuer Staat Guyana gegenüber dem Generalsekretär der UNO am 30. Juni 1966 folgende Erklärung bezüglich ihrer Vertragsverpflichtungen ab (Bericht des ILA-Committee on the sucession of new states to the treaties and certain other obligations of their predecessors, Buenos Aires Conference, 1968, S. 16 f):

„Sir,

I have the honour to inform you that the Government of Guyana, conscious of the desirability of maintaining existing legal relationships, and conscious of its obligations under international law to honour its treaty commitments, acknowledges that many treaty rights and obligations of the Government of the United Kingdom in respect of British Guiana were succeeded to by Guyana upon independence by virtue of customary international law.

Since, however, it is likely that by virtue of customary international law certain treaties may have lapsed at the date of independence of Guyana, it seems essential that each treaty should be subjected to legal examination. It is proposed after this examination has been completed, to indicate which, if any, of the treaties which may have lapsed by customary international law the Government of Guyana wishes to treat as having lapsed.

Owing to the manner in which British Guiana was acquired by the British Crown, and owing to its history previous to that date, consideration will have to be given to the question which, if any, treaties contracted previous to 1804 remain in force by virtue of customary international law."

4. Staatennachfolge in Vermögen, Archive und Schulden

600 Zum Vermögen des Staates gehört das **hoheitliche Vermögen** (domaine public, zB öffentliche Straßen) und das **Fiskalvermögen** (domaine privé, zB Staatsforste) einschließlich der Forderungsrechte gegenüber Drittstaaten.

601 Mangels einer anderweitigen Vereinbarung geht nach der Wiener Konvention über die Staatennachfolge in Vermögen, Archive und Schulden (s. Rn 593) das ganze unbewegliche Vermögen des Vorgängerstaates im Nachfolgegebiet ohne Entschädigung auf den Nachfolgestaat über (Art. 11). Dies gilt auch für bewegliches Vermögen, wenn es mit einer Tätigkeit des Vorgängerstaates, die sich auf das Nachfolgegebiet bezieht, in Verbindung steht. Bei der Abtrennung eines Teiles des Staatsgebietes ist anderes bewegliches Staatsvermögen in einem billigen Verhältnis zu teilen, ebenso bei der Auflösung eines Staates (Art. 17, Art. 18). In diesem Fall gilt dies auch für unbewegliches Vermögen des Vorgängerstaates in Drittstaaten. Vermögenswerte eines Drittstaates, die sich im Nachfolgestaat befinden, werden von der Staatennachfolge nicht berührt (Art. 12).

Bei **Neustaaten** darf nach der Konvention (Art. 15) eine abweichende Vereinbarung   **602**
den „Grundsatz der ständigen Souveränität eines jeden Volkes über seine Reichtümer und seine Naturschätze" nicht beeinträchtigen. Unbewegliches und bewegliches Vermögen, das vor der Kolonialzeit zu dem Nachfolgegebiet gehörte und dann Eigentum des Vorgängerstaates geworden war, geht auf den Nachfolgestaat über. Sonstiges unbewegliches und bewegliches Vermögen des Vorgängerstaates ist zwischen diesem und dem Nachfolgestaat im Verhältnis zu dem Beitrag aufzuteilen, den das abhängige Gebiet zu diesem Vermögen geleistet hat, und zwar auch dann, wenn sich solches Vermögen in Drittstaaten befindet. Der Übergang erfolgt grundsätzlich unentgeltlich.

Die Aufteilung der **Staatsarchive** zwischen Vorgänger- und Nachfolgestaat erfolgt   **603**
nach dem Bedürfnis ordnungsgemäßer Verwaltung des von den Archiven erfassten Gebietes („Betreffsprinzip", Art. 27 bis 31). Der Übergang der Staatsarchive erfolgt grundsätzlich kostenlos. Neustaaten folgen mangels anderweitiger Vereinbarung, die ihr Recht „auf Entwicklung, auf Information über ihre Geschichte und auf ihr kulturelles Erbe" nicht beeinträchtigen darf, auch in die Archive nach, die vor der Entstehung des Abhängigkeitsverhältnisses zu ihrem Gebiet gehört haben und dann Archive des Vorgängerstaates geworden sind.

Hinsichtlich der **Schulden** regelt die Konvention nur die Staatennachfolge in Schul-   **604**
den gegenüber anderen Völkerrechtssubjekten. Herkömmlicherweise unterscheidet man zwischen allgemeinen Finanzschulden, gebietsbezogenen („radizierten") Finanzschulden und Verwaltungsschulden. Ausgeschlossen von der Staatennachfolge sind „bemakelte Schulden" (dettes odieuses), die zur Verfolgung von Zwecken aufgenommen worden waren, die gegen die Interessen des Nachfolgestaates gerichtet waren und deren Übernahme diesem daher nicht zumutbar ist. Nach der bisherigen **Praxis** gehen mangels anderweitiger Vereinbarung gebietsbezogene Finanzschulden auf den Nachfolgestaat über (res transit cum suo onere). Für nicht-gebietsbezogene Finanzschulden haftet der Vorgängerstaat weiter. Für Schulden, die eine Gebietskörperschaft mit Finanzautonomie aufgenommen hat, haftet weiterhin diese, da die Person des Schuldners hier von der Staatennachfolge nicht betroffen ist.

Nach der **Konvention** soll die Nachfolge in Schulden durch Vereinbarung geregelt   **604a**
werden (Art. 37). Mangels einer solchen geht im Falle einer Gebietsabtretung ein angemessener Teil der allgemeinen Staatsschuld unter besonderer Berücksichtigung des Verhältnisses zwischen den vom Gebietsvorgänger übernommenen Vermögenswerten und dessen Staatsschuld auf den Gebietsnachfolger über. Im Falle

der Fusion gehen die Schulden der fusionierenden Staaten auf den Nachfolgestaat über (Art. 39). Im Falle der Auflösung eines Staates gehen dessen Schulden in einem angemessenen Verhältnis auf die Gebietsnachfolger über (Art. 40). Neustaaten werden mangels anderweitiger Regelung, die jedoch den „Grundsatz der ständigen Souveränität eines jeden Volkes über seine Reichtümer und seine Naturschätze" nicht beeinträchtigen und das „grundlegende wirtschaftliche Gleichgewicht des neuen unabhängigen Staates nicht gefährden" darf, von sämtlichen Schulden freigestellt (Art. 38).

605   Die **Wiedervereinigung** stellte im Hinblick auf die DDR völkerrechtlich gesehen den freiwilligen Anschluss an einen anderen Staat und den Untergang des Völkerrechtssubjekts DDR dar. Daher ergaben sich eine Reihe von Fragen der Staatennachfolge (s. dazu Rn 675 ff).

Literatur: *Fastenrath/Schweisfurth/Ebenroth,* Das Recht der Staatensukzession, Berichte der Deutschen Gesellschaft für Völkerrecht 35, Heidelberg 1996; *Fiedler*, Die Konventionen zum Recht der Staatssukzession, in: GYIL 24 (1981), S. 9 ff; *Ipsen*, Völkerrecht, S. 306-325; *Schweitzer*, Staatennachfolge, in: Lexikon, S. 387 ff; *Seidl-Hohenveldern*, Das Wiener Übereinkommen über Staatennachfolge in Vermögen, Archive und Schulden von Staaten, in: ÖZöRVR 34 (1983/84), S. 173 ff; *Silagi,* Staatsuntergang und Staatennachfolge mit besonderer Berücksichtigung der DDR, Frankfurt a.M. ua 1996; *von der Beck*, Die Konfiskationen in der sowjetischen Besatzungszone von 1945 bis 1949, Frankfurt am Main ua 1996; *Zemanek*, Die Wiener Konvention über die Staatennachfolge in Verträge, in: Ius Humanitatis, Festschrift für *A. Verdross*, Berlin 1980, S. 719 ff.

IV. Staatenimmunität

1. Immunität fremder Staaten

606   Aus der souveränen Staatsgewalt, die nur dem Völkerrecht und sonst keiner Rechtsordnung unterworfen ist, wird nicht nur die „act of state-doctrine" abgeleitet (s. Rn 576), sondern auch die Immunität der Staaten und – teilweise – ihrer Organe. Die Staatenimmunität hat ihre Grundlage in der Rechtsparömie **„par in parem non habet imperium"**. Man leitet daraus ab, dass fremde Staaten nicht der innerstaatlichen Gerichtsbarkeit unterliegen. Man unterscheidet allerdings heute zwischen hoheitlichem Handeln (acta iure imperii) und privatrechtlichem Handeln (acta iure gestionis) und billigt fremden Staaten nur mehr für hoheitliches Handeln absolute Immunität zu. Dabei ergibt sich natürlich die Schwierigkeit der Abgrenzung zwischen beiden Handlungsformen. Während man früher auf den *Zweck* des staatlichen Handelns abgestellt hat und dabei mit der Schwierigkeit zu kämpfen hatte, dass auch privatrechtliches Handeln hoheitlichen Zwecken dienen kann (zB Kauf von Ausrüstung oder Proviant für die Armee), betrachtet man heute die *Art* des staatlichen Handelns als maßgebend. Wenn man dabei feststellt, dass auch ein Privater diese Art des Handelns tätigen kann, dann qualifiziert man sie als iure gestionis.

Beispiel: Das BVerfG hat dazu folgendes ausgeführt (BVerfGE 16, S. 27 ff, 61 f):

„Die Unterscheidung zwischen hoheitlicher und nicht-hoheitlicher Staatätigkeit kann nicht nach dem Zweck der staatlichen Betätigung und danach vorgenommen werden, ob diese Betätigung in erkennbarem Zusammenhang mit hoheitlichen Aufgaben des Staates steht. Denn letztlich wird die Tätigkeit des Staates, wenn nicht insgesamt, so doch zum weitaus größten Teil hoheitlichen Zwecken und Aufgaben dienen und mit ihnen in einem immer noch erkennbaren Zusammenhang stehen. Ebensowenig kann es darauf ankommen, ob der Staat sich gewerblich betätigt hat. Gewerbliche Tätigkeit des Staates unterscheidet sich nicht ihrem Wesen nach von sonstiger nicht-hoheitlicher Staatstätigkeit.

Maßgebend für die Unterscheidung zwischen Akten iure imperii und iure gestionis kann vielmehr nur die Natur der staatlichen Handlung oder des entstandenen Rechtsverhältnisses sein, nicht aber Motiv oder Zweck der Staatstätigkeit. Es kommt also darauf an, ob der ausländische Staat in Ausübung der ihm zustehenden Hoheitsgewalt, also öffentlich-rechtlich, oder wie eine Privatperson, also privatrechtlich, tätig geworden ist."

Davon ausgehend hat das BVerfG in dem betreffenden Verfahren nach Art. 100 Abs. 2 GG (s. Rn 771) eine Regel des Völkerrechts gemäß Art. 25 GG verneint, wonach die inländische Gerichtsbarkeit für Klagen gegen ausländische Staaten in Bezug auf nicht-hoheitliche Betätigung ausgeschlossen sei. Daher hat es die Klage einer deutschen Firma gegen das Kaiserreich Iran auf Zahlung von rund 300,– DM für Reparaturarbeiten an der Heizungsanlage der iranischen Botschaft in Köln als völkerrechtlich unbedenklich erklärt.

Umstritten ist, ob es von der Staatenimmunität Ausnahmen gibt, wenn es um Schadenersatzansprüche auf Grund von Kriegshandlungen geht. Dies wird von der deutschen Gerichtsbarkeit – jedenfalls zur Zeit noch – abgelehnt. **606a**

Beispiel: So hat der BGH – gestützt auf ein Urteil des Europäischen Gerichtshofs für Menschenrechte – die Anerkennung eines Urteils eines griechischen Gerichts, in dem die Bundesrepublik zum Schadenersatz wegen Kriegsverbrechen der deutschen Wehrmacht an der griechischen Zivilbevölkerung im Jahre 1944 verurteilt wurde, abgelehnt und ausgeführt (NJW 2003, S. 3488 ff, Leitsatz 1; vgl zum Ganzen *Schweitzer/Weber*, Handbuch, Rn 912 f):
„Die Anerkennung des Urteils eines griechischen Gerichts, durch das die Bundesrepublik Deutschland wegen Kriegsverbrechen der deutschen Wehrmacht in Griechenland im Zweiten Weltkrieg zur Zahlung von Schadenersatz an verletzte griechische Staatsangehörige verurteilt wurde, ist ausgeschlossen, weil ein solches Urteil dem völkerrechtlichen Grundsatz der Staatenimmunität widerspricht."

Von der Frage der gerichtlichen Immunität zu trennen ist allerdings die Frage der Immunität von der **Zwangsvollstreckung**. In diesem Bereich geht man heute davon aus, dass nur das Staatsvermögen einer Zwangsvollstreckung unterliege, das nicht-hoheitlichen Zwecken dient. Hier wird also auf den Zweck abgestellt und untersucht, wozu der fremde Staat die Vermögensgegenstände verwendet. **607**

Beispiel: S. Rn 257.

Auf der europäischen Ebene wurde zur Regelung der Fragen der Staatenimmunität das **Europäische Übereinkommen über Staatenimmunität** vom 16. Mai 1972 abgeschlossen (BGBl. 1990 II, S. 34 ff). Das Abkommen, das allerdings von den meisten europäischen Staaten bislang noch nicht ratifiziert worden ist, regelt die Umstände, in welchen die Staatenimmunität vor Gerichten der Vertragsparteien geltend gemacht werden kann oder nicht und verpflichtet die Vertragsstaaten – von gewissen Ausnahmen abgesehen –, gegen sie ergangene Entscheidungen von Gerichten anderer Vertragsstaaten zu erfüllen. Das Abkommen ist am 11. Juni 1976 in Kraft getreten. **608**

Das Abkommen enthält ein **Zusatzprotokoll**, das gesonderter Ratifikation bedarf. Es ist von noch weniger Staaten ratifiziert worden und am 22. Mai 1985 in Kraft getreten. Es sieht die Errichtung eines Europäischen Gerichts für Staatenimmunität vor, das zur Auslegung des Übereinkommens über Staatenimmunität berufen ist und in der Frage der Erfüllung gerichtlicher Entscheidungen auch von Einzelpersonen angerufen werden kann. Das Gericht setzt sich aus den Mitgliedern des Europäischen Gerichtshofs für Menschenrechte zusammen (s. Rn 714). Es ist am 28. Mai 1985 gegründet worden.

609 Besondere Schwierigkeiten bereitet die Frage nach der **Immunität fremder Staatsunternehmen**. Letztlich kann dabei sinnvollerweise nicht auf die Form der Eingliederung des Unternehmens in den fremden Staat, sondern wiederum nur auf die Art des Handelns abgestellt werden. Dies wird insbesondere dadurch bekräftigt, dass für Staatshandelsunternehmen in der Praxis eine absolute Immunität nicht beansprucht wird (vgl BVerfGE 46, S. 342 ff, 385 ff).

Beispiel: Das BVerfG hat dazu ausgeführt (BVerfGE 64, S. 1 ff, 22): „Es besteht keine allgemeine Regel des Völkerrechts, die es geböte, einen fremden Staat als Inhaber von Forderungen aus Konten zu behandeln, die bei Banken im Gerichtsstaat unterhalten werden und auf den Namen eines rechtsfähigen Unternehmens des fremden Staates lauten. Der Gerichtsstaat ist nicht gehindert, das betreffende Unternehmen als Forderungsberechtigten anzusehen und auf Grund eines gegen dieses Unternehmen gerichteten Vollstreckungstitels, der in einem vorläufigen Rechtsschutzverfahren über ein nichthoheitliches Verhalten des Unternehmens ergangen ist, zur Sicherung des titulierten Anspruchs die betreffenden Forderungen zu pfänden."

Dementsprechend hat das BVerfG die Verfassungsbeschwerde der National Iranian Oil Company, einer im Eigentum des Iran stehenden Aktiengesellschaft iranischen Rechts, gegen die Pfändung ihrer deutschen Konten zurückgewiesen.

2. Immunität fremder Staatsorgane

610 Aus der Immunität fremder Staaten wird auch die gerichtliche Immunität ihrer Organe in Bezug auf offen (also zB nicht bei Spionage) gesetzte **Hoheitsakte** abgeleitet. Ihre Akte werden dem fremden Staat zugerechnet. Ausgenommen davon sind nach allgemeiner Meinung nur völkerrechtswidrige Kriegshandlungen. Umstritten ist, ob die Ausnahme auch für schwere Menschenrechtsverletzungen gilt. Es gibt Ansätze in der Staatenpraxis, die darauf hindeuten (zB der Pinochet-Fall, s. dazu *Ambos*, in: JZ 1999, S. 16 ff). Von einer universellen Anerkennung kann aber zur Zeit noch nicht ausgegangen werden.

611 Zu unterscheiden ist die Immunität fremder Staatsorgane in Bezug auf **nicht-hoheitliche Tätigkeit**. Hier wird lediglich dem Staatsoberhaupt eines fremden Staates eine absolute Immunität eingeräumt. Hingegen genießen andere Staatsorgane Immunität nur auf Grund von völkerrechtlichen Sonderregelungen oder ad hoc-Vereinbarungen.

Beispiel: Solche Sonderregelungen bestehen insbesondere für Diplomaten und Konsuln. So bestimmt zB das – Völkergewohnheitsrecht kodifizierende – Wiener Übereinkommen über diplomatische Beziehungen vom 18. April 1961 (Sartorius II, Nr 325) bezüglich der Immunität von Diplomaten:

„**Artikel 31:** (1) Der Diplomat genießt Immunität von der Strafgerichtsbarkeit des Empfangsstaats. Ferner steht ihm Immunität von dessen Zivil- und Verwaltungsgerichtsbarkeit zu; ausgenommen hiervon sind folgende Fälle:

a) dingliche Klagen in bezug auf privates, im Hoheitsgebiet des Empfangsstaates gelegenes unbewegliches Vermögen, es sei denn, daß der Diplomat dieses im Auftrag des Entsendestaats für die Zwecke der Mission im Besitz hat;

b) Klagen in Nachlaßsachen, in denen der Diplomat als Testamentsvollstrecker, Verwalter, Erbe oder Vermächtnisnehmer in privater Eigenschaft und nicht als Vertreter des Entsendestaats beteiligt ist;

c) Klagen im Zusammenhang mit einem freien Beruf oder einer gewerblichen Tätigkeit, die der Diplomat im Empfangsstaat neben seiner amtlichen Tätigkeit ausübt.

(2) …

(3) Gegen einen Diplomaten dürfen Vollstreckungsmaßnahmen nur in den in Absatz 1 Buchstaben a, b und c vorgesehenen Fällen und nur unter der Voraussetzung getroffen werden, daß sie durchführbar sind, ohne die Unverletzlichkeit seiner Person oder seiner Wohnung zu beeinträchtigen.

(4) …

Artikel 32: (1) Auf die Immunität von der Gerichtsbarkeit, die einem Diplomaten oder nach Maßgabe des Artikels 37 einer anderen Person zusteht, kann der Entsendestaat verzichten.

(2) Der Verzicht muß stets ausdrücklich erklärt werden.

(3) Strengt ein Diplomat oder eine Person, die nach Maßgabe des Artikels 37 Immunität von der Gerichtsbarkeit genießt, ein Gerichtsverfahren an, so können sie sich in bezug auf eine Widerklage, die mit der Hauptklage in unmittelbarem Zusammenhang steht, nicht auf die Immunität von der Gerichtsbarkeit berufen.

(4) Der Verzicht auf die Immunität von der Gerichtsbarkeit in einem Zivil- oder Verwaltungsgerichtsverfahren gilt nicht als Verzicht auf die Immunität von der Urteilsvollstreckung; hierfür ist ein besonderer Verzicht erforderlich."

Weitere gerichtliche Immunitätsvorschriften finden sich in Art. 37, Art. 38, Art. 39, Art. 40 und Art. 44 des Übereinkommens.

3. Innerstaatlicher Vollzug

Der Vollzug der Bestimmungen über die Staatenimmunität in der Bundesrepublik **611a** richtet sich nach Art. 25 GG, sofern es sich um VGR handelt (s. Rn 471 ff), oder nach Art. 59 Abs. 2 GG im Fall von völkerrechtlichen Verträgen (s. Rn 445 ff). Sie bewirken in jedem Fall die Unzulässigkeit entsprechender Klagen gegen fremde Staaten, fremde Staatsorgane oder Personen, die diplomatische Immunität besitzen.

Literatur: *Bothe*, Die strafrechtliche Immunität fremder Staatsorgane, in: ZaöRVR 31 (1971), S. 246 ff; *Damian*, Staatenimmunität und Gerichtszwang, Bad Feilnbach 1999; *Karczewski*, Das Europäische Übereinkommen über Staatenimmunität, in: RabelsZ 1990, S. 533 ff; *Maierhöfer*, Der EGMR als „Modernisierer" des Völkerrechts? – Staatenimmunität und ius cogens auf dem Prüfstand; in: EuGRZ 2002, S. 391 ff; *Schweitzer/Weber*, Handbuch, Rn 891a-941; *Stein*, Immunität, in: Lexikon, S. 167 ff; *Steinberger*, Zur Rechtsprechung des Bundesverfassungsgerichts zu Fragen der Immunität fremder Staaten, in: *Börner/ Jahrreiß/Stern* (Hrsg.), Einigkeit und Recht und Freiheit, Festschrift für *Carstens* zum 70. Geburtstag, Bd. II, Köln 1984, S. 889 ff.

V. Die Rechtslage Deutschlands

612   **Fall 17:** X, ein Bürger der früheren DDR, hatte einen kritischen Brief an den damaligen Staatsratsvorsitzenden der DDR geschrieben, der auch als Leserbrief in einer Zeitung der damaligen Bundesrepublik erschienen war. Dafür wurde X wegen staatsfeindlicher Hetze nach § 214 des Strafgesetzbuches der DDR zu einer Haftstrafe von dreieinhalb Jahren verurteilt. Nach der Wiedervereinigung erstattete X bei der zuständigen Staatsanwaltschaft Strafanzeige gegen den ehemaligen Staatsratsvorsitzenden wegen Freiheitsberaubung. Der Staatsanwalt zweifelte, ob die Einleitung der Strafverfolgung gegen den ehemaligen Staatsratsvorsitzenden wegen § 20 Abs. 2 GVG überhaupt möglich ist. Bestanden diese Zweifel zu Recht?

(Unbeachtlich bleiben die Frage der Anwendbarkeit des Strafgesetzbuchs der DDR gemäß Kapitel III/Sachgebiet C/Abschnitt II Nr 1b des Einigungsvertrages sowie Fragen der persönlichen Zurechenbarkeit der Verurteilung und der möglichen Immunität nach DDR-Verfassungsrecht). **Lösung: Rn 683**

1. Die geschichtliche Entwicklung

613   Mit dem Abschluss des Wiedervereinigungsprozesses am 3. Oktober 1990 durch den „Vertrag zwischen der Bundesrepublik Deutschland und der DDR über die Herstellung der Einheit Deutschlands" – **Einigungsvertrag** – (Sartorius II, Nr 605) und der damit im Zusammenhang stehenden internationalen Verträge hat die Teilung Deutschlands ein Ende gefunden und sich damit auch die Rechtslage Deutschlands im internationalen Kontext grundlegend gewandelt. Diese war von folgenden Entwicklungsphasen geprägt.

a) Kapitulation und Übernahme der Regierungsgewalt durch die Besatzungsmächte

614   Mit der Unterzeichnung der **Kapitulationserklärung** durch das Oberkommando der Deutschen Wehrmacht am 8. Mai 1945 in Berlin und der Auflösung der letzten deutschen Regierung unter Großadmiral Dönitz am 23. Mai 1945 übernahmen die Besatzungsmächte provisorisch die oberste Regierungsgewalt in Deutschland, ohne allerdings eine Annexion vorzunehmen (s. „Erklärung in Anbetracht der Niederlage Deutschlands und der Übernahme der obersten Regierungsgewalt hinsichtlich Deutschlands" – sog. **Berliner Erklärung** – vom 5. Juni 1945: Amtsblatt des Kontrollrats in Deutschland, Ergänzungsblatt Nr 1, S. 7 ff). Deutschland (in den Grenzen vom 31. Dezember 1937) wurde in vier Besatzungszonen aufgeteilt (s. „Feststellung über die Besatzungszonen in Deutschland", Amtsblatt des Kontrollrats in Deutschland, Ergänzungsblatt Nr 1, S. 10) und das gemeinsame Besatzungsgebiet Groß-Berlin der Verwaltung einer interalliierten Behörde (Alliierte Kommandantur) unterstellt.

615   Durch das sog. **Potsdamer Abkommen** (Potsdamer Protokoll), dem „Protocol of the Proceedings of the Berlin Conference" vom 2. August 1945 (Supplement to the

AJIL, Official Documents 1945, S. 245 ff; eine deutsche – teilweise fehlerhafte – Übersetzung, die gegenüber dem Original erweitert wurde, ist abgedruckt in: Amtsblatt des Kontrollrats in Deutschland, Ergänzungsblatt Nr 1, S. 13 ff) wurde die Errichtung eines Rates der Außenminister zur Vorbereitung einer Friedensregelung festgelegt. Mit der Ausübung der höchsten Regierungsgewalt wurden die Oberbefehlshaber der Streitkräfte der vier Mächte in ihrer jeweiligen Besatzungszone und gemeinsam als Mitglieder des Kontrollrats für ganz Deutschland ermächtigt. Dieser Kontrollrat übte auch die auswärtige Gewalt für Deutschland aus (vgl Proklamation Nr 2 des Kontrollrats vom 20. September 1945, Amtsblatt des Kontrollrats Nr 1 vom 29. Oktober 1945, S. 8 ff).

b) Gründung und Entwicklung der Bundesrepublik Deutschland

Während durch die Übernahme der höchsten Regierungsgewalt durch die Besatzungsmächte eine deutsche gesamtstaatliche Hoheitsgewalt nicht mehr ausgeübt wurde, begann gleichzeitig der **Wiederaufbau der Organe** von unten, beginnend mit den übergangslos weiterarbeitenden Gemeinde- und Kreisverwaltungen. Schon Ende Mai 1945 wurde von den Amerikanern eine bayerische Landesregierung eingesetzt. Bis Herbst 1945 hatten alle Länder in der amerikanischen Besatzungszone Regierungen. In der britischen Besatzungszone wurde diese Entwicklung in der zweiten Hälfte des Jahres 1946, in der französischen Besatzungszone bis zum Juli 1947 abgeschlossen. In der Folge wurden verfassunggebende Landesversammlungen gewählt, die Landesverfassungen ausarbeiteten, die nach Volksabstimmungen sukzessive ab 1946 in Kraft traten. **616**

Als die Besatzungsmächte auf der Londoner Konferenz im November und Dezember 1947 über die weitere Entwicklung Deutschlands keine Einigung erzielen konnten, beschlossen die Westmächte ein getrenntes Vorgehen in Form der **Errichtung eines westdeutschen Teilstaates**. Dies führte zur Formulierung und Annahme des GG durch den Parlamentarischen Rat am 8. Mai und zur Genehmigung durch die Besatzungsmächte am 12. Mai 1949. Ihr folgten die Abstimmung und Annahme in den elf westdeutschen Landtagen, die Veröffentlichung am 23. Mai (BGBl. 1949, S. 1 ff) und das In-Kraft-Treten am 24. Mai 1949 (vgl zur Entstehung des GG *Düwell*, Entstehung und Entwicklung der Bundesrepublik Deutschland [1945-1961], Köln 1981, S. 102-144). **617**

Zur Regelung des Verhältnisses der Besatzungsmächte zu den deutschen Staatsorganen wurde am 10. April 1949 das „Besatzungsstatut zur Abgrenzung der Befugnisse und Verantwortlichkeiten zwischen der zukünftigen deutschen Regierung und der Alliierten Kontrollbehörde" erlassen (Alliierte Hohe Kommission, Amtsblatt Nr 1, S. 2). Darin sind den Alliierten bestimmte Hoheitsrechte vorbehalten worden. Zur Ausübung dieser Rechte wurde am 20. Juni 1949 die **Alliierte Hohe Kommission** eingesetzt (UNTS 128, S. 142 ff). **618**

Das Besatzungsregime der Westalliierten in der Bundesrepublik wurde durch die **Pariser Verträge** vom 23. Oktober 1954, die die nicht in Kraft getretenen Bonner **619**

Verträge vom 26. Mai 1952 ersetzten, beendet. Dabei handelte es sich um folgende Dokumente:

(1) Protokoll über die Beendigung des Besatzungsregimes in der Bundesrepublik Deutschland (BGBl. 1955 II, S. 215 ff).

(2) Vertrag über den Aufenthalt ausländischer Streitkräfte in der Bundesrepublik Deutschland (BGBl. 1955 II, S. 253 ff).

(3) Vertrag über die Beziehungen zwischen der Bundesrepublik Deutschland und den Drei Mächten (Generalvertrag oder Deutschlandvertrag, BGBl. 1955 II, S. 305 ff).

(4) Vertrag zur Regelung aus Krieg und Besatzung entstandener Fragen (Überleitungsvertrag, BGBl. 1955 II, S. 405 ff).

(5) Vertrag über die Rechte und Pflichten ausländischer Streitkräfte und ihrer Mitglieder in der Bundesrepublik Deutschland (Truppenvertrag, BGBl. 1955 II, S. 321 ff).

(6) Abkommen über die steuerliche Behandlung der Streitkräfte und ihrer Mitglieder (Steuerabkommen, BGBl. 1955 II, S. 469 ff).

(7) Finanzvertrag (BGBl. 1955 II, S. 381 ff).

Gleichzeitig unterzeichnete die Bundesrepublik den Beitritt zur NATO und den Vertrag zur Gründung der WEU. Die Pariser Verträge sind am 5. Mai 1955 in Kraft getreten.

620   Im **Deutschlandvertrag** (s. Rn 619, Nr 3) wurde einerseits in Art. 1 Abs. 2 Satz 1 festgestellt, dass die Bundesrepublik „die volle Macht eines souveränen Staates über ihre inneren und äußeren Angelegenheiten haben" wird (zu dieser Terminologie s. *Fiedler*, in: JZ 1991, S. 685 ff, 686 f), andererseits aber enthielt Art. 2 Vorbehalte bezüglich Berlins und Deutschlands als Ganzes:

> „Im Hinblick auf die internationale Lage, die bisher die Wiedervereinigung Deutschlands und den Abschluß eines Friedensvertrags verhindert hat, behalten die Drei Mächte die bisher von ihnen ausgeübten oder innegehabten Rechte und Verantwortlichkeiten in bezug auf Berlin und auf Deutschland als Ganzes einschließlich der Wiedervereinigung Deutschlands und einer friedensvertraglichen Regelung."

In Art. 7 Abs. 1 wurde hinsichtlich der Ziele der Politik der Vertragsstaaten ausgeführt, dass alle Unterzeichnerstaaten eine „frei vereinbarte friedensvertragliche Regelung für ganz Deutschland" anstreben, und dass Einigkeit darüber besteht, dass „die endgültige Festlegung der Grenzen Deutschlands bis zu dieser Regelung aufgeschoben werden muß".

c) Gründung und Entwicklung der Deutschen Demokratischen Republik

621   In der sowjetischen Besatzungszone wurden im Juli 1945 deutsche Zentralverwaltungen mit der Funktion von Ministerien und im Juli 1947 die – später so genannte – „Deutsche Wirtschaftskommission" eingesetzt, die faktisch die Aufgabe einer Regierung wahrnahm.

Nach der gescheiterten Londoner Konferenz von 1947 (s. Rn 617) kam es am 7. Oktober zur Annahme der **Verfassung der Deutschen Demokratischen Republik** durch die provisorische Volkskammer. Sie wurde zudem von der sowjetischen Militäradministration genehmigt. Diese Verfassung wurde am 6. April 1968 durch eine neue, durch einen Volksentscheid angenommene und bis zur Wiedervereinigung geltende Verfassung abgelöst.

Entsprechend der Entwicklung der Souveränität der Bundesrepublik gab die Regierung der Sowjetunion am 25. März 1954 die Erklärung „über die Herstellung der vollen Souveränität der Deutschen Demokratischen Republik" ab, in der es ua hieß (Dokumente zur Außenpolitik der Regierung der Deutschen Demokratischen Republik, Bd. 1, Berlin 1954, S. 303 f): **622**

„1. Die UdSSR nimmt mit der Deutschen Demokratischen Republik die gleichen Beziehungen auf wie mit anderen souveränen Staaten.

Die Deutsche Demokratische Republik wird die Freiheit besitzen, nach eigenem Ermessen über ihre inneren und äußeren Angelegenheiten einschließlich der Frage der Beziehungen zu Westdeutschland zu entscheiden.

2. Die UdSSR behält in der Deutschen Demokratischen Republik die Funktionen, die mit der Gewährleistung der Sicherheit in Zusammenhang stehen und sich aus den Verpflichtungen ergeben, die der UdSSR aus den Viermächteabkommen erwachsen."

Dementsprechend erklärte die DDR am 27. März 1954 ihre **Souveränität** (aaO, S. 304 ff) und regelte ihr Verhältnis zur Sowjetunion durch mehrere bilaterale Verträge. **623**

Die DDR trat zudem am 14. Mai 1955 dem Warschauer Pakt bei. Im COMECON war sie schon am 29. September 1950 Mitglied geworden. **624**

2. Das Verhältnis der Bundesrepublik Deutschland zur Deutschen Demokratischen Republik

Das Verhältnis der beiden Staaten zueinander war anfangs geprägt von einem jeweiligen Alleinvertretungsanspruch für ganz Deutschland. Die Bundesrepublik versuchte, diesen Anspruch mittels der **Hallstein-Doktrin** durchzusetzen. Danach wurde die völkerrechtliche Anerkennung der DDR durch einen Staat als unfreundlicher Akt gegenüber der Bundesrepublik angesehen und mit dem Abbruch der diplomatischen Beziehungen zu dem anerkennenden Staat beantwortet. Eine Ausnahme wurde nur bei der Sowjetunion gemacht. **625**

Im Rahmen der „neuen Ostpolitik" der Regierung Brandt und der Aufgabe der Hallstein-Doktrin kam es am 21. Dezember 1972 zum Abschluss des „Vertrages über die Grundlagen der Beziehungen zwischen der Bundesrepublik Deutschland und der Deutschen Demokratischen Republik" (**Grundlagenvertrag**, BGBl. 1973 II, S. 423 ff). **626**

Der Grundlagenvertrag schuf unter Wahrung der unterschiedlichen Rechtsstandpunkte in der nationalen Frage einen modus vivendi, der Ausgangspunkt für eine umfassende Vertragspolitik wurde (vgl im einzelnen dazu den Fundstellennachweis B, Beilage zum Bundesgesetzblatt Teil II, 1989, Abschnitt: Verträge mit der Deutschen Demokratischen Republik). **627**

3. Die Frage des Fortbestands des Deutschen Reiches

628   Die unterschiedlichen Rechtsstandpunkte basierten letztlich auf den differierenden Ansichten über das rechtliche Schicksal des Deutschen Reiches. Zu dieser Frage wurden verschiedene Antworten entwickelt:

a) Untergangstheorien

629   Die Untergangstheorien gingen davon aus, dass das Deutsche Reich unmittelbar mit der Kapitulation oder im späteren Verlauf völkerrechtlich als Staat untergegangen sei (Debellationstheorie, Dismembrationstheorie, vgl dazu die 6. Auflage dieses Buches, Rn 629).

b) Fortbestandstheorien

630   Die Fortbestandstheorien gingen davon aus, dass das Deutsche Reich weder 1945 noch später untergegangen oder zerfallen sei. Die Übernahme der Regierungsgewalt durch die Besatzungsmächte hätte lediglich eine Handlungsunfähigkeit des Deutschen Reiches bewirkt. Auf dieser gemeinsamen Basis aufbauend wurden dann unterschiedliche Theorien entwickelt (Staatskerntheorie, Kernstaatstheorie, Teilidentitätstheorie, Dachtheorie, vgl dazu die 6. Auflage dieses Buches, Rn 630).

c) Die Auffassung der DDR

631   Die DDR war ursprünglich von ihrer vollen, dann von einer Teilidentität mit dem gesamten Deutschen Reich ausgegangen. Jedenfalls hatte sie zunächst eine **Fortbestandstheorie** vertreten.

632   Dies änderte sich seit Mitte der 50er-Jahre. Seit dieser Zeit vertrat die DDR, unterstützt von der Sowjetunion, die **Debellationstheorie**. Sie ging von einem Untergang des Deutschen Reiches am 8. Mai 1945 und dem Entstehen von zwei selbstständigen Nachfolgestaaten aus (vgl *Hacker*, Der Rechtsstatus Deutschlands aus der Sicht der DDR, Köln 1974, S. 137 ff, 154 ff).

d) Die Auffassung der Bundesrepublik

633   Die Bundesrepublik ging zunächst auch von ihrer vollen Identität mit dem Deutschen Reich aus und leitete daraus auch den Alleinvertretungsanspruch ab. Dies konnte aber weder gegenüber den Westmächten noch – mittels der Hallstein-Doktrin (s. Rn 625) – gegenüber den anderen Staaten durchgesetzt werden.

634   Diese Auffassung änderte sich im Rahmen der „neuen Ostpolitik" ab 1969. Die neue Auffassung vereinigte Aspekte verschiedener Fortbestandstheorien und beinhaltete insbesondere die Ansicht, dass die Existenz zweier Staaten in Deutschland nicht bedeuten könne, dass sie füreinander Ausland seien.

Das Bundesverfassungsgericht ging im **Grundlagenvertragsurteil** vom 31. Juli 1973 auch von der Fortbestandstheorie aus. Die entscheidende Passage des Urteils lautet (BVerfGE 36, S. 15 ff): **635**

„Das Grundgesetz – nicht nur eine These der Völkerrechtslehre und der Staatsrechtslehre! – geht davon aus, daß das Deutsche Reich den Zusammenbruch 1945 überdauert hat und weder mit der Kapitulation noch durch Ausübung fremder Staatsgewalt in Deutschland durch die alliierten Okkupationsmächte noch später untergegangen ist; das ergibt sich aus der Präambel, aus Art. 16, Art. 23, Art. 116 und Art. 146 GG. Das entspricht auch der ständigen Rechtsprechung des Bundesverfassungsgerichts, an der der Senat festhält. Das Deutsche Reich existiert fort (BVerfGE 2, 266 [277]; 3, 288 [319 f]; 5, 85 [126]; 6, 309 [336, 363]), besitzt nach wie vor Rechtsfähigkeit, ist allerdings als Gesamtstaat mangels Organisation, insbesondere mangels institutionalisierter Organe selbst nicht handlungsfähig. Im Grundgesetz ist auch die Auffassung vom gesamtdeutschen Staatsvolk und von der gesamtdeutschen Staatsgewalt ‚verankert‘ (BVerfGE 2, 266 [277]). Verantwortung für ‚Deutschland als Ganzes‘ tragen – auch – die vier Mächte (BVerfGE 1, 351 [362 f, 367]).

Mit der Errichtung der Bundesrepublik Deutschland wurde nicht ein neuer westdeutscher Staat gegründet, sondern ein Teil Deutschlands neu organisiert (vgl Carlo Schmid in der 6. Sitzung des parlamentarischen Rates – StenBer. S. 70). Die Bundesrepublik Deutschland ist also nicht ‚Rechtsnachfolger‘ des Deutschen Reiches, sondern als Staat identisch mit dem Staat ‚Deutsches Reich‘, – in bezug auf seine räumliche Ausdehnung allerdings ‚teilidentisch‘, sodaß insoweit die Identität keine Ausschließlichkeit beansprucht. Die Bundesrepublik umfaßt also, was ihr Staatsvolk und ihr Staatsgebiet anlangt, nicht das ganze Deutschland, unbeschadet dessen, daß sie ein einheitliches Staatsvolk des Völkerrechtssubjekts ‚Deutschland‘ (Deutsches Reich), zu dem die eigene Bevölkerung als untrennbarer Teil gehört, und ein einheitliches Staatsgebiet ‚Deutschland‘ (Deutsches Reich), zu dem ihr eigenes Staatsgebiet als ebenfalls nicht abtrennbarer Teil gehört, anerkennt. Sie beschränkt staatsrechtlich ihre Hoheitsgewalt auf den ‚Geltungsbereich des Grundgesetzes‘ (vgl BVerfGE 3, 288 [319 f]; 6, 309 [338, 363]), fühlt sich aber auch verantwortlich für das ganze Deutschland (vgl Präambel des Grundgesetzes). Derzeit besteht die Bundesrepublik aus den in Art. 23 GG genannten Ländern, einschließlich Berlin: der Status des Landes Berlin der Bundesrepublik Deutschland ist nur gemindert und belastet durch den sog. Vorbehalt der Gouverneure der Westmächte (BVerfGE 7, 1 [7 ff]; 19, 337 [388]; 20, 257 [266]). Die Deutsche Demokratische Republik gehört zu Deutschland und kann im Verhältnis zur Bundesrepublik Deutschland nicht als Ausland angesehen werden (BVerfGE 11, 150 [158]). Deshalb war zB der Interzonenhandel und ist der ihm entsprechende innerdeutsche Handel nicht Außenhandel (BVerfGE 18, 353 [354]).“

Im sog. „**Teso-Beschluss**“ (BVerfGE 77, S. 137 ff; s. Rn 548) hat das BVerfG diese Auffassung im Wesentlichen bestätigt. Lediglich in der Terminologie ergaben sich Änderungen. So wurde der Begriff vom „handlungsunfähigen Völkerrechtssubjekt Deutsches Reich" nicht wieder aufgegriffen, sondern von der „Subjektsidentität" des Staates Bundesrepublik Deutschland mit dem „Völkerrechtssubjekt Deutsches Reich" gesprochen. **636**

Diese verfassungsrechtliche Beurteilung hatte jedoch für das Völkerrecht nur insoweit Bedeutung, als damit der Rechtsstandpunkt der Bundesrepublik Deutschland festgestellt war. Völkerrechtlich war wohl am ehesten davon auszugehen, dass das Deutsche Reich 1945 nicht untergegangen war, wie sich aus zahlreichen Rechtsakten der Besatzungsmächte ergab, die vom Fortbestehen eines Viermächtestatus, ins- **637** besondere von Rechten und Verantwortlichkeiten für Deutschland als ganzes ausgingen. Allenfalls hätte es sich um eine Dismembration des Deutschen Reiches und damit um die Entstehung von zwei neuen Staaten handeln können oder aber um eine Sezession der DDR mit der Folge der Schrumpfung des Deutschen Reiches auf das Gebiet der Bundesrepublik Deutschland. Das Problem dabei war allerdings der Nachweis dieser Vorgänge. Nach der Wiedervereinigung erscheint die Qualifizierung als gescheiterter Sezessionsversuch am plausibelsten.

Literatur: *Bernhardt,* Die Rechtslage Deutschlands, in: JuS 1986, S. 839 ff; *ders.,* Die deutsche Teilung und der Status Gesamtdeutschlands, in: *Isensee/Kirchhof,* Bd. I, S. 321 ff; *Dolzer,* Die rechtliche Ordnung des Verhältnisses der Bundesrepublik zur Deutschen Demokratischen Republik, in: *Isensee/Kirchhof,* Bd. I, S. 547 ff; *Frowein,* Die Entwicklung der Rechtslage Deutschlands von 1945 bis zur Wiedervereinigung 1990, in: *Benda/Maihofer/ Vogel* (Hrsg.), Handbuch des Verfassungsrechts der Bundesrepublik Deutschland, 2. Aufl., Berlin ua 1994, S. 19 ff; *Fiedler,* Die staats- und völkerrechtliche Stellung der Bundesrepublik Deutschland, in: JZ 1988, S. 132 ff; *Geiger,* S. 34-48; *Ress,* Die Rechtslage Deutschlands nach dem Grundlagenvertrag vom 21. Dezember 1972, Berlin 1978; *Schröder,* Die Reste des Besatzungsrechts in der Bundesrepublik Deutschland, in: Recht in Ost und West 1989, S. 73.

4. Der Sonderfall Berlin

638   Im Gegensatz zu den beiden deutschen Staaten, die – sieht man von dem Restbestand eines Viermächtestatus für Deutschland als Ganzes ab – sich zu souveränen Mitgliedern der internationalen Staatengemeinschaft entwickelten (was sich schon daraus ergab, dass sie beide 1973 UNO-Mitglieder wurden, BGBl. 1973 II, S. 430 ff), blieb Berlin bis zuletzt in der Verantwortung der vier Mächte. Hinsichtlich des rechtlichen Status Berlins waren dabei zwei Ebenen zu unterscheiden.

a) Die völkerrechtliche Rechtslage

639   Berlin unterlag ebenfalls einem **Viermächtestatus**. Dieser hatte seine Grundlage im Londoner Protokoll zwischen den USA, Großbritannien und der UdSSR über die Besatzungszonen in Deutschland und die Verwaltung von Groß-Berlin vom 12. September 1944 (in der Fassung der Ergänzungsabkommen vom 14. November 1944 und 26. Juli 1945 [UNTS 227, S. 279 ff; deutsche Übersetzung in: Die Grenzkommission, hrsg. vom Bundesministerium für innerdeutsche Beziehungen, 2. Aufl. 1979, S. 7 ff]). Bezüglich Berlin hieß es in Ziffer 1:

„Deutschland wird innerhalb seiner Grenzen, wie sie am 31. Dezember 1937 bestanden, zum Zwecke der Besetzung in vier Zonen eingeteilt, von denen je eine einer der vier Mächte zugewiesen wird, und ein besonderes Berliner Gebiet, das der gemeinsamen Besatzungshoheit der vier Mächte unterworfen wird."

Nach Ziffer 2 wurde das Gebiet von Berlin, das als Gebiet von Groß-Berlin im Sinne des preußischen Gesetzes vom 27. April 1920 über die Bildung einer Stadtgemeinde Berlin (Preußische Gesetzessammlung 1920, Nr 19) definiert wurde, in vier Besatzungszonen aufgeteilt.

Gemäß Art. 3 Buchstabe b, Nr 4 des Abkommens über Kontrollorgane in Deutsch- **640**
land vom 14. November 1944 (EA 1955, S. 7376 ff) wurde dem (zu bildenden)
Kontrollrat auch die Aufgabe übertragen, „die Verwaltung von Groß-Berlin mithilfe
der dazu bestellten Organe zu leiten".

Als solches Organ wurde in Art. 7a eine „Interalliierte Regierungsbehörde" (Ko-
mendatura) vorgesehen. Diese **Alliierte Kommandantur** nahm ihre Tätigkeit am
11. Juli 1945 auf.

Am 1. Juli 1948 zog sich der sowjetische Vertreter aus der Alliierten Kommandan- **641**
tur zurück, die Sowjetunion stellte ihre Mitarbeit ein. Die Kommandantur wurde jedoch nicht aufgelöst, die Vertreter der Westmächte setzten ihre Arbeit fort. Diese
stellten allerdings durch Erklärung vom 12. Dezember 1948 fest, dass eine Durchführung der Entscheidungen der Kommandantur wegen der Obstruktion der Sowjetunion nur in den westlichen Sektoren möglich sei.

Im **Ostsektor** wurde zunächst ein provisorischer Magistrat eingesetzt. In Art. 2 Satz **642**
2 der Verfassung der DDR vom 7. Oktober 1949 (DDR-GBl. 1949, S. 5 ff) wurde
Berlin zur Hauptstadt der DDR erklärt. Die DDR und die Sowjetunion betrachteten
Ost-Berlin seither als Bestandteil der DDR, während die Westmächte immer hervor-
gehoben haben, dass Ost-Berlin „kein integrierter Bestandteil der DDR" sei. Unter
diesem Vorbehalt haben sie Ost-Berlin als Sitz der Regierung der DDR anerkannt.

Neben dieser faktischen Teilung in West- und Ost-Berlin waren einige Spuren einer **643**
gemeinsamen Verwaltung Berlins durch die vier Mächte übrig geblieben. Dazu ge-
hörten der gemeinsame Betrieb der Luftsicherheitszentrale Berlin und das Zugangsrecht für Militärpersonal der vier Mächte in ganz Berlin.

Die Sowjetunion vertrat in der Folge den Standpunkt, dass die Westmächte kein **644**
Recht auf weitere Anwesenheit in Berlin hätten und dass die Viermächte-Vereinba-
rungen über die gemeinsame Besetzung Berlins nicht mehr in Kraft seien. Hinsichtlich der Zukunft West-Berlins schlug die Sowjetunion in ihren Noten an die Westmächte vom 27. November 1958 (Dokumente zur Berlin-Frage, S. 315 f) vor, es
solle eine **selbstständige politische Einheit** werden. Von den Westmächten wurde
dies abgelehnt (s. Antwortnote der Vereinigten Staaten vom 31. Dezember 1958,
Dokumente zur Berlin-Frage, S. 339 ff).

Am 3. September 1971 kam es zum Abschluss des **Viermächte-Abkommens** über **645**
Berlin (Beilage Bundesanzeiger Nr 174 vom 15.9.1972, S. 44 ff). Das Abkommen
hat keine Lösung aller aus den unterschiedlichen Standpunkten resultierenden Probleme gebracht, für West-Berlin aber eine Reihe von Regelungen festgelegt. Auf
Groß-Berlin oder Ost-Berlin nahm das Abkommen nirgends ausdrücklich Bezug,
und nach Meinung der Sowjetunion und der DDR bezog es sich ohnehin nur auf
West-Berlin.

Die Bedeutung des Viermächte-Abkommens lag in seiner grundsätzlichen Aner- **646**
kennung eines **Viermächtestatus von Berlin**, der gemeinsam mit dem Viermächtestatus Deutschlands entstanden war, aber neben diesem weiterexistierte. Aller-

dings ergab sich ein Dissens über seinen räumlichen Geltungsbereich in Bezug auf Groß-Berlin oder West-Berlin. Im Gegensatz zur Sowjetunion gingen nämlich die Westmächte von einer Geltung für Groß-Berlin aus.

647 Als Folge dieses besonderen Status war Berlin (oder zumindest West-Berlin) bis zur Wiedervereinigung ein besetztes Gebiet des Deutschen Reiches, für das die Besatzungsmächte nach wie vor die oberste Gewalt innehatten (vgl dazu BVerfGE 37, S. 57 ff, 60 f). Tatsächlich ausgeübt wurde diese Gewalt in West-Berlin aber im Rahmen der bestehenden Vereinbarungen und einseitigen Genehmigungen zum größten Teil von den Behörden Berlins oder der Bundesrepublik.

Literatur: *Doehring/Ress*, Staats- und völkerrechtliche Aspekte der Berlin-Regelung, Frankfurt a.M. 1972; *Schiedermair*, Der völkerrechtliche Status Berlins nach dem Viermächte-Abkommen vom 3. September 1971, Berlin 1975; *Schröder*, „Berlin, Hauptstadt der DDR". Ein Fall der streitgeborenen Fortentwicklung von Völkerrecht, in: ArchVR 1987, S. 418 ff; *Zivier*, Der Rechtsstatus des Landes Berlin, 4. Aufl., Berlin 1987.

b) Die staatsrechtliche Rechtslage

648 Nach Ansicht der Bundesrepublik Deutschland, wie sie insbesondere in dem früheren Art. 23 GG zum Ausdruck kam und durch das Bundesverfassungsgericht in ständiger Rechtsprechung bestätigt wurde (BVerfGE 7, S. 1 ff, sowie BVerfGE 36, S. 1 ff), war Berlin **Bestandteil der Bundesrepublik Deutschland**, mit der Konsequenz, dass das GG auch in Berlin galt.

649 Die **Alliierten** dagegen hatten Berlin nie als Land der Bundesrepublik Deutschland anerkannt, sondern – entsprechend der völkerrechtlichen Rechtslage – als besetztes Gebiet mit besonderen – auch staatsrechtlichen – Beziehungen zur Bundesrepublik Deutschland betrachtet. Dies ergibt sich aus den Vorbehalten, welche die Alliierten bei der Genehmigung des GG (Schreiben vom 12. Mai 1949; Dokumente zur Berlin-Frage, S. 124 f), sowie der Verfassung von Berlin (Schreiben vom 29. August 1950, Dokumente zur Berlin-Frage, S. 154), erklärten. Auch im Viermächte-Abkommen vom 3. September 1971 kam dieser Standpunkt noch einmal zum Ausdruck.

650 Die praktischen Konsequenzen aus diesem nicht kompromissfähigen Dissens waren letztlich gering, da Art. 144 Abs. 2 GG und Art. 87 Abs. 1 der Verfassung von Berlin diesen Vorbehalten Rechnung trugen, und im Ergebnis Berlin nach beiden Ansichten ein **Gebiet mit besonderen Beziehungen zur Bundesrepublik** war. Diese besonderen Beziehungen hatte ua zur Folge, dass kein Organ der Bundesrepublik Deutschland Staatsgewalt in Berlin ausüben durfte, dass das GG nur im Rahmen der alliierten Vorbehalte galt, dass Vertreter Berlins im Bundestag und Bundesrat bei Gesetzesbeschlüssen (im Bundestag auch bei der Wahl des Bundeskanzlers) kein Stimmrecht besaßen, und dass insbesondere Bundesgesetze nicht unmittelbar, sondern nur nach Übernahme im sog. Mantelgesetzverfahren (unter Mitsprache der Alliierten) in Berlin galten. Darüber hinaus konnte der Bund völkerrechtliche Verträge nur im Einverständnis mit dem Vertragspartner auf Berlin ausdehnen, wenn dem nicht von der Alliierten Kommandantur widersprochen wurde, was insbesondere für das Europäische Gemeinschaftsrecht (einschließlich Sekundärrecht) von Bedeutung war. Die Bundesgerichte waren nach Übernahme der Prozessordnungen auch für Berlin zuständig, wenn man von der Ausnahme des Bundesverfassungsgerichts absieht, das wegen der von den Alliierten abgelehnten Übernahme des Bundesverfassungsgerichtsgesetzes nicht für Berlin zuständig war.

Literatur: *Apell*, Das Bundesverfassungsgericht und Berlin, Köln 1984; *Dehner*, Die Stellung Berlins im Bundesrat, Frankfurt 1987; *Schiedermair*, Die Bindungen West-Berlins an die Bundesrepublik, in: NJW 1982, S. 2841 ff; *Schramm*, Die Einbeziehung Berlins in die Europäischen Gemeinschaften, Frankfurt a.M. ua 1986; *Scholz*, Der Status Berlins, in: *Isensee/Kirchhof*, Bd. I, S. 351 ff; *Wengler*, Die Übernahme von Bundesgesetzen für Berlin, in: Die moderne Demokratie und ihr Recht, Festschrift für *G. Leibholz*, Bd. 2, Tübingen 1966, S. 393 ff.

5. Die Wiedervereinigung

Die **Wiedervereinigung** wurde im Jahre 1990 durch ein komplexes Netzwerk von bilateralen Vereinbarungen zwischen den beiden deutschen Staaten und von Verträgen mit anderen Staaten herbeigeführt. **651**

a) Verträge mit der DDR auf dem Weg zur Wiedervereinigung

Der **Vertrag über die Schaffung einer Währungs-, Wirtschafts- und Sozialunion** vom 18. Mai 1990, der am 1. Juli 1990 in Kraft getreten war (BGBl. 1990 II, S. 537 ff), diente der Vorbereitung des Beitritts der DDR, indem die Voraussetzungen für die Einführung der sozialen Marktwirtschaft in der DDR geschaffen wurden. **652**

Insbesondere wurde die DM als alleiniges Zahlungsmittel in beiden Ländern eingeführt und die Zuständigkeit der Bundesbank auf das Gebiet der DDR ausgedehnt. Die Einführung der sozialen Marktwirtschaft wurde durch die Verpflichtung der DDR-Regierung auf das „magische Viereck" des § 1 Stabilitätsgesetz sichergestellt. Darüber hinaus sah der Vertrag den Vorrang der Privatwirtschaft sowie die Übernahme einer entsprechenden Eigentumsordnung vor. Die Rechtsordnung der DDR sollte an das Recht und die Ziele der Europäischen Gemeinschaft angepasst werden. Zusammenfassend lässt sich sagen, dass der Vertrag eine weitgehende Anpassung der DDR-Rechtsordnung an die Grundsätze einer freiheitlich-demokratischen Grundordnung vorsah – mit besonderem Schwerpunkt im Bereich der Wirtschaftsordnung – und als Verfassungsvertrag wesentliche Elemente des Grundgesetzes bereits vor dessen In-Kraft-Treten für die DDR verbindlich machte.

Der **Vertrag zur Vorbereitung und Durchführung der ersten gesamtdeutschen Wahl des Deutschen Bundestages** vom 3. August 1990, der am 3. September 1990 in Kraft getreten war (BGBl. 1990 II, S. 822 ff, geändert 831 f), erstreckte den Geltungsbereich des Bundeswahlgesetzes auf das Gebiet der Länder Mecklenburg-Vorpommern, Brandenburg, Sachsen-Anhalt, Sachsen und Thüringen sowie Berlin-Ost **653**

(Art. 1 Abs. 2). Die Zahl der zu wählenden Bundestagsabgeordneten wurde auf 656 erhöht. Weiter regelte der Vertrag die Möglichkeit der Verbindung von Landeslisten für Parteien, welche in keinem Land nebeneinander kandidierten.

Ursprünglich sah der Vertrag auch die Geltung der 5%-Klausel im gesamten erweiterten Wahlgebiet vor. Diese Regelung wurde jedoch mit Urteil vom 29. September 1990 (BVerfGE 82, S. 352 ff) wegen Verstoßes gegen Art. 38 Abs. 1 Satz 1 GG (Gleichheit der Wahl) vom Bundesverfassungsgericht für verfassungswidrig erklärt. Durch Änderungsgesetz vom 8. Oktober 1990 wurde eine nach alten und neuen Bundesländern gespaltene 5%-Klausel eingeführt sowie die Möglichkeit von Listenverbindungen erweitert, um die Chancen der neuen Parteien im Beitrittsgebiet zu verbessern (BGBl. 1990 I, S. 2141 f).

654 Die Volkskammer der DDR fasste am 23. August 1990 den **Beschluss über den Beitritt der Deutschen Demokratischen Republik zum Geltungsbereich des Grundgesetzes der Bundesrepublik Deutschland** (BGBl. 1990 I, S. 2058). Darin hieß es:

„Die Volkskammer erklärt den Beitritt der Deutschen Demokratischen Republik zum Geltungsbereich des Grundgesetzes der Bundesrepublik Deutschland gemäß Art. 23 des Grundgesetzes mit Wirkung vom 3. Oktober 1990.

Sie geht davon aus,
– daß die Beratungen zum Einigungsvertrag zu diesem Termin abgeschlossen sind,
– die Zwei-plus-Vier-Verhandlungen einen Stand erreicht haben, der die außen- und sicherheitspolitischen Bedingungen der deutschen Einheit regelt,
– die Länderbildung soweit vorbereitet ist, daß die Wahl in den Länderparlamenten am 14. Oktober 1990 durchgeführt werden kann."

655 Der 3. Oktober als Tag der Wirksamkeit stellte einen politischen Kompromiss dar, der mit Rücksicht auf die zu schaffenden staats- und völkerrechtlichen Voraussetzungen der Wiedervereinigung gefunden wurde. Mit dem Wirksamwerden wurde die DDR – staatsrechtlich gesehen – Teil der Bundesrepublik Deutschland, und der Geltungsbereich des Grundgesetzes dehnte sich auf dieses Gebiet aus.

656 Den Schlusspunkt auf dem Weg zur Wiedervereinigung bildete der Vertrag über die Herstellung der Einheit Deutschlands – **Einigungsvertrag** – vom 31. August 1990, der am 29. September 1990 in Kraft trat (Sartorius II, Nr 605). Ein solcher Vertrag war nach Ansicht der Beteiligten erforderlich, um den rechtlichen und administrativen Problemen der Wiedervereinigung besser gerecht zu werden und um die friedliche Revolution in der DDR angemessen zu würdigen. Im Gegensatz dazu war die Eingliederung des Saarlandes durch *Gesetz* vom 23. Dezember 1956 erfolgt (BGBl. 1956 I, S. 1011 ff). Da der Einigungsvertrag nach Art. 59 Abs. 2 Satz 1 GG der Mitwirkung der gesetzgebenden Körperschaften in Form eines Vertragsgesetzes bedurfte, war auch der vom ehemaligen Art. 23 Satz 2 GG geforderte Legislativakt zur Inkraftsetzung des Grundgesetzes in den neuen Bundesländern gegeben.

Der ehemalige Art. 23 GG, der durch den Einigungsvertrag aufgehoben wurde, lautete:
„Dieses Grundgesetz gilt zunächst im Gebiet der Länder Bayern, Bremen, Groß-Berlin, Hamburg, Hessen, Niedersachsen, Nordrhein-Westfalen, Rheinland-Pfalz, Schleswig-Hol-

stein, Württemberg-Baden und Württemberg-Hohenzollern. In anderen Teilen Deutschlands ist es nach deren Beitritt in Kraft zu setzen."

Der Einigungsvertrag wurde ergänzt durch die Vereinbarung vom 18. September **657** 1990 zur Durchführung und Auslegung des Einigungsvertrages vom 31. August 1990, die ebenfalls am 23. September 1990 in Kraft getreten ist (BGBl. 1990 II, S. 1239 ff).

Die **wichtigsten Regelungen** des Einigungsvertrages sind Folgende: **658**

(1) Die Feststellung, dass mit der Wirksamkeit des Beitritts die Länder Brandenburg, Mecklenburg-Vorpommern, Sachsen, Sachsen-Anhalt und Thüringen Länder der Bundesrepublik Deutschland werden (Art. 1).

(2) Die Erklärung Berlins zur Hauptstadt Deutschlands (Art. 2).

(3) Die Inkraftsetzung des GG in den neuen Ländern sowie in dem Teil Berlins, in welchem es bisher noch nicht galt (Art. 3).

(4) Die beitrittsbedingten Änderungen des GG, namentlich die Änderung der Präambel, die Streichung des ehemaligen Art. 23 GG, die Änderung des Art. 51 Abs. 2 GG (Stimmenzahlen im Bundesrat), die Ergänzung des Art. 135a GG, die Einführung des Art. 143 GG (der die Fortgeltung von grundgesetzwidrigem DDR-Recht für eine gewisse Zeit sanktioniert und die in der DDR vorgenommenen Enteignungen auf besatzungsrechtlicher oder besatzungshoheitlicher Grundlage unwiderruflich macht) sowie die Neufassung des Art. 146 GG.

Die weiteren Regelungen haben die Finanzverfassung, die Überleitung von Bundes- **659** recht, die Fortgeltung von Recht der ehemaligen DDR, die Fortgeltung von völkerrechtlichen Verträgen, die Bestandskraft von Gerichts- und Verwaltungsentscheidungen, die Rechtsverhältnisse im öffentlichen Dienst, das Verwaltungs-, Finanz- und Treuhandvermögen, Schuldenregelung, Arbeit und Soziales, Familie und Frauen, Gesundheitswesen, Umweltschutz, Kultur, Rundfunk, Bildung, Wissenschaft und Forschung sowie Sport zum Gegenstand.

Die **Besonderheit** dieses Vertragswerks liegt in der Tatsache, dass sich ein Staat in **660** einem völkerrechtlichen Vertrag zur Änderung seiner Verfassung verpflichtet, was in dieser Form im Völkerrecht unüblich ist. Auch hier kommt noch einmal der besondere Charakter der deutsch-deutschen Beziehungen zum Ausdruck. Verfassungsrechtliche Bedenken, wonach Verfassungsänderungen durch einen völkerrechtlichen Vertrag unzulässig seien, hat das BVerfG unter Hinweis auf das Wiedervereinigungsgebot und den damaligen Art. 23 Satz 2 GG zurückgewiesen (BVerfGE 82, S. 316 ff).

b) Verträge mit anderen Staaten im Zusammenhang mit der Wiedervereinigung

Die Wiedervereinigung bedurfte aus mehreren Gründen der Absprache und Abstim- **661** mung mit den Nachbarn und Bündnispartnern in Ost und West. Dies war insbesondere der Fall wegen der fortbestehenden Viermächteverantwortung für Deutschland als Ganzes und der sich daraus ergebenden rechtlichen Beschränkungen für die Bundesrepublik Deutschland (s. Rn 620). Daraus ergab sich ein Mitspracherecht der Alliierten (s. dazu *v. Goetze*, Die Rechte der Alliierten auf Mitwirkung bei der deutschen Einigung, in: NJW 1990, S. 2161 ff).

662 Diesem Mitspracherecht der Alliierten wurde durch die **Erklärung von Ottawa** vom 13. Februar 1990 entsprochen (Bulletin, Nr 27 vom 20. Februar 1990, S. 215). Darin wurde für das Verfahren der Beteiligung der Alliierten die sog. **„Zwei plus Vier-Formel"** vereinbart. Die Erklärung hat folgenden Wortlaut:

„Die Außenminister der Bundesrepublik Deutschland, der Deutschen Demokratischen Republik, Frankreichs, des Vereinigten Königreichs, der Sowjetunion und der Vereinigten Staaten führten Gespräche in Ottawa.

Sie vereinbarten, daß sich die Außenminister der Bundesrepublik Deutschland und der Deutschen Demokratischen Republik mit den Außenministern Frankreichs, des Vereinigten Königreichs, der Sowjetunion und der Vereinigten Staaten treffen werden, um die äußeren Aspekte der Herstellung der deutschen Einheit, einschließlich der Fragen der Sicherheit der Nachbarstaaten, zu besprechen.

Vorbereitende Gespräche auf Beamtenebene werden in Kürze aufgenommen."

663 Das Ergebnis der in der Erklärung von Ottawa vereinbarten Gespräche war der **Vertrag über die abschließende Regelung in Bezug auf Deutschland** vom 12. September 1990, der am 15. März 1991 in Kraft getreten ist (sog. „Zwei plus Vier-Vertrag", Sartorius II, Nr 610). Darin vereinbarten die Alliierten und die beiden deutschen Staaten die Endgültigkeit der in Europa bestehenden Grenzen. Insbesondere wurde die Endgültigkeit der Außengrenzen der Bundesrepublik Deutschland und der DDR festgelegt (Art. 1 Abs. 1). Es wurde die völkerrechtlich verbindliche Bestätigung der deutsch-polnischen Grenze vereinbart (Art. 1 Abs. 2), der Verzicht auf künftige Gebietsansprüche erklärt (Art. 1 Abs. 3) und der territoriale status quo auch für das innerstaatliche Recht des vereinten Deutschlands für verbindlich dekla-riert (Art. 1 Abs. 4). Die beiden deutschen Staaten erklärten für das zukünftige vereinte Deutschland den Verzicht auf Gewalt sowie den Verzicht auf Herstellung und Besitz von atomaren, biologischen und chemischen Waffen und verpflichteten sich zur Einhaltung einer Truppenobergrenze von 370 000 Mann (Art. 2 und 3).

664 Von besonderer Bedeutung ist die in Art. 6 getroffene Regelung, welche während der Verhandlungen lange umstritten war; sie lautet:

„Das Recht des vereinten Deutschland, Bündnissen mit allen sich daraus ergebenden Rechten und Pflichten anzugehören, wird von diesem Vertrag nicht berührt."

Im Ergebnis bedeutete dies das Einverständnis der Sowjetunion mit der Fortdauer der NATO-Zugehörigkeit Deutschlands.

665 Weiterhin erklärten die Alliierten ihre „Rechte und Verantwortlichkeiten in Bezug auf Berlin und Deutschland als Ganzes" für beendet (Art. 7), womit die unbe-schränkte Souveränität Deutschlands hergestellt wurde. Da der Vertrag jedoch erst mit der Ratifikation durch alle Vertragsstaaten am 13. April 1991 wirksam wurde, bedurfte es für den Zeitraum ab dem 3. Oktober 1990 einer besonderen Re-gelung, welche die vier Mächte in ihrer **Erklärung zur Aussetzung der Wirk-**

samkeit der Vier-Mächte-Rechte und -Verantwortlichkeiten auch trafen (Sartorius II, Nr 611).

In Art. 4 wurde eine künftige vertragliche Regelung zwischen dem vereinigten **666** Deutschland und der Sowjetunion über die Dauer des Aufenthalts der sowjetischen Streitkräfte auf dem Gebiet der DDR sowie über die Abwicklung des Abzugs dieser Streitkräfte vereinbart.

Von Bedeutung ist auch der im Zusammenhang mit der Vertragsunterzeichnung ge- **667** schriebene **Brief der Außenminister** der Bundesrepublik Deutschland und der DDR. Darin wird insbesondere die schon im Einigungsvertrag (Anlage III) verankerte Irreversibilität von Enteignungen auf besatzungsrechtlicher bzw besatzungshoheitlicher Grundlage bestätigt (vom BVerfG im Wesentlichen als verfassungsgemäß eingestuft, BVerfGE 84, S. 90 ff; 94, S. 12 ff). Außerdem wird Bezug genommen auf Art. 12 Abs. 1 und Abs. 2 des Einigungsvertrages, in dem die Behandlung der von der DDR abgeschlossenen völkerrechtlichen Verträge geregelt ist. In einem besonderen **Übereinkommen zur Regelung bestimmter Fragen in Bezug auf Berlin** vom 25. September 1990 (Sartorius II, Nr 612) wird der Übergang von Zuständigkeiten von alliierten auf deutsche Behörden sowie die Fortwirkung der von den alliierten Behörden gesetzten Akte in Berlin geregelt.

In Erfüllung des Art. 1 Abs. 2 des Vertrages über die abschließende Regelung in be- **668** zug auf Deutschland schloss die Bundesrepublik Deutschland mit Polen den **Vertrag über die Bestätigung der zwischen ihnen bestehenden Grenzen** vom 14. November 1990 (Sartorius II, Nr 681). Damit wurde die umstrittene Frage der Oder-Neiße-Linie einer endgültigen Regelung unterworfen (s. Rn 570 ff). Art. 1 bestimmt diesbezüglich:

„Die Vertragsparteien bestätigen die zwischen ihnen bestehenden Grenzen, deren Verlauf sich nach dem Abkommen vom 6. Juli 1950 zwischen der Deutschen Demokratischen Republik und der Republik Polen über die Markierung der festgelegten und bestehenden deutschpolnischen Staatsgrenze und den zu seiner Durchführung und Ergänzung geschlossenen Vereinbarungen (Akt vom 27. Januar 1951 über die Ausführung der Markierung der Staatsgrenze zwischen Deutschland und Polen; Vertrag vom 22. Mai 1989 zwischen der Deutschen Demokratischen Republik und der Volksrepublik Polen über die Abgrenzung der Seegebiete in der Oderbucht) sowie dem Vertrag vom 7. Dezember 1970 zwischen der Bundesrepublik Deutschland und der Volksrepublik Polen über die Grundlagen der Normalisierung ihrer gegenseitigen Beziehungen bestimmt."

Die in Art. 4 des Vertrages über die abschließende Regelung in Bezug auf Deutsch- **669** land vorgesehene Vereinbarung zwischen der Bundesrepublik Deutschland und der Sowjetunion wurde im **Vertrag über die Bedingungen des befristeten Aufenthalts und die Modalitäten des planmäßigen Abzugs der sowjetischen Truppen aus dem Gebiet der Bundesrepublik Deutschland** vom 12. Oktober 1990 getroffen (Bulletin, Nr 123 vom 17. Oktober 1990, S. 1284 ff). Darin verpflichtete sich die Sowjetunion, ihre Truppen auf dem Gebiet der Bundesrepublik Deutschland nicht mehr zu verstärken und bis Ende 1994 abzuziehen. Für die Dauer der Stationierung der sowjetischen Truppen blieb hinsichtlich ihrer Rechtsstellung im Wesentlichen der status quo erhalten.

670   In einem ergänzenden **Abkommen über einige überleitende Maßnahmen** vom 9. Oktober 1990 (Bulletin, Nr 123 vom 17. Oktober 1990, S. 1281 ff) verpflichtete sich die Bundesrepublik Deutschland zur finanziellen Unterstützung des Abzugs der sowjetischen Truppen.

6. Die Rechtslage Deutschlands nach der Wiedervereinigung

671   Trotz des Versuches, mit dem dargestellten Netzwerk von Verträgen die mit der Wiedervereinigung verbundenen rechtlichen Folgeprobleme zu lösen, bleiben einige Fragen offen.

a) Die völkerrechtliche Ebene

672   Unbestritten ist dabei der **Untergang der DDR als Völkerrechtssubjekt**. Neu entstanden sind hingegen die partiellen Völkerrechtssubjekte Brandenburg, Mecklenburg-Vorpommern, Sachsen, Sachsen-Anhalt und Thüringen. Ihre partielle Völkerrechtssubjektivität basiert auf Art. 32 Abs. 3 GG (s. Rn 117). Unklar ist dabei, ob diese verfassungsrechtliche Ausstattung der neuen Bundesländer mit partieller Völkerrechtssubjektivität für die anderen Völkerrechtssubjekte eo ipso verbindlich ist, oder ob es dazu der Anerkennung durch diese bedarf. In der Praxis sind diesbezüglich allerdings kaum Probleme zu erwarten (s. Rn 112 f).

673   Hinsichtlich des völkerrechtlichen Schicksals der Bundesrepublik Deutschland geht die überwiegende Meinung davon aus, dass die Wiedervereinigung die **Völkerrechtssubjektivität der Bundesrepublik Deutschland unberührt** gelassen hat.

674   Begründen lässt sich dies letztlich mit dem Willen der sich vereinigenden und der mitwirkenden Staaten. Diesbezüglich kann man aus den Artikeln 11 und 12 des Einigungsvertrages (Rn 656 ff) ersehen, dass die Vertragsparteien vom Fortbestand der Bundesrepublik Deutschland ausgingen. Dasselbe ergibt sich aus dem Vertrag über die Bedingungen des befristeten Aufenthalts und die Modalitäten des planmäßigen Abzugs der sowjetischen Truppen aus dem Gebiet der Bundesrepublik Deutschland (Rn 669), dem ergänzenden Abkommen über einige überleitende Maßnahmen (Rn 670) und den Grenzvertrag mit Polen (Rn 668), da bei all diesen Verträgen die Bundesrepublik Deutschland als Vertragspartner auftritt.

675   Problematisch war die **Staatennachfolge** in die von der Bundesrepublik Deutschland und der DDR abgeschlossenen völkerrechtlichen Verträge. Sie ist zwar in den Artikeln 10, 11 und 12 des Einigungsvertrages geregelt, hat sich aber – da die Rechte dritter Staaten und anderer Völkerrechtssubjekte betroffen sind – im Rahmen der völkerrechtlichen Regelungen zu halten (s. dazu Rn 595 ff).

Außerdem ergibt sich das Problem, dass die thematisch einschlägige Wiener Konvention über die Staatennachfolge in Verträge zum Zeitpunkt der Wiedervereinigung noch gar nicht in Kraft war und zudem nicht unbedingt das geltende Völkergewohnheitsrecht wiedergibt (s. Rn 593).

Geht man vom unberührten Fortbestand der Völkerrechtssubjektivität der **Bundes-** **676**
republik Deutschland aus, so bleiben alle von ihr abgeschlossenen **Verträge**, einschließlich der Mitgliedschaft in internationalen Organisationen, weiter bestehen.
Nach dem Prinzip der beweglichen Vertragsgrenzen (s. Rn 596) wird der Geltungsbereich dieser Verträge auf das Gebiet der neuen Bundesländer ausgedehnt. Dies ist
auch grundsätzlich der Regelungsgehalt des Art. 11 des Einigungsvertrages. Ausgenommen davon sind einige (in Anlage I zum Einigungsvertrag aufgezählte) Verträge, bei denen dies von ihrem Inhalt her gesehen nicht in Frage kommt. Etwa notwendig werdende Anpassungen werden gemäß Art. 11 Satz 2 im Einvernehmen mit
den jeweiligen Vertragspartnern erfolgen. Die besonders sensible Frage der NATO-
Mitgliedschaft wurde in Art. 6 des Vertrages über die abschließende Regelung in
Bezug auf Deutschland gelöst (s. Rn 664).

Sehr viel schwieriger zu beantworten war die Frage nach dem Schicksal der von der **677**
DDR abgeschlossenen **Verträge** (1990 ca. 3000 Verträge) und ihrer Mitgliedschaften in internationalen Organisationen. Die Wiener Konvention über die Staatennachfolge in Verträge bietet hierfür nur wenig Anhaltspunkte, da schon die
Einordnung der Wiedervereinigung in die von der Konvention geregelten Sukzessi-
onskategorien problematisch ist.

Die auf den ersten Blick einschlägige, in Art. 31 enthaltene Regel, die für den Fall
der (nichtkolonialen) Vereinigung zweier Staaten das Prinzip der Universalsukzession mit der Wirkung der Fortgeltung der Verträge, gegebenenfalls bezogen auf das
jeweilige Teilgebiet, vorsieht (s. Rn 595), ist nicht unmittelbar anwendbar. Sie geht
nämlich davon aus, dass „ein Nachfolgestaat" entsteht, was für die Wiedervereinigung gerade nicht zutrifft. Sie provoziert zudem die Gefahr einander widerspre-
chender Verpflichtungen. Dies wurde beim Abschluss der Wiener Konvention über
die Staatennachfolge in Verträge auch gesehen, und es wurde in einer ergänzenden
Resolution für diese Fälle eine Verhandlungslösung empfohlen.

Dies ist dementsprechend auch die Lösung des Art. 12 des Einigungsvertrages. Er **678**
enthält Grundsätze und Verfahren einer **politischen Lösung** der Frage der Fortgeltung, der Anpassung oder des Erlöschens von Verträgen und Mitgliedschaften der
DDR.

„(1) Die Vertragsparteien sind sich einig, daß die völkerrechtlichen Verträge der Deutschen
Demokratischen Republik im Zuge der Herstellung der Einheit Deutschlands unter den Gesichtspunkten des Vertrauensschutzes, der Interessenlage der beteiligten Staaten und der vertraglichen Verpflichtungen der Bundesrepublik Deutschland sowie nach den Prinzipien einer
freiheitlichen, demokratischen und rechtsstaatlichen Grundordnung und unter Beachtung der
Zuständigkeiten der Europäischen Gemeinschaften mit den Vertragspartnern der Deutschen
Demokratischen Republik zu erörtern sind, um ihre Fortgeltung, Anpassung oder ihr Erlöschen zu regeln beziehungsweise festzustellen.

(2) Das vereinte Deutschland legt seine Haltung zum Übergang völkerrechtlicher Verträge
der Deutschen Demokratischen Republik nach Konsultationen mit den jeweiligen Vertragspartnern und mit den Europäischen Gemeinschaften, soweit deren Zuständigkeiten berührt
sind, fest.

(3) Beabsichtigt das vereinte Deutschland, in internationale Organisationen oder in sonstige
mehrseitige Verträge einzutreten, denen die Deutsche Demokratische Republik, nicht aber

die Bundesrepublik Deutschland angehört, so wird Einvernehmen mit den jeweiligen Vertragspartnern und mit den Europäischen Gemeinschaften, soweit deren Zuständigkeiten berührt sind, hergestellt."

678a Dies war auch der Standpunkt des BVerfG (BVerfGE 96, S. 68 ff). Es stellte fest, „daß das Völkerrecht weder ein Erlöschen aller Verträge der DDR noch eine generelle Fortgeltung fordert" (S. 92). Es handle sich bei der Wiedervereinigung vielmehr um eine „speziell gelagerte Nachfolgefrage" (S. 93), für die keine Staatenpraxis erkennbar sei, so dass „eine Verhandlungslösung im Einzelfall" angestrebt werden müsse (S. 94).

679 Eine Besonderheit gilt dabei für **Zoll- und Handelsabkommen der DDR**. Da für diese nicht mehr die Bundesrepublik, sondern gemäß Art. 113 EGV ausschließlich die EG zuständig ist, ist diese bei Verhandlungen über die Anpassung solcher Verträge zu beteiligen (Art. 12 Abs. 2).

680 Hinsichtlich des **Rechts der Europäischen Gemeinschaften** ist grundsätzlich auch vom Prinzip der beweglichen Vertragsgrenzen (s. Rn 596) auszugehen. Daraus folgt, dass mit der Wiedervereinigung das gesamte Gemeinschaftsrecht in den neuen Bundesländern gilt. Dies entspricht auch Art. 299/227 aF Abs. 1 EGV und Art. 198 Abs. 1 EAGV, die den Geltungsbereich des Gemeinschaftsrechts ua auf die Bundesrepublik Deutschland, unabhängig von ihrer jeweiligen Ausdehnung, erstrecken. Dieser Rechtslage wird Art. 10 Abs. 2 des Einigungsvertrages gerecht.

681 Da aber in manchen Bereichen eine übergangslose Geltung des Gemeinschaftsrechts in den neuen Bundesländern faktisch unmöglich war (zB Umweltrecht), wurden durch sekundäres Gemeinschaftsrecht für eine Übergangszeit, die längstens bis 31. Dezember 1996 dauerte, Ausnahmeregelungen festgelegt (ABl. 1990, Nr L 353, S. 1 ff).

681a Im Rahmen der Staatennachfolge können sich auch Fragen der **Wiedergutmachung** von Unrecht ergeben, das in der Vergangenheit von einer Staatsgewalt auf dem Gebiet des ehemaligen Staates verübt worden war. Im Fall der Wiedervereinigung kam dabei Unrecht der Deutschen Demokratischen Republik unter SED-Herrschaft, der Sowjetischen Besatzungsmacht und des Deutschen Reiches unter NS-Herrschaft in Betracht. Insbesondere tauchen dabei, neben den Problemen der Opferentschädigung, auch Fragen der Wiedergutmachung von Enteignungsunrecht auf.

Damit hatte sich auch das Bundesverfassungsgericht im Urteil vom 22. November 2000 zu befassen. Darin stellte es grundlegend klar (BVerfGE 102, S. 254 ff, Leitsatz 1):

„Eine Pflicht der Bundesrepublik Deutschland zur Wiedergutmachung von Vermögensschäden, die eine nicht an das Grundgesetz gebundene Staatsgewalt zu verantworten hat, läßt sich nicht aus einzelnen Grundrechten [wie etwa der Eigentumsgarantie aus Artikel 14 GG, Anm. d. Verf.] herleiten. Sie kann sich jedoch aus dem Sozialstaatsgebot des Grundgesetzes ergeben. Bei der Ausgestaltung der Wiedergutmachung im einzelnen sind das Rechtsstaatsprinzip und der allgemeine Gleichheitssatz des Art. 3 Abs. 1 GG in seiner Bedeutung als Willkürverbot zu beachten."

681b Die Umsetzung dieser Pflicht durch den Gesetzgeber im Rahmen des **Gesetzes zur Regelung offener Vermögensfragen und über staatliche Ausgleichsleistungen**

für Enteignungen auf besatzungsrechtlicher oder besatzungshoheitlicher Grundlage vom 27. September 1994 (BGBl. 1994 I, S. 2624 ff; ber. BGBl. 1995 I, S. 110) wurde vom BVerfG als verfassungsmäßig eingestuft (BVerfGE 102, S. 254 ff). Ebenfalls bestätigt hat das BVerfG den Art. 143 Abs. 3 GG iVm Art. 41 des Einigungsvertrags, wonach die Restitution bestimmter Enteignungsfälle auf dem Gebiet der DDR, insbesondere solcher auf besatzungsrechtlicher und besatzungshoheitlicher Grundlage durch die Sowjetunion (1945–1949), ausgeschlossen ist (BVerfGE 84, S. 90 ff; bestätigt durch BVerfGE 94, S. 12 ff). Allerdings hat das BVerfG hier ebenfalls festgestellt, dass es Art. 3 Abs. 1 GG gebiete, dass für derartige Enteignungen eine Ausgleichsregelung zu treffen sei (BVerfGE 84, S. 90 ff, Leitsatz 4). Diese Rechtsprechung zum Restitutionsausschluss ist bis heute äußerst umstritten (vgl dazu *Wendl*, in: *Sachs*, Art. 143, Rn 26 ff).

b) Die staatsrechtliche Ebene

Innenpolitisch löste die Wiedervereinigung eine Diskussion um die Notwendigkeit einer neuen Verfassung für Deutschland aus. Deren Befürworter, die sich letztlich nicht durchsetzen konnten, stützten sich darauf, dass Art. 146 aF GG anlässlich der Wiedervereinigung nicht – wie man es hätte erwarten können – aufgehoben, sondern nur in seinem Wortlaut der neuen Rechtslage angepasst worden ist. Die Gegenansicht hielt die geänderte Vorschrift wegen ihres völlig neuen Sinnzusammenhanges für verfassungswidriges Verfassungsrecht (s. dazu zB *Roellecke*, in: NJW 1991, S. 2441 ff, 2443 f). Die heftige Kontroverse erklärte sich auch aus den inhaltlichen Zielen, die von den Befürwortern einer neuen Verfassung verfolgt wurden; so sollten etwa ein Recht auf Arbeit oder auf Wohnung und eine breitere unmittelbare Beteiligung des Volkes an der Gesetzgebung verfassungsrechtlich festgeschrieben werden. Solche Bestrebungen kommen im Übrigen auch in den Verfassungen der neuen Bundesländer zum Ausdruck. Auf der GG-Ebene haben sie sich nicht durchgesetzt.

Beispiele: – *Recht auf Arbeit:* Art. 48 Abs. 1 Verfassung von Brandenburg, Art. 7 Abs. 1 Verfassung von Sachsen.
– *Volksbeteiligung an der Gesetzgebung:* Art. 76 und Art. 77 Verfassung von Brandenburg, Art. 59 und 60 Verfassung von Mecklenburg-Vorpommern, Art. 71 bis 73 Verfassung von Sachsen, Art. 80 und Art. 81 Verfassung von Sachsen-Anhalt, Art. 81 und Art. 82 Verfassung von Thüringen.

682

Lösung Fall 17 (Rn 612):
1. Es könnte ein Strafverfolgungshindernis iSv § 20 Abs. 2 GVG (das auch nach der Wiedervereinigung noch anwendbar ist) vorliegen, wonach sich die deutsche Gerichtsbarkeit nicht auf Personen erstreckt, die nach den allgemeinen Regeln des Völkerrechts, auf Grund völkerrechtlicher Vereinbarungen oder sonstiger Rechtsvorschriften von ihr befreit sind. Normen der beiden letzten Kategorien liegen hinsichtlich des ehemaligen Staatsratsvorsitzenden der DDR nicht vor. Hingegen gilt die allgemeine Regel des Völkerrechts, dass Staatsoberhäupter anderer Staaten immun sind. Diese Immunität wirkt auch noch – jedenfalls für hoheitliches Handeln – nach Beendigung des Amtes weiter,

683

es sei denn, der betroffene Staat stimmt einer Strafverfolgung zu (vgl zB Art. 227 des Versailler Friedensvertrages hinsichtlich des deutschen Kaisers, RGBl. 1919, S. 687 ff). Zwar gibt es vermehrt Tendenzen in der Staatenpraxis, die auf eine Änderung dieser Regel hindeuten, von einer universell anerkannten Änderung kann man aber allenfalls bei völkerrechtswidrigen Kriegshandlungen ausgehen (s. Rn 610). Darum geht es aber im vorliegenden Fall nicht.

2. Voraussetzung ist also, dass es sich bei dem ehemaligen Staatsratsvorsitzenden um das Oberhaupt eines Staates gehandelt hat.

a) Vor der Wiedervereinigung war in dieser Hinsicht problematisch, ob es sich bei der DDR um einen Staat iSd Völkerrechts handelte.

Dies war jedoch zu bejahen, da die DDR alle Elemente des völkerrechtlichen Staatsbegriffs aufwies. Ihr wurden von der Bundesrepublik – unbeschadet der Offenhaltung der nationalen Frage – im Grundlagenvertrag alle Merkmale eines souveränen Staates attestiert. Der Grundlagenvertrag war daher ein völkerrechtlicher Vertrag, der die Beziehungen der beiden Staaten auf eine völkerrechtliche Ebene stellte. Zwar enthielt der Grundlagenvertrag eine Reihe von Bestimmungen, die darauf hinwiesen, dass es sich bei den Beziehungen der „beiden deutschen Staaten" (Präambel, Abs. 2 und Abs. 4) um Beziehungen anderer Art als zwischen beliebigen Staaten handelte (Art. 8, Zusatzprotokoll, Abschnitt II Ziffer 1). Nirgends wurde der DDR jedoch die Staatlichkeit abgesprochen.

b) Weitere Voraussetzung ist, dass der ehemalige Staatsratsvorsitzende Staatsoberhaupt der DDR war. Das Völkerrecht kennt keine eigenständige Regelung für die Frage, wer Staatsoberhaupt eines Staates ist, sondern verweist auf die jeweilige innerstaatliche Rechtsordnung. Nach Art. 66 Abs. 2 der Verfassung der DDR war der Staatsrat in seiner Gesamtheit das Staatsoberhaupt nach außen hin. Aus Art. 69 S. 1 und Art. 71 Abs. 1 der Verfassung ergab sich aber, dass der Vorsitzende des Staatsrats diesen leitet und für ihn das aktive und passive Gesandtschaftsrecht ausübt. Damit war er mangels anderer Bestimmungen praktisch als Staatsoberhaupt anzusehen.

c) Eine Einwilligung des Staates in die Strafverfolgung liegt nicht vor und kann auch nicht mehr erteilt werden, da die DDR als Völkerrechtsubjekt untergegangen ist.

Ein Teil der Völkerrechtslehre hält eine Zustimmung in diesem Fall für entbehrlich, und zwar mit dem Argument, dass nach dem Untergang eines Staates die Strafverfolgung des ehemaligen Staatsoberhaupts nicht mehr die Rechte des untergegangenen Staates verletzen könne. So gesehen wäre eine Strafverfolgung möglich (s. auch BVerfG, DtZ 1992, S. 216).

d) Dabei ist jedoch zu bedenken, dass mit dem Untergang des Völkerrechtssubjektes auch das Staatsoberhaupt als dessen Organ aufgehört hat zu existieren. Eine Inanspruchnahme des Staatsorgans ist daher ebenso wenig möglich wie die Inanspruchnahme des untergegangenen Völkerrechtssubjekts. Aus dem Grundsatz der Mediatisierung des Individuums im Völkerrecht folgt daher, dass auch diejenigen, die Organfunktion ausübten, nicht für Handlungen, die sie in Ausübung ihres Amtes vornahmen, strafrechtlich verfolgt werden können. Das Handeln eines Staatsorgans kann nur dem Staat, für den es handelt, und nicht der handelnden Person selbst zugerechnet werden. Etwas anderes gilt nur für private Handlungen. Um solche geht es aber im vorliegenden Fall nicht.

Ergebnis: Folgt man der erstgenannten Ansicht, so war eine Strafverfolgung möglich, folgt man der zweitgenannten, war sie nicht möglich (vgl BGHSt 33, S. 97 ff).

Literatur: *Drobnig,* Das Schicksal der Staatsverträge der DDR nach dem Einigungsvertrag, in: DtZ 1991, S. 76 ff; *Fastenrath,* Der deutsche Einigungsvertrag im Lichte des Rechts der Staatennachfolge, in: AJPIL 44 (1992), S. 1 ff; *Geiger,* S. 27-70; *Grabitz/v. Bogdandy,* Deutsche Einigung und europäische Integration, in: NJW 1990, S. 1073 ff; *Heintschel v. Heinegg,* Die Vereinigung der beiden deutschen Staaten und das Schicksal der von ihnen abgeschlossenen völkerrechtlichen Verträge, in: BB-Beilage 23 zu Heft 18/1990, S. 9 ff; *Isensee/Kirchhof,* Bd. VIII und IX; *Kempen,* Grundgesetz oder neue deutsche Verfassung?, in: NJW 1991, S. 964 ff; *Roellecke,* Brauchen wir ein neues Grundgesetz?, in: NJW 1991, S. 2441 ff; *Schweitzer/Weber,* Handbuch, Rn 720-773; *Silagi,* Staatenuntergang und Staatennachfolge mit besonderer Berücksichtigung der DDR, Frankfurt am Main ua 1996; *Streinz,* Die völkerrechtliche Situation der DDR vor und nach der Vereinigung, in: EWS 1990, S. 171 ff.

B. Internationale Organisationen

I. Begriff

Internationale Organisationen werden in der Regel definiert als durch einen völkerrechtlichen Vertrag gegründete Staatenverbindungen, die ein Minimum an institutionellen Einrichtungen und eine gewisse Dauerhaftigkeit besitzen sowie bestimmte hoheitliche Zwecke verfolgen. **684**

Gegründet werden internationale Organisationen durch einen völkerrechtlichen Vertrag. Daher müssen Völkerrechtssubjekte, in der Regel Staaten, Vertragspartner sein. In diesen Fällen spricht man von **international governmental organizations** oder intergovernmental organizations, von denen es zur Zeit ca. 400 gibt. Davon zu unterscheiden sind die nicht durch völkerrechtlichen Vertrag, sondern in Formen des Privatrechts gegründeten internationalen Organisationen, die dementsprechend auch keine hoheitlichen Zwecke erfüllen und keine Völkerrechtssubjektivität besitzen. Man nennt sie **international non-governmental organizations**, kurz NGOs, von denen zur Zeit über 5000 existieren. **685**

Beispiele: Internationale Handelskammer, Internationaler Bund Freier Gewerkschaften, amnesty international, Heilsarmee, Liga der Rotkreuz-Gesellschaften etc. Gemäß Art. 71 SVN kann ihnen beim Wirtschafts- und Sozialrat der VN oder bei anderen internationalen Organisationen ein Konsultativ-Status eingeräumt werden. Das trifft auf die hier Genannten zu (vgl *Lagoni,* in: *Simma,* Art. 71, Rn 10).

Eine internationale Organisation muss ein Minimum an institutioneller Einrichtung, dh an **Organen**, aufweisen. So besitzen alle internationalen Organisationen zumindest ein Organ, in dem alle Mitgliedstaaten vertreten sind. Daneben existiert meist ein (General-)Sekretariat und manchmal Organe, in denen nicht alle Mitglieder vertreten sind. **686**

Beispiel: So gibt es in der UNO die Generalversammlung, in der alle Mitgliedstaaten vertreten sind, den Sicherheitsrat (15 Mitglieder), den Wirtschafts- und Sozialrat (54 Mitglieder), den Treuhandschaftsrat (5 Mitglieder; er hat aber seine Tätigkeit 1994 eingestellt und existiert daher nur mehr formal) und das Generalsekretariat.

In seltenen Fällen haben internationale Organisationen auch quasi-parlamentarische Organe, Gerichte, Expertenorgane oder Interessenvertretungen.

Beispiele:
- Parlamentarische Versammlung des Europarates, Europäisches Parlament (s. Rn 376 ff).
- Internationaler Gerichtshof in der UNO, Gerichtshof der Europäischen Gemeinschaften, Europäischer Gerichtshof für Menschenrechte im Rahmen der EMRK (s. Rn 714).
- Kommission der Europäischen Gemeinschaften (s. Rn 370 ff).
- Wirtschafts- und Sozialausschuss in der EG (s. Rn 380).
- Ausschuss der Regionen in der EG (Rn 381).

687 Eine internationale Organisation muss auf eine gewisse **Dauer** angelegt sein, bloße ad hoc-Zusammenkünfte, wie Konferenzen, genügen nicht. In der Regel sind internationale Organisationen auf unbeschränkte Dauer angelegt, in seltenen Fällen auf Zeit (zB war die EGKS gemäß Art. 97 EGKSV nur auf 50 Jahre angelegt; der Vertrag ist 2002 ausgelaufen).

II. Arten internationaler Organisationen

688 Für die Beschreibung der Arten internationaler Organisationen gibt es neben anderen gebräuchlichen (zB Dauer, Möglichkeit des Beitritts, Organisationsgrad etc) drei wichtige Unterscheidungskriterien:

689 (1) Kreis der Mitglieder: Danach kann man zwischen universellen und regionalen internationalen Organisationen unterscheiden. **Universelle** Organisationen sind weltweit angelegt und stehen grundsätzlich allen Staaten zur Mitgliedschaft offen.

Beispiele: Die UNO und die Sonderorganisationen der UNO (FAO, IBRD, ICAO, IDA, IFAD, IFC, ILO, IMF, IMO, ITU, UNESCO, UNIDO, UPU, WHO, WIPO, WMO – vgl dazu *Meng*, in: *Simma*, Art. 71, Rn 52 ff) sind universell konzipiert, keiner gehören aber tatsächlich alle Staaten der Welt an. Es gibt zur Zeit keine wirklich universellen Organisationen.

Regionale internationale Organisationen sind solche, die nur bestimmten Staaten offen stehen. Diese können nach geographischen, aber auch nach politischen Gesichtspunkten ausgewählt werden.

Beispiele: Europarat, OAU und OAS sind geographisch begrenzt. Die NATO ist geopolitisch begrenzt. Das ehemalige COMECON war politisch begrenzt (= sozialistische Staaten).

690 (2) Aufgabenstellung: Nach der Aufgabenstellung unterscheidet man zwischen politischen, wirtschaftlichen, militärischen und technisch-funktionellen Organisationen. In diesem Bereich existieren allerdings zahlreiche Überschneidungen und mehrfache Aufgabenstellungen.

Beispiele:
- Politisch: UNO, Europarat, OSZE, OAU, OAS
- Wirtschaftlich: EG, OECD, EFTA, GATT
- Militärisch: NATO, WEU
- Technisch-funktionell: IAEA, EAG, WTO, INTERSAT, WMO

(3) Integrationsgrad: Danach unterscheidet man zwischen traditionellen internationalen Organisationen und supranationalen Organisationen. Die Unterscheidung basiert auf der institutionellen Struktur und der Willensbildung der Organisationen.   **691**

Von **Supranationalität** spricht man dann, wenn die Organisation verbindliche Beschlüsse auch gegen den Willen einzelner oder sogar aller Mitglieder fassen kann. Als weitere Kriterien zählt man dazu die unmittelbare Geltung dieser Beschlüsse in den Mitgliedstaaten ohne Mitwirken der staatlichen Hoheitsgewalt und die Existenz einer obligatorischen Gerichtsbarkeit.

Beispiele: EG und EAG.

III. Die Völkerrechtssubjektivität internationaler Organisationen

Existenz und Umfang der Völkerrechtsubjektivität einer internationalen Organisation hängen von deren **Anerkennung** ab. Dabei ist insbesondere zwischen Mitgliedern und Nichtmitgliedern zu unterscheiden.   **692**

Für die **Mitgliedstaaten** ergibt sich die Völkerrechtssubjektivität einer internationalen Organisation in aller Regel aus dem Gründungsvertrag. Dabei wird in seltenen Fällen die Völkerrechtssubjektivität ausdrücklich festgestellt.   **693**

Beispiel: Art. 281 des EGV bestimmt: „Die Gemeinschaft besitzt Rechtspersönlichkeit.“ Im Zusammenhang mit Art. 282 EGV gesehen, der die innerstaatliche Rechtspersönlichkeit der EG regelt, kann dies nur die völkerrechtliche Rechtspersönlichkeit und damit die Völkerrechtssubjektivität betreffen (hL). Hingegen enthält der EUV keine Regelung über die Völkerrechtssubjektivität der EU. Daher ist es umstritten, ob die EU eine internationale Organisation mit völkerrechtlicher Rechtspersönlichkeit ist (s. Rn 19).

Üblicherweise wird die Völkerrechtssubjektivität einer internationalen Organisation dergestalt im Gründungsvertrag festgelegt, dass der Organisation Kompetenzen übertragen werden, die nur einem Völkerrechtssubjekt zustehen können.   **694**

Beispiel: Art. 43 Abs. 3 Satz 2 SVN gibt dem Sicherheitsrat die Kompetenz, mit den Mitgliedstaaten Sonderabkommen über die Bereitstellung von Streitkräften abzuschließen. Art. 63 SVN sieht ein Vertragsabschlussrecht des Wirtschafts- und Sozialrats vor, um die Beziehungen zu den Sonderorganisationen (s. Rn 689) zu regeln. Da der Abschluss solcher völkerrechtlicher Verträge nur von Völkerrechtssubjekten bzw deren Organen vorgenommen werden kann, wird ua daraus die Völkerrechtssubjektivität der UNO abgeleitet.

Eine dergestalt direkt oder indirekt im Gründungsvertrag festgelegte Völkerrechtssubjektivität einer internationalen Organisation wirkt nur gegenüber den Mitgliedstaaten. Für **Nichtmitgliedstaaten** entsteht diese Völkerrechtssubjektivität nur, wenn sie sie ausdrücklich oder stillschweigend anerkennen (s. Rn 586 f). In diesem Fall kommt nach weitaus hL nur die konstitutive Anerkennungstheorie zur Anwendung (s. Rn 580).   **695**

Als – teilweise umstrittene – Ausnahme gilt die UNO auf Grund des Rechtsgutachtens des IGH im Fall der „Entschädigung für im Dienste der Vereinten Nationen erlittene Schäden“ (Bernadotte-Fall). Am 17. September 1948 wurde der von der UNO als Vermittler im Palästina-Konflikt eingesetzte schwedische Graf Bernadotte bei einem Bombenattentat in Jerusalem getötet. In diesem Zusammenhang bat die Generalversammlung den IGH um ein Gutachten gemäß Art. 65 ff StIGH zu der Frage, ob die UNO Schadensersatzansprüche gegen die verantwortliche Regierung stellen könne. Der IGH bejahte dies. Hinsichtlich der dafür notwendigen Voraussetzung der Völkerrechtssubjektivität der UNO führte er aus (ICJ-Reports 1949, S. 174 ff, 179, 185):

„In the opinion of the Court, the Organization was intended to exercise and enjoy, and is in fact exercising and enjoying, functions and rights which can only be explained on the basis of the possession of a large measure of international personality and the capacity to operate upon an international plane. It is at present the supreme type of international organization, and it could not carry out the intentions of its founders if it was devoid of international personality. It must be acknowledged that its Members, by entrusting certain functions to it, with the attendant duties and responsibilities, have clothed it with the competence required to enable those functions to be effectively discharged.

Accordingly, the Court has come to the conclusion that the Organization is an international person …

On this point, the Court's opinion is that fifty States, representing the vast majority of the members of the international community, had the power, in conformity with international law, to bring into being an entity possessing objective international personality, and not merely personality recognized by them alone, together with capacity to bring international claims." (vgl dazu *Klein*, in: Encyclopedia, Bd. IV, S. 174 ff).

Literatur: *Fassbender*, Die Völkerrechtssubjektivität internationaler Organisationen, in: ÖZöRVR 37 (1986), S. 17 ff; *Köck/Fischer*, Das Recht der Internationalen Organisationen, 3. Aufl., Wien 1997; *Seidl-Hohenveldern/Loibl*, Das Recht der Internationalen Organisationen einschließlich der Supranationalen Gemeinschaften, 7. Aufl., Köln ua 2000; *Wolfrum*, Internationale Organisationen, in: Lexikon, S. 189 ff.

IV. Die Bundesrepublik Deutschland in internationalen Organisationen

1. Verfassungsrechtliche Grundlagen

696 Die Bundesrepublik ist zur Zeit Mitglied in über 80 internationalen Organisationen. Es handelt sich dabei um alle aufgezählten Arten internationaler Organisationen. Das GG sieht folgende Rechtsgrundlagen für den Beitritt zu internationalen Organisationen vor:

697 (1) Zunächst ist bei allen Beitritten zu internationalen Organisationen **Art. 59 Abs. 2 GG zu beachten** (s. Rn 162 ff). Dies stellt den Regelfall dar. Dabei wird es sich bei Gründungsverträgen internationaler Organisationen meist um Verträge handeln, die die politischen Beziehungen des Bundes regeln (s. das Beispiel in Rn 274) oder die sich auf Gegenstände der Bundesgesetzgebung beziehen (s. das Beispiel in Rn 275). In der Minderzahl der Fälle werden es Verwaltungsabkommen sein (s. das Beispiel in Rn 275a).

698 (2) In den Fällen, in denen mit dem Beitritt der Bundesrepublik auch die Übertragung von Hoheitsrechten verbunden ist, kommen neben Art. 59 Abs. 2 GG zudem noch **Art. 23 Abs. 1 GG oder Art. 24 Abs. 1 GG** zur Anwendung.

Beispiele: – EGV vom 25. März 1957; EAGV vom 25. März 1957.

– Übereinkommen über die Erteilung Europäischer Patente vom 5. Oktober 1973 (BGBl. 1976 II, S. 826 ff; vgl dazu BVerfG, DVBl. 2001, S. 1130 ff, 1131).

(3) **Art. 24 Abs. 2 GG** ermächtigt den Bund zum Beitritt zu internationalen Organisationen, die ein System gegenseitiger kollektiver Sicherheit errichten (s. dazu Rn 278 und 280). Zwar ist dabei festgelegt, dass der Bund in die Beschränkung seiner Hoheitsrechte einwilligen kann, jedoch ist im Gegensatz zu Art. 24 Abs. 1 GG kein Gesetz für einen solchen Beitritt vorgesehen. Daher richtet sich dieser nach Art. 59 Abs. 2 GG (s. Rn 279). **699**

Beispiele: – SVN vom 26. Juni 1945.

– Umstritten: Nordatlantikvertrag vom 4. April 1949 (Sartorius II, Nr 65): dafür ua: *Maunz,* in: *Maunz/Dürig,* Art. 24 Rn 25; dagegen ua: *Rojahn,* in: *v. Münch,* Art. 24 Rn 44. Das BVerfG hat die NATO endgültig unter Art. 24 Abs. 2 GG subsumiert (s. Rn 280 ff).

Im Falle der UNO ergibt sich für die Bundesrepublik das Sonderproblem, dass sie uU zur **Bereitstellung von Hilfstruppen** verpflichtet werden kann, die unter UNO-Oberbefehl zur militärischen Friedenssicherung eingesetzt werden (Art. 42, 43, 48 SVN). Ob eine solche Verpflichtung tatsächlich besteht, ist allerdings sehr umstritten. Es geht dabei um Folgendes: Gemäß Art. 41 SVN kann der Sicherheitsrat bei einer Bedrohung oder einem Bruch des Friedens nicht-militärische Sanktionsmaßnahmen (zB Wirtschaftsembargo) beschließen, um den Weltfrieden und die internationale Sicherheit zu wahren oder wiederherzustellen. **700**

Beispiel: Resolution 661 (1990) des Sicherheitsrates vom 6. August 1990 (ÖBGBl. 1990/524a):

„3. Decides that all States shall prevent:
(a) The import into their territories of all commodities and products originating in Iraq or Kuwait exported there from after the date of the present resolution; …
(c) The sale or supply by their nationals … of any commodities or products, including weapons or any military equipment … to any Person or body in Iraq or Kuwait …"

Erweisen sich diese Maßnahmen als unzulänglich, so kann der Sicherheitsrat gemäß Art. 42 SVN mit Luft-, See- oder Landstreitkräften die erforderlichen Maßnahmen durchführen. Diese können Einsätze der Streitkräfte von UNO-Mitgliedsstaaten einschließen. Diesbezüglich sieht Art. 43 SVN vor, dass dieser Einsatz im Rahmen von Sonderabkommen zwischen dem Sicherheitsrat und den Mitgliedstaaten abgewickelt wird. Ergänzend dazu bestimmt Art. 48 SVN, dass die einschlägigen Beschlüsse des Sicherheitsrates „von den Mitgliedern der Vereinten Nationen … durchgeführt" werden, dh für sie verbindlich sind. **700a**

Hier nun setzen die **Meinungsverschiedenheiten** in der Literatur an. Ein Teil vertritt die Meinung, dass Art. 48 SVN im Zusammenhang mit Art. 43 SVN dergestalt zu lesen sei, dass er nur eine Verhandlungspflicht über die Bereitstellung von Truppen begründe (*pactum de negotiando*), nicht aber eine unmittelbare Verpflichtung, Truppen auch tatsächlich zur Verfügung zu stellen (*Bryde,* in: *Simma,* Art. 48, Rn 4; *Frowein,* in: *Simma,* Art. 43, Rn 9). Nach anderer Ansicht hat bei Vorliegen eines einschlägigen Beschlusses jeder Mitgliedstaat solche Sonderabkommen abzuschlie- **701**

ßen und damit Truppen zu stellen (*pactum de contrahendo*); die Sonderabkommen dienen demgegenüber nur der Regelung der Einzelheiten. Geht man von Ziel und Zweck der Regelung aus, so ist dieser Ansicht der Vorzug zu geben. Würde man in Art. 43 SVN nur eine Verhandlungspflicht sehen, die mit keiner Truppenbereitstellungspflicht verbunden ist, so wäre dies ein bloßer Formalismus, und der Sicherheitsrat könnte unter Umständen keinen einzigen Staat finden, der ihm Truppen zur Verfügung stellt. Damit wäre er seiner wichtigsten Möglichkeiten beraubt und das System funktionsunfähig. Daher muss man Art. 43 SVN zumindest als ein pactum de contrahendo ansehen, wonach die Mitgliedstaaten verpflichtet sind, auf Ersuchen des Sicherheitsrates mit diesem in Verhandlungen einzutreten und ein Sonderabkommen abzuschließen.

702   Geht man von einer solchen Truppenbereitstellungspflicht aus, so erhebt sich für die Bundesrepublik Deutschland die Frage, ob dies **verfassungsrechtlich zulässig** ist. Zum Teil wird dies verneint unter Hinweis auf Art. 87a Abs. 2 GG. Diese Vorschrift lässt den Einsatz der Bundeswehr außer in den sonst durch die Verfassung zugelassenen Fällen (die den Einsatz im Inneren betreffen, s. etwa Art. 87a Abs. 3 und Abs. 4 GG) nur „zur Verteidigung" zu. Daraus sei zu schließen, dass ein Einsatz der Bundeswehr nach außen immer eine Bedrohung der Bundesrepublik voraussetze, die aber bei einem Einsatz nach den Artikeln 42, 43, 48 SVN zumeist nicht und bei einem – davon zu unterscheidenden – Einsatz als „UNO-Friedenstruppe" wohl nie vorliegen dürfte. Die Gegenansicht stützt sich auf Art. 24 Abs. 2 GG, der eine Beteiligung an einem System kollektiver Sicherheit ausdrücklich zulässt. Da ein solches System aber auf Gegenseitigkeit beruhe, sei die Ermächtigung des Art. 24 Abs. 2 GG sinnlos, wenn nicht auch der Einsatz der Streitkräfte zur Erfüllung der sich aus dem kollektiven Sicherheitssystem ergebenden Verpflichtungen zulässig wäre. Man könne daher Art. 24 Abs. 2 GG als eine der in Art. 87a Abs. 2 GG vorgesehenen ausdrücklichen Ermächtigungen ansehen oder das Wort „Verteidigung" in Art. 87a Abs. 2 GG im Lichte des Art. 24 Abs. 2 GG weit auslegen.

703   In diesem Sinn hat auch das BVerfG in seinem „**Blauhelme-Urteil**" vom 12. Juli 1994 (BVerfGE 90, S. 286 ff, 355 f) entschieden. Es hat zudem ausgeführt, dass Art. 87a Abs. 2 GG nur die Voraussetzungen für den Einsatz der Bundeswehr im Inneren regele. Als jüngere Bestimmung des GG habe er daher keinen Einfluss auf Art. 24 Abs. 2 GG. Dieser aber erlaube den Einsatz der Bundeswehr in einem System kollektiver Sicherheit. Allerdings sei für jeden Einsatz ein **konstitutiver Parlamentsbeschluß** notwendig (ebenso das BVerfG im „Kosovo-Beschluss", BVerfGE 100, S. 266 ff, 269 und im „AWACS-Beschluss", NJW 2003, S. 2373 ff, 2374), der gemäß Art. 42 Abs. 2 GG mit einfacher Mehrheit gefasst werden könne. Besonderheiten seien durch Gesetz zu regeln.

704   Die Beteiligung der Bundeswehr ist damit bei allen Formen von **UNO-Truppen** möglich: UN-Beobachtergruppen (Observer Groups, Observer Forces), UN-Friedenssicherungstruppen ohne Kampfauftrag (Peace-keeping Forces) oder UN-Streitkräfte mit Kampfauftrag (Peace-enforcing Forces). In der Praxis verschwimmen die

verschiedenen Formen häufig, wie zB bei der UNPROFOR im ehemaligen Jugoslawien seit 1992 (vgl *Schroeder,* Verfassungs- und völkerrechtliche Aspekte friedenssichernder Bundeswehreinsätze, in: JuS 1995, S. 398 ff, 402).

Maßnahmen der Bundeswehr rein **humanitären Charakters** können bereits über   **705**
Art. 32 Abs. 1 GG legitimiert werden, soweit die deutschen Truppen dabei nicht in
bewaffnete Unternehmungen einbezogen sind. Eine Einschaltung des Bundestages
ist nicht notwendig (BVerfGE 90, S. 286 ff, 388).

(4) Schließlich sieht noch **Art. 24 Abs. 3 GG** den Beitritt des Bundes zu Vereinba-   **706**
rungen über eine allgemeine, umfassende, obligatorische, internationale Schiedsge-
richtsbarkeit zur Regelung zwischenstaatlicher Streitigkeiten vor. Die Form des
Beitritts vollzieht sich nach Art. 59 Abs. 2 GG.

Beispiel: Ein Beispiel für eine solche Gerichtsbarkeit existiert bislang nicht. Insbesondere
ist der IGH, dessen Statut die Bundesrepublik durch ihren Beitritt zur UNO ebenfalls beigetreten ist, weder ein umfassendes noch ein obligatorisch zuständiges Gericht. Auch der Internationale Strafgerichtshof (Römisches Statut des Internationalen Strafgerichtshofs vom 10.
Dezember 1998, Sartorius II, Nr 35) bietet kein Beispiel für Art. 24 Abs. 3 GG, da er nicht
für zwischenstaatliche Streitigkeiten zuständig ist.

Literatur: *Doehring*, Systeme kollektiver Sicherheit, in: *Isensee/Kirchhof*, Bd. VII,
S. 669 ff; *Fehn/Fehn*, Die verfassungsrechtliche Zulässigkeit von Blauhelmeinsätzen der
Bundeswehr, in: Jura 1997, S. 621 ff; *Ipsen*, Völkerrecht, S. 964-975; *Krings/Burkiczak*, Bedingt abwehrbereit? Verfassungs- und völkerrechtliche Aspeke des Einsatzes der Bundeswehr
zur Bekämpfung neuer terroristischer Gefahren im In- und Ausland, in: DÖV 2002, S. 501 ff;
Limpert, Auslandseinsätze der Bundeswehr, Berlin 2002; *Schroeder,* Verfassungs- und völkerrechtliche Aspekte friedenssichernder Bundeswehreinsätze, in: JuS 1995, S. 398 ff.

2. Die Europäische Menschenrechtskonvention

Einen Sonderfall stellt die Konvention zum Schutze der Menschenrechte und   **707**
Grundfreiheiten vom 4. November 1950 (sog. Europäische Menschenrechtskonvention, EMRK) samt elf Protokollen dar. Der Ratifikationsstand ist unterschiedlich.
Die Bundesrepublik Deutschland ist Mitglied der Konvention (Sartorius II, Nr 130)
des Zusatzprotokolls sowie der Protokolle Nr 2-6 und 8-11 (Protokoll Nr 2 aufgehoben, Protokolle Nr 5 und 8-10 obsolet; vgl BGBl. II Fundstellenverzeichnis B, neu-
ester Stand, mit Fundstellen und Ratifikationsstand).

Die EMRK errichtet ein **europäisches Menschenrechtsschutzsystem** mit einem   **708**
Menschenrechtskatalog und Organen zur Überprüfung der Befolgung der EMRK.
Sie erfüllt an sich alle Voraussetzungen einer internationalen Organisation, wird
aber üblicherweise nicht als solche qualifiziert. Sie hat zwar enge institutionelle
Verbindungen zum Europarat, ua dergestalt, dass das Ministerkomitee des Europa-
rates als Organ im Verfahren der Überprüfung der Befolgung der EMRK fungiert (s.
Rn 714), kann aber nicht als Teil der internationalen Organisation Europarat ange-
sehen werden.

Der Beitritt der Bundesrepublik erfolgte über ein Vertragsgesetz gemäß Art. 59   **708a**
Abs. 2 Satz 1 GG. Art. 24 Abs. 3 GG kam dabei nicht zur Anwendung, weil der Eu-

ropäische Gerichtshof für Menschenrechte (s. Rn 714) zum einen keine umfassende Gerichtsbarkeit besitzt (bei Staatenbeschwerden, s. Rn 716) und zum anderen größtenteils nicht für zwischenstaatliche Streitigkeiten zuständig ist (bei Individualbeschwerden, s. Rn 717).

709 Die EMRK hat formal den **Rang eines einfachen Gesetzes** (s. Rn 447). Dabei können Probleme entstehen, wenn die grundrechtlichen Garantien des GG und der EMRK auseinander fallen.

Beispiel: Dies zeigte sich im Fall Vogt, einer wegen ihrer Zugehörigkeit zur Deutschen Kommunistischen Partei entlassenen beamteten Lehrerin in Niedersachsen. Während die angerufenen deutschen Gerichte keine Grundrechtsverletzung annahmen, stellte der Europäische Gerichtshof für Menschenrechte mit Urteil vom 26. September 1995 Verstöße gegen Art. 10 EMRK (Recht auf Freiheit der Meinungsäußerung) und Art. 11 EMRK (Recht auf Versammlungs- und Vereinigungsfreiheit) fest (EuGRZ 1995, S. 390 ff).

710 Das BVerfG behilft sich zur Vermeidung solcher Kollisionen mit einer völkerrechtskonformen Interpretation des GG (vgl auch Rn 441b f). Danach sind die Grundrechte nicht nur im Einklang mit der EMRK, sondern auch mit der Rechtsprechung des Europäischen Gerichtshofes für Menschenrechte auszulegen (BVerfGE 74, S. 358 ff, 370). Damit kommt es zu einem **faktischen Vorrang** der EMRK vor deutschem Recht.

a) Der Menschenrechtskatalog

711 Die EMRK enthält einen Menschenrechtskatalog, der sehr weit gefächert, aber insgesamt etwas enger als der Grundrechtskatalog des GG ist. So fehlt zB der allgemeine Gleichheitssatz. Die Rechte müssen nicht-diskriminierend gewährt werden (Art. 14 EMRK). Ein Teil der Rechte steht unter einem qualifizierten Gesetzesvorbehalt (vgl zB Art. 8 EMRK). Alle Rechte, mit Ausnahme des Rechts auf Leben (Art. 15 Abs. 2 EMRK, Art. 3 Protokoll Nr 6), können gemäß Art. 15 EMRK im „Falle eines Krieges oder eines anderen öffentlichen Notstandes, der das Leben der Nation bedroht", außer Kraft gesetzt werden.

712 Gemäß Art. 57 EMRK sind **Vorbehalte** zur Konvention erlaubt; eine Reihe von Staaten, darunter auch die Bundesrepublik, haben davon Gebrauch gemacht (s. Rn 201).

713 Im Einzelnen enthält die EMRK samt Protokollen folgende Rechte:

(1) Recht auf Leben (Art. 2).

(2) Verbot der Folter oder unmenschlicher oder erniedrigender Strafe oder Behandlung (Art. 3).

(3) Verbot der Sklaverei oder Leibeigenschaft und der Zwangs- und Pflichtarbeit (Art. 4).

(4) Recht auf Freiheit und Sicherheit (Art. 5, Art. 1 Protokoll Nr 4).

(5) Recht auf fairen Prozess (Art. 6).

(6) Nulla poena sine lege (Art. 7).

(7) Recht auf Achtung des Privat- und Familienlebens, der Wohnung und des Briefverkehrs (Art. 8).

(8) Gedanken-, Gewissens- und Religionsfreiheit (Art. 9).

(9) Recht auf freie Meinungsäußerung (Art. 10).

(10) Versammlungs- und Vereinigungsfreiheit (Art. 11).

(11) Recht auf Eheschließung und Familiengründung (Art. 12).

(12) Recht auf Achtung des Eigentums (Art. 1 Zusatzprotokoll).

(13) Recht auf Bildung (Art. 2 Zusatzprotokoll).

(14) Freie und geheime Wahlen (Art. 3 Zusatzprotokoll).

(15) Verbot der Schuldhaft (Art. 1 Protokoll Nr 4).

(16) Recht auf Freizügigkeit (Art. 2 Protokoll Nr 4).

(17) Verbot der Ausweisung von Staatsangehörigen (Art. 3 Abs. 1 Protokoll Nr 4).

(18) Recht auf Einreise in das eigene Land (Art. 3 Abs. 2 Protokoll Nr 4).

(19) Verbot der Kollektivausweisung von Ausländern (Art. 4 Protokoll Nr 4).

(20) Verbot der Todesstrafe (Art. 1 Protokoll Nr 6).

(21) Schutz vor willkürlicher Ausweisung (Art. 1 Protokoll Nr 7).

(22) Recht auf eine zweite Strafgerichtsinstanz (Art. 2 Protokoll Nr 7).

(23) Recht auf Entschädigung nach erfolgreicher strafgerichtlicher Wiederaufnahme (Art. 3 Protokoll Nr 7).

(24) Ne bis in idem (Art. 4 Protokoll Nr 7).

(25) Privatrechtliche Gleichberechtigung von Ehegatten (Art. 5 Protokoll Nr 7).

b) Das Überprüfungsverfahren

aa) Die Organe

Die EMRK sieht **zwei Organe** vor, die im Verfahren zur Überprüfung der Befolgung der Konvention mitwirken: **714**

(1) Der Europäische **Gerichtshof** für Menschenrechte: Die Zahl der Richter entspricht der Anzahl der Vertragsparteien (Art. 20 EMRK; s. Rn 15 Nr 7). Die Richter werden von der Beratenden Versammlung des Europarats für sechs Jahre gewählt. Wiederwahl ist zulässig (Art. 22 und Art. 23 EMRK). Sitz des Gerichtshofs ist Straßburg.

(2) Das **Ministerkomitee** des Europarates: Es besteht aus den Außenministern der Mitglieder des Europarates. Sie sind Staatenvertreter und daher ihren Regierungen gegenüber weisungsgebunden (Art. 14 der Satzung des Europarates vom 5. Mai 1949, Sartorius II, Nr 110).

bb) Die Verfahrensarten

Die EMRK kennt **drei Verfahrensarten**: Das Verfahren der Staatenbeschwerde, das Verfahren der Individualbeschwerde und das Gutachtenverfahren (Art. 32 Abs. 1 EMRK): **715**

(1) Im Verfahren der **Staatenbeschwerde** kann jede Vertragspartei den Gerichtshof wegen Verletzung der Konvention und der Protokolle durch eine andere Vertrags- **716**

partei anrufen (Art. 33 EMRK). Dieses Verfahren entspricht der üblichen völkerrechtlichen Gerichtsbarkeit. In der Praxis wird es nur sehr selten in Anspruch genommen.

717   (2) Im Verfahren der **Individualbeschwerde** können auch natürliche Personen, nichtstaatliche Organisationen oder Personengruppen, die behaupten, durch eine Vertragspartei in einem der in der Konvention und in den Protokollen anerkannten Rechte verletzt zu sein, den Gerichtshof anrufen (Art. 34 EMRK). Dieses Verfahren entspricht nicht mehr der üblichen völkerrechtlichen Gerichtsbarkeit und sprengt das bisherige System der Behandlung des einzelnen im Völkerrecht (s. Rn 533). Es enthält daher Elemente der Supranationalität (s. Rn 691).

718   (3) Im **Gutachtenverfahren** kann das Ministerkomitee des Europarates Gutachten über die Auslegung der Konvention und der Protokolle beim Gerichtshof beantragen. Dabei darf es sich allerdings nur um Verfahrensfragen und nicht um Fragen bezüglich der materiell verbürgten Rechte (s. Rn 713) handeln (Art. 47 EMRK).

cc) Das Verfahren

719   Der Gerichtshof tagt in Ausschüssen mit drei Richtern, in Kammern mit sieben Richtern oder in einer Großen Kammer mit siebzehn Richtern (Art. 27 Abs. 1 EMRK).

720   Das Verfahren vor dem Gerichtshof (ohne Berücksichtigung des Gutachtenverfahren nach Art. 47 bis 49 EMRK) besteht aus folgenden Phasen:

721   (1) **Zulässigkeitsprüfung** von Individualbeschwerden durch einen Ausschuss: Hält der Ausschuss die Beschwerde einstimmig für unzulässig, weist er sie zurück. Eine solche Entscheidung ist endgültig (Art. 28 EMRK). Das Verfahren ist damit beendet. In der Praxis ist dies in ca. 95% der Beschwerden der Fall.

722   Die Zulässigkeitsvoraussetzungen ergeben sich aus Art 35 Abs. 1 bis 3 EMRK. Von besonderer Bedeutung ist dabei die innerstaatliche **Rechtswegerschöpfung** und die Einhaltung einer **sechs Monate-Frist** nach der endgültigen innerstaatlichen Entscheidung.

723   Ergeht kein einstimmiger Beschluss eines Ausschusses über die Unzulässigkeit einer Individualbeschwerde gemäß Art. 28 EMRK und im Falle einer Staatenbeschwerde entscheidet eine Kammer über die Zulässigkeit (Art. 29 Abs. 1 und Abs. 2 EMRK).

724   (2) Sowohl bei Individual- als auch bei Staatenbeschwerden stellt sich der Gerichtshof den Parteien in einem vertraulichen Verfahren für eine **gütliche Einigung** zur Verfügung. Kommt eine solche zu Stande, wird die Rechtssache im Register gestrichen (Art. 38 Abs. 1 Buchstabe b und Abs. 2, Art. 39 EMRK). Das Verfahren ist damit beendet.

725   (3) **Begründetheitsprüfung** von Individual- und Staatenbeschwerden: Über die Begründetheit entscheidet in der Regel eine Kammer durch Urteil (Art. 29 Abs. 1 und Abs. 2, Art. 42 EMRK).

Bei schwerwiegenden Fragen der Auslegung oder wenn eine Kammer von einer früheren Entscheidung des Gerichtshofes abweichen würde, kann die Rechtssache an die Große Kammer abgegeben werden. Voraussetzung ist allerdings, dass keine Partei dem widerspricht (Art. 30 EMRK). **726**

Kommt es zu einer solchen Verweisung, so entscheidet die Große Kammer durch Urteil endgültig (Art. 44 Abs. 1 EMRK). Das Verfahren ist damit beendet. **727**

(4) Hat eine Kammer eine Rechtssache durch Urteil entschieden, dann kann jede Partei innerhalb von drei Monaten ihre **Verweisung an die Große Kammer** beantragen. Über die Annahme entscheidet ein Ausschuss von fünf Richtern der Großen Kammer. Voraussetzung ist, dass die Rechtssache eine schwerwiegende Frage der Auslegung oder Anwendung der Konvention oder der Protokolle oder eine schwerwiegende Frage von allgemeiner Bedeutung aufwirft (Art. 43 Abs. 1 und Abs. 2 EMRK). **728**

Wird dem Antrag auf Verweisung an die Große Kammer nicht stattgegeben, so wird das Urteil der Kammer endgültig. Dasselbe gilt, wenn kein Antrag auf Verweisung gestellt wird (Art. 44 Abs. 2 EMRK). Das Verfahren ist damit beendet. **729**

Die Urteile des Gerichtshofes stellen fest, ob die behauptete Verletzung der Konvention oder der Protokolle vorliegt oder nicht; sie sind also **Feststellungsurteile**. Gemäß Art. 46 Abs. 1 EMRK sind die Vertragspartner verpflichtet, die endgültigen Urteile zu befolgen. Eine Ausnahme sieht Art. 41 EMRK insofern vor, als der Gerichtshof einer verletzten Partei unter gewissen Voraussetzungen eine Entschädigung zusprechen kann. **730**

Die endgültigen Urteile sind dem Ministerkomitee des Europarates zuzuleiten, das deren **Durchführung überwacht** (Art. 46 Abs. 2 EMRK). **731**

Für die Erstattung von **Gutachten** ist ausschließlich die Große Kammer zuständig (Art. 31 Buchstabe b EMRK). **732**

Literatur: *Ehlers*, Die Europäische Menschenrechtskonvention, in: JURA 2000, S. 372 ff; *Frowein/Peukert*, Europäische Menschenrechtskonvention, Kommentar, 2. Aufl., Kehl am Rhein 1996; *Grabenwarter*, Europäische Menschenrechtskonvention, München und Wien 2003; *Karl* (Hrsg.), Internationaler Kommentar zur Europäischen Menschenrechtskonvention, Loseblatt, Köln ua 1986 ff; *Schlette,* Europäischer Menschenrechtsschutz nach der Reform der EMRK, in: JZ 1999, S. 219 ff; *Staebe,* Die Europäische Menschenrechtskonvention und ihre Bedeutung für die Rechtsordnung der Bundesrepublik Deutschland, in: JA 1996, S. 75 ff; *Uerpmann*, Die Europäische Menschenrechtskonvention und die deutsche Rechtsprechung, Berlin 1993.

§ 6 Die auswärtige Gewalt

A. Begriff

733 Der Begriff der auswärtigen Gewalt als Bestandteil der Staatsgewalt ist im GG nicht enthalten. Es enthält auch keinen gesonderten Abschnitt über die Funktionen und Kompetenzen der Staatsgewalt in diesem Bereich. Das weist schon darauf hin, dass sich nach dem GG die auswärtige Gewalt im üblichen Schema der Gewaltenteilung nicht einseitig zuordnen lässt, dass sie auch nicht eine eigenständige vierte Gewalt darstellt, sondern dass sie sich auf die verschiedenen Gewalten aufteilt.

734 Dennoch ist die auswärtige Gewalt ein gängiger Begriff in der Beschreibung der Staatsfunktionen. Man versteht darunter die Zuständigkeiten der staatlichen Organe, die sich auf die Teilnahme der Bundesrepublik Deutschland am völker- und europarechtlichen Verkehr beziehen. Dazu gehört die Vertretung der Bundesrepublik und die Übernahme völkerrechtlicher Verpflichtungen durch Vertrag oder einseitiges Rechtsgeschäft. Außerdem zählt man dazu sowohl die nach außen gerichteten Akte als auch die dazu als Voraussetzung dienenden innerstaatlichen Akte, wie Zustimmung, Delegation, Anhörung etc. Neben diesem auf die Staatsgewalten bezogenen Bereich der auswärtigen Gewalt gibt es eine Fülle von sonstigen Sachverhalten, die ebenfalls mit den auswärtigen Beziehungen der Bundesrepublik zu tun haben, die sich aber nicht auf der völker- und europarechtlichen Ebene abspielen und daher nur politische, speziell außenpolitische Relevanz haben. Darüber enthält das GG naturgemäß keine Bestimmungen.

Beispiele: Zu diesen außenpolitisch relevanten Sachverhalten gehören zB die Städtepartnerschaften und die grenzüberschreitende Zusammenarbeit von Gemeinden (etwa im Umweltschutz, Energieversorgung, Gründung regionaler Zweckverbände etc). Sie bewegen sich nicht auf der völkerrechtlichen Ebene, sondern – sofern sie überhaupt rechtlich relevant sind – auf der Ebene der nationalen Rechtsordnungen.

Das BVerfG hat in dem ähnlich gelagerten Fall des Kehler Hafenvertrages (BVerfGE 2, S. 347 ff) entschieden, dass nicht einmal Verträge zwischen einem Land der Bundesrepublik und einer ausländischen Körperschaft des öffentlichen Rechts völkerrechtliche Verträge seien (aaO, S. 374 f). Dementsprechend wird man auch solche Fälle nicht dem Komplex der auswärtigen Gewalt zurechnen, wenngleich natürlich deren außenpolitische Relevanz evident ist.

Etwas anderes stellen die Fälle des Art. 24 Abs. 1a GG dar. Dort werden die Länder auf der völkerrechtlichen Ebene tätig (s. Rn 67).

B. Die auswärtige Gewalt in der bundesstaatlichen Gewaltenteilung

735 Die zentralen Bestimmungen über die bundesstaatliche Gewaltenteilung im Bereich der auswärtigen Gewalt finden sich in Art. 32 GG. Danach können sowohl der Bund als auch die Länder **völkerrechtliche Verträge** abschließen. Die genaue Abgrenzung der Abschlusskompetenz ist hingegen umstritten (vgl zum Ganzen Rn 126 ff).

In einer Reihe von Angelegenheiten mit typisch auswärtigem Bezug sieht das GG die **ausschließliche Gesetzgebungskompetenz des Bundes** vor, sodass in diesen Bereichen von vornherein keine Vertragsabschlusskompetenz der Länder existieren kann. **736**

Beispiele: Dies gilt zB für Art. 73 Nr 1 (auswärtige Angelegenheiten, s. Rn 741), Art. 73 Nr 3 (Paßwesen, Ein- und Auswanderung, Auslieferung), Art. 73 Nr 5 (Handels- und Schifffahrtsverträge, Waren- und Zahlungsverkehr mit dem Ausland), Art. 73 Nr 10 (internationale Verbrechensbekämpfung), Art. 105 Abs. 1 (Zölle, s. aber dazu Rn 66).

In einigen anderen Angelegenheiten mit typisch auswärtigem Bezug sieht Art. 74 GG die **konkurrierende Gesetzgebungskompetenz des Bundes** vor, sodass die Länder, jedenfalls solange und soweit der Bund davon keinen Gebrauch gemacht hat, in diesen Gesetzgebungsangelegenheiten ein Vertragsabschlussrecht gemäß Art. 32 Abs. 3 GG haben können (s. Rn 118). **737**

Beispiele: Dies gilt zB für Art. 74 Abs. 1 Nr 4 (Aufenthalts- und Niederlassungsrecht der Ausländer), Art. 74 Abs. 1 Nr 17 (Ein- und Ausfuhr landwirtschaftlicher Erzeugnisse, Hochsee- und Küstenfischerei), Art. 74 Abs. 1 Nr 21 (Hochsee- und Küstenschifffahrt).

Hingegen ergibt sich aus Art. 32 GG, dass die **Länder** außer im Bereich des Vertragsabschlusses und den damit in Zusammenhang stehenden Angelegenheiten keine weiteren Kompetenzen im Rahmen der auswärtigen Gewalt besitzen. Sie sind zwar zuständig für einseitige Rechtsgeschäfte, aber nur, wenn sie mit einem völkerrechtlichen Vertrag in Verbindung stehen. Die Länderverfassungen enthalten jeweils Bestimmungen über ihre Vertretung nach außen, diese haben aber nur Relevanz im Zusammenhang mit dem Vertragsabschlussrecht. Auch können die Länder trotz ihres Vertragsabschlussrechts keinen internationalen Organisationen beitreten, wenn damit die Übertragung von Hoheitsrechten verbunden ist. Dem steht die ausschließliche Kompetenz des Bundes nach Art. 23 Abs. 1 GG bzw Art. 24 Abs. 1 GG entgegen. Sie können allerdings gemäß Art. 24 Abs. 1a GG unter den dort genannten Voraussetzungen Hoheitsrechte auf grenznachbarschaftliche Einrichtungen übertragen (s. Rn 67). **738**

Eine Besonderheit stellt in diesem Zusammenhang die Errichtung von sog. **Länderbüros** bei der Europäischen Union in Brüssel dar. Diese Büros dienen der Stärkung der Länder gegenüber den Europäischen Gemeinschaften. Sie sind teilweise privatrechtlich, teilweise aber öffentlich-rechtlich organisiert. Vereinzelt werden sie durch Minister für Europaangelegenheiten geleitet und sind mit Beamten besetzt (zB im Falle Bayerns). Sie haben die Aufgabe, wichtige länderspezifische Informationen zu sammeln und weiterzugeben, Dienstleistungs- und Anlaufstelle für die eigene Wirtschaft zu sein, die Eigenständigkeit der Länder gegenüber den Europäischen Gemeinschaften abzusichern und die Beziehungen zwischen den Landesregierungen und den Europäischen Gemeinschaften zu pflegen. **739**

Von diesen Funktionen ausgehend erhebt sich natürlich die Frage, ob diese Länderbüros nicht Außenvertretungsorgane der Länder sind und ob dies mit Art. 32 GG vereinbar ist (vgl dazu *Fastenrath*, Länderbüros in Brüssel, in: DÖV 1990, S. 125 ff). Der Bund hatte ursprünglich verfassungsrechtliche Bedenken geäußert, **739a** diese dann aber zurückgestellt. Eine Klärung könnte nur das BVerfG oder eine – mehrfach geforderte – Änderung des Art. 32 oder eine Ergänzung des Art. 23 GG bringen, in der den Ländern ausdrücklich das Recht auf EU-Vertretungen eingeräumt wird. Man hat allerdings einen anderen Weg gewählt und die Frage in § 8 des Ausführungsgesetzes Bundesrat (s. Rn 385) geregelt. Dieser hat folgenden Wortlaut:

„Die Länder können unmittelbar zu Einrichtungen der Europäischen Union ständige Verbindungen unterhalten, soweit dies zur Erfüllung ihrer staatlichen Befugnisse und Aufgaben nach dem Grundgesetz dient. Die Länderbüros erhalten keinen diplomatischen Status. Stellung und Aufgaben der Ständigen Vertretung in Brüssel als Vertretung der Bundesrepublik Deutschland bei den Europäischen Gemeinschaften gelten uneingeschränkt auch in den Fällen, in denen die Wahrnehmung der Rechte, die der Bundesrepublik Deutschland als Mitgliedstaat der Europäischen Union zustehen, auf einen Vertreter der Länder übertragen wird."

740 Insbesondere besitzen die **Länder kein aktives und passives Gesandtschaftsrecht**. Darunter versteht man das Recht, diplomatische Vertreter zu entsenden und zu empfangen. Dieses Recht, nach dem zu fremden Staaten, internationalen Organisationen oder sonstigen Völkerrechtssubjekten staatliche Vertretungsorgane entsandt werden können, die einen besonderen Rechtsstatus genießen (s. Rn 610 f) bzw nach dem die Bundesrepublik Empfangsstaat für derartige Vertretungsorgane anderer Völkerrechtssubjekte sein kann, steht nur dem Bund zu.

741 Dementsprechend bestimmt Art. 73 Nr 1 GG die ausschließliche Gesetzgebungskompetenz des Bundes für die **auswärtigen Angelegenheiten**. Dieser Begriff bezieht sich nach Meinung des BVerfG auf „die Beziehungen, die sich aus der Stellung der Bundesrepublik als Völkerrechtssubjekt zu anderen Staaten ergeben" (BVerfGE 33, S. 52 ff, 60). Trotz dieser weiten Definition des BVerfG bezieht die hL den Begriff nur auf den auswärtigen Verkehr im engeren Sinn, dh speziell auf die Angelegenheiten im Zusammenhang mit der Tätigkeit der Vertretungen der Bundesrepublik bei anderen Völkerrechtssubjekten (Botschaften, Generalkonsulate, Konsulate und Vertretungen bei internationalen Organisationen) sowie der Vertretungen anderer Völkerrechtssubjekte in der Bundesrepublik.

Beispiele: – Gesetz über die Konsularbeamten, ihre Aufgaben und Befugnisse (Konsulargesetz) vom 11. September 1974 (Sartorius I, Nr 570).

– Richtlinien über den amtlichen Verkehr in das Ausland und mit ausländischen Dienststellen im Inland vom 6. Dezember 1994 (GMBl. 1995, S. 258 ff). Die vom Bundesministerium des Inneren erlassenen Richtlinien gelten auch für Länderbehörden.

Der Begriff der „auswärtigen Angelegenheiten" iSd Art. 73 Nr 1 GG kann also nicht mit dem Begriff der auswärtigen Gewalt gleichgesetzt werden.

742 Ebenfalls konsequent ist im Rahmen dieser bundesstaatlichen Gewaltenteilung die Bestimmung des Art. 87 Abs. 1 Satz 1 GG, wonach der **Auswärtige Dienst** in bundeseigener Verwaltung geführt wird.

C. Die auswärtige Gewalt im Kompetenzgefüge des GG

I. Bundespräsident

Dem Bundespräsidenten kommen im Bereich der auswärtigen Gewalt folgende **743** Kompetenzen zu:

(1) Der Bundespräsident vertritt den Bund völkerrechtlich (Art. 59 Abs. 1 Satz 1 **744** GG). Diese **Vertretungsbefugnis** ist umfassend und bezieht sich auf alle Aspekte der auswärtigen Gewalt, wie zB Abschluss völkerrechtlicher Verträge, Tätigung einseitiger Rechtsgeschäfte, Ausübung des aktiven und passiven Gesandtschaftsrechts etc. Bestimmungen des GG über diese Kompetenzen im einzelnen (zB Art. 59 Abs. 1 Sätze 2 und 3 GG, Art. 115a Abs. 5 Satz 1 GG) kommt daher nur erläuternde Funktion zu.

(2) Der Bundespräsident schließt im Namen des Bundes die **völkerrechtlichen** **745** **Verträge** mit anderen Völkerrechtssubjekten (Art. 59 Abs. 1 Satz 2 GG).

(3) Der Bundespräsident beglaubigt und empfängt die Gesandten (Art. 59 Abs. 1 **746** Satz 3 GG). Damit übt er für die Bundesrepublik das aktive und passive Gesandtschaftsrecht aus (s. Rn 740). Im Rahmen des **aktiven Gesandtschaftsrechts** stellt er für die Botschafter und Gesandten sog. Beglaubigungsschreiben aus, die diese in der Regel in feierlicher Form dem Staatsoberhaupt des Empfangsstaates übergeben.

Beispiel: „Von dem Wunsche geleitet, die diplomatischen Beziehungen zwischen der Bundesrepublik Deutschland und …… aufzunehmen (zu vertiefen – das durch die Abberufung des Herrn …… erledigte Amt des …… der Bundesrepublik Deutschland in …… wieder zu besetzen), habe ich beschlossen, (dieses) das Amt des …… Herrn …… zu übertragen.

Seine bewährten Eigenschaften berechtigen mich zu der Erwartung, daß er in der ihm übertragenen ehrenvollen Stellung bestrebt sein wird, sich Euerer …… Anerkennung zu erwerben.

Herr …… wird die Ehre haben, Euerer …… dieses Schreiben, das ihn in der Eigenschaft eines außerordentlichen …… der Bundesrepublik Deutschland beglaubigen soll, zu überreichen.

Ich bitte, ihn mit Wohlwollen zu empfangen und ihm in allem, was er in meinem Namen oder im Auftrag der Regierung der Bundesrepublik Deutschland vorzutragen berufen sein wird, vollen Glauben beizumessen. Zugleich benutze ich diesen Anlaß, um meine besten Wünsche für Euerer …… persönliches Wohlergehen und das Blühen und Gedeihen …… zum Ausdruck zu bringen. Ich verbinde hiermit die Versicherung meiner vollkommenen Hochachtung.

Siegel   gez. ……

Haus des Bundespräsidenten

Berlin, den ……   Der Bundesminister des Auswärtigen

       gez. ……“

Im Rahmen des **passiven Gesandtschaftsrechts** empfängt der Bundespräsident die **747** fremden Botschafter und Gesandten, die ihm in feierlicher Form ihr Beglaubigungsschreiben überreichen (sog. Akkreditierung). Der Zeitpunkt der Überreichung des Beglaubigungsschreibens gilt als Zeitpunkt des Amtsantritts des Diplomaten (vgl

Art. 13 Abs. 1 des Wiener Übereinkommens über diplomatische Beziehungen vom 18. April 1961; Sartorius II, Nr 325).

748 Bevor der Bundespräsident einen fremden Botschafter oder Gesandten empfängt, muss er ihm das sog. **Agrément** erteilt haben. Darunter versteht man die Zustimmung der Bundesrepublik zur Person eines zu ernennenden Missionschefs. Ein solches Agrément muss der Entsendestaat vorab einholen (Art. 4 Abs. 1 des Wiener Übereinkommens über diplomatische Beziehungen).

Eine solche Anfrage hat üblicherweise folgende Form:

„Die ...... Regierung hat die Absicht, den gegenwärtigen Botschafter in London, Herrn ...... zum Botschafter in Berlin zu ernennen.

Die ...... Regierung bittet die Bundesregierung, das Agrément zu der Ernennung des Herrn ...... zu erteilen.

Der Wechsel auf dem Missionschefposten in Berlin ist für Anfang April des kommenden Jahres vorgesehen."

Das Agrément kann jederzeit ohne Angabe von Gründen verweigert werden (Art. 4 Abs. 2 des Wiener Übereinkommens über diplomatische Beziehungen). Die betreffende Person kann dann nicht zum Missionschef ernannt werden.

748a Diplomaten niedrigerer Rangstufe als Botschafter oder Gesandte werden in der Praxis vom Bundesminister für Auswärtiges ernannt und empfangen. Dies lässt sich verfassungsrechtlich nur durch stillschweigende Beauftragung rechtfertigen.

749 Allerdings ist der Bundespräsident in einigen Fällen von der **Zustimmung** oder **Mitwirkung** anderer Staatsorgane abhängig.

– Beim Abschluss bestimmter Verträge bedarf er gemäß Art. 59 Abs. 2 Satz 1 GG der Zustimmung oder Mitwirkung der für die Bundesgesetzgebung zuständigen Körperschaften in der Form eines Bundesgesetzes (s. Rn 162 ff).

– In jedem Fall bedarf ein Akt des Bundespräsidenten im Rahmen der auswärtigen Gewalt gemäß Art. 58 Satz 1 GG zu seiner Gültigkeit der Gegenzeichnung durch den Bundeskanzler oder durch den zuständigen Bundesminister (vgl *Degenhart*, Rn 568).

– Im Bereich der Außenpolitik hat er keine selbstständigen Entscheidungsbefugnisse. Diese liegen grundsätzlich bei der Regierung (BVerfGE 1, S. 372 ff, 394; BVerfGE 68, S. 1 ff, 79 ff).

II. Bundestag und Bundesrat

750 Bundestag und Bundesrat sind im Bereich der auswärtigen Gewalt beim Abschluss völkerrechtlicher Verträge (s. Rn 162 ff), bei der Rechtsetzung in der EG (s. Rn 382 ff) und uU bei der Tätigung einseitiger Rechtsgeschäfte (s. Rn 289 ff) beteiligt.

III. Bundesregierung

> **Fall 18:** Zwischen der Bundesregierung und dem Bundespräsidenten bestehen erhebliche Meinungsunterschiede über die Beurteilung einer Befreiungsbewegung im Staate X. Während die Bundesregierung, speziell der Bundeskanzler und der Bundesaußenminister, für eine zurückhaltende und neutrale Position eintreten, plädiert der Bundespräsident für eine Anerkennung und Unterstützung der Befreiungsbewegung.
>
> Im Rahmen eines Staatsbesuches im Staate Y, einem Nachbarstaat von X, empfängt der Bundespräsident ohne Wissen des mitreisenden Außenministers den Anführer der Befreiungsbewegung zu einem privaten Treffen. In einem längeren Gespräch, dessen wesentliche Ergebnisse im Anschluss daran der Presse bekannt geben werden, verspricht der Bundespräsident die volle Unterstützung der Bundesrepublik und sichert zu, sich persönlich bei der Bundesregierung für eine Anerkennung der Befreiungsbewegung einzusetzen.
>
> War der Bundespräsident zur Abgabe dieser Erklärung berechtigt? **Lösung: Rn 759**

751

Der Bundesregierung und den Bundesministern kommen im Bereich der auswärtigen Gewalt folgende Kompetenzen zu: **752**

(1) Sie sind in der Praxis – wenngleich verfassungsrechtlich umstritten – zuständig zum Abschluss von **Verwaltungsabkommen** (s. Rn 139). In einigen Fällen bedarf es dabei allerdings der Zustimmung des Bundesrates (s. Rn 466). **753**

(2) Die Bundesregierung muss dem Abschluss völkerrechtlicher Verträge der Länder mit anderen Völkerrechtssubjekten und der Übertragung von Hoheitsrechten der Länder auf grenznachbarschaftliche Einrichtungen **zustimmen** (s. Rn 125 und 67). **754**

(3) Die Bundesregierung hat die **Entscheidungsbefugnis** im Bereich der **Außenpolitik** (s. Rn 749). Insoweit bestimmt sie den konkreten Inhalt der Akte der auswärtigen Gewalt (s. *Degenhart*, Rn 567). **755**

Hier spiegelt sich im besonderen Maße die Trennung und das Zusammenwirken der Kompetenzen wider. So wird zB ein völkerrechtlicher Vertrag gemäß Art. 59 Abs. 2 Satz 1 GG inhaltlich von der Bundesregierung ausgehandelt und unterzeichnet, bedarf dann eines Vertragsgesetzes von Bundestag und Bundesrat und wird schließlich vom Bundespräsidenten – nach Vorliegen der Gegenzeichnung – ratifiziert.

Nicht vollständig geklärt ist, ob diese Kompetenz auch die Entscheidung über den **Einsatz der Streitkräfte** umfasst oder ob hierfür ein Beschluss von Bundestag und Bundesrat erforderlich ist. Auf den ersten Blick scheint Art. 115a GG letzteres nahezulegen. Wie die folgenden Art. 115b bis 115l GG zeigen, dient die Feststellung des Verteidigungsfalles durch Bundestag und Bundesrat aber nur der Umgestaltung der innerstaatlichen Kompetenzverteilung in dieser Ausnahmesituation. Daher nimmt die hM an, die Entscheidung über den Einsatz der Bundeswehr nach außen gehöre zum Bereich der auswärtigen Gewalt und damit in die Zuständigkeit der Bundesregierung. Im Falle des Einsatzes der Bundeswehr im Rahmen von UNO-Aktionen bedarf die Bundesregierung dazu allerdings eines konstitutiven Beschlusses des Bundestages (s. Rn 702 ff).

756 (4) Der Bundesminister des Auswärtigen beglaubigt und empfängt die Diplomaten niedrigerer Rangstufe (s. Rn 748a).

757 (5) Der Bundeskanzler oder die zuständigen Bundesminister haben die Akte des Bundespräsidenten im Rahmen der auswärtigen Gewalt **gegenzuzeichnen** (s. Rn 749).

758 (6) Die Bundesregierung wirkt am **Erlass von sekundärem Gemeinschaftsrecht** mit (s. Rn 361). Hier wird nicht nur die formale Dominanz des Bundespräsidenten im Bereich der auswärtigen Gewalt gemäß Art. 59 Abs. 1 Satz 1 GG, sondern in den Fällen unmittelbar geltenden sekundären Gemeinschaftsrechts auch das Legislativmonopol der gesetzgebenden Körperschaften eingeschränkt. Die verfassungsrechtliche Rechtfertigung dafür liegt in Art. 23 Abs. 1 GG bzw in Art. 24 Abs. 1 GG.

759 **Lösung Fall 18** (Rn 751): Der Bundespräsident ist zu diesen Erklärungen berechtigt, wenn ihm das GG die diesbezügliche Kompetenz gibt und die vom GG vorgeschriebenen Voraussetzungen vorliegen. Dabei könnten die beiden Erklärungen des Bundespräsidenten unterschiedlich zu beurteilen sein.

1. Die Unterstützungserklärung

a) Die Kompetenz des Bundespräsidenten zur Unterstützungserklärung könnte sich aus Art. 59 Abs. 1 Satz 1 GG ergeben. Danach vertritt der Bundespräsident den Bund völkerrechtlich. Die Abgabe einer derartigen Erklärung hat außenpolitische Relevanz und könnte somit Teil der völkerrechtlichen Außenvertretungsbefugnis des Bundespräsidenten sein. Allerdings ist dem Bundespräsidenten von der Gesamtkonzeption des GG her gesehen keine Kompetenz zur aktiven Gestaltung der (Außen-)Politik eingeräumt. Das bedeutet für die Auslegung des Art. 59 Abs. 1 Satz 1 GG, dass der Bundespräsident nur insoweit zur Außenvertretung berufen ist, als er rein formal den anderweitig gebildeten Staatswillen nach außen kundtut und wirksam macht. Die Bildung des Staatswillens in diesem Bereich obliegt der Bundesregierung und speziell dem Bundeskanzler nach Art. 65 Satz 1 GG sowie dem Bundesaußenminister nach Art. 65 Satz 2 GG, wobei etwaige Rechte der gesetzgebenden Körperschaften zu beachten sind.

Im vorliegenden Fall entspricht die Unterstützungserklärung nicht der von der Bundesregierung, speziell dem Bundeskanzler und dem Bundesaußenminister, vertretenen außenpolitischen Linie. So gesehen hat der Bundespräsident seine Kompetenz überschritten.

b) Gemäß Art. 58 Satz 1 GG bedürfen Anordnungen und Verfügungen des Bundespräsidenten zu ihrer Gültigkeit der Gegenzeichnung durch den Bundeskanzler oder den zuständigen Bundesminister, hier den Bundesaußenminister. Der Begriff der Anordnungen und Verfügungen wird weit interpretiert. Man versteht darunter neben den eigentlichen Anordnungen und Verfügungen auch alle amtlichen und politisch bedeutsamen Handlungen und Erklärungen, auch im Rahmen der Außenpolitik. Dazu gehört auch die in Frage stehende Unterstützungserklärung, die der Bundespräsident, wenngleich auf einem privaten Treffen, so doch – wegen der Zusage für den Staat Bundesrepublik – in amtlicher Eigenschaft abgegeben hat und deren politische Bedeutung evident ist.

Die Gegenzeichnung muss nicht immer schriftlich erfolgen. Gerade bei Erklärungen genügt die ausdrückliche oder stillschweigende Billigung durch die Organe des Art. 58 GG. Im vorliegenden Fall gab es weder eine schriftliche Gegenzeichnung durch den Bundeskanzler noch durch den Bundesaußenminister. Vielmehr wusste der mitreisende

Bundesaußenminister laut Sachverhalt gar nichts vom Treffen des Bundespräsidenten. Man kann somit auch nicht auf eine stillschweigende Billigung abstellen.

c) Aus alledem folgt, dass der Bundespräsident zur Unterstützungserklärung nicht berechtigt war. Weder besaß er die Kompetenz dazu, noch lag eine notwendige Gegenzeichnung vor.

2. Die Verwendungszusage

Etwas anderes könnte für die Verwendungszusage gelten.

a) Sie stellt zunächst keine Erklärung im Rahmen der Außenvertretungsbefugnis nach Art. 59 Abs. 1 Satz 1 GG dar. Sie ist keine Kundgabe eines bereits gebildeten Staatswillens und auch kein Akt aktiver Gestaltung der Außenpolitik. Sie wird auch nicht für die Bundesrepublik abgegeben, sondern nur für den Bundespräsidenten selbst. Er sagt darin zu, sich persönlich bei den staatlich zuständigen Organen für eine Entscheidung zugunsten einer Anerkennung einzusetzen. Er gibt damit deutlich zu erkennen, dass er von einer eigenen Kompetenz nicht ausgeht. Daher kann er gar nicht seine Kompetenzen überschritten haben.

b) Die Erklärung könnte aber nach Art. 58 Satz 1 GG gegenzeichnungspflichtig sein. Dann müsste es sich um eine amtliche und politisch bedeutsame Erklärung handeln. Dies ist zu verneinen. Die auf dem privaten Treffen im eigenen Namen abgegebene Erklärung war nicht amtlicher Natur. Daher kommt es auf die politische Bedeutung, die nach wie vor zu bejahen ist, nicht mehr an. Die Berechtigung einer privaten Erklärung, sich persönlich beim Bundeskanzler und beim Bundesaußenminister für die Anerkennung einzusetzen, kann nicht davon abhängig sein, dass diese die Erklärung gegenzeichnen.

Ergebnis: Der Bundespräsident war zur Abgabe der Verwendungszusage, nicht jedoch der Unterstützungserklärung berechtigt.

Literatur: *Dittmann/Kilian* (Hrsg.), Kompetenzprobleme der auswärtigen Gewalt, Tübingen 1982; *Fastenrath*, Kompetenzverteilung im Bereich der auswärtigen Gewalt, München 1986; *Grewe*, Zum Verfassungsrecht der auswärtigen Gewalt, in: AöR 1987, S. 521 ff; *ders.*, Auswärtige Gewalt, in: *Isensee/Kirchhof,* Bd. III, S. 921 ff; *Hobe*, Die Auswärtige Gewalt – Tendenzen zur Föderalisierung und Parlamentarisierung, in: JA 1996, S. 818 ff; *Seidel*, Der Bundespräsident als Träger der auswärtigen Gewalt, Berlin 1972; *Warg*, Außenkompetenzen des Bundes und Mitwirkungsrechte des Parlaments, in: JURA 2002, S. 806 ff.

IV. Bundesverfassungsgericht

Fall 19: X ficht einen an ihn ergangenen belastenden Verwaltungsakt vor dem Verwaltungsgericht mit der Begründung an, das dem Verwaltungsakt zugrunde liegende Gesetz verstoße gegen eine allgemeine Regel des Völkerrechts iSv Art. 25 GG. Dazu legt X dem Gericht mehrere Aufsätze aus einschlägigen juristischen Fachzeitschriften vor, in denen Völkerrechtswissenschaftler aus verschiedenen Ländern die Auffassung vertreten, Gesetze wie dasjenige, auf dem der an X ergangene Verwaltungsakt beruht, seien mit einer bestimmten allgemeinen Regel des Völkerrechts unvereinbar. X beantragt deshalb, über diese Frage eine Entscheidung des BVerfG einzuholen.

760

Das Verwaltungsgericht teilt die Zweifel an der Völkerrechtswidrigkeit des betreffenden Gesetzes nicht und weist die Klage ohne Vorlage an das BVerfG als unbegründet ab. Rechtsmittel gegen dieses Urteil bleiben erfolglos.

Nunmehr erhebt X Verfassungsbeschwerde, ua mit der Begründung, dadurch, dass die angerufenen Verwaltungsgerichte die umstrittene völkerrechtliche Vorfrage nicht dem BVerfG vorgelegt hätten, sei er in seinem Recht auf den gesetzlichen Richter verletzt worden.

Ist die Verfassungsbeschwerde insoweit begründet? **Lösung: Rn 772**

1. Auswärtige Gewalt und gerichtliche Kontrolle

761 Es ist heute unbestritten, dass die Akte der auswärtigen Gewalt gerichtlicher Kontrolle unterliegen. Insbesondere unterliegen sie der Kontrolle hinsichtlich der formellen und materiellen Bindungen an das GG, wie Kompetenzvorschriften, Staatszielbestimmungen und Grundrechten. Allerdings wird den zuständigen Organen ein **großer Ermessensspielraum** eingeräumt. Dies wird mit der Besonderheit der auswärtigen Beziehungen gerechtfertigt. Das BVerfG hat dazu ausgeführt (BVerfGE 55, S. 349 ff, 365):

„Die Weite des Ermessens im auswärtigen Bereich hat ihren Grund darin, daß die Gestaltung auswärtiger Verhältnisse und Geschehensabläufe nicht allein vom Willen der Bundesrepublik Deutschland bestimmt werden kann, sondern vielfach von Umständen abhängig ist, die sich ihrer Bestimmung entziehen. Um es zu ermöglichen, die jeweiligen politischen Ziele der Bundesrepublik Deutschland im Rahmen des völkerrechtlich und verfassungsrechtlich Zulässigen durchzusetzen, gewährt das Grundgesetz den Organen der auswärtigen Gewalt einen sehr weiten Spielraum in der Einschätzung außenpolitisch erheblicher Sachverhalte wie der Zweckmäßigkeit möglichen Verhaltens."

762 Das grundsätzliche Problem der gerichtlichen **Kontrolle** der auswärtigen Gewalt liegt darin, dass sie **a posteriori** stattfindet, also zu einem Zeitpunkt, in dem die aus einem Akt der auswärtigen Gewalt fließende völkerrechtliche Bindung in aller Regel schon eingetreten ist. Daher kann es zu einem Gegensatz von völkerrechtlicher Verpflichtung und innerstaatlicher Verfassungswidrigkeit kommen. Zur Lösung dieses Problems sind folgende Möglichkeiten denkbar:

(a) **Einstweilige Anordnung** gemäß § 32 BVerfGG: Allerdings hat das BVerfG diesbezügliche Anträge bislang immer abgelehnt (vgl zB BVerfGE 35, S. 193 ff, Antrag auf einstweilige Anordnung gegen die Ratifikation des Grundlagenvertrages).

(b) Vorverlegung der **Kontrolle vor Eintritt der völkerrechtlichen Bindung**: Bei Vertragsgesetzen hat das BVerfG die Kontrolle bereits zu dem Zeitpunkt für zulässig erachtet, als das Vertragsgesetz zwar beschlossen, aber noch nicht in Kraft war (vgl zB BVerfGE 24, S. 33 ff, 54 f).

763 Allerdings hat sich das BVerfG bei der Kontrolle der auswärtigen Gewalt große Zurückhaltung auferlegt (vgl zB BVerfGE 55, S. 349 ff, 367 f). Es bezeichnet diese

Einstellung selbst als **judicial self-restraint** (BVerfGE 35, S. 257 ff, 262; 36, S. 1 ff, 14 f). So hat das BVerfG beispielsweise erst in einem einzigen Fall eine Bestimmung in einem völkerrechtlichen Vertrag für verfassungswidrig erklärt (BVerfGE 30, S. 272 ff, Doppelbesteuerungsabkommen Schweiz-Bundesrepublik Deutschland). Konkrete Folge dieser Selbstbeschränkung ist das Bestreben des BVerfG, die internationale und die nationale Rechtsordnung in Einklang zu bringen. Dazu hat es ausgeführt (BVerfGE 4, S. 157 ff, 168):

„Bei der Auslegung des Abkommens sind die für die Auslegung völkerrechtlicher Verträge allgemein entwickelten Grundsätze anzuwenden. Danach ist jedes Abkommen so auszulegen, daß die Vertragspartner einerseits das von ihnen gemeinsam angestrebte Ziel durch den Vertrag erreichen können, andererseits nicht über das gewollte Maß hinaus als gebunden angesehen werden dürfen. Wird der Inhalt völkerrechtlicher Verträge vom Verfassungsgericht auf seine Verfassungsmäßigkeit geprüft, so sind Auslegungsmöglichkeiten, die bei den in solchen Verträgen oft verwandten vagen und mehrdeutigen Formulierungen an sich denkbar wären, außer Betracht zu lassen, falls sie fern liegen. Es wäre nicht vertretbar, einen Vertrag für unvereinbar mit dem Grundgesetz zu erklären, weil bei einer fern liegenden Auslegung das Grundgesetz in der Tat verletzt wäre. Es muß grundsätzlich davon ausgegangen werden, daß die politischen Organe der Bundesrepublik Deutschland, die am Zustandekommen eines völkerrechtlichen Vertrages beteiligt waren, nicht grundgesetzwidrige Bindungen haben eingehen wollen, daß sie vielmehr die Vereinbarkeit mit dem Grundgesetz geprüft haben und auch weiter auf eine grundgesetzmäßige Auslegung und Anwendung des Vertrages achten werden. Solange und soweit die Auslegung offen ist, muß deshalb unter verschiedenen in Betracht kommenden Auslegungsmöglichkeiten derjenigen der Vorzug gegeben werden, bei der der Vertrag vor dem Grundgesetz bestehen kann."

Das BVerfG bedient sich daher aller möglichen Methoden der Interpretation, um **764** den Vertrag zu erhalten (vgl dazu im einzelnen *Ress*, Wechselwirkungen zwischen Völkerrecht und Verfassung bei der Auslegung völkerrechtlicher Verträge, in: Berichte der Deutschen Gesellschaft für Völkerrecht 23, Heidelberg 1982, S. 7 ff, 36 ff). Heute dient ihm dazu insbesondere die **verfassungskonforme Interpretation**. Dennoch muss das BVerfG seine Zurückhaltung dort aufgeben, wo das GG klare Grenzen errichtet. Dies ist der Hintergrund für die Rechtsprechung des BVerfG zum Gemeinschaftsrecht (s. Rn 70 ff).

2. Verfahrensarten

Folgende **Verfahrensarten** kommen für die Überprüfung der auswärtigen Gewalt **765** in Frage, für die im Übrigen die gewöhnlichen Zulässigkeitsvoraussetzungen gelten (zu den Zulässigkeitsvoraussetzungen für die einzelnen Verfahrensarten s. *Degenhart*, Rn 600 ff; *Hillgruber/Goos*, Verfassungsprozessrecht, Heidelberg 2004, Rn 72 ff):

(1) **Abstrakte Normenkontrolle** (Art. 93 Abs. 1 Nr 2 GG): Sie bezieht sich auf **766** ein Vertragsgesetz gemäß Art. 59 Abs. 2 Satz 1 GG, auf ein Vertragsgesetz der Länder oder auf eine Rechtsverordnung im Zusammenhang mit einem Verwaltungsabkommen (s. zB BVerfGE 4, S. 157 ff). In diesem Verfahren kann auch primäres Gemeinschaftsrecht geprüft werden. Als verfassungsrechtliche Besonderheit ist hier die Vorabkontrolle des BVerfG zu beachten, sodass eine abstrakte

Normenkontrolle schon zulässig ist, auch wenn das Vertragsgesetz noch nicht in Kraft ist (s. Rn 762).

767 (2) **Konkrete Normenkontrolle** (Art. 100 Abs. 1 GG): Sie bezieht sich auf ein nachkonstitutionelles Vertragsgesetz gemäß Art. 59 Abs. 2 Satz 1 GG oder ein Vertragsgesetz der Länder (s. zB BVerfG, NJW 1986, S. 2188 ff). In diesem Verfahren kann uU auch primäres Gemeinschaftsrecht vorgelegt werden (s. Rn 79 ff), während die Vorlage von sekundärem Gemeinschaftsrecht nach wie vor umstritten ist (s. Rn 95).

768 (3) **Verfassungsbeschwerde** (Art. 93 Abs. 1 Nr 4a GG): Sie kann sich auf jeden Akt der auswärtigen Gewalt beziehen, sofern er in Grundrechte eingreift. Gegen die Mitwirkung der Bundesregierung bei der Ausarbeitung und dem Abschluss eines völkerrechtlichen Vertrages kann eine Verfassungsbeschwerde allerdings nicht gerichtet werden, da diese Akte der auswärtigen Gewalt keine innerstaatliche Rechtswirkung entfalten. Dagegen ist eine Verfassungsbeschwerde zulässig, soweit sie sich gegen das Zustimmungsgesetz gemäß Art. 59 Abs. 2 Satz 1 GG (s. zB BVerfGE 77, S. 170 ff, 218) oder gegen einseitige Rechtsgeschäfte richtet. Unzulässig waren nach der ursprünglichen Rechtsprechung des BVerfG Verfassungsbeschwerden gegen sekundäres Gemeinschaftsrecht, da diese nicht-deutsche Hoheitsgewalt darstellen (s. Rn 70). Nach dem Maastricht-Urteil kann man davon ausgehen, dass das BVerfG seine Meinung geändert hat und nun von einer Zulässigkeit – wenngleich nur in beschränktem Rahmen – ausgeht (s. Rn 86 ff). Jedenfalls muss – bei Vorliegen der übrigen Zulässigkeitsvoraussetzungen – eine Verfassungsbeschwerde gegen die Zustimmung der deutschen Vertreter im Rat der Europäischen Gemeinschaften zu sekundärem Gemeinschaftsrecht zulässig sein. Dies gilt allerdings nicht für Richtlinien, da diese erst nach In-Kraft-Treten und nach Umsetzung in das nationale Recht Wirkungen entfalten (BVerfG, Beschluss vom 12. Mai 1989, s. Rn 85).

769 (4) **Organstreitverfahren** (Art. 93 Abs. 1 Nr 1 GG): Es kann sich grundsätzlich auf alle Akte der auswärtigen Gewalt beziehen, sofern der Antragsteller dadurch möglicherweise in seinen Rechten verletzt ist (§ 64 Abs. 1 BVerfGG). Dies bedingt, dass ein Organstreitverfahren im Bereich der auswärtigen Gewalt nur selten vorkommt (s. zB BVerfGE 104, S. 151 ff). Im Bereich des Gemeinschaftsrechts kann es aber insbesondere im Rahmen von Art. 23 Abs. 2 bis 5 GG Bedeutung erlangen (s. Rn 385 ff).

770 (5) **Bund-Länder-Streit** (Art. 93 Abs. 1 Nr 3 GG): Das Verfahren kann sich grundsätzlich auf alle Akte der auswärtigen Gewalt beziehen, sofern der Antragsteller dadurch möglicherweise in seinen Rechten verletzt ist (§ 69, § 64 Abs. 1 BVerfGG). Das bedingt, dass es noch seltener als Organstreitverfahren vorkommt, da der Kreis der Antragsteller wesentlich kleiner ist (§ 68 BVerfGG, s. zB BVerfGE 6, S. 309 ff; 80, S. 74 ff; vgl auch Rn 91).

771 (6) Ein spezielles Verfahren, das allerdings nicht direkt mit der auswärtigen Gewalt zusammenhängt, ist das Verfahren der **Normenverifikation** nach Art. 100 Abs. 2

GG. Danach sind die Gerichte verpflichtet, bei Zweifeln, ob eine Regel des Völkerrechts Bestandteil des Bundesrechts ist und ob sie unmittelbar Rechte und Pflichten für den Einzelnen erzeugt, das BVerfG anzurufen (s. zB BVerfGE 16, S. 27 ff; s. dazu Rn 606). Art. 100 Abs. 2 GG bezieht sich auf Art. 25 GG und daher auf die dort genannte Völkerrechtsquellenart (s. Rn 471 ff). Das Verfahren dient nach Meinung des BVerfG dazu, der Gefahr von Verletzungen allgemeiner Regeln des Völkerrechts durch Gerichte der Bundesrepublik vorzubeugen (BVerfGE 64, S. 1 ff, 14 f). Zudem wird vermieden, dass die unterinstanzlichen Gerichte, wenn ihnen die Lösung auftretender Völkerrechtsprobleme im Zusammenhang mit Art. 25 GG überlassen bleibt, voneinander abweichende Urteile zu ein- und derselben Völkerrechtsfrage fällen (BVerfGE 23, S. 288 ff, 317). Schließlich ist in dem Verfahren nach Art. 100 Abs. 2 GG die Gelegenheit zur Äußerung für andere Verfassungsorgane, die an den auswärtigen Beziehungen beteiligt sind, gewährleistet (§ 83 Abs. 2 BVerfGG).

Im Übrigen gelten dieselben Zulässigkeitsvoraussetzungen wie beim Verfahren der konkreten Normenkontrolle (§ 84 BVerfGG; s. BVerfG, NJW 1999, S. 2106). Eine **Besonderheit** ist allerdings auf Grund des Wortlauts des Art. 100 Abs. 2 GG darin zu sehen, dass die Frage der innerstaatlichen Geltung einer allgemeinen Regel des Völkerrechts „zweifelhaft" sein muss. Das BVerfG interpretiert das als subjektiven Zweifel des Richters, aber auch als objektiven Zweifel außerhalb der Gerichte (BVerfGE 64, S. 1 ff, 15). Sie bestünden dann, wenn das Prozessgericht abweichen würde von der Meinung eines Verfassungsorgans, von den Entscheidungen hoher deutscher, ausländischer oder internationaler Gerichte oder von den Lehren anerkannter Autoren der Völkerrechtswissenschaft (BVerfGE 23, S. 288 ff, 316, 319).

Lösung Fall 19 (Rn 760): Die Verfassungsbeschwerde ist dann begründet, wenn eine Verletzung des Art. 101 Abs. 1 Satz 2 GG vorliegt. Nach dieser Bestimmung darf niemand seinem gesetzlichen Richter entzogen werden.

1. Das BVerfG müsste „gesetzlicher Richter" iSd Art. 101 Abs. 1 Satz 2 GG sein. Zu diesem Kreis zählt man alle staatlichen Richter von den untersten bis zu den obersten Instanzen. Dazu zählt auch das BVerfG selbst.

2. Das BVerfG müsste aber auch „gesetzlich zuständiger Richter" iSd Art. 101 Abs. 1 Satz 2 GG sein. Dies könnte zutreffen, wenn für die Verwaltungsgerichte eine Vorlagepflicht gemäß Art. 100 Abs. 2 GG bestanden hätte. Das ist im vorliegenden Fall dann anzunehmen, wenn Art. 100 Abs. 2 GG dahingehend auszulegen ist, dass es nicht auf die – von den Verwaltungsgerichten verneinten – subjektiven Zweifel des Gerichts ankommt, sondern dass auch objektive Zweifel außerhalb des Gerichts eine Vorlagepflicht auslösen.

a) Der Wortlaut des Art. 100 Abs. 2 GG ist insofern so weit gefasst, dass – im Gegensatz zu Art. 100 Abs. 1 GG – auch objektive Zweifel darunter fallen können.

b) Aus Sinn und Zweck der Vorschrift ergibt sich zudem, dass das Verfahren dazu dient, der Gefahr von Verletzungen allgemeiner Regeln des Völkerrechts durch Gerichte der Bundesrepublik vorzubeugen und eine einheitliche Rechtsprechung der unterinstanzlichen Gerichte zu Fragen des Art. 25 GG zu Gewähr leisten. Dies wird aber nur dann erreicht, wenn es nicht allein auf die subjektiven Zweifel des Gerichts ankommt.

772

c) Aus dem Sachverhalt ergibt sich, dass X mehrere einschlägige juristische Aufsätze vorlegt, die die Zweifel von Völkerrechtswissenschaftlern verschiedener Länder dokumentieren. Dies kann als ausreichend für die Begründung objektiver Zweifel angesehen werden, da es beweist, dass die Frage in verschiedenen Ländern umstritten ist.

d) Daraus folgt insgesamt, dass das BVerfG im vorliegenden Fall „gesetzlich zuständiger Richter" iSd Art. 101 Abs. 1 Satz 2 GG war.

3. X müsste seinem gesetzlichen Richter „entzogen" worden sein. Dazu genügt nicht die bloße Tatsache, dass die Verwaltungsgerichte eine Vorlage gemäß Art. 100 Abs. 2 GG unterlassen haben, sondern diese Unterlassung muss auf einer willkürlichen Entscheidung der Verwaltungsgerichte beruhen (s. *Pieroth/Schlink*, Rn 1068). Dies ist im vorliegenden Fall zu bejahen. Die oben dargestellte Interpretation des Art. 100 Abs. 2 GG entspricht der hL und der ständigen Rechtsprechung des BVerfG. Eine Verletzung der Vorlagepflicht bei – von einer Prozesspartei dargelegten – objektiven Zweifeln hinsichtlich einer Frage des Art. 25 GG ist eindeutig unangemessen und daher willkürlich. X ist daher seinem gesetzlichen Richter entzogen worden.

Ergebnis: Die Verfassungsbeschwerde des X ist begründet (vgl BVerfGE 23, S. 288 ff).

Literatur: *Blumenwitz*, Kontrolle der auswärtigen Gewalt, in: BayVBl. 1996, S. 577 ff; *Caspar*, Nationale Grundrechtsgarantien und sekundäres Gemeinschaftsrecht, in: DÖV 2000, S. 349 ff; *Geiger*, S. 152-156; *Hailbronner*, Kontrolle der auswärtigen Gewalt, in: VVDStRL 56 (1997), S. 7 ff; *Kokott*, Kontrolle der auswärtigen Gewalt, in: DVBl. 1996, S. 937 ff; *Ruffert*, Der Entscheidungsmaßstab im Normenverifikationsverfahren, in: JZ 2001, S. 633 ff; *Schweitzer/Weber*, Handbuch, Rn 193-199; *Streinz*, Bundesverfassungsgerichtliche Kontrolle über die deutsche Mitwirkung am Entscheidungsprozess im Rat der Europäischen Gemeinschaften, Berlin 1990; *Trautwein*, Zur Rechtsprechungskompetenz des BVerfG auf dem Gebiet des Europäischen Gemeinschaftsrecht, in: JuS 1997, S. 893 ff; *Wenig*, Die gesetzkräftige Feststellung einer allgemeinen Regel des Völkerrechts durch das Bundesverfassungsgericht, Berlin 1971.

Sachverzeichnis

(Die Zahlen bedeuten Randnummern)